闕里孔氏詩鈔
闕里孔氏詞鈔
曲阜詩鈔

姚金笛 點校

山左名賢遺書

齊魯書社

圖書在版編目（CIP）數據

闕里孔氏詩鈔　闕里孔氏詞鈔　曲阜詩鈔 / 姚金笛點校．--濟南：齊魯書社，2019.11

ISBN 978-7-5333-4217-3

Ⅰ．①闕…　Ⅱ．①姚…　Ⅲ．①古典詩歌－詩集－中國－清代　Ⅳ．①I222.749

中國版本圖書館 CIP 數據核字（2019）第 239907 號

闕里孔氏詩鈔　闕里孔氏詞鈔　曲阜詩鈔

姚金笛　點校

主管單位	山東出版傳媒股份有限公司
出版發行	齊魯書社
社　　址	濟南市英雄山路 189 號
郵　　編	250002
網　　址	www.qlss.com.cn
電子郵箱	qilupress@126.com
營銷中心	（0531）82098521　82098519
印　　刷	山東新華印刷廠濰坊廠
開　　本	880mm × 1230mm　1/32
印　　張	16.5
插　　頁	2
字　　數	399 千
版　　次	2019 年 11 月第 1 版
印　　次	2019 年 11 月第 1 次印刷
印　　數	1–1000
標準書號	ISBN 978-7-5333-4217-3
定　　價	**98.00 圓**

整理前言

曲阜是中國傳統文化的重要發源地，文化流傳悠久。有清一代，曲阜孔氏科甲相繼，文人輩出，詩人、詞人紛紛涌現，先後出現作家一百七十餘人，顯現出群星閃耀的創作奇觀。孔氏作家不僅勤於詩詞創作，而且注意搜集整理鄉梓文獻，對曲阜作家的作品廣加搜討，或籌資刊刻，或保存目録，以使流傳。《闕里孔氏詩鈔》《闕里孔氏詞鈔》《曲阜詩鈔》保存了清初至道光朝孔氏作家和曲阜其他姓氏作家的大量詩詞作品，使之流傳至今，成爲中國古代文學遺産中的重要組成部分。三種書的整理出版對瞭解、研究清代孔氏家族文學創作以及曲阜乃至整個山東地區文學創作具有巨大的學術價值。

一

《闕里孔氏詩鈔》十四卷是孔憲彝所輯清代曲阜孔氏家族詩歌選集。

孔憲彝，字敘仲，號繡山，孔子七十二代孫，道光十七年（1837）舉人，内閣侍讀，誥授中憲大夫。嘉慶十三年（1808）生，同治二年（1863）卒，年五十六。孔憲彝“少師事李宗傳，爲桐城古文學，又從盛大士、阮元游，學益進。居京師久，時與魏源、曾國藩、何紹基、蘇廷魁、嚴良訓、彭藴章諸耆宿切劘講習，往往一會至數十人，宜其學之無不通，而詩文之體無不備也”。孔憲彝著有《對嶽樓詩録》二卷、《孔敘仲詩草四種》六卷、《韓齋文稿》四卷，編有《韓齋雅集圖詩册》（無卷數）、《慈仁寺展禊詩》一卷、《小蓮花室圖卷題辭》五卷、《尺五莊餞春詩薈》一卷、《題辭》一卷等書。

《闕里孔氏詩鈔》有首都圖書館藏稿本，清道光二十二年（1842）曲阜孔氏刻本。道光刻本前有阮元、朱錦琮、盛大士、孔慶鎔、孔繁灝序及孔憲彝《凡例》。（民國）《續修曲阜縣志》、（宣統）《山東通志》（作《孔氏詩鈔》）、《販書偶記》、《曲阜清儒著述記》、《清史稿藝文志及補編》（作《曲阜孔氏詩鈔》）、《中國古籍善本書目》等皆著録此書。

《闕里孔氏詩鈔》收録清初至道光間孔氏一百二十位詩人作品。全書第一、二卷收録孔興燮等八位衍聖公詩作，第三至十二卷收録孔貞瑄而下九十四位男性詩作，第十三卷收録孔氏女孫孔麗貞等六人詩作，第十四卷收録孔氏女媳葉粲英等十二人詩作，皆按輩分先後排序。該書受兩代衍聖公關注，相繼作序，可見此書的刊刻對孔氏家族的意義非同一般。孔慶鎔序云："繡山從叔留心文獻，精於學詩。今年春，以所輯《闕里孔氏詩鈔》屬序於余。余受而讀之，體例精詳，徵求博富。國朝二百年來著作，燦然大備。其誦述清芬，搜訪幽潛，實有先得我心者。《記》所謂'尊祖故敬宗，敬宗故收族'，是鈔實寓繼往開來、慎重勤勉之意，豈僅與《梅氏詩略》繼美而已哉!"數年中，孔憲彝搜訪幽潛，對選集内容不斷增補，最大程度地保存了家族文學作品。

《闕里孔氏詞鈔》五卷是孔昭薰、孔昭蒸所輯曲阜孔氏家族詞選。

孔昭薰，字惠如，號琴南，繼涑孫，孔子七十一代孫，嘉慶十八年（1813）舉人，官臨邑縣訓導，署翰林院五經博士。乾隆五十七年（1792）生，道光十九年（1839）卒，年四十八。《闕里孔氏詩鈔》孔昭薰小傳云："從叔琴南先生爲谷園公（孔繼涑）長孫，喜鑒別金石，克承家學，編刻《至聖林廟碑目》，搜訪殘石，悉爲妥貼位置。工文辭，尤喜倚聲。輯《孔氏詞鈔》，選録甚精。性好客，旨酒高談，風流自賞，從游甚衆，多知名士，人以絳帳目之。"著《柳村詩》二卷、《綬藤吟舫詩稿》（無卷數）、《貯雲詞》三卷、《雪門竹枝詞》一卷、《綬藤吟舫詞》一卷、《至聖林廟碑目》六卷。孔昭蒸，字仲侯，號雲村，昭薰弟，欽賜主簿，候選縣丞。嘉慶四年（1799）生，道光二十七年（1847）卒，年四十九。

是書有清道光十九年（1839）曲阜孔氏玉虹樓刻本。前有陶樑及孔慶鎔序、孔昭薰《例言》。陶樑序云：孔昭薰"博雅嗜古，尤擅倚聲。兹成《孔氏詞鈔》四卷，元音競作，彬雅一門，凡纖濃晦澀之弊，悉皆洗汰之。至夫精心校讎，按譜審韻，無少差訛，彙爲名製，有較宋之常父、毅父、滍皋、漁父，未遑多讓者。"書末孔憲彝識語云："從叔琴南先生手輯《闕里孔氏詞鈔》四卷，校刊甫竣，先生遽歸道山。雲村從叔既抱手足之痛，復念先生平生精力盡於此鈔，而詞學尤所夙嗜，欲以所著《貯雲詞》附全鈔後，以傳永久，爰命憲彝選録遺稿四十首爲第五卷，刊板藏於玉虹樓，並屬志緣起如此。"（民國）《續修曲阜縣志》、《曲阜清儒著述記》、（宣統）《山東通志》、《中國古籍善本書目》（"昭薰"誤作"昭穎"）、《北京圖書館古籍善本書目》（"昭薰"誤作"昭穎"）等皆著録此書。

《闕里孔氏詞鈔》列衍聖公孔傳鐸爲首，其餘以輩次排序，共收入孔氏二十一位詞人二百三十八闋詞作，詞人名下標注字號、科舉、官爵、詞集名。孔昭薰刻前四卷。孔憲彝刻第五卷，收録孔昭薰所作詞四十闋。卷首有孔昭薰所撰《例言》，第一條云："兹鈔只載國朝共十八家及閨秀二家，皆家闕里。流寓者俱不載之。”第二條云：“先曾祖六十八代公爲大宗主鬯，列之卷首，餘以輩次爲先後，不論支派、科第之遠近焉。”第三條云：“是鈔俱已逝者，不列現在各家，從《昭明文選》之舊也。”第四條云：“凡字號、科甲、爵秩，均詳遵《詞綜》選本，惜詞話一時難於訪采，悉不紀入此集。各家詞鈔多寡不一，於輯稿後呈長洲陶凫薌觀察師鑒定，並填諱作序，又鎮洋沈鶴坪學博參校之。”

《曲阜詩鈔》八卷是孔憲彝所輯曲阜作家詩歌選集。編者簡介見《闕里孔氏詩鈔》。

此書有中國科學院圖書館藏稿本，清道光二十三年曲阜孔氏刻本。道光刻本前有梅曾亮書後、鄭憲銓後序、孔憲彝序，後有孔憲庚跋。孔憲彝序云：“爰搜訪故實，葺《曲阜詩鈔》八卷，自孔氏外皆歸是鈔。較《山左詩鈔》所載曲阜諸家，人則倍之，詩加詳焉。且仿《武定詩鈔》之例，人係以傳，以志其遺言軼事。其倫次先後，以行輩年齒定之，不以科第斷。”（宣統）《山東通志》、（民國）《續修曲阜縣志》、《曲阜清儒著述記》、《販書偶記》、《中國古籍善本書目》、《清史稿藝文志及補編》等皆著録此書。

孔憲彝留心鄉邦文獻、世族清芬，搜輯不遺餘力，在《闕里孔氏詩鈔》的基礎上續輯而成《曲阜詩鈔》八卷，對孔氏之外的曲阜作家的作品進行編選刊刻。該書收曲阜顔氏、東野氏、魏氏、陳氏等世家大族詩人五十二人、詩作五百六十餘首，集中展示了曲阜地區的文學成就，很多作家的詩詞作品借由該書得以傳世。稿本《續修四庫全書總目提要》對該書評價很高：“孔氏秉删詩之教，詩家代不絶書，累世相傳，子孫法守，繩繩繼繼，方興未已，而顔氏諸家，或爲孔門弟子之緒，或爲洙泗遺民之孫，並皆生長闕里，與聞聖化，詩雖未能悉臻妙境，要亦得乎風雅之正，無跛衺音也。

而是編之選，尤能得詩教遺意。”

二

孔氏家族注意搜集整理鄉梓文獻，對曲阜作家的作品廣加搜討。《闕里孔氏詩鈔》《闕里孔氏詞鈔》《曲阜詩鈔》保存了清初至道光朝孔氏和曲阜其他姓氏作家的詩詞作品，欲瞭解清初至三書之編二百年間曲阜詩人之盛，須三種書同觀并覽。三種書的整理出版對瞭解、研究清代孔氏家族文學以及曲阜地區文學具有較大的學術價值。

孔氏自始祖孔子世居曲阜，綿延兩千餘年。有清一代，曲阜孔氏文人輩出，先後出現作家一百七十餘人，作品集一百八十餘部。能有詩文集傳世的人畢竟是少數，更多在文學上同樣具有不凡造詣的作家，由於世事滄桑，他們的遺作大都散佚殆盡。部分孔氏作家的作品由家人整理存世，文名遂爲人所知。在保存家族文獻方面，《闕里孔氏詩鈔》《闕里孔氏詞鈔》的刊刻功不可没。兩書爲孔氏家族詩詞的彙集，集中展現了清代曲阜孔氏在文學上的成就，是孔氏家族在文學上的標志性成果。

值得注意的是，《闕里孔氏詩鈔》《闕里孔氏詞鈔》的編纂者尤其關注家族女性創作，注意搜集整理家族女性文學作品，并對她們的創作成就給予充分肯定。《闕里孔氏詩鈔》共十四卷，末兩卷共收録十八位女性詩人一百二十首詩作。《闕里孔氏詞鈔》卷四收録孔憲英、顏小來兩人詞作四闋。在兩書中，每位女作家前都有小傳，對其人其作品作出恰如其分的評價。正是在孔憲彝、孔昭薰、孔昭蒸等編選者的努力下，衆多孔氏家族女性作家的作品纔得以保存，使我們有幸探究她們鮮爲人知的生存狀態與情感狀態。

《曲阜詩鈔》收曲阜顏氏、東野氏等世家大族詩人五十二人、詩作五百六十餘首，集中展示了曲阜地區的文學成就，很多作家的詩詞作品借由該書得以傳世。《曲阜詩鈔》大力褒揚曲阜詩人的文學成就。比如卷八收顏崇槼四十餘首詩作，并云："明府博雅工詩，與桂未谷明府齊名。手著《續魯故》《詩話同席録》《心齋紀異》《牒鯖小記》諸書，皆徵博洽。纂修《顔氏宗譜》，表闡幽潛，有功家乘。喜考訂金石，兼有墨癖，搜羅藏弆，不遺餘力。官教授時，值翁覃溪學士、阮芸臺相國先後督學山左，皆以文字相商確，談宴之風，一時稱盛。詩格清雅，步武唐賢，在樂圃、十客後，可稱繼起。手稿皆未授梓，多爲人取去。詩集爲家蘅浦、荃溪兩公所藏，復歸之顔丹泉明府，故得完好云。"對顏崇槼的生平和著述進行介紹，對其詩歌成就評價很高。

除了文學價值，《闕里孔氏詩鈔》《闕里孔氏詞鈔》《曲阜詩鈔》還保存了大量的歷史文獻，具有很大的文獻價值。

首先，三種書注重保存地方文獻，爲其他選本提供了依據。如《闕里孔氏詩鈔·凡例》第六條云："是鈔或以詩存人，或以人存詩，例與選詩異。故有全稿行世者，所録亦止數十首；而一二殘篇，則不暇持擇，亟爲登入，蓋以徵求遺逸，表闡幽潛爲初志也。"孔憲彝鑒於部分作者的詩歌留存有限，而相應降低了准入門檻。這種編選策略，可謂以詩存人與以人存詩交互使用，文學本位與文獻本位并重。大量詩作的保存也爲其他選本提供了依據，如《國朝山左詩匯鈔後集》卷三十一云："《鈔》中所有孔、顔諸公各詩，率由孔繡山中翰憲彝所輯闕里、曲阜《詩鈔》采入。"

其次，三種書對所選作家基本情況有詳細介紹，有助於考察清代曲阜地區文學。如《闕里孔氏詩鈔·凡例》第八條云："是鈔兼附小傳。其爵位事跡，俱本之《闕里志》《闕里文獻考》《曲阜縣志》等書。亦有《考》《志》未載，取諸家傳、墓志及族譜者。若軼事可傳，詩話可引，不憚纂録，以備知人論世者采覽焉。”人物小傳内容包含字號、代次、襲爵、功名、官職、簡要生平、著述、作品存佚、交游乃至愛好等情況，有的長達數百字，短的也有數十字，資料十分詳細。《曲阜詩鈔》收曲阜顔氏、東野氏等世家大族作家五十二人，其中多人文名甚著。如被王士禛推舉的“金臺十子”之一的顔光敏，杰出學者、文字學家桂馥，著名鼓詞作家“木皮散客”賈應寵，這些著名文人的基本情況及生平事迹皆被保存在《曲阜詩鈔》中，對於考察曲阜地區文學創作有極大的價值。

再次，三種書的整理還有助於進一步考察清代曲阜地區各個世家大族的文學、文化活動。曲阜孔氏家族内部文學、文化活動非常繁榮。孔氏作家以詩詞作爲親友間溝通感情的媒介，還經常舉行家族聚會，限題分韻賦詩，切磋詩藝。他們還共同參與家族文化活動。在《闕里孔氏詩鈔》《闕里孔氏詞鈔》《曲阜詩鈔》三種書編選刊刻過程中，家族成員對編者頗多助益。如《闕里孔氏詩鈔・凡例》第十條云：“是鈔徵求校録，三載始克成書。實愧譾陋，皆藉力於戚友伯叔兄弟。而同事商確考証，則尤以從祖廣權，從叔昭任、昭薰、昭焜，從兄憲墀、憲琮、憲璜、憲紳，伯兄憲階，從弟憲恭、憲逵，季弟憲庚，從侄慶銈、慶鉚爲多，故謹識之。”在編選該書時，孔憲彝“藉力於戚友伯叔兄弟”，與家族多位成員商榷考証，使該書資料詳實，内容豐富。在追求風雅士風的影響下，清代曲阜出現了三次以孔氏族人爲中心、曲阜文人共同參加的詩社活動（湖山吟社、闕里八詩友、學步詩社）。同時，孔氏文人還和同時代的大家，如王士禛、宋犖、阮元、盧文弨、戴震、翁方綱、姚鼐等人過從甚密，或詩詞唱和，或書信往來，或宴會集飲，或共治學術，締結了深厚的友誼。《闕里孔氏詩鈔》《闕里孔氏詞鈔》《曲阜詩鈔》三種書對以上情況都有詳細記載。

三

此次整理以山東師範大學圖書館藏清道光二十二年刻《闕里孔氏詩鈔》本、山東省圖書館藏清道光十九年曲阜孔氏玉虹樓刻《闕里孔氏詞鈔》本、山東師範大學圖書館藏清道光二十三年曲阜孔氏刻《曲阜詩鈔》本爲底本，對三種書進行句讀，同時參照《孔子世家譜》《闕里文獻考》《曲阜清儒著述記》等原始文獻，提供更多的作家個人資料，包括生卒年、著述情況、文學創作情況、作品存佚情況、諸家評價、交游情況等，補充介紹更多的背景資料，爲讀者閱讀理解詩詞作品提供幫助。

總　目

闕里孔氏詩鈔

闕里孔氏詞鈔

曲阜詩鈔

凡　例

一、本書由《闕里孔氏詩鈔》《闕里孔氏詞鈔》《曲阜詩鈔》三種書組成。

二、本書以整理點校爲主，不加箋釋評點，僅按古籍原書整理爲繁體横排。原書中的俗體字等一律改用現代通用規範字，不另出校。個別人名、地名用字一仍其舊。原文字迹殘缺漫漶者以□代替。

三、本書參照《孔子世家譜》、《闕里文獻考》、《曲阜清儒著述記》、（乾隆）《曲阜縣志》、（民國）《續修曲阜縣志》、《國朝山左詩鈔》等原始文獻，提供更多的作家個人資料，包括生卒年、著述情況、文學創作情況、作品存佚情況等，這類補充信息在三種書各個作者的小傳下用【補】標示。《闕里孔氏詞鈔》收録的作家，除一人，皆見於《闕里孔氏詩鈔》，故不再重複補充作家個人資料。

四、《闕里孔氏詩鈔》《闕里孔氏詞鈔》《曲阜詩鈔》三種書，目録與正文著録的詩詞家次序略有出入，今新作目録與原書正文保持原樣，且保留原書卷首所列目次。

闕里孔氏詩鈔

(清) 孔憲彝輯

山東師範大學圖書館藏清道光二十二年刻本

目　録

闕里孔氏詩鈔卷第六　/143

闕里孔氏詩鈔卷第十四　/267

原書序一

“風”“雅”“頌”《三百篇》，若非孔子於春秋時定之，則必不能全傳於後世。然則百世之詩，皆洙泗教也。伯魚過庭，受學《詩》之訓，且爲《周南》《召南》，然則闕里家庭，世世皆當學《詩》，更爲家教矣。繡山先生爲至聖七十二代孫，勤學善詩，在大宗近今二百年，輯録詩百餘人，足以見温柔敦厚之風，藹然聚於一門。其間如東塘、撝約諸先生有經史文章著述者，别已專行，此不過採録數篇而已。末録閨秀十餘人。元爲七十三代門婿，亡室《舊經樓詩》，亦得采焉，以是爲幸。道光十八年春，繡山先生以稿本見示，將付梓人，屬序其事，亦祖庭之掌故也。揚州阮元書於京邸節性齋，時年七十有五。

原書序二

道光二十二年，余守東郡，延曲阜孔孝廉憲彝主講啓文書院。暇日過從，以手訂《孔氏詩鈔》屬余序。余以不文辭。既而顧其名，按其凡例，而得其已然之跡也。曰“孔氏詩”者，以詩教出自宣聖，承過庭之學也。子曰：“不學《詩》，無以言。”又曰：“不爲‘二南’，猶牆面立。”《傳》曰：“九功之德，皆可歌也。”夫子之教，蓋統德、功於言之中，合而一之，非分而二之。故於孔氏，爲詩人最難也。君子之澤，五世而斬。夫子以萬世爲土，歷今七十餘代，代有詩人。故詩之多，又莫如孔氏也。多而輯爲一編，例當從刪。曰“鈔”者，舉存以見删也。後人之於祖先，不敢曰“删”，故惟曰“鈔”也。《國風》傳其詩，闕其名，則繫以國。孔氏詩，有其稿，知其人，故繫以名也。好名之人，聖賢鄙之；詩輯遺稿，刻所未刻，没世之名不可無稱故也。代遠詩多，鈔之不盡，《國風》取周一代，故詩鈔亦斷以本朝。凡若此者，皆遵先志而罔敢越也。余祖文公爲《詩經集注》，今《孔氏詩鈔》之序，欲辭而不辭者，職是故也。海鹽朱錦琮撰。

原書序三

闕里孔君憲彝嘗手録《孔氏詩鈔》，自曲阜寓書淮上，屬爲選訂，將付剞劂。以余之衰遲頹廢，學詩數十年，漫無心得，何敢抗論風雅？况序詩而至孔氏，猶登高而陟岱宗也。朝暾出於榑桑，則九野爲之晃耀；松柏拱于秦畤，則萬木失其葱鬱。玉華金碧，希世之寶，稍窺一斑，終迷五色，其敢妄操選政乎？然憲彝之意，主于發潛闡幽，敬宗收族，故自漢唐以來，著述彪炳後世者，不復賫録。即宋元以後諸集爲大宗重刊者，亦無容裒輯。惟斷自我朝開國之初，距今二百年，又必没世後已經論定者，始采入焉。其搜訪精詳，其識見審慎，而其用意爲良苦矣。憶自憲彝隨任瓢城，賃廡淮郡，余與君家父子兄弟締兩世文字交，聯襼譚詩，無間晨夕。一篇之出，更唱迭和，別裁僞體，磨礱切劘，必求其愜然無憾而後止。今雖執别千里外，猶屢辱來訊。花月之晨，風雨之夕，眷念故人，不忍一日釋諸懷。余雖不文，而是集之刻，不可無余之一言也。憲彝夙負雋才，少承門業，天必以昌其遇者昌其詩。異日輶車采風，使南渡諸宗、四方流寓，悉歸掌録，并入簡編，斯更極藝府之巨觀，不僅光東魯之家乘也，余竊更爲憲彝勉焉。鎮洋盛大士序。

原書序四

總集之名，昉於《文選》。如《唐文粹》《文苑英華》諸書，皆博采詩文，分體編纂。欽定《全唐詩》，始彙録别集，名曰“詩鈔”。《宣城梅氏詩略》，則合一姓，編爲家集。然始唐迄明，僅數百人。以千餘年之菁英，始成簡策，未有以一代文章輯爲巨册，傳諸藝林者也。惟我孔氏，自過庭聞訓以來，撰述名世，代有其人，詩禮之傳，子孫法守。余嘗讀先世北海公以降暨我列公諸詩，竊嘆聖澤相承，永永無已。故敬謹重刊列公先集，藏於家廟，以示子孫。又以族人遺集多所湮没不彰者，思欲編録，以就正於海内諸君子。而以奉職主鬯，夙夜駿奔，弗遑搜輯，又未得有心者爲余助，有志未逮，非一日也。繡山從叔留心文獻，精於學詩。今年春，以所輯《闕里孔氏詩鈔》屬序於余。余受而讀之，體例精詳，徵求博富。國朝二百年來著作，燦然大備。其誦述清芬，搜訪幽潛，實有先得我心者。《記》所謂“尊祖故敬宗，敬宗故收族”，是鈔實寓繼往開來、慎重勤勉之意，豈僅與《梅氏詩略》繼美而已哉！余故不敢以不文辭，爲書數語于簡端，且亟勸付梓以壽世云。

道光十六年，歲次丙申，孟夏之月，孔子七十三代孫主鬯慶鎔謹序。

原書後序

繡山族祖手編我孔氏詩，斷自已往，得百餘家，選録如干首，厘爲十四卷。削稿既定，先君爲序卷首，勸其授梓，以事未果。今年秋，復出稿本見視。繁灝受而讀之，則較前又增數家，而先君遺詩已登入矣。繁灝爲之掩卷泣下，曰："嗚呼！日月不居，奄至數月，手澤如新，而音容不可復睹。"今此鈔首載我列代先公詩，即以先君次之。名稱没世，海内之所推許，固在於斯，而繁灝哀感之懷，亦於此而倍切矣。繡山族祖近又有《曲阜詩》之選，將附此鈔，刻之以傳於世。以繁灝忝膺主鬯，屬爲後序。謹書數言于末。至於是鈔之詳備、編録之精審，先君序之詳矣，故不具論云。

道光辛丑秋八月，孔子七十四代孫主鬯繁灝謹序於安懷堂。

原書凡例

一、孔氏詩，向無合鈔。自先恭慤公以降，其有專集行世者，卷帙浩繁，猝難遍覽。其有未經鐫板者，子孫珍藏手澤，又不輕以示人。憲彝夙誦清芬，不敢自秘，故亟爲是舉。又以先人之詩，何敢妄爲去取，爰彙録各集，乞鎮洋盛子履師選訂填諱，而憲彝躬事編録之役，以成巨觀焉。

一、孔氏别集，自十一代族祖臧、二十代族祖融而下，不下千餘家。而世禩遼遠，每多散佚。如三十七代族祖巢父集十卷，雖載在《唐書》，竟尠傳本。其他亦多類是。深懼搜采未富，挂一漏萬。况北海、“清江三仲”集，已經先高祖六十八代公重刊。其餘亦有專集行世，無事再刻。是集皆采昭代之詩，斷自國朝，仿《史通》例限也。

一、“宏、聞、貞、尚、衍、興、毓、傳、繼、廣、昭、憲、慶、繁、祥”十五字，孔氏輩次也。編次不論支派、科第遠近，俱以輩次爲先後。惟衍聖公爲大宗主鬯，不在此例，故列之卷首，用志敬宗之意。

一、每字輩首名下，書孔子幾十幾代孫，以備考核。自“興”字輩以下，則書於大宗名下，後皆從省。

一、五經博士，例應衍聖公次子世襲；常博、蔭生，則無定例。故凡襲博士者，不書某公子；常博、蔭生，則書某公第幾子。若世襲知縣執事官，則由揀選授職，不在此例。

一、是鈔或以詩存人，或以人存詩，例與選詩異。故有全稿行世者，所録亦止數十首；而一二殘篇，則不暇持擇，亟爲登入。蓋以徵求遺逸，表闡幽潛爲初志也。

一、是鈔止載已往，現在作家雖多，概不登入，從《昭明文選》例也。

一、是鈔兼附小傳。其爵位事跡，俱本之《闕里志》《闕里文獻考》《曲阜縣志》等書。亦有《考》《志》未載，取諸家傳、墓志及族譜者。若軼事可傳，詩話可引，不憚纂録，以備知人論世者采覽焉。

一、孔氏支分派别，若南渡諸宗及流寓户匯爲一編，可至數百卷。是鈔由近而推，限於聞見，不能遍及。廣收博采，增輯續編，是所望於吾宗之同志者。

一、是鈔徵求校録，三載始克成書。實愧譾陋，皆藉力於戚友伯叔兄弟。而同事商確考証，則尤以從祖廣權，從叔昭任、昭薰、昭焜，從兄憲堳、憲琮、憲璜、憲紳，伯兄憲階，從弟憲恭、憲逵，季弟憲庚，從侄慶銈、慶鋤爲多，故謹識之。

一、道光十六年春，孔子七十二代孫憲彝謹書。

原書目次

闕里孔氏詩鈔卷第一

鎮洋盛大士選訂　曲阜孔憲彝纂輯

孔興燮

字起吕，號輔垣。孔子六十六代孫，順治五年襲封衍聖公，加太子太保，晉少保兼太子太保，又晉少傅兼太子太傅。先六世祖少孤，襲爵年十三，已凝重能自立。時闕里經明季寇亂，禮樂不修，廟庭廢圮。公感激興朝尊師重道之意，力爲修整，廟庭典制，悉復舊觀。事生母陶太夫人至孝，事必禀承而行。嘗語人曰："人子當養母，吾今尚爲母養也。"工文辭，善書畫，年三十有二薨。集本不傳，僅於遺畫中采録一首。

【補】孔興燮，明崇禎九年（1636）生，清康熙六年（1667）卒，年三十二。《曲阜清儒著述記》："（孔興燮）早孤，生母陶氏教育之，後又撫其子毓埏。聖祖幸魯，聞其賢，御書'節並松筠'四字賜之。……臨事剛果，有器識，尤日夜以繼先人志爲念。……孔氏宗譜，明以前多散佚，孔氏子命名舊有一定輩次，以序宗派、辨昭穆。明天啓間，前衍聖公衍植增定十字，曰'興、毓、傳、繼、廣、昭、憲、慶、繁、祥'，并重修家譜，後亦佚。至興燮始纂定《世家宗譜》二十三卷。"

題畫梅

曲中桃葉詎能方，春滿羅浮第一香。誰更品爲花御史，本來調鼎屬斯芳。

孔毓圻

字鐘在，又字翊宸，號蘭堂，孔子六十七代孫，康熙六年襲封衍聖公，晉太子少師，謚恭慤。著有《幸魯盛典》四十卷、《蘭堂詩集》二卷。先五世祖恭慤公賦性純篤，砥勵躬行，自十一歲入朝，屢叨恩禮，民間利病剴切敷陳，悉邀嘉納。逮薨京邸，詔旨惋悼，諭祭三次，復命三品以上漢官會弔會送。櫬歸之日，特命皇三子莊親王再奠茶酒，賜全葬，皆逾常數。至疏請立東野氏、端木氏、閔氏、言氏、卜氏博士，咨毀三教堂，修尼山書院，建啓聖王享殿及墓門牆垣，請擴林地，立宰子墓碑，皆有功世道人心，士論翕然推服。著作宏富，兼工書畫。王季友尚書稱公學贍才敏，別有旨趣。手稿多自焚削，遺詩僅存七十一首。

【補】孔毓圻，順治十四年（1657）生，雍正元年（1723）卒，年六十七。另著《編正孔子家語》二卷、《校訂孔叢子》三卷（與孔毓埏同撰）。《國朝山左詩鈔》録其詩。毓圻文無專集，周佑予輯選《清詩鼓吹》有其所作序，（雍正）《山東通志》卷十一“闕里志”録其文兩篇。

襲爵後蒙太皇太后召見内廷，恭紀

沖齡承世爵，奉召入璇宫。太后憐臣小，君王念祖功。從容天上語，戰惕日邊躬。出殿争趨問，簪纓集百工。

同諸大臣朝乾清宫，上命由御道出，恭紀

清嚴辨色入，内殿藹朝暾。祖德箕裘忝，天顔笑語温。列班齊上相，出陛許中門。趨走真惶悚，殊榮荷帝恩。

九日同人登高

菊似陶公徑，詩慚尹氏歌。登高秋景老，縱目遠山多。紅葉村邊樹，寒波霜後河。醉憑桑落酒，插鬢興如何。

王阮亭席上口占

當代稱風雅，如君見幾人。文章流海甸，聲譽達楓宸。劉應虚前席，盧楊託後塵。名高官不減，交重道無倫。自昔思親李，如今喜會荀。芳蘭言共契，華燭坐相親。雲聚鄉關夢，花同京國春。明朝欲分手，玉斝不辭頻。

蒙恩賜祖母陶氏“節並松筠”匾額，恭紀

闕里遥臨玉輦長，守貞親奏祖慈良。冰霜久勵寧湮没，日月中懸定表章。宸翰自天輝鳳藻，皇恩奕代荷龍光。捧來四字家羅拜，白髮扶持祝聖王。

康熙甲子，駕幸闕里，恭紀聖恩一百韻

文治高千古，神功冠百王。昭回儲玉斗，廣韻叶珠囊。鴻業方頻廓，丕基卜永臧。威弧除猰貐，戰艦靖鯨鱷。三藩殄定，上乃舉封禪之典。德比中天盛，恩流薄海滂。車書同朔漠，候尉過氐羌。瑞獸馴靈囿，珍禽獻越裳。馬牛弛馭服，琛賮競梯航。至化從箕畢，休徵備雨暘。巍巍孰可並，蕩蕩莫能詳。沐浴皇風暢，謳歌帝利忘。郅隆看已治，軫念尚如傷。旰食恒無逸，宵衣每不遑。量原齊覆載，手自致安攘。浚哲謙彌著，欽明抑愈彰。右文窮學海，稽古發書倉。遜志期終始，虚懷樂就將。拜言宗夏姒，主善法殷商。洙泗儒風在，春秋教澤長。麟書先紀瑞，虹玉晚徵祥。汲汲恒忘老，栖栖竟舍藏。漫占龍德隱，寧問鳳歌狂。吾道雖云否，斯文幸未亡。六經昏室燭，一貫濟川梁。運啓千年聖，心符萬仞牆。遂煩天子駕，

來過素王鄉。拜洛堪輝映，遊河庶頡頏。巡行時正泰，順動月逢陽。馳道霓旌出，期門羽衛强。夔龍争扈從，褒鄂效匡勷。繡陌三驅遠，銀河一帶杭。恬波憑竹箭，阜俗勸農桑。巡歷勾吴遍，迴鑾泰岱傍。六龍雕玉轡，八馬赭絲韁。帳殿榮光護，帷宫瑞靄翔。清流經汶濟，碧嶂指尼防。典禮咨宗伯，威儀飭奉常。奉旨用本處樂，遣太常寺官賚太學樂舞生袍服至闕里肄習。先期虔滌濯，經月肄笆簧。企仰卿雲近，遥瞻湛露瀼。和風冬晻曖，晴旭曉蒼凉。菡萏金根動，葳蕤繡幰張。虎賁黄袴褶，豹尾緑沉槍。會弁蠙璣燦，華翎孔翠揚。兆民欣抃舞，五氏競趨蹌。鷺序班初合，葱珩佩有瑲。豫游行緩緩，宸眷喜洋洋。夙戒栖神宇，誠懷接帝閶。閟宫晨乍啓，庭燎夜相望。月轉觚棱黑，烟籠玉碣蒼。導從門左个，位設殿中央。穆穆天容泰，安安帝度莊。元臣鳴劍佩，髦士奉圭璋。弈禩尊罍古，千秋俎豆香。音容瞻對近，左右駿奔忙。信以蘋蘩薦，馨傳錡釜湘。牲牷昭博碩，黍稷告豐穰。律應雲門瑟，聲和嶰谷篁。貫珠成翕繹，拊石協鏗鏘。綴兆舒還疾，麾幢偃復抗。金卮浮桂醑，玉瓚酌椒漿。大祝陳嘉幣，司筵薦吉璜。初行九拜禮，先是禮部議親祭儀注，行兩跪六叩頭禮，奉旨尊禮先師，應行三跪九叩頭禮。式焕兩楹光。象設旋披幄，龍蹲儼在床。畫圖環轍跡，琬璧撫牆匡。曠典崇師表，隆規邁漢唐。竇跗傳結構，銀牓倍煒煌。恩撤勾陳仗，榮留寶蓋黄。上諭：歷代帝王致祀闕里，或留金銀器皿。朕今親詣行禮，務極尊崇至聖，異於前代。所有曲柄黄蓋，留之廟中，以示朕尊聖之意。諭畢，命以御前常用黄傘，留供廟廷四時饗祀用之。每教逢盥薦，長許侑蒸嘗。更御經筵座，還升詩禮堂。明新歸至善，爻象本乾剛。上御講筵，命監生孔尚任講聖經首節，舉人孔尚鉝講《繫辭》首節。巽命何諄切，臣心倍悚惶。講經書畢，命大學士王熙宣諭臣毓圻等曰：至聖之道，與日月並行，與天地同運，萬世帝王咸所師法，下逮公卿士庶，罔不率由。爾等遠承聖澤，世守家傳，務期型仁講讓，履中蹈和，存忠恕以立心，敦孝弟以修行，斯須勿去，以奉先訓，以稱朕懷，爾等其祗遵勿替，特諭。遺蹤承顧問，敷奏指微茫。上諭：朕初至闕里，祀典既成，意欲遍覽先聖遺蹟，著衍聖公孔毓圻、山東巡撫張鵬、口北道孔興洪、講書官孔尚任、孔尚鉝引駕。老檜如金鐵，孤根耐雪霜。泉餘寒井渫，孔子故井在詩禮堂後，上顧嘆良久，臣奏曰：此臣祖當年所飲井也。上命汲水嘗之。杏傍古壇芳。漆簡留殘壁，丹書缺閉房。豐碑羅贔屭，傑閣秘縑緗。仰被龍光渥，重臨馬鬣荒。已叨紆日馭，更荷酹霞光。釋奠後即幸聖林，復酹酒三叩頭。俯仰公西志，徘徊端木場。靈蓍枝見采，文草蔓經量。文草生聖林，冬夏不凋，根葉花實，具五色五味。林内禽知避，林樹無雀巢。亭邊楷不僵。槐檀分幾種，翠柏擁千章。叢少豺狼穴，衣無棘刺妨。林中不生荆棘。一人迴顧盼，萬彙盡殷昌。忝主東家邑，頻膺北闕慶。遭逢真不世，優渥愧難當。褒寵松筠節，輝騰綽楔坊。賜臣祖母匾額即在此時。頒詩追雅頌，御製《過闕里》及《古檜詩》，書以賜臣。錫賦陋班揚。御製《檜樹賦》。乍捧豐貂笥，兼承獸錦筐。精鏐天地寶，秘簡日星芒。蒙賜經書、貂裘、蟒服。子姓蒙甄録，搜羅到桷宲。五氏人員皆蒙恩議敘講書官，復蒙格外簡用。蠲租先下詔，時聖駕經過地方，丁銀盡免。擴地旋除糧，上幸聖林，周覽訖，入思堂南坐，問曰：此林周圍幾許？臣奏曰：共地十八頃，今二千餘年，族人日繁，祔葬無所。上曰：何不開擴？臣奏曰：皇上垂問及此，聖恩高厚遠逮。臣家百世子孫，但林外皆版籍民田，欲擴不能，尚望皇上特恩賜給。上曰：即具本來。臣疏上，奉旨增廣孔林地一十一頃有奇，免其糧稅。頌溢奎婁野，恩覃上下庠。涓涘何以報，高厚罔難償。芹獻同田父，葵傾祝我皇。綿綿增寶歷，秩秩衍銀潢。卦定呈龍馬，巢應下鳳凰。太和盈宇宙，景運屬明良。願泛千春酒，恭稱萬壽觴。謡吟歌有截，舞蹈頌無疆。

同相國王慕齋、總憲徐立齋、少司空孫屺瞻、學士高江村豐臺賞芍藥

勝日尋芳去，連錢並轡新。雲開列遠岫，雨過滌輕塵。路共紆徐入，花當爛漫陳。風情妍似女，氣味美如醇。濃露朝全發，明霞夕正匀。雕欄風宛轉，綺座日逡巡。好句憑傳唱，奇葩獨殿春。豐臺成雅集，俱是畫圖人。

朝京師回途中得“春風吹雨過春城”之句，抵家後續成一律

春風吹雨過春城，梨樹千家散落英。金埒馬嘶芳草長，銀塘絮墮白蘋生。沉沉郭外群峰静，漠漠林間暮靄平。欲去停鞭回首望，山樓粉堞未分明。

宋牧仲以詩見示，却寄八韻

小隔春風歲屢更，夢中猶戀白鷗盟。連鑣曾赴看花席，折柳還分帶月程。南國甘棠留茇舍，東山霖雨係蒼生。台衡舊有天朝相，風雅今推洛社英。少室烟雲緗帙潤，西陂花木管弦清。座容豪飲三千客，價抵新篇十五城。投我瓊瑶將遠意，思君梁月有餘情。何時約上長安道，一榻聯吟賦帝京。

丁卯春入覲，東歸寫墨蘭於白溝河旅壁，今已二十年矣。重過行館，感賦一律

廿載朝天去復回，驛亭風景自悠哉。銀鞍初卸逢新釀，畫壁重尋拂舊埃。水墨蒼蒼燈數照，客懷渺渺雁方來。欣看此地蘭無恙，剩我年年白髮催。

雨

晴久塵難洗，瀟瀟一雨餘。斜飛侵岸柳，細點出池魚。微覺琴書潤，徐看草木舒。茆檐成小坐，且自樂吾廬。

東山即景

山樹穿雲暗，溪風帶雨寒。麥翻千頃浪，馬上任閑看。

雍正元年，蒙恩追封先師五代並如王爵，恭紀

聖世崇師道，推原報本長。九重邀寵秩，五代並稱王。隆號加無已，鴻恩出異常。春秋尊廟祀，衮冕享蒸嘗。

過趙北口

如帶平橋落照邊，久將春馬踏莎烟。今來秋水連堤没，手捋斑騅上渡船。

稌黍沉沉没浪邊，渾如蘆荻起蒼烟。波光撑破三千頃，但有拏魚打鴨船。

遊五峰山

峭壁巉岩有徑通，峰頭初見蕊珠宫。雲翻絶澗千層白，日鎖岑樓一綫紅。眺望恍疑天遠近，盤旋錯指地西東。蓬瀛亦是人間景，枉説神仙覓海中。

孔傳鐸

字振路，號牖民，又號静遠，别號紅萼主人。孔子六十八代孫，雍正元年襲封衍聖公。著有《修廟盛典》五十卷、《三傳合纂》十二卷、《禮記摘藻》一卷、《古文源》二卷、《讀古偶志》一卷、《安懷堂全集》十二卷。先高祖恭謹和厚，處事剛斷，勇于讀書，尤究心濂洛關閩之學。恭慤公晚年多疾，遇祀事，輒命代攝，於興建諸大務，襄贊尤多。精三禮，凡廟中典則，無不考察。嘗以審樂難于考禮，廣求諸説，爲之折中，大樂以正。會修林廟，詔公董其事，所有奏請增建樂器庫、值房諸處，悉蒙俞允。有御書“欽承聖緒”四字之賜。復疏請立冉氏、顓孫氏博士，置宰子墓祭田，重修尼山聖澤書院，捐賑流民，活萬餘人，士人誦之。著作等身，而尤

工詩詞。宋牧仲冢宰嘗稱“清新瀏亮，迥出時流上”。沈歸愚宗伯《別裁集》僅載公三詩，殆未獲見全集歟？

【補】孔傳鐸，毓圻長子，康熙十二年（1673）生，雍正十三年（1735）卒，年六十三。《清史稿》卷四百八十八有傳。著《申椒集》二卷、《繪心集》二卷、《盟鷗草》一卷、《紅萼詞》二卷等。《國朝山左詩鈔》、《清詩別裁集》、《晚晴簃詩匯》、（雍正）《山東通志》、（乾隆）《兖州府志》、（民國）《續修曲阜縣志》皆録其詩。

纂修《幸魯盛典》告成，恭紀

焚香棐几閲瑶編，仿佛金聲擲自天。緑字赤文成此日，翠華仙仗記當年。道心想見宸心契，祖澤長蒙帝澤宣。顧問杏壇頻太息，手攀檜樹一周旋。鸞旂半駐環橋外，講幄曾開故宅前。采納遂兼風十五，雍容看奏禮三千。鵷行鷺序如聯翼，聖裔賢孫得並肩。異數特留隨輦蓋，新恩仍擴護林田。即今廟貌輝丹雘，千古穹碑矗紫烟。末系自慚無報答，夢魂長繞五雲邊。

秋日和顧天石

銀燭何辭刻萬條，舉杯終夜只三蕉。常因葉落詩情减，每到花開逸興饒。廿載心期燕市筑，百年身世浙江潮。徂徠近日無仙隱，且喜君來不用招。

敬題家大人畫竹

潑墨吴綃上，湖州法尚存。細烟穿側葉，危石抱深根。自得瀟湘趣，曾沾雨露恩。此君原有實，留飼鳳凰孫。

秋日雜詠

玉露蕭森萬壑幽，淒清天氣獨登樓。三更鶴唳驚回夢，萬户砧聲送到愁。但使詩書充腹笥，莫愁身世似傳郵。浮生幾個成閑坐，且向花間判酒籌。

送許復陽歸昆山

刻燭論文後，何當別緒添。吴門春釀美，江介草痕纖。句遣魚書寄，歸憑鵲語占。應知千里外，憔悴憶江淹。

贈新城王阮亭學士

經術推前輩，文章屬巨公。聲華吾夙仰，桑梓更相同。黄閣階鄰近，青蓮譽最隆。庾徐輸句綺，燕許讓才雄。下士無虚日，論詩逼化工。尋常筆掞藻，只是氣干虹。曳履趨朝右，携香滿袖中。陳言皆碩畫，坐嘯亦春風。父執情彌厚，龍門跡屢通。每瞻形似鶴，偏訝貌如童。寰海尊山斗，狂瀾障禹功。何由聆謦欬，藉以豁顓蒙。

遥和孫秋坪太史《京邸移居古藤書屋》原韻

百尺蒼藤近築廬，江東才子意何如。欲爲彭澤新開徑，好學虞卿但著書。終古宦途同泛梗，幾人京兆卜安居。他年願就聯床話，一夕還期病渴除。

酬何羲文

何郎年正少，躍馬去尋秋。賦手雄京洛，詩名鎮海陬。梅花逢水部，明月識荆州。瓠子行當塞，功成枉舊游。

寒村曉望

霜氣浮空蘚色斑，曉來寒影逼柴關。鴉飛亂點蕭蕭樹，雲重横埋疊疊山。有客帽檐拖雪去，無人牛背着蓑還。移時仿佛聞哀角，知在前溪第幾灣。

京邸與顧天石、叢秖公、家東塘集飲

宦途游邸兩匆忙，選勝尋春事不常。東魯故人皆寂寞，江南遺話亦悲涼。花間逸調疑鶯囀，醉後斜書作雁行。更辦纏頭期後會，御河新柳正鵝黄。

築城謡

太平神武不用兵，但遣壯夫行築城。築城不似開河苦，恤我飢寒有都護。秦時埤堄漢時關，縱有荒殘易爲補。築城須築堅如鐵，百萬環攻不能入。築城須築安如山，守埤將士常高眠。役夫敢望封侯賞，但願功成及早還。一聲邪許齊動杵，月暈明朝怕風雨。

讀明李文正公篆新廟詩有感

所愧爲丈夫，茫茫類無識。束髮事詩書，此志非旦夕。淵源家廟地，累代藏金石。檢點斷碣中，始得兹篆刻。西風卷莓苔，凜凜見古色。廟廷昔頹敗，公實起潤澤。留詩寫精工，輝我金絲壁。珊瑚戛玉鳴，落落清廟格。蔡邕不能過，李斯亦嘆息。及兹撫讀間，令我神悱惻。哲人久云亡，名筆難再得。後來縱有繼，奉此爲法則。仰睹丹雘新，敢亡斯人力。用誡子若孫，百世飲其德。

長干行

郎家長干里，妾住莫愁湖。兩小不相識，借問有情無。一從十五嫁，自把修眉畫。但願守閨門，常羞作游冶。郎行逐利名，千里去南荆。妾閉紅閨裏，年年傷别情。妾傷不可道，郎行須自保。游遍楚章臺，争如在家好。今朝書到家，郎已發長沙。凝妝待郎至，笑折宜男花。

重刊先世《北海集》有述

曹瞞柄漢政，劉氏頹三綱。豈無名流士，大雅皆淪亡。遐哉管幼安，皂帽去遼陽。咄嗟華子魚，末節何倡狂。其餘建安子，仁義志久荒。草檄愈頭風，借面以弔喪。碌碌何足數，誰爲聲價昂。烈祖北海公，風厲不可當。矯世敦古道，獨論盛孝章。觀其友禰生，抱負豈尋常。裸衣罵廣坐，撾鼓聲悲凉。非公孰具眼，彼此相激揚。瞞也狐鼠儔，公真威鳳翔。當其未遇害，漢祚固無傷。曹孔不兩立，薰蕕互相妨。惜乎時不遇，盡室竟罹殃。太阿雖屈折，不失爲至剛。三復此遺編，使我增慨慷。斯文在異姓，固當爲表彰。况乃先世賢，遺琴猶在堂。梓之附家乘，用戒永珍藏。

喜家東塘户部歸

詞壇聲價與雲齊，名滿京華被讁宜。歌就自成紅豆譜，客來頻醉緑藤蹊。歸遺老母餘清俸，乞得閑身灌小畦。不俟湘江春草緑，鷓鴣啼罷又鵑啼。

短歌行

蘭之猗猗，灼灼其華。秋霜一至，颯如蓬麻。蟪蛄悲鳴，申旦不寧。歲云暮矣，闃然無聲。人生於寅，物老於酉。誰似慈烏，長不皓首。明月東升，白日西匿。燭龍銜燈，以照曛黑。參出辰没，不相爲謀。伯勞燕子，分背悠悠。狹邪相逢，清樽與同。吹我鼓瑟，考我鼓鐘。短歌微吟，促節哀音。秉燭夜游，以慰我心。

東門行

東門丈夫貧徹骨，盎無餘糧釜薪絶。開箱不見黑貂裘，還視架上無短褐。行路翻遭親友笑，憤然歸與妻兒別。妻兮慎勿望夫還，兒兮便當與父訣。不乘駟馬與高車，雖過里門終不入。但知怨氣上干虹，誰道牽衣淚流血。妻言機中布可成，兒言田中禾已生。稍忍須臾得毋死，飽暖不須求友朋。胡爲莽莽出門去，徒手何以求虛名。不見昔時封侯者，纍纍白骨堆田塍。丈夫聽此悵然失，千秋遺誚東門行。

結客少年場行

游俠須少年，結客宜幽燕。雕鞍馳寶馬，長劍佩龍泉。屠肆飲美酒，朱門羅管弦。自矜出入輕且便，往來京洛如雲烟。千金一擲買小妾，馬上能歌馮小憐。豪華已壓邯鄲子，揮灑還題京洛篇。人生似此猶未足，借問何處求神仙。

送羅承公南歸九華

驪歌一曲酒千巵，正是江南花落時。馬首風烟開廣路，雞壇唱和失前期。莫因道遠書來少，預恐愁多夢去遲。此後行吟同調寡，隴雲湘月盡牽思。

前有樽酒行

前有一樽酒，行觴互爲壽。來日苦無多，紅顔俱皓首。壯年不可恃，萬物非我有。相勸莫暫停，須當盡三斗。君起舞，我高歌，擊秦缶，奏鳴鼉。白日既落明月多，烏啼露下沾庭柯，今我不樂將如何。

秋柳

槭槭蕭蕭古苑隅，章臺物色迥全殊。風飄弱線渾如舊，霜染金絲漸欲無。却怪沈郎腰轉瘦，誰憐西子病難扶。何由再得舒青眼，爲看明妝滿鏡湖。

唐槐

憶自開元種，盤拏勢若虬。蟻封何代徙，兔目到今留。蔽日常疑雨，含凉不待秋。靈根蒙聖澤，長峙殿西頭。

步浮香亭

花柳争妍地，牽車得勝遊。莓苔新席展，欄檻舊題留。深樹藏春渚，斜陽隱畫樓。輞川應似此，杖履日相求。

楊白花

楊白花，漫漫舞，但解從風飛，不識歸何所。長安三月春風高，長安少年宫錦袍。花前連臂歌踏踏，關河遠戍人勞勞。嗟爾楊花太輕薄，墮人酒盞侵人幕。何不去傍征人飛，却向江南故園落。江南暮春愁緒多，落花滿川水不波。溪上越娃垂素手，機中秦女顰纖蛾。顔如桃李不行樂，白似楊花將奈何。

神弦曲效昌谷體

越巫釃酒雲滿空，罘罳颯颯來靈風。壁間斷幡尾相結，幽室夜闌燈自紅。石床切切誰私語，山鬼調箏教神女。砑光小帽人不歸，一曲山香淚如雨。

王昭君辭

昭君生長昭君村，貌如巫女能行雲。入宫自謂稱第一，不與尋常桃李群。粉黛三千競嬌妬，妾自荆釵與裙布。祇恨無金買畫工，一朝嫁作單于婦。妾往能令和議成，勝似常平十萬兵。妾心戀闕憑誰訴，彈作琵琶馬上聲。惟餘香骨無埋處，沙磧茫茫少封樹。至今一點望中青，是妾夢魂歸漢路。

家大人於長安道中，得“春風吹雨過春城”之句，以郵亭應接不暇，未及成詩，歸來命續之爲課

春風吹雨過春城，柳眼花鬚晦復明。亂灑郵亭翻乳燕，疏飄酒旆歇啼鶯。波間細細芹芽茁，隴外層層麥浪生。故國雲山俱在望，征衫沾濕總怡情。

家敬思配朱安人節孝詩

吾宗有賢母，家在城西隅。人皆有伉儷，塊然獨孀居。孀居何所恃，所恃掌上珠。珠沉玉既碎，哀哉蘭畹虚。但爲姑嫜故，侍養極勤劬。但爲蒸嘗故，矢節清不渝。毁妝三十載，血淚常模糊。井臼能親操，健婦亦不如。伯叔感其節，家政委枝梧。妯娌感其節，推讓同歡娱。臧獲感其節，緩急應傳呼。比鄰感其節，咸稱爲楷模。比來歲月久，人號女丈夫。伯氏亦伶仃，兩世皆孤雛。撫厥猶子孫，不與嫡血殊。終然賴存活，今看列簪裾。孝節冠金閨，罄竹難盡書。果膺當代奬，坊表輝門閭。從來天倫地，至性翻若愚。令伯有陳情，迄今爲欷歔。行當千載後，芳名傳石渠。

早發寧陵

先世僑居地，能無桑梓情。余先世褒城侯，隋唐間寓此。柳烟環外郭，蓮渚浸孤城。馬襲輕冰渡，人蒙曉霧耕。紛紛霜葉舞，爲我鬧歸程。

望宋牧仲家宰西陂未至

不待君王賜，歸來築鏡湖。地分梁苑勝，人在輞川圖。側想閑花發，應知俗客無。何年携蠟屐，樽酒得追趨。

琴臺

我行經單父，懷古長留連。喧騰多車馬，雜遝紛人烟。富庶不自今，疇昔良已然。問誰所遺澤，宓子風未湮。嵯峨古琴臺，高峙青雲邊。其下列闤闠，居民盈萬千。仰止思惠績，血食永不遷。鳴芩坐廳事，四境常宴眠。父事者三人，兄事有五賢。其餘十一子，友事相比肩。以此輔宰治，何慮德不宣。同時巫馬期，盡瘁身胝胼。戴星出復入，亦以最績傳。均爲聖門哲，勞逸何相懸。要在化理同，何必皆揮弦。無云百里小，俎豆二千年。寄語長民者，視此庶無愆。

關山月

長烟暮横山色紫，日落孤城萬峰裏。一聲觱篥叫秋雲，明月遥從銀漢起。十室征人九室空，戍樓吹笛思無窮。惟餘一片關山月，還與長安陌上同。

明景泰年賜先公金圖章歌

昔在有明景泰帝，恩及聖孫亦殊異。襲公我祖方八齡，從容入覲鑾坡侍。大官捧出紫金章，更與宫袍一時賜。玉筯文工紐角端，背鐫年月猶堪記。寶光火齊透重茵，氣象干霄難逼視。捧歸什襲敬收藏，要使千秋識名器。亂後沉埋土壤中，常見卿雲護其地。世際升平始復出，璨然文彩疑新製。座客傳觀卓爾驚，稚子童孫盡環跪。因知家澤果綿長，願與雲仍保勿墜。

哭堂弟擎中

松柏凌秋霜，芝蘭委朝露。修短理萬殊，疇能測其故。弟也英俊姿，夙儲昂霄具。簪纓固自有，雅尚敦儒素。食餼家校中，恥與餘子伍。三冬涉文史，盛夏不窺户。狷介乃性成，塵囂所深惡。傫然稟清癯，形影頻自顧。因循抱長愁，況復罹縲緒。二豎從何來，膏肓竟沉痼。萬里行結褵，俄驚返中路。乘鸞屢愆期，化鶴忽馳訃。已矣少年心，摧殘等遲暮。緬昔彌留日，輾轉縈百慮。永絶鳳將雛，何論烏返哺。咫尺几屏間，杖藜不能步。自覺寢食艱，未免乖喜怒。客至厭聞喧，勉强接酬晤。醫言猶慰籍，早卜秋難度。輟食寢甚甘，從兹遂不寤。嗟余群從少，慘酷詎忍睹。寂寞五經堂，誰爲三珠樹。茫茫玉樓召，杳杳招魂賦。一慟情莫申，因之託長句。

鄭谷口隸書歌，兼贈顔肅之

李斯小篆世所珍，蔡邕八分冠古今。殘碑斷碣不可得，一字價值雙南金。吾家廟廷漢碑七，蘚剥苔侵未漫滅。後來學者所楷模，舍是無由得門入。前輩金陵鄭隱君，天生柳骨與顔筋。既工小楷復工隸，漢唐以來稱八分。先生夙昔來東魯，愛我漢碑心獨苦。布毯其間十日眠，一時興與精神聚。從此揮毫迴絶塵，崛强盤拏俤鬼神。飛來意態悉收斂，書以簡拙還真醇。白門舊日高聲價，不在李斯蔡邕下。考功一見締深交，側理隃麋看揮寫。如今此老已云殁，公子珍藏有遺墨。晴窗共展忽見之，令我太息三輟食。猶記唐時有李潮，書動少陵聲價高。感君割愛於我贈，放筆竟欲追詩豪。雲雷蝌蚪亦何限，亂若蚊蜓徒過眼。安得燕許大文章，更起先生泐碑版。

怡園獨處無聊，口占遣悶

昔賢多半此棲遲，梁父徂徠有舊基。今日總成修竹徑，碧琅玕上獨題詩。

誰會羲皇太古心，一床書卷一張琴。鄰翁釀熟如相約，便可相携入竹林。

何時小築傍山村，曳杖茅檐曝日温。看罷刈禾無一事，手携書卷課兒孫。

韓蘄王廟

古人今不見，廟貌若爲雄。山帶陣雲黑，江吞戰血紅。奇兵如破敵，國議豈和戎。可惜豪厘謬，垂成失大功。

虎阜竹枝詞

一岩一壑總樓臺，奇樹扶疏倚月栽。聞説吴兒歌吹好，夜深猶上講壇來。

山門直下放扁舟，七里山塘選勝游。最數半塘風景好，緑楊罨畫酒家樓。

水繞山迴致不窮，浮屠七級峙當中。畫船處處喧簫鼓，爲弔吴王舊苑宫。

半塘五人墓

直是殲凶閹，千秋氣共伸。由來殉義客，何必讀書人。勝國山河改，巍墳俎豆新。三良空惴惴，殊讓爾精神。

過韓慕廬宗伯故居有感

不傍門牆自致身，曾將碩畫對楓宸。一時典禮稱前輩，多少雄文託後塵。廳事尚餘旋馬地，江干無復問奇人。與公舊切葭莩誼，却過蕭齋倍愴神。

烟雨樓

檇李高樓舊得名，繁華爲近秀州城。八窗盡卷朝雲入，四面皆看春水生。暇日金樽延妙妓，清時檀板度新聲。如何烟雨蒼茫外，終古無人説月明。

西湖放歌

昔因西子名西湖，遂令世人難畫圖。今將西湖比西子，無怪畫圖全不似。我觀西湖真畫工，不與世間山水同。得趣豈曰樂天叟，點綴非關蘇長公。畫舫初從斷橋發，南北高峰相對揭。澄波如練清風來，灑掃六橋堤上月。誰向中流倚鏡看，湖心蕩漾紅闌干。南屏蒼翠何足道，天目山頭翔鳳鸞。却怪湖山秀如此，趙氏偏安一何鄙。吴山立馬頻來窺，一去厓門棄如屣。六陵龍蜕築浮屠，從此無人説帝都。徒剩區區一窪水，越榭吴臺飛鷓鴣。梵寺晨鐘度清響，時人尚作烟花想。朝朝游女競明妝，夜夜笙歌停畫槳。北客南游亦偶然，情深爲駐木蘭船。西施妝罷竟飛去，化作天邊明鏡懸。

冷泉亭

西湖太覺清華甚，不信山中有冷泉。欲唤枯僧來共酌，萬峰争瞰畫檐前。

清明日雨

百五風光客裏看，如絲小雨憑欄干。獨令楊柳籠朝霧，全付棠梨與暮寒。鬬草兒童空有約，蕩舟士女若爲歡。杏花多處堪沽酒，借問何時屐齒乾。

題舫齋

偶來偏喜得修椽，宛似張融岸上船。無數好山環檻外，一泓清水落樽前。桃花漲處家家雨，杏酪香時陣陣烟。惟有此心長不繫，歸程擬借片帆懸。

邗上有懷家岸塘農部

想像淮南桂樹叢，昔年曾此寓文翁。後來誰繼宣房績，岸塘曾奉使治水下河。當代猶傳北海風。客邸問奇珠履滿，寺樓題句碧紗籠。舊時游跡今人踐，高卧藤花澗道中。

抵家二首

歸訊非今日，先期已到家。高堂聞鵲喜，稚子説燈花。京兆新眉嫵，河陽舊鬢華。萬端悲喜集，心曲轉如麻。

却到仙源郭，沾衣驟雨來。且占豐歲麥，爲謝短亭杯。檻竹新篁長，園花剩蕊開。琴書仍静好，次第拂塵埃。

山中

山居盡日無膏沐，侍女牽蘿補茅屋。芳草春時深閉門，月明自伴梅花宿。

闕里孔氏詩鈔卷第二

鎮洋盛大士選訂　曲阜孔憲彝纂輯

孔繼濩

字體和，號純齋，孔子六十九代孫，雍正十三年贈衍聖公。著有《純齋遺草》一卷。曾伯祖贈公好讀書，能强記，席豐處厚，以謙沖自守，克承先聖持滿之訓。年二十三未及襲封而卒。

【補】孔繼濩，傳鐸長子，康熙三十六年（1697）生，五十八年（1719）卒，年二十三，誥贈光禄大夫。《國朝山左詩匯鈔後集》録其詩。

小齋獨坐，偶賦瓶中緑萼梅

可知世外有佳人，逸韻孤標迥出塵。香比幽蘭尤淡遠，色分芳草倍精神。嘗窺硯北三更月，已占江南十月春。但得何郎同唱和，日吟好句百回新。

清明日同葉贊王飲鐵山園

清明結伴踏群芳，風弄花枝繞緑窗。頻囑杜鵑聲暫歇，且聽歌管奏新腔。

和葉贊王韻

節序頻更易，炎蒸從此收。忽聞蛩語咽，應起客邊愁。雁到書堪寄，詩成意自幽。暫爲河朔飲，莫負此新秋。

秋夜

物候蕭森景漸寒，攤書對酒足清歡。銀河斜處星初出，玉漏催時夜欲殘。四壁蟲聲閑裏聽，半簾月色静中看。庭前更有囊紗興，幾點流螢度曲欄。

閨情

閑傍妝臺有所思，可憐膏沐爲誰施。魚沉雁杳無音信，空織迴文錦字詩。

紅綿拭鏡照秋波，憐我憐卿惹恨多。屏却小鬟閑倚枕，欲眠争奈杜鵑何。

鵲尾香濃夜月圓，蕭郎底事信茫然。庭前惟有梧桐樹，夜夜秋聲到枕邊。

秋興

爽氣新秋積翠微，商飆颯颯送炎威。梧桐葉老寒金井，蘆荻花殘冷釣磯。嘒嘒蟬聲依樹咽，飄飄雁影傍雪飛。時光漸覺嚴霜近，萬户砧聲搗素衣。

秋柳

極目秋光冷碧天，疏疏岸柳不勝烟。那堪張緒丰姿改，只有陶潜逸興偏。玉露凋殘愁夜月，金風蕭瑟怯寒蟬。攀條莫漫悲行客，轉眼春光色又妍。

九日魯南城登高，用壁間杜詩韻

登高莫厭酒杯寬，雅會同擠結古歡。農有秋成争報賽，野無遺逸好彈冠。籬花黯淡砧聲急，潭水澄清雁影寒。遠眺夕陽烟景外，尼防翠聳静中看。

病中作

支離難遣病中身，筆硯荒蕪藥裹親。此際那堪回首憶，一回回首一傷神。

孔廣棨

字京立，號石門，孔子七十代孫，雍正八年襲衍聖公。著有《敏求齋文集》八卷、《詩集》四卷、《别集》一卷。從伯祖石門公好經術，嫻禮儀，屢次入朝，皆蒙殊遇。曾奏請元聖後裔一體陪祀臨雍，及衍聖公得預經筵聽講，請著爲令，俱蒙報可。留心著述，自名所居曰"念典"，日與諸名士講貫其中。所獻賦頌，皆荷嘉覽。惜不享年而卒，年僅三十有一耳。

【補】孔廣棨，繼濩長子，康熙五十二年（1713）生，乾隆八年（1743）卒，年三十一。《清史稿》卷四百八十八："（乾隆）三年，上幸學，召廣棨陪祀。獻《親耕耤田頌》、《視學大禮慶成賦》。四年，朝京師，祝上萬壽。會舉經筵，令侍班，因奏請著爲令。六年，疏劾曲阜知縣毓琚不職，毓琚亦訐廣棨居鄉不法，下巡撫按治，上原廣棨而譴毓琚。"校刊《孔子集語》二卷，著《石門山人詩稿》一卷。《國朝山左詩匯鈔後集》録其詩，（乾隆）《兖州府志》、（光緒）《泗水縣志》録其文。另據《孔氏大宗支譜》（同治十二年刻本），孔廣棨雍正九年襲衍聖公，小傳中"雍正八年"誤。

雍正壬子入朝，上御正大光明殿，禮部堂官引臣廣棨由出入賢良左門入，命坐賜茶，諭以勤學讀書、敦品勵行，恭聆聖訓，敬紀一律

聖聖相承日，賢良共治期。趨朝陪末座，臨陛荷温辭。祖訓思

三命，天恩重一時。小臣慚念典，何以答宸慈。

人日七叔祖招飲

人日集東堂，良朋泛羽觴。老梅剛吐白，新柳未舒黄。菜甲和羹美，盤辛入饌香。才高兼分長，思發足清狂。

送吴慕庵歸揚州

季子頻年作魯遊，劍囊忽去古邗州。二分明月歸吟篋，一帶嵐光入選樓。柳色遮空迷客騎，杏花夾岸送行舟。春江十里珠簾卷，到日輸君樂事稠。

春雨

高低繡陌濕無痕，處處蒼苔屐齒存。池面萍開吹鳳縠，竹陂土潤長龍孫。披蓑莫問垂楊渡，戴笠還過紅杏村。最是緑窗人静悄，一簾花影鎖春魂。

祓禊曲

春花紅似錦，春水碧于藍。解道春光好，年年三月三。
舊恨隨流水，新歡似緑波。潮生復潮落，前路更如何。
春風曲江曲，細柳間青蒲。朝朝勤祓濯，底用覓桃符。

較射

五日春風十日雨，郊原無塵豁天宇。獻侯設鵠城之東，傳呼小隊習儀矩。馬前結束皆良材，左挽强弓右插羽。行行十畝廣場開，上有軒窗足憑俯。序賓合射胡雍容，各從其類相參伍。誰家少年健如虎，意氣欲拓八鈞弩。首先破的藝絶倫，樓下突起填然鼓。衆中齊展决拾能，貫革穿楊不知數。樓頭行酒復縱觀，我心直爲爾曹吐。維皇尚文兼尚武，邊陲軍檄來旁午。予惟累世膺爵土，敢以忠勤策編户。相期弧矢殲胡虜，帶礪褒封出天府。樓前拱聽齊歡舞，願爲皇家剖肝腑。宰牲瀝酒宴場圃，日暮紛紛醉村塢。

賦得“鳩燕鶯鴻鶴鷺鵑”，效朱達士體，即次其韻

畚鍤忙時一兩聲，辛勤銜蕊舊巢成。金柑好助詩人興，玉露平添戍婦情。影接霜衣秋皎皎，目成潭月水盈盈。任教歲歲催春去，莫向天津橋畔鳴。

疊韻柬陳二景涑

子公詩句無纖瑕，談詩小院清風嘉。捉塵逾時漱珠玉，揮毫頃刻飛雲霞。烟深鶯語占高柳，雨細燕雛銜落花。邀爾此間數晨夕，擁書萬卷憑摛華。

贈河東制府王司馬

槐里聲華舊，名賢出應時。文章扶大雅，經術佐昌期。百粤榮牙節，三湘遍口碑。清勤膺渥眷，祇慎荷深知。楓陛丹綸至，河壖玉斧移。雄謀成鎖鑰，壯略總熊羆。海岱祥雲湧，桑麻膏露滋。德威人仰望，懷保物恬熙。按部和風洽，巡行甘雨隨。瞻韓餘夙願，借寇愜忱私。燕喜應同賀，麟圖合早推。蒼生咸有慶，台曜映彤墀。

書懷柬友

我心託霄漢，幾度客金臺。露下張帆去，霜寒結騎回。三秋空好月，十月忽聞雷。立冬後五日薄暮，雷大作。何日春風轉，頻來驛使梅。

曉望

侵曉登樓望，四野寒烟起。萬籟寂秋空，溪聲鳴不已。

六藝堂雅集

薄暮臨池上，携尊坐蘚茵。燭燒翻古帙，花綻會良辰。滿沼蒲生翠，侵樓月似銀。竹林多雅集，文酒樂天真。

早朝

閶闔晴烟上翠斿，太平天子正垂旒。赭黃鴛瓦光如鏡，金碧龍楣彩欲流。地迥風高瞻鳳闕，雲開日麗拜螭頭。世臣朝罷歸西第，萬户千門一望收。

陪祀南郊，恭賦六韻

聖主勤郊祀，精誠達上台。九重方協律，六管正飛灰。列仗紛前導，群工儼後陪。蒼壇陳玉幣，旭日映尊罍。雲護鸞旗動，風和龍馭迴。世臣叨扈蹕，作賦愧無才。

鐃歌

維皇御宇百度康，日南交趾皆來王。蠢兹小醜貪如狼，自西徂北占欃槍。皇赫斯怒咨鷹揚，三方犄角殲胡蝗。秋高牧馬窺籓牆，我師突出摧寒芒。犁庭掃漠威窮荒，萬衆駢戮相支撑。譬若車前捍臂螗，風輪馳驟烏能當。捷書飛報開明堂，祖考來格生芝房。從今版籍過河湟，海山無路無梯航。紛紛鐃吹歌伊凉，論功錫爵增輝光。

和史二頡甫送别元韻

臨岐執手重淹留，一帶嵐光翠欲浮。千里離人歸路杳，黃雲白雁總生愁。

昨歲今年再别離，驪駒慣唱仲冬時。桑乾河畔三杯後，從此相思寄酒巵。

寄頡甫代柬

剛逢臘日寄新詩，寄到新詩梅吐時。惆悵床頭新釀熟，一尊花下動離思。

獨醉

消受虚齋寂寂春，蓬蒿滿徑斷車塵。無聊且盡一尊酒，還倩梅花作主人。

懼醉

新得佳人倚暮寒，良宵燈火雜杯盤。個儂莫更低低唱，酒醒還愁夜已闌。

同醉

訪得林間把臂人，懶嵇狂阮有天真。山花開落休惆悵，痛飲長留天地春。

柬紫岩疊韻

聞道皤翁意頗饒，春遊不用小奚招。杏花鬢壓疑梅額，酒力身斜似柳腰。雲散天空看翠岫，社餘風暖踏青苗。知君養度非輕步，可尚騎驢過板橋。

出郭疊前韻

田園風物正春饒，野步城闉不待招。布穀鳴耕纔過耳，南池新漲已齊腰。迎眸翠黛來山色，入饌清供采菊苗。病後未能勤遠眺，前驅只到老人橋。

古意

辛苦事新蠶，陌上采桑去。夕陽照東山，野花落無數。

楊柳復楊柳，拂拂河堤上。曰歸胡不歸，青山列翠障。

遊嶧山

四月清和日，來看雨後山。倦雲歸遠岫，新漲没蹊灣。塵净天無際，風清鳥自閑。停軒憑小憩，匹練聽潺潺。

山靈真不俗，仙吏亦風流。買犢勤耕事，栽花遍嶺頭。烟霞侵步障，紅紫落歸輈。芳草當春緑，年年一度遊。

春夜聞砧

搗練誰家女，辛勤花月夜。乍聞清響生，不覺秋思瀉。閃閃黯長檠，悠悠自鄰榭。中宵眠不成，起步曲闌下。

柳堤春浪

柳色自年年，平堤一抹烟。恍如桃葉渡，何處木蘭船。

高下渾無定，微波緑濺衣。黄鸝纔上樹，疑是水禽飛。

南海嘉禾

聖主勤民事，遐方産瑞禾。敷天膏雨露，大地沐恩波。玉穎培元氣，瓊根孕太和。九莖枝挺拔，百穗影婆娑。高拂陌頭柳，斜牽松上蘿。珠江流自遠，香浦潤偏多。白粲名堪並，青精種豈過。海邦綿帝澤，南望一賡歌。

踏青

爲愛尋芳折簡呼，春山處處長蘼蕪。行吟村郭邀遊賞，勾勒田塍入畫圖。金埒嘶風迷曲徑，雕輪碾月問歸途。他時此會成追憶，便是黄公舊酒壚。

孔昭焕

字顯文，號堯峰，孔子七十一代孫，乾隆八年襲封衍聖公。從伯堯峰公通敏果毅，能任大事，屢膺大典，皆蒙恩禮，有逾常數。在位四十年，於廟廷大事尤多表著，如重修聖廟欞星門，易以石，改建啓聖王林享殿、林門，修林廟及尼山中庸書院，咨請清厘祭田，皆爲鄉里稱誦。

【補】孔昭焕，廣棨子，雍正十三年（1735）生，乾隆四十七年（1782）卒，年四十八。纂修《孔子世家譜》二十二卷，摹勒《玉虹樓石刻》四卷。《國朝山左詩匯鈔後集》録其詩。

恭和御製《衍聖公孔昭焕來接，詩以賜之》元韻

鳳蓋鸞旂賁魯東，欣逢寰海奏膚功。修文偃武千秋繼，瞻嶽呼嵩萬姓同。釋奠禮原超百代，講筵班愧列三公。恩榮萬古叨餘蔭，天語遥頒錫賚豐。

恭和御製《頒内府周笵銅器十事，交衍聖公孔昭焕陳闕里廟庭，詩以志事》元韻

從周明素願，聖代豈徒言。九錫恩偏厚，千秋器尚存。選來欽慎重，頒到仰頻番。諭旨云：著仿太學之例，頒内府所藏姬朝銅器十事備列廟廷，用愜從周素願。俟朕回鑾後，慎選郵發，交與衍聖公孔昭焕，世守勿替，以副朕則古稱先之至意，欽此。夔鳳蟠銅豆，犧彝間古敦。欣看承秬鬯，用更肅蘋蘩。圖識姬朝製，辭探造化源。並蒙頒發圖説册。尊師高古昔，主敬溯根原。御製詩云“微深敬師志，益勖作君原”。法物從今備，元和鑄漫論。舊陳五尊，皆漢元和二年鑄。

乾隆戊辰，駕幸闕里，恭和賜詩元韻

杏壇春暖駐鸞旌，典肅明禋仰敬誠。瑞露曉隨仙仗湛，彩雲晴傍翠華生。千秋俎豆昭文化，奕世雲仍衍澤清。法祖崇儒今古少，一時榮遇儷登瀛。

豐貂累葉冠群僚，姓氏長邀國史標。恪守詩書綿世澤，愧依鉛槧答熙朝。天顔咫尺承恩密，祖蔭千秋食德遥。黄口何知膺異數，祇聆寶訓佩無驕。

送燕

豈因霜雪遽言歸，無那西風影漸稀。鄉國有懷殊眷眷，主情臨別重依依。秋堂一任垂簾幙，春殿猶思换舞衣。好護舊巢輕莫毁，明年還到故人扉。

雩門雜詠

泗橋柳色畫鵝黄，摇曳東風幾縷長。最是雩門春景好，緑陰深處酒簾颺。

沂河夾岸有山村，幾樹桃花隱小門。野老扶犁春雨足，一聲牧笛近黄昏。

藤蘿四月石門山，紫玉垂垂放小岩。鎮日無人山寂寞，空餘乳燕語呢喃。

泮池彌望盡疏荷，翠蓋紅妝映碧波。一夜平添三尺水，緑楊影裏打魚歌。

孔憲培

字養元，號篤齋，孔子七十二代孫，乾隆四十八年襲封衍聖公。著有《凝緒堂詩集》八卷。從兄篤齋公原名允憲，奉詔改今名。幼隨堯峰公入朝，屢荷殊眷，賜詩褒勵，公謹和以進，深蒙宸賞。工書畫，尤善寫蘭，有恭慤公遺法。袁子才太史嘗序《凝緒堂集》云“天機清妙，與造物同游”，聞者嘆爲知言。

【補】孔憲培，昭煥長子，乾隆二十一年（1756）生，五十八年（1793）卒，年三十八。《孔子世家譜》初集卷三之一“大宗户”：“（孔憲培）天性孝友，心地慈祥，敦宗睦族，雅重知交，且御下有恩，一如家人。父子爲人冲淡恬退，又擅長詩詞，頗有淵明之風。”《國朝山左詩匯鈔後集》録其詩。另據《孔子世家譜》初集卷三之一“大宗户”，孔憲培“原名憲元”，小傳中作“允憲”，誤。

長安留別任梅亭暨諸内兄

正是鶯花三月天，上林春色帶晴烟。離筵欲盡別君去，却望長安在日邊。

腰站客舍和壁上詩韻

微雨初過霽景新，沿堤細草緑成茵。馬蹄自蹴落花去，幾處殘鶯啼暮春。

竹籬茅舍碧山前，桃葉成陰柳正眠。恰是江南好風景，輕寒輕暖麥苗天。

立秋

乍散炎蒸暑欲收，梧桐葉落報新秋。半竿紅日蟬吟樹，一夜西風人倚樓。爽氣正宜深院静，凉生倍覺小窗幽。回頭遥望鄉關處，漠漠長空暮靄浮。

送春

長晝人多暇，晴窗興不違。庭虚花自落，簾卷燕交飛。日暖將求箑，風和乍减衣。獨留原上草，寂寞送春歸。

車遥遥

寶劍千金裝，駕言出四方。相送出門去，抑鬱斷人腸。驅車日已暮，知向何方住。不見車中人，空見山頭霧。山頭去悠悠，聞道古西州。咫尺即萬里，寸心生遠愁。愁向心頭疊，心似風前葉。願作車上塵，宛轉隨郎轍。

折楊柳

憶昔送郎時，郎行大堤頭。東風吹楊柳，緑近城南樓。相思日以遠，玉關消息斷。腰帶準疇昔，腸中車輪轉。

遣意

心静渾無暑，高齋避俗緣。風鳴時動竹，雨過一聲蟬。小隱懷盤谷，新詩愧輞川。比來慵束帶，隨意北窗眠。

述懷

遥憶吴江上，秋風滿荻蘆。征鴻南去早，欲寄一行書。

對月望遠

夜來微雨歇，清風吹素襟。散步在檐宇，促織鳴牆陰。弦月升東方，照見緑綺琴。揮手彈一曲，悠然太古音。鄉書無由達，悵望生遠心。

排悶

鄉園千里隔，歸計尚漫漫。把盞頻看劍，尋詩静倚欄。雲容垂野黑，雨氣入簾寒。滿目秋蕭瑟，羈懷强自寬。

榆錢

剪剪輕寒二月天，緑榆門巷散晴烟。憑誰好向東君語，買盡春光值幾錢。

過鄭州

廢址荒城四望收，風沙撲面客添愁。雲連野樹長天晚，漠漠輕陰過鄭州。

過趙北口

地接神京景物饒，平湖一望水迢迢。鞭絲帽影匆匆去，行過燕南第幾橋。

將進酒

將進酒，傾千觴，風吹落花春酒香。華堂高宴日擊鼓，換却金貂解鷫鸘。畢卓鄰家瓮，陶潛籬下樽。人生有酒不自適，世上浮名安足論。將進酒，爲君舞。拍浮白玉缸，倒著黄金縷。南山種豆歌嗚嗚，枝頭好鳥勸提壺。夭桃爛漫照屠蘇，安知刀筆吏打門來索租。

睡起

和風裊裊鬬春華，睡起東窗日已斜。滿地緑陰人不見，鵓鳩飛上野棠花。

途中花朝

匹馬尋歸路，春寒凍未消。望中迷草色，客裏度花朝。羅列群山近，平鋪一水遥。夕陽村舍外，又見酒旗招。

兖州少陵臺

少陵不可見，遺蹟剩荒臺。危閣淩天表，孤城背水隈。浮雲通泰岱，旭日隱蓬萊。遠眺空懷古，登臨首重迴。

春詞

緑楊遥映水邊樓，春色無邊望裏收。燕子不來春欲暮，飛花細雨滿簾鈎。

懷古

天清氣爽絶塵埃，四壁山光入望來。少昊氏墟傳舊壘，魯恭王殿有高臺。風飄落葉寒猶戀，霜冷黄花晚更開。惆悵不堪秋色暮，暮砧多處雁聲哀。

四時曲四首

妾如風中絮，郎如陌上花。團扇背銀缸，咫尺即天涯。天涯芳草年年緑，裙腰一帶蝴蝶宿。

野水溢金塘，蓮花似六郎。晚風吹不散，七十二鴛鴦。鴛鴦兩兩宿沙渚，蓮子空房奈何許。

剗襪下香階，露濕蒼苔緑。歸去繡簾間，背影對銀燭。銀燭挑盡未成眠，桐陰鋪地霜滿天。

繡被擁鴛爐，薄帷抱孤影。寶鴨炷蘭烟，迢迢寒夜永。夜永銅壺漏未歇，綺窗斜轉西樓月。

即景

一夜輕風送雨，朝來新緑滿庭。銀蒜雙飛燕子，釣絲微颭蜻蜓。

齋中瓶梅

擅得人間冰雪姿，繩床紙帳最相宜。孤山南北無窮樹，此是銅坑第幾枝。

秋柳二首

江潭憔悴暗魂消，無復依依千萬條。病葉難施京兆筆，柔枝欲彈小蠻腰。淒凉暮雨横塘路，摇落西風舊板橋。何限相思倍惆悵，誰家樓角自吹簫。

堤樹無枝倍黯然，灞陵原上渭城邊。舞殘絶塞虚垂手，閲遍長途欲化烟。老去桓公聊復爾，罷官陶令亦堪憐。不須攀折悲行客，惆悵春光憶往年。

晚凉

虚室生晚凉，夕日映書幌。幽蘭澹相對，暗蛩時一響。倏然見素心，懷古發遥想。

秋思

露白菊花秋，霜紅楓葉稠。一聲何處笛，凉雁過高樓。

九日安懷堂即事

節序逢重九，襟懷此日開。山光晴後見，秋色望中來。彭澤花應綻，衡陽雁又回。年年行樂處，更泛紫萸杯。

孔慶鎔

字陶甫，號冶山，孔子七十三代孫，乾隆五十九年襲封衍聖公。有《鐵山園詩集》八卷。冶山宗子性謹厚，自九歲襲爵，歷事三朝，悉蒙恩禮，有逾常數。性至孝，母于太夫人卒，祀畫像於慕恩堂，如事生禮，終其身不懈。幼工詩，築鐵山園於邸内，招四方名士唱和其中。詩稿甚富，晚年手自删削殆盡。工書畫，筆致秀逸，具見性情，人多珍之。

【補】孔慶鎔，憲增長子，出嗣憲培。乾隆五十二年（1787）生，道光二十一年（1841）卒，年五十五。《國朝山左詩匯鈔後集》《晚晴簃詩匯》録其詩。

城門軌

君子不由徑，直道堪遵行。悠悠城門軌，日久乃愈明。山路有崎嶇，玆路無縱横。城樓映斜日，益見輪蹄争。雜沓市聲亂，繚繞炊烟生。對之發深省，静夜心營營。車馬尚有跡，人可獨無名。景公貴無聞，夷齊餓益稱。飲酒被紈素，岐路多紛更。前後同一轍，何爲自策輕。

新正八日，虎兒入學，作詩示之

芸窗生虚白，風和春晝晴。几案無纖塵，朗朗讀書聲。讀書須温故，學業勤益精。詩書本世業，遺訓承過庭。美哉唐劉晏，正字方七齡。李泌能賦棋，少小神童稱。汝性頗不愚，智慧得其靈。發奮莫自棄，古人用囊螢。六藝得其一，即不負儒生。憶我授經時，垂髫纔五庚。忽忽二十七，愧未通一經。更期八九年，望汝學有成。付汝青箱業，承先重令名。

鄭公鄉

三年立馬帳，篤志匪朝夕。及歸黨事起，杜門謝俗客。軒冕豈不榮，修經自安適。據義悉精通，論古細尋繹。范陳同李賈，争鋒俱消釋。後儒知實學，聖道留正脉。公本仁德號，寧必隆鼎席。鄉宜四牡過，何不廣開闢。爲立鄭公鄉，千古傳遺跡。

富相亭

遺亭水澗側，屢經春復秋。憶昔忠心堅，被謗來青州。救灾出部粟，河朔民安鳩。帝終懷眷顧，遣使嘉其猷。斜望范公泉，千載共悠悠。

刈麥歌

四月清和雨初歇，田疇四望黄雲結。庤乃錢鎛向郊原，日午胼胝人力竭。陌頭鳴鳩呼不已，村中田婦侵晨起。同携簞食提壺漿，麥隴風來餅餌香。打麥登場須日曬，南澗老龍且穩睡。

簾波

簾波蕩漾桐陰緑，猩色屏風掩銀燭。中有美人碧玉簫，夜深偷奏相思曲。不見頗黎酒盞浮瓊酥，但聞驚起城頭烏。

題余貞女《鳳泊鸞飄圖》有序

貞女字泉姑，前明金陵人也。有中表某求婚，未允，别婚他姓。某懷忿，以流言污蔑，貞女抱恨赴井死。道光戊子秋，降乩津門，高氏家備言顛末，高氏繪圖紀事，沈鶴坪以是圖屬題，亦成長古，以備他日采風之一助云。

石頭城，余氏女，少小已能歌樂府。閨中小字號泉姑，鐵石丹心生亦苦。父母選東床，尚未供婦職。東鄰有惡少，傾慕女顔色。屢次倩冰人，求婚婚不得。美人謡諑豈尋常，舌鼓唇摇布滿國。良人因把紅顔棄，如此瓊姿黄土瘗。一夜凄風墜井亡，生前早解柏舟誓。含冤直到去年秋，鸞降津門寺裏遊。二百年來懷恨事，畫沙仔細説緣由。松柏莫比閑花柳，寫入生綃垂不朽。高髻蓬鬆却道裝，斷環猶在纖纖手。繪作鸞飄鳳泊圖，守貞真不愧泉姑。武昌石是前生影，立在山頭總望夫。生本烈，死更烈，世間難得冰霜節。女媧煉石，天可不補，貞女抱冤，不可不雪。雖未親夫面，地下可同穴。姓氏咸傳白下門，井波千古胭脂血。

醉後偶書短古一首

登場官，紫騮大馬玫珂鞍，滿臉威儀人起敬。開口津津談政令，非舊相識忘其姓。君不見，後車所載盡羅綺，一過塵飛數十里。初登仕版已驕侈，民之脂膏養妻子，俸禄年年作甘旨。鄉鄰嗔，奴僕喜，但願送爾繫日之長繩，莫使流光去如駛。

登舞雩臺

童冠樂春遊，高臺跡尚留。風光雖不改，歲月已如流。荒草卧殘碣，遠汀來野鷗。歸途動歌詠，斜日滿城樓。

題汪夢岩大尹汝弼《聽泉圖》

小室連雲築，寒泉逼户流。乍清三峽夢，還作一山秋。天地終青眼，艱難未白頭。巢烏應兆瑞，莫嘆隔瀛洲。

魯源莊曉起閑步

門前人跡稀，春去尚依依。初日明山頂，清風吹我衣。閑花沿澗放，幽鳥傍林飛。野老還携酒，相邀到竹扉。

風景娱人目，深山好獨行。乍停入時雨，猶未歇春耕。幽谷餐松子，飛花掩石枰。喜於城市隔，疏散少逢迎。

嚴午橋别駕理以魏蔗門孝廉樹德《北堂績授圖》索題，爲賦二律

韋母傳經苦，千秋仰令名。天涯遲雁信，窗下數蛩鳴。霜肅金萱潔，風高玉樹清。一燈勤課讀，書韻雜機聲。

萬里尋親骨，山村更水村。可憐慈母淚，常繫藐孤魂。績紡留圖畫，松楸冷墓門。秋風邀一第，敢説報深恩。

馮集軒明府雲鵷囑題李烈婦傳後

慘抱孤鸞恨，呼號失所天。此心同白日，矢志殉黄泉。不爲慈姑累，全憑伯姒賢。曇花悲一現，零落感芳年。

少小能明義，無慚聖主褒。香魂催杜宇，春夢醒蒲牢。古雪心原潔，貞松節本高。他年鴛冢上，應有鳳翔翺。

嘉慶己卯九月二十五日，召對勤政殿，蒙恩賜《全唐文》、宋版四書五經、紙墨筆硯，恭紀二十韻

颺拜葵心切，嵩呼九陛前。熙朝欣有慶，壽寓喜無邊。頌獻箕疇句，詩歌天保篇。琳宫籠曉日，珠殿靄晴烟。雲擁冠裳集，星馳劍履聯。六卿端象簡，八校聚貂蟬。聖主能崇道，微臣許備員。鵷班排翊衛，鳳詔待傳宣。肅穆登瑶砌，趨蹌步錦氈。爐升千縷篆，琴和五條弦。述職親承訓，持躬敢致愆。霽顔瞻豫悦，温語聽纏綿。寵對堂簾近，榮膺錫賚便。牙籤分秘閣，寶笈責甘泉。文萃三唐盛，書珍二宋鐫。鼠須誇紫勁，鸜眼識青圓。汁貯金壺膩，香凝玉版堅。輝煌騰魯壁，羅列伴韋編。爵忝桓圭重，恩沾黼座偏。感深頻抃舞，謹祝萬斯年。

見野外梅花

不從桃李鬬芳妍，冷淡丰姿絶可憐。夢入孤山香漠漠，魂銷古驛恨綿綿。無言自是含幽意，索笑誰從續舊緣。何日移來亭砌外，伴他紙帳日高眠。

大姊歸省，喜而有作

屈指分襟已數秋，江雲漠漠水悠悠。屢聞歸信思猶切，難罄離懷話不休。掌上珠抛猶惹痛，時女甥初殤。堂前月滿且銷愁。相逢記取鄉園景，開到當年檻外榴。

九月二十二日，召對勤政殿

入宫欣喜聖躬安，得近龍顔咫尺前。戀闕情殷瞻舜日，兼程心切祝堯天。君王鄭重西成雨，官吏歡騰大有年。朝罷手擎新賜食，眷隆人説奉恩偏。

初九日，圓明園賜看烟火，恭紀

風和日朗御園開，爲侍宸游特地來。鳳燭蚖燈輝陛戟，銀花火樹燦蓬萊。珠宫奉命新陪宴，初八日，奉旨正大光明殿與宴。瓊室承恩復賜醅。正届小陽天氣好，君王常進九如杯。

班聯得領虎賁榮，是日奉旨領提鎮跪安。温語親傳喜近聽。天上春回驚霹靂，樓前燈舞訝瓏玲。三秋禁苑花偏艷，十月宫牆柳尚青。何幸微臣逢盛際，屢邀殊渥下彤廷。

出京前一日，寄内詩以代柬

離家兩見月團圓，好語憑君尺素傳。旅館何堪燈炧後，秋風况是雁來天。客中得句愁盈斛，夢裏還家路幾千。已整歸裝是明日，不教老母寸心懸。

客有笑予袍敝者，詩以答之

此是先皇舊賜裳，昔年頒自玉墀傍。一襟猶漬離宫酒，兩袖曾籠朵殿香。入覲屢披迎豹尾，侍朝幾度耀鵷行。雖然燈下勞裁剪，到底絲絲出上方。

春寒

夜來風雨意難憑，一樹梅花落未曾。曉寫新詩嫌墨淡，不知瓦硯結輕冰。

闕里孔氏詩鈔卷第三

鎮洋盛大士選訂　曲阜孔憲彝纂輯

孔貞瑄

字壁六，號聊園，孔子六十三代孫。順治庚子舉人，官大姚縣知縣。著有《泰山紀勝》一卷、《大成樂律全書》一卷、《操縵新説》一卷、《縮地歌》一卷、《滇紀》一卷、《黔紀》一卷、《琴瑟譜》一卷、《聊園文集》一卷、《聊園詩略》十三卷、《詩續集》一卷。聊園明府任邊邑，以不阿豪酋著譽兩迤，見愠于上官，以致解組。卿大夫出使滇南，咸稱其不愧吾黨。王阮亭尚書序其詩，謂“多高古雅健”，又謂“所重不僅在詩”。其見推於時者可知矣。

【補】孔貞瑄，明崇禎七年（1634）生，清康熙五十五年（1716）卒，年八十三，鄉謚“恭惠”。（乾隆）《曲阜縣志》卷八十七“列傳・經學”：“（孔貞瑄）究心經史，精演算法、韻學。由舉人授泰安學正，升雲南大姚知縣。滇省鹽法壅滯，前明定以按丁派食之法，兵火以後，丁亡額闕，民不能償。貞瑄力請減之，民困以息。前明黔國公勛莊被土酋所占，上官受酋賂庇之，貞瑄不勝，憤力争不得，直遂罷歸，構聊園以自樂。”《國朝山左詩鈔》、《國朝山左詩補鈔》、《晚晴簃詩匯》、（民國）《續修曲阜縣志》録其詩。

沂舞春先侍御貞白祖有《舞雩春詠集》行世，述其意作《沂舞春》五章

周道兮砥平，山川萃秀兮魯城，杏壇片席兮春滿，弦縵兮

希聲。

昀昀兮魯原，雲樹翳翳兮沂村，文杏謝榮兮春莫，雨净塵埃兮日暄。

岸草兮如羅，浰沂水兮素波，童冠怡怡兮容與，無懷氏之民兮，來游來歌。

柳菀兮烟拖，舞雩臺高兮風和，嶧峰玲瓏兮接翠，洙泗安流兮分沱。

道窮時兮業隆，古顔賡歌兮仲持，干羽息鄹存兮哲人，云遐六代禮樂兮盡在魯夫。

夫子手植檜六章，章四句

文檜一章，左旋其理。厥體斯直，厥影不倚。
文檜三尋，萬木亞其尊。天挺厥幹，地厚其根。
手澤恒新，世莫槁之。振古特立，神式保之。
潤以雨露，淬以風霜。本枝萬億，永庇無疆。
樹之楷模，貽之准標。運有滄桑，兆之枝條。
靈怪譽俗，奇詭震聞。莫敢或託之，匪子所云。

山居即事

牧童持短箠，水草逐山村。客來呼不至，倒衣自應門。客言糶新穀，頗惹城市塵。還依山亭憩，逢余甕釀醇。登堂下軟榻，爛漫信天真。不知籌榮利，農桑雅相詢。春苗耰當遍，夏繭繅幾純。就婦謀肴羹，佐盤需時新。園疏手自摘，香露落指痕。薄言襭之歸，襟裾餘清芬。醉醒無拘忌，移樽向西園。坐愛花陰厚，倦厭鳥聲繁。牛羊日夕下，牧笛隔林聞。相送遂忘返，閑步嶺頭雲。

買書

少年矜壯志，望氣掘豐獄。稍長頗改向，賣劍買書讀。石渠萬卷餘，一笥不盈掬。懷寶三十年，持籌多不讐。曝之鮮烈陽，積久蠹生腹。筆底千斛珠，不抵一釜粟。逝將問達人，易術學干禄。鄰家肉食久，顔色轉矍蹙。還共處士謀，藜藿充所欲。富貴由命賦，貧賤匪余獨。矢願苟多營，豐嗇皆不足。人生不聞道，空美如冠玉。不爲天庾鼠，老死作廢簏。

華軒過

幼見軒華過，道路争稱美。冠蓋輝九陌，導從黑如蟻。云是讀書客，金多名亦偉。予時藐諸孤，聞之心竊喜。稍長轉自疑，人言殆可鄙。宇宙好功業，當不如是止。既逢魯一儒，古道相激砥。聞見開未曾，弦轍從兹始。人間未見書，古今絶續理。道通天地外，數窮元會起。遂薄舉子業，置之不足齒。擬坐三十年，探源發其涘。白首朱文公，邂逅孫武子。引杯輒談劍，趺宕或逾禮。結客先業盡，瓶罄罍斯恥。中途忽易向，攘臂趨朝市。時命仇相敵，芒挫氣亦靡。三走狹斜道，未得斗升米。譬之書中蟫，擬向書中死。書劍雖無成，于今志未已。行不出今人，意類古狂士。磻溪近無魚，河清其可俟。聞有抱關吏，願從問厥指。

客金陵，送家世尹兄北歸

霜壓金城柳，憔悴尚依依。繫系馬執其柯，斜日影差池。何事愴心甚，客中送客時。風流當摇落，况復惜别離。解裘急貰酒，與君斟酌之。願言永今夕，一巵互相持。同此樽中物，滋味遂參差。無因後期遠，反蹙相見眉。人生非鹿豕，奚似常聚爲。明朝東門外，茫茫道路岐。

聽卓然和尚講經

佛法來西域，蓁莽極中州。雜處争此民，滋蔓不可讎。我來獻花岩，旅懷積繁憂。欲謝遊俠子，稍通衲士儔。大師擁寶炬，拔絮照十洲。舌端懸江海，子史争奔流。談經天雨花，聚徒石點頭。吾道平如砥，玄虚非所求。偶從優曇會，與聞柏子秋。不有觸毛悟，何知内外遊。能作如是觀，冰炭亦相謀。

磨盤山

一入磨盤山，旋轉復上下。上如青螺垂，下有曲溪瀉。卷阿結短茅，蕭然鄰並寡。曉行露未晞，林麓清灑灑。依稀白雲中，似有卧雲者。願結塵外契，幽棲未肯假。

秋邸

客思清似水，明窗净于雪。蕭蕭松壁外，蟲聲無斷絶。夢迴憶底事，徹骨清愁發。欲渡舟無楫，欲駕車無軏。歸心忌動早，醉度中秋節。弱心不盈咫，豈堪百愁結。夜長人不寐，更起看明月。

放歌行

承平日久不知兵，章句儒生漫得名。忽聞鼙鼓思將帥，空嗟書劍兩無成。潦倒歲月時將暮，放歌游行行復住。回頭灞上黄塵惡，獵獵旌旗寒月度。寒月度，鐃歌揚，將軍號令肅秋霜。飛騎醉摩敵壘下，列妓征歌血戰場。戰血乾，社醅熟，何當賣劍買春犢。北窗一枕羲皇夢，檻外瀟瀟雨打竹。

江寧偶成

有客有客滯南都，歸與歸與歲月徂。壯懷遮莫凌牛斗，旅夢猶然繞越吴。對酒何嘗少花鳥，鄉思各自有蒓鱸。傭書垂老仍彈劍，豪氣元龍近已無。

元旦

舊歲燕山行玉盤，今年柏酒醉江干。孤踪動輒三千里，半世曾無一日安。雪霽南天春已麗，風高北地氣猶寒。何當便理淮陰棹，故國梅花開未殘。

村居

初結園梅青點點，已殘榆莢白紛紛。新虹忽斷飛來雨，細電還藏欲去雲。歲兆西成欣有望，老安南畝任無聞。閑移竹榻風軒下，坐近花欄手自耘。

題韓寧子詩卷後

心期古處真痴相，手把君詩起悵吁。看破浮雲無富貴，稔知斯道有憂虞。生耽意氣黄金賤，飽歷風霜白眼孤。但得簞瓢能自樂，皋夔巢許即吾徒。

送吴舫翁之太平幕

之子南陵去，天風送遠行。拓弦餓鴟叫，彈鋏怪龍鳴。放眼三洲近，高懷五嶽平。陰符姑貰酒，爛醉莫談兵。

聞舫翁著書采石，憶舊遊有作

昔日登日觀峰，舫翁卧石上，笑謂余曰：吾高枕泰山眠也

每憶黄冠隱，真同魯仲連。俯窺東海日，高枕泰山眠。龜息五龍秘，鶴軿雙鳳騫。謫仙樓上月，著作定堪傳。

村居二首

爲饒泉石性，長嘯竹林間。花落疏村静，鳥啼白晝閑。輕黄盈細柳，深翠染春山。沂舞今猶在，古風追可還。

卜築依郛郭，疏籬障素軒。溪聲清入夢，山色翠臨門。歷亂禽啼樹，蒼茫雨過村。客來無顯貴，雞黍暫開樽。

早行

夢裏催歸鳥，殷勤勸客還。明星初戒曉，殘月尚留山。墜露沾清鬢，回風欺悴顔。遥村青曖曖，悵望似鄉關。

睡起乘朝爽，驅車復問津。輕風蘇曉夢，暗露戒前塵。月導荒溪路，雞催古店晨。相逢莫問訊，半是利名人。

舟行

解轡淮陰道，揚帆石濩陂。舵鳴驚瀨險，岸轉識舟移。魂夢秋風度，相思明月知。睠懷三徑菊，客興宛淒其。

歸夢虚難繫，軼如馬脱銜。迴風遲短棹，驟雨落輕帆。悵望極湘浦，依棲傍翠岩。游人傷薄暮，清淚點春衫。

歷十馬咨問疾苦

吏治日刓敝，官民不相親。况復荒徼外，誰肯哀憚人。山複瘴烟重，地瘠夷猓貧。俗比中華儉，風追太古真。裹髻莎羅布，被體毳如鶉。方憂飢凍迫，况堪追呼頻。我行事存省，恫瘝如在身。驅車十馬地，婦子莫避塵。

楚風

荆湖自古盛波濤，蘭芷幽芳滿漢皋。白雪謳歌雲社勝，神龍文字漆園豪。陳詩列國偏遺楚，作賦何人更續騷。自是南音多激越，恍聞湘瑟間雲璈。

平溪衛

蠻鄉繁瘴癘，風物轉清妍。襟袖入空翠，籃輿破曉烟。賦山多柏樹，科畝鮮方田。荒服皆王土，包茅到日邊。

渡荆江

欲渡燒雞浦，輕舟凌曉開。波從白帝下，人自夜郎回。兩岸浮烟動，中流急雨來。江陵形勝古，殘壘近城隈。

荆門

漢水連湘水，荆門向鹿門。江流無晝夜，客意變晨昏。日炙容顔悴，風雕鬢髮繁。天涯一回首，烟瘴萬重屯。

有懷田園

乾熬醓醲强名酒，露剪竹枝也當茶。市遠庖廚兼味少，憑君莫笑野人家。

手把長竿上小艟，得魚沽酒呼鄰翁。夜來舒膝成酣睡，晨起日痕盤壁紅。

堂前小檜漸離奇，門外柔槐燥種宜。學圃十年真有得，巧移香棕接新枝。

慈湖

江山絶勝武陵圖，曖曖漁村小港紆。秋去雁來歸路永，片帆挂雨過慈湖。

晚行

人行韋杜月，家在暮雲屯。歸路烟波重，犬聲何處村。

孔貞稔

字懷德，布衣。懷德布衣有至性，親終廬墓，三年未嘗入城市，鄉里稱爲孝子，聞於朝，旌其閭焉。

秋月

萬里星河淡，當頭霽月明。露濃凉石磴，風軟晃書檠。撫序懷新詠，論文憶舊情。蕭然無一事，坐聽亂蛩鳴。

孔貞棟

字用隆，號吉山，禹城縣教諭。

【補】孔貞棟，《孔子世家譜》初集卷三之一“大宗户”稱其“詩文膾炙一時”。

魯壁

漢魯王餘好土木，斸雲掘霧平山谷。金絲萬古有高堂，寂寂靈光秋草宿。

陪鄭明府材、葛郎中曦謁祖廟

安肅與平昌，聖門兩弟子。生髮讀孔書，結髮事明主。行役在泰山，連鑣趨闕里。入城謁宫牆，出郭拜陵趾。自幸千載下，展敬遂仰止。遲迴廬墓堂，懷賢曷能已。登閣望尼防，指點烟霞裏。道脉信如斯，泠泠洙泗水。别去兩無言，黽勉各自矢。

孔貞燦

字垣三，號西園，官四氏學學録。有《西園詩集》。西園廣文性狷介，以孝友稱。從子相繼爲世尹，未嘗一至縣庭。嘗以千金致名工，穿池築山，極臨眺之勝。宋牧仲爲方伯，嘗先過之，與定交焉。

【補】孔貞燦，康熙六年（1667）任四氏學學録。《闕里文獻考》卷七十六“子孫著聞者考”：“（孔貞燦）少有至性，兄弟十一人友愛無間言。嘗著《家政》，録取古人嘉言懿行及孝弟敦睦之可紀者，居平以訓示子弟。授四氏學學録，教人具有成法，多所造就。尤工詩。與海内諸名士游，往來贈答，酬唱滿天下。卒祀鄉賢祠。”《國朝山左詩鈔》録其詩。

楊柳花

春日潛行春樹裹，楊柳花飛如雪起。紛紛飄泊滿天涯，半逐春風半流水。流水渡頭美人家，相遇春深惜落花。王孫不歸春斷絶，玉顔憔悴望春紗。誰知春光容易老，令人悔上長安道。

暮春集水南莊

鄒嶧烟巒一望齊，涓涓沂水繞新堤。和風霽日邀仙侣，細草新花襯馬蹄。每共尋芳村遠近，也常沽酒埭東西。今朝裙屐成佳會，檻外鶯聲不住啼。

孔尚任

字聘之，又字季重，號東塘，别號岸堂，自稱云亭山人。孔子六十四代孫，監生，官至户部員外郎。著有《禮樂志》二卷、《闕里新志》二十四卷、《會心録》四卷、《節序同風録》十二卷、《岸堂文集》六卷、《湖海集》十三卷。東塘農部少嫻典則。聖祖幸魯，時以監生充引導官，講書稱旨，授國子監博士，遂蒙録用。曾面奏請疏鑿文獻泉，以通至聖廟渠，俞旨許可，會以吏議不便，未果。奉使維揚，亟訪先世文舉公墓，立書院梅花嶺上，修宋海陵六君子祠，皆能表闡潛德。一時如冒辟疆、吴園次、鄧孝威、黄仙裳、宗定九諸名流，争相推挹，長歌短篇，略贈互答。所著《周尺考》等篇，有功樂律，尤爲海内所推重。工樂府，譜《桃花扇》、《小忽雷》院本，盛傳于世。詩歌哀感頑艷，美不勝收。沈歸愚宗伯稱其風流自賞，載入《别裁集》中，其旨趣可以略見。

【補】孔尚任，順治五年（1648）生，康熙五十七年（1718）卒，年七十一。《國朝山左詩鈔》、《清詩别裁集》、《清詩紀事初編》、（民國）《續修曲阜縣志》皆録其詩。孔尚任有詞集《綽約詞》《春秋閨詞集句》，惜未傳，《全清詞鈔》、譚獻《篋中詞》、《闕里孔氏詞鈔》録其詞。

渡黄河

踟躇何計救桑麻，立馬堤頭唤渡槎。八月荒蒲飛白鳥，孤城落日照黄沙。南開清口分淮少，東阻雲梯去海賒。此處源流誰探取，秋風初動使臣嗟。

紅橋

紅橋垂柳裊烟村，隋代風流今尚存。酒旆時遮看竹路，畫船多繫種花門。曾逢粉黛當筵舞，未許笙歌避吏尊。可惜同游無小杜，撲襟絲雨總銷魂。

揚州

阮亭合向揚州住，杜牧風流屬後生。廿四橋邊添酒社，十三樓下説詩名。曾維畫舫無閑柳，再到紗窗祇舊鶯。等是竹西歌吹地，烟花好句讓多情。

蜀岡觀音閣是迷樓故址

回首蕪城半是烟，輕鞭策馬意凄然。滿岡黄葉秋深路，幾寺紅樓夕照天。螢苑蒼凉迷亂水，雷塘疑似訪荒田。香消粉壞何年恨，且解征衣唤釣船。

返棹昭陽，留寄家人

書來都問近生涯，景物全非倍憶家。鞍馬何曾經柳影，枕衾大半近蘆花。江頭夜雨愁明月，海上秋風數暮鴉。從此早涼衣漸薄，每聽砧杵淚交加。

登金山

千重山勢趨京口，萬里江濤抵寺門。樓殿空明秋木落，魚龍寂寞古僧存。峰頭拄杖看雲氣，洞底探崖驗水痕。不及遠公安榻處，風帆來去海潮昏。

補重平山堂楊柳

太守行吟路，春風幾度荒。從新删亂竹，照舊補垂楊。園老遺佳本，山僧得種方。明年寒食節，烟雨滿空堂。

題從子衍栻畫

長江絶岸對孤村，秋水秋烟直到門。爲待歸樵閑倚仗，竹亭孤負景黄昏。

戡定

戡定三藩武似神，太平不意見黄巾。從容畫策無專閫，倉卒捐生失重臣。萬里封章懸驛馬，幾船風雨匿江蘋。廣陵西倚金陵壯，戍鼓催兵已二旬。

三月三日迎駕至江口，蒙召登舟，賜御宴一具，恭紀

蒲伏迎鑾江水頭，侍臣招手上龍舟。堪憐憔悴巡湖海，又得從容拜冕旒。徹出瓊筵驚滿岸，捧來玉椀晃雙眸。三年粗糲中腸慣，飽飫珍饈翻淚流。

留别海陵諸友，得“因見古人情”五字，爲詩五章，章十二句選二

海邊曠無樹，白雲何鱗鱗。三年舍其下，手足艱且辛。鹽烟雜漁火，眺望每沾巾。故人投尺素，反覆傷予貧。予貧良非病，碌碌愧王臣。有懷奚以答，披衣不及晨。

晨興戒行李，遅遅見明星。跪别送行者，白髮一刻生。人生畏離别，甚于饑與兵。解纜復繫纜，風正船不行。船上酒盈盞，船底水漫城。下河無乾時，可方離别情。

覽吴園次太守愛山堂修禊畫卷

修禊當年勝若何，展圖猶見柳婆娑。州城放眼湖光近，太守關心花事多。未許簿書妨酒盞，盡容賓客着漁蓑。愛山堂壁詩篇在，記得風流似永和。

徐松之自淮上來，同寓蕭寺

渡口風凉泊釣艖，山臞骨相飽烟霞。吟詩江上垂垂老，結社淮南處處家。野路纔消新漲水，秋荷猶放未完花。宦情客况相逢好，日落同聽古寺鴉。

憶昔

憶昔春宵傍父兄，故園風景乍承平。城門吏放深更鑰，樓下人聽上界笙。珠履貪遊從雪涴，花燈不息任天明。誰知此夜來爲客，漁火江村照獨行。

夏至過樵嵐家，喜遇張豐村、劉元嘆，同柳長在、黄儀逋、卓子任夜飲看萱刻燭

斗酒銷長夏，征夫此暫閑。花前生白髮，江上負青山。出袖新詩好，思君舊夢刪。滄桑眼底事，萱草破愁顔。

贈王安節兄弟

隔湖烟火數間廬，兄弟聯床跡未疏。輞口秋來常和韻，杜陵亂後始移居。閉關難謝人求賦，列架剛容自著書。曾約看山携手出，同時諸謝竟誰如。

大海潮、小吟蟬兩琵琶歌

喬木世臣事已革，零書破琴存故國。每逢舊物重摩挲，必詰此物何從得。廟市曾收兩琵仄聲琶，製作不同各臻極。其一龜錦裹周身，剪犀鏤牙如鏤織。背上雙紐蹲盤螭，盈尺曲柄玳瑁飾。雲楸作面波濤生，三十六峰更奇特。横挾不起斜按難，滿輪明月遮胸臆。其一瘦削美人肩，螳螂匙頭蜻蜓翼。水波雷文到四邊，碎砌檀槽百衲式。異寶妝成兩樹花，牡丹秋菊真氣逼。不似螺蚼非硨磲，剔硃填漆無顔色。次第傳觀反覆猜，旁有老伶長太息。前朝琵琶屬教坊，玉熙宫中數承直。方響前列琵琶隨，一派韶音揚舜德。先皇顧曲愛繁弦，天府之藏示樂職。大者名爲大海潮，南宋流傳今到北。四弦彈動殷殿庭，却疑腕中萬斛力。小者斫從萬曆初，内府金錢費千億。年年風露催白頭，才人懷袖聲啾唧。聽來恰似秋蟬吟，針鋒細字將名刻。大聲宏亮小聲清，雄鳴雌和無差忒。龍錦囊中只兩張，舊時中侍皆能識。可惜淪落在市廛，四十八年塵漬黑。折軸斷品誰安排，玉帶銀撥漫拂拭。有腹無弦訴怨難，撫今懷古中心惻。造者前王毁者誰，甲申三月遭流賊。

淮南柳林

淮上新栽柳，青青萬里烟。亂遮春水路，長泊使臣船。畫策無今是，憂時惜昔賢。禹功形勢在，竚望雨中天。

喜逢葉桐初

與君交最早，南北嘆離居。會面疏于夢，交談勝似書。北風悲櫪馬，夜雪凍江魚。探爾囊中物，年年只子虛。

小忽雷

胡琴本北方馬上樂，亦謂之二弦琵琶，蓋琵琶所託始也。《南部新書》載："唐韓晉公滉入蜀，伐奇樹，堅緻如紫石。匠曰：'爲胡琴槽，他木不能並。'遂爲二胡琴，曰大忽雷、小忽雷，後獻德皇。"《樂府雜録》云："文宗朝，兩忽雷猶在内庫，内侍鄭中丞特善之。訓注之亂，始落民間。"康熙辛未，余得自燕市，蓋其小者。質理之精，可方良玉，雕鏤之巧，疑出鬼工。今八百餘年矣。頻經喪亂，此器徒存，而已無習之之人。俗藝且然，傷哉！

古塞春風遠，空營夜月高。將軍多少恨，須是問檀槽。
中丞唐女部，手底舊雙弦。内府歌筵罷，凄凉九百年。

贈彭爰琴

買山無力遁難肥，八口驅君别釣磯。亂世經多霜入鬢，浮名消盡布爲衣。情通詩卷論交晚，雪滑天街聚話稀。今日深杯同客舍，悄然歌罷與心違。

喜識江西族孫毓瓊

聞説賢溪此一門，在建昌之新城。今詳譜系倍情敦。分支半是從龍彦，始祖博士公諱傳，同宗子端友，從宋高宗南渡，寓衢州。述祖同爲一豸孫。予與瓊同爲宋中丞公諱道輔後人。兄弟騫騰新賦好，與弟毓功皆能文，出寧都魏和功之門。兵戈飄播舊經存。初，莘夫公自衢遷臨川，温寵公又自臨川遷新城。壇花墓草今非昔，不及南轅道尚尊。

詠漢玉羌笛

無人識得舊風流，每日塵囊和恨收。只有關山今夜月，凄凉曾共漢時秋。

古巷苔荒廢井湮，一枝玉笛出黄塵。落梅折柳當時曲，誰是江樓舊主人。

聞聊園族叔在濟南郡學考律定樂

吾魯周宗邦，金石多重器。祖庭復巍然，遺法垂經紀。樂正統群工，瞽師授矇弟。六代肆夏全，奕世罔廢墜。予立兩懸間，旦夕考古制。累黍定黄鐘，八音固餘事。合樂甲子年，至尊踐其位。不異漢元和，萬國來輯瑞。叔也備官師，時雨隨所至。聽樂悟心聲，手口兼六藝。從者數百人，咸令解妙義。洋洋大韶音，今復興齊地。應有驅車者，聞樂忘肉味。

暢春苑賜櫻桃應制，賦得“紫禁朱櫻出上闌”

禁苑芳菲春未歸，應時珍果燦朝暉。擎盤選顆紅千點，張幕防鶯翠四圍。賜出猶含新雨露，嘗來頓厭世甘肥。人間天上分遲早，不侍清班見亦稀。

贈同寅雅思泰前爲翰林筆帖式，隨駕幸魯，供事經筵

上馬吟詩下帳眠，路傍争指玉堂仙。一從苜蓿同餐後，也覺風流減昔年。

客鬢蕭蕭漸似銀，六龍南幸十經春。説書御座誰曾見，只有雅

公是舊人。

燕臺雜興

烏目山人五字雄，年年鎖院信難通。南巡圖盡才應盡，結果王維一畫工。常熟王石谷，名翬，詩人也，而以畫著。今被召繪南巡圖，三年未成。嗚呼，老矣。

染翰猶留舊鳳池，還朝節使白雙髭。蠻烟瘴雨消磨盡，看取山薑老辣詩。田綸霞司寇以中翰起家，兩撫吴黔，今始還朝。所著《山薑詩》，與漁洋齊名。

妙手黄筌久出群，琵琶須勝畫三分。樽前一曲關何事，壞我青衫最是君。武進黄葵園，名衛，畫學惲正叔，又以琵琶擅名。

刻燭瓊筵索賦篇，風流誰似玉堂仙。春宵多少揚州夢，抛向紅塵漫五年。狄向濤庶常，招諸名流，分題鬮韻，爲看燈之會，予亦與座。然自廣陵唱和以來，塵封筆硯，蓋已久矣。

谷口八分署玉樓，難尋竹垞五湖舟。養心殿裏朱鎬在，承直三年亦白頭。吴江朱其在，名鎬，隸書不減鄭汝器；朱錫鬯，今待詔内廷。

從子託名老畫師，浪遊京洛鬢成絲。牡丹屏障家家有，焦墨枯毫那入時。予侄衍栻，字石村，精爲焦墨畫，住都一載，人無識者，然畫自可傳也。

送劉静伯出塞，席次分韻

酒盡披衣去，將軍待帳前。並騎酣戰馬，獨把苦吟鞭。塞柳無春夏，關雲有斷連。勒銘何處好，須問古燕然。

燕臺雜興

衙散朝回亦不忙，敲門詩客趁晴光。海波巷裏紅塵少，一架藤蘿是岸堂。予出使海口，著《湖海集》，每有漂泊之感。還京後，又寓海波巷，心竊厭之。阮亭先生爲題“岸堂”。居此幾年，藤蘿成架，一時風雅，多登堂者。

閑官閑比釣魚閑，怕惹紅塵又閉關。一夜秋風歸思滿，朝参班裏説黄山。黄自先名元治，能詩工書，俠腸而仕隱。夢寐黄山，談不去口。

冰雪聰明姑射仙，泠泠逸韻不輕傳。無端招我松風下，一脱朝衫懶更穿。曹天全道士，丰神超絶，絲桐入妙，常於天壇松下聽之。

南部烟花劫後灰，曲終人散老相催。昆山弦索姑蘇口，絶調誰傳小忽雷。予《小忽雷》填詞成，長安傳看，欲付梨園，竟無解音者。後得景雲部，始演之。

秋雨退朝，寄懷劉在園觀察

一别秋山罷采薇，何曾郎署便輕肥。輿中殘夢疑歸客，朝裏新凉憶典衣。書斷天涯詩友在，菊開霜節酒錢稀。垂簾竟日瀟瀟雨，自理衰脾耐晚饑。

花下聽歌，見歌兒淚下，感而贈之

翩翩翠袖舞前除，人似紅梨欲放初。河滿一聲雙淚落，傷春老客更何如。

酬曹白山遠顧

燕塵不似洛塵紅，灰洞穿來十里風。只爲臨行三兩語，忽添惆悵落花中。

劉静伯招飲，同余鴻客、李抱一劇談

市塵不到蓬瀛島，市聲不聒舟里皓。自古人情波瀾多，那須静者傷懷抱。煩憂暫以酌酒寬，更有深心灰最早。平生不聽附耳言，别君歸去胸浩浩。南山有豆兒荷鋤，窗下有機女織縞。滄海豈能驅車過，誰道邊塵帚可掃。錯料世事悔無期，嗚呼馮唐人已老。讀書射獵遣餘年，腐却南陽廬上草。

贈胡智修大參

佳世已如山，歸山與世絶。人稀草木長，心跡不復説。泠泠澗中泉，爲我洗煩熱。謖謖松間風，爲我拂塵屑。安得故人車，去尋高蹈轍。孤雲不同游，舒卷意難決。酌酒入肺肝，吟詩出喉舌。可憐促膝歡，明日千里别。筆硯對君焚，膏沐爲誰悦。入山采名香，蘭根雜桂節。清夜思君時，起將一瓣爇。

留别王阮亭先生

拜别還山日，回思御李年。元亭客問字，陋巷待司鞭。宅近門宣武，齋如洞善卷。談鋒心忽折，詩話口初傳。一去春燈夜，長懷暮樹前。吟哦司李句，來往孝廉船。鬢積三分雪，書沉九點烟。東山公再起，西館我仍還。厭喝花間道，閑聽松際弦。慈仁收斷簡，天禄考遺篇。富矣周官列，巋然魯壁連。班行雖阻隔，倡和最纏綿。巷小輪常駐，堂空馬任牽。珍藏多在几，寒具不登筵。京兆豐碑志，襄陽故老編。晨星同感慨，石鼓共周旋。白髮曹郎老，青雲幕府憐。印床投翰墨，公座説林泉。解事僚傾耳，能文吏接肩。司農皆免俗，洛社總忘年。客路迷津久，臣心憶母偏。何嘗無紫誥，只是少青錢。今荷君恩放，行將子道全。艱辛舂負米，歡喜雨耕田。流水尋餘興，浮雲拾舊緣。山公方啓事，陶令不驚眠。尚有携琴累，難辭祖帳堅。金臺交已謝，燕市酒纔捐。揮淚酬知己，歌騷問上天。真嫌芳草穢，未信美人妍。留恨當端午，催歸有杜鵑。誰爲盤谷敘，錯比二疏賢。

同吴鏡庵、倪仲佩、金青子過南臺，訪魯庵上人，遇胡孟行、查聲山兩太史，訂約再集

孤雲遠水自生幽，不接侯家邸第樓。槐葉落時天易晚，蓼花多處地偏秋。閑身已與青山近，老伴須從白社求。便解歸裝同住此，贊公房裏省交遊。

枕上聞鶯有感

閑眠寂静似江村，鶯語偏銷久客魂。三月殘春留紫陌，五更微雨過朱門。花濃省院鐘初歇，柳暗河橋酒未温。喚我出城聲宛轉，交情薄厚爾能論。

汪爾公捐金贖人子女甚多，故祝其壽

武陵俠少漫相親，誰爲蒼生報此人。烽火消時完骨肉，春風吹處絶烟塵。太平宴上稱觴大，離合場中祝語真。已注陰功仙籍裏，海邊空老一林椿。

送樂塊然之天津

河橋小别莫銷魂，且盡紅亭酒一罇。正是新荷紅出水，片帆微雨過津門。

冒雪北回

柴籬催客曉雞聲，羽騎紛紛御路平。一夜海風寒徹骨，雪花吹過景州城。

蘭堂觀蘭，同翊宸宗子、宏輿博士、振路儲公、西銘博士、顧天石、章鼎可諸君分韻，得“崇”字

迴嶺長林山更崇，蘭堂景與會稽同。秋泉泠瀉黄瓷斗，春雪輕彈緑綺桐。寫出元人烟灑落，吟成楚客月朦朧。偏宜短榻花前卧，香到華胥枕竅中。

石門僧送楷芽

山寺門前氣候和，楷芽早薦喜僧過。袖携泠翠沾嵐重，紙裹柔黄帶露多。亦有旗槍同顧渚，須加鹽豉效東坡。鄉園無數蓴鱸味，

解組嘗鮮鬢已皤。

詠聊園石船

篷倚蘆花泊幾年，不須理棹不須牽。白頭看盡風濤惡，只合歸來坐石船。

漢口登輿北歸

漢口江邊白鷺灣，輿簾高卷看春還。重來買醉知何日，回首魂消大别山。

暮春同人遊石門山即事

歲歲看花時，孤負名山約。久客春還鄉，又如馬縶絡。苦無休糧方，更兼風雨惡。柳絮空沾泥，榆錢不充橐。枕上憶石門，袷衣及早着。商之素心人，都云酒難醵。毅然典我裘，脂車出北郭。襆被何纍纍，餱糧亦綽綽。迤邐度村烟，紅白花未落。子弟追逐來，十里聞笑謔。搴帷指翠微，胸眼一時擴。嶺峻溪漸深，雙輪從此却。昏黑抵山根，石門暗中摸。泠泠聞響泉，梵唄雜鈴鐸。待月上高岩，攀條臨絶壑。頓忘登陟難，但覺一宿樂。曉露樹蘢葱，諸境已搜索。掃石除浮塵，剔蘚去積籜。天然一園亭，布席地平廓。開卷陳筆床，有詩不及作。或支高枕眠，或挈大瓢酌。或賭爛柯棋，或洗污泥脚。予獨躋層巔，手摩壁如削。亦有雪瀑懸，亦有紫雲閣。幽谷疑魈逢，曲澗怕龍攫。深入灌木林，四顧魂魄愕。遺詩李杜傳，舊跡張巢託。苔井石屋間，指示得大略。選地擬結廬，平生願已涸。殷勤謝晨門，付我司山鑰。我主衆爲賓，止宿未寂寞。况有後來人，遊興高相若。崖險棄馬行，日暮路易錯。遠忍鎮日饑，煮米就僧鑊。專車載瓮春，雞豚旋炙煿。解事得山鄰，童肩饋醴酪。晨飯接午餐，揮汗恣大嚼。筋與少年争，翻嫌老脾弱。奇峰登復登，清泉勺更勺。較射虎豹崖，彎弓彈鸛鵲。火爆山轟雷，紙鷂被鳶掠。有時弄笛簫，吴歈極嬝嫋。更闌飲禪房，嘩拇叫而噱。骰采分兩曹，彼此不隔膜。放浪忘形骸，善戲何妨虐。三宿此山中，痼疾應勿藥。勸輸買山錢，勝於誘人博。車馬緩步歸，提壺仍酬酢。遥遥見城樓，畏之似避瘧。到家已張燈，茆堂茶濃瀹。心知瓶粟空，家人來籌度。我倦欲展衾，閑話君且莫。

叢臺

千秋獨見武靈才，車戰無功騎射開。寄問腰弓行路客，可曾下馬拜叢臺。

夷門

信陵愛客不須論，垂老侯生漫感恩。百二秦城歸蔓草，千秋留得魏東門。

過漢光武帝千秋臺

滹沱北自雁門來，一渡河冰帝業開。今日原陵無麥飯，春風寒食莫登臺。

孔尚珥

布衣。布衣性通敏，尤精律吕之學。晉豫吴楚諸省聖廟禮樂，皆聘請厘正焉。

【補】孔尚珥，《闕里文獻考》卷九十四“子孫著聞者考”稱其“晚卒於家”。

送友人南遊

蕭蕭班馬出雄關，露宿霜餐百樣艱。此去江天風物好，舊遊我憶洞庭灣。

孔尚恪

字賓之，號竹園，諸生。有《友古齋詩》。

【補】孔尚恪，《孔子世家譜》稱其“長於詩”。

聽蟬

凄清斷續起空庭，何處殘聲曳此停。疏接五更窗影白，響浮一片露痕青。風前短笛音相和，雨後空山夢乍醒。棖觸故園情萬縷，轉愁嘒嘒枕邊聽。

闕里孔氏詩鈔卷第四

鎮洋盛大士選訂　曲阜孔憲彝纂輯

孔衍栻

字懋法，號石村，貢生，官濟寧州訓導。著有《畫訣》一卷、《題畫詩》一卷。石村學博爲東塘農部從子，敦行孝友，舉孝廉方正，辭；舉鄉飲大賓，又辭。以畫得名，所著《畫訣》深得宋元人不傳之秘。既除訓導，到官即歸。年八十九乃卒。

【補】孔衍栻，順治六年（1649）生，乾隆二年（1737）卒，年八十九。《國朝山左詩鈔》："顔介子曰：'石村先生性淵静，以畫名，獨闢蹊徑。遇得意處，輒題短句，往往有致。'"《國朝山左詩鈔》、（民國）《續修曲阜縣志》録其詩。

題畫

芳草連天緑，平沙有雁群。閑看人意遠，坐此待斜曛。
殘雲歇秋雨，斜陽明急湍。魚迎新水出，趁此理綸竿。
山游愛禪居，借以息行倦。方丈清且幽，好讀高僧傳。
秋夜月當午，霜色凝滿地。四壁絶蟲音，孤情何所寄。
澗道深十丈，下有寒泉流。岸上飛紅葉，行人落滿頭。
樹密疑無路，人家在岩厂。白雲綿不斷，寒山露幾點。
看山即看雲，雲山共一處。秋泉挂山腰，杳然穿雲去。
莫訝今無雨，君將畫裏看。分明山帶濕，六月亦生寒。
浩渺長江波，波心印月影。萬轉流不去，西墜秋烟冷。

朝雨初輕細，荷亭正放花。烟籠香不散，清氣入窗紗。
逍遥愛探奇，行行未覺遠。晚宿古禪林，月出竟不返。
積雪迷山徑，盡日少人蹤。天寒僧亦懶，不聞寺上鐘。
危石孤亭迴，嵐光水氣横。遥看江海大，琴韻和濤聲。
寒極飛鳥斷，積雪盈山曲。蹊徑都迷漫，那得空谷足。

題畫絶句

杳然高寺入雲間，客走紅塵僧住山。黄葉丹楓難繫馬，名心輸與道心閑。

蘚老松根徑寂寥，烟光水影望迢迢。村頭縱與紅塵近，不是幽人不過橋。

緑樹陰濃覆短亭，苔封曲徑草青青。詩人抱膝吟窗裏，透紙山光映幾欞。

幽人避世傍岩根，謝却塵機清夢魂。不少寒花封澗壑，還將修竹護柴門。

笑我忘情不與歡，都言避客諉年殘。誰知有意懷雲水，手寫秋山獨自看。

密樹濃陰六月寒，岩邊亂石水漫漫。高僧不至山烟冷，惟有秋雲挂雨巒。

紅蓼灘頭野水流，潫洄湍急下寒洲。登臨遠意無人至，負却蒼凉萬里秋。

怪石嵯峨不見村，峰頭但有寺孤存。愁逢霧雨烟深夜，山鬼聽經虎卧門。

閑來嶺上望寒汀，水際雲飛不暫停。待看秋風催夜雨，烟巒更帶十分青。

孔衍棪

字慎先，孔子六十五代孫，諸生，官青城縣訓導。

【補】孔衍棪，康熙間歲貢生。《國朝詞綜續編》《闕里孔氏詞鈔》録其詞。

新得小舟

池塘深處槳初通，四面新蒲緑影濃。蕩去衹應礙菱葉，泛來惟許載芙蓉。傳呼歌管停紅檻，飛送詩筒到碧峰。夾岸蟬聲滿楊柳，繫歸林外暮雲重。

惜花

一半繁華一半休，替花憐惜替花愁。可知夜半風無賴，吹得殘紅上酒樓。

項王冢

子弟無端散楚歌，魯城堅守意如何。非關願效重瞳死，只是因沾聖澤多。劍戟沉沙光隱約，髑髏成冢勢嵯峨。虞兮獨葬陰陵下，空吐繁葩鬪綺羅。

秋蟲

庭前砌畔語參差，午夜凄清夢斷時。似向秋風吟别恨，若爲明月訴相思。關山已下征夫淚，故國遥添少婦悲。聽到曉鐘還不寐，半天凉露滴疏籬。

野田黄雀行

人情何太險，覆雨翻雲中。居常重義氣，患難誰與同。不見野田雀，飛飛翔蒿蓬。一朝遘網羅，折翼辭春風。忽逢少年子，拯我出樊籠。飼我以黄花，使我羽毛豐。去此誓銜環，報以四世公。微禽猶感德，異類非愚蒙。如何翟公客，報恩常不終。

冬望

朔氣凝寒水欲冰，凍雲壓屋勢憑陵。衰蘆慘淡曉天雁，短褐凄凉野寺僧。碧樹已芟前度葉，紅樓猶炯夜來燈。風塵逐逐吾滋愧，曝背茅檐苦未能。

孔衍劭

字懋詣，官池州府同知。懋詣司馬少好學，以孝友稱，讓美産於諸昆弟，而獨取其瘠陋者，里人以比薛包云。

偶占

捧檄心難歇，高堂有老親。願爲承志者，敢作苦吟身。名小狂難稱，家貧樂轉真。屠蘇須早酤，莫惜典衣頻。

孔衍譜

字榆村，號小岸，恩貢生，官丹陽主簿。有《小岸詩》。小岸參軍爲東塘農部長子，性通率，自農部即世，隱居湖上，放於詩酒，與同邑陶湘、顔懋齡、懋僑、懋倫、同族衍欽、毓璘及其弟衍志爲“八子”，有《湖山吟集》。

【補】孔衍譜，康熙二十三年（1684）生，雍正二年（1724）陪祀，約乾隆二年（1737）卒。《國朝山左詩鈔》、（民國）《續修曲阜縣志》録其詩。

晚泊

潮落江平夜有烟，殘鐘幾點亂山邊。丹楓欲老多圍寺，烏桕初寒始泊船。秋盡芙蓉誰共賞，書貽魴鱮亦空傳。獨憐短簿祠前客，孤負東湖又一年。

孔衍欽

字子敬，號簡夫，諸生。有《温泉集》。

【補】《曲阜清儒著述記》："（孔衍欽）性簡易，疏率自喜，不入城市。家貧，以教授生徒自給。與同邑陶湘、顏懋齡、懋僑、懋倫、孔衍譜、衍志、毓璘爲'八子'，有《湖山吟集》若干卷。"《國朝山左詩鈔》、（民國）《續修曲阜縣志》録其詩。

病愈寄幼民甥

病入深秋减，凉逢閏歲遲。窗昏雲氣重，風定雨來時。多夢醒難記，長貧懶正宜。重陽好待汝，莫負菊花期。

西村散步

豆黄初脱葉，柹緑未經霜。扶杖行村路，隨人過野塘。場寬秋稼滿，社近午炊香。更欲遊泉上，青簾挂夕陽。

孔衍璐

字廷珍，貢生。著有《廟庭禮樂典故》。

【補】孔衍璐，康熙八年（1669）陪祀恩貢，隱居不仕。《國朝山左詩續鈔》録其詩。

春郊

暮靄籠春郭，蕭然散遠愁。碧峰天外矗，緑樹望中幽。候改風先應，年衰鬢暗秋。自知身是客，不敢笑蜉蝣。

孔興釪

字紹先，康熙庚戌進士，宏文院庶吉士，官陝西布政使參議，分守潼關道。著有《草堂詩稿》一卷。紹先監司任關中，督辦軍務，多著勞績。殁之日，軍民爲之罷市，遮道哭送，三十里不絶。復繪公像，祀于華州文昌廟。數十年後，其孫始迎歸于家。

【補】《曲阜清儒著述記》："（孔興釪）掌山西道事，累建大議，皆報可。出爲陝西潼商道，督辦軍務，多著勞績。攝布政使，爬疏宿弊，嚴明有方，豪猾皆斂跡。雅持清操，不省私牘。卒於官，軍民爲之罷市。篋中惟圖書數卷，僚吏醵金治其喪。乾隆三十六年，公舉入祀鄉賢祠。著《塾訓》一卷、《石倉詩選》一卷、《西臺奏議》卷佚。"《國朝山左詩續鈔》、魏憲編選《皇清百名家詩》録其詩。

龍潭

龍去名還在，潭空水不流。荒臺寒竹影，古寺暗松楸。客喜雲堪伴，山因月更幽。何當時載酒，隔嶺聽樵謳。

寄家心一觀察

暫得清閑正足娱，携樽獨對一峰孤。幽懷但願揖奇石，散秩何能請鑒湖。宦興漫嗟同倦鶴，春光早到聽啼鴣。故山無限烟霞趣，他日還期共結廬。

謁比干墓祠

何代無興廢，乾坤此廟存。鴛鴦垂瓦影，蝌蚪繡苔痕。禾黍油油長，冠裳漠漠尊。俯躬堂庑下，仿佛見精魂。

孔興言

字景昌，康熙己酉舉人，官内閣中書。

【補】孔興言，號藥庵，衍璐長子。以子毓倬貴，貤封修職郎。《國朝山左詩續鈔》録其詩。

杜少陵

先生應是楚騷身，去國離家又幾春。錦水漫遊歸未得，渼陂寄興悵何因。草堂吟就悲風入，諸將詩成恨氣新。誰使窮愁遂終古，七歌三復淚沾巾。

孔興詔

字綸錫，號起鳳，蔭生，官雲南糧儲道。有《滇遊集》一卷。

【補】孔興詔，《國朝山左詩鈔》、（民國）《續修曲阜縣志》録其詩。

武陵道中

遥遥入蒼翠，歷歷轉清曉。漸覺群峰近，決眥青未了。徑曲迷車馬，林深隱旆旐。流水激潺湲，松風雜啼鳥。村墟野烟細，樵牧歸路小。往跡問升沉，行歌指荷篠。

馬底道中

蠟屐尋幽去，風光遇雨妍。石林懸瀑布，板屋帶寒烟。鹿食春前草，人耕戰後田。龍鍾看不厭，花笑對嫣然。

由滇入覲，留别同人

祖道離筵近，金門去路遥。故人方戀戀，班馬忽蕭蕭。雪水通晴谷，春風度板橋。良朋寬旅况，飛柬下寒宵接紫來書。

孔興慶

字墀來。

南池小亭落成

小築成佳構，蘭亭可並傳。窗留良夜月，簾卷暮城烟。樹古經周雨，池深鑿漢年。梁間巢燕語，樽酒暫流連。

隴頭水

隴頭水，愁入耳。不見隴人還，但聞悲風起。隴阪崎嶇九折長，行人到此思故鄉。上有白雲飛，下有孤雁翔。孤雁有時迴，白雲杳杳不可望。嗚呼！白雲尚可没，隴水安能絶。我願年年隴水絶，莫使行人到此添嗚咽。

孔興永

字起存，一字静甫，號蒨園，諸生。蒨園茂才親喪廬墓，哀感遠邇，學使按部者咸敬禮之。

【補】孔興永，衍璐次子，以子毓佫貤封修職郎。《國朝山左詩鈔》、（民國）《續修曲阜縣志》録其詩。

冬日

萬物雕零後，還餘山色青。白雲棲冷岫，紅葉落寒汀。鳥語有時斷，泉聲自可聽。梅花數枝發，春色滿松亭。

孔毓埏

字鐘輿，號宏輿，世襲五經博士，賜三品階。著有《遠秀堂集》八卷、《拾籜餘閑》一卷。翰博公好學，工文辭，康熙間屢膺大典，多所表著。疏請創建述聖祠，蒙詔許可。復請除邑僧道印記，言于禮部尚書韓文懿公，文懿改容敬服，許爲聖人廓清片土。旋以文懿去位，事遂寢然。公之維持聖道，敬祖崇儒，其志行卓然不朽矣。初，聖祖嘉公有文譽，御書"遠秀"匾賜之，後人編次其集，遂名之云。

【補】孔毓埏，又號拾籜老人，興燮次子，毓圻弟。康熙四年（1665）生，六十一年（1722）卒，年五十八，鄉謚"孝文"。另著《校訂孔叢子》三卷（與孔毓圻同撰）、《麗則集》一卷、《蕉露詞》（無卷數）等。《闕里文獻考》卷七十三"子孫著聞者考"稱其所作"皆典贍可觀"。《國朝山左詩鈔》、《晚晴簃詩匯》、（民國）《續修曲阜縣志》録其詩，《國朝詞綜續編》《全清詞鈔》《闕里孔氏詞鈔》録其詞。

春雨

春雨無聲潤物華，嫩寒時節景偏賒。池邊細草迷新燕，牆外垂楊有暮鴉。小圃漸生春後筍，閑窗初試雨前茶。飄殘榆莢無人拾，欲倩東風付酒家。

過郗山舊寺

蕭條蘭若倚荒陵，破壁頹垣幾廢興。古殿有塵風作帚，空山無火月爲燈。草迷舊舍蛇窺徑，苔蝕危牆鼠挂藤。鐘磬無聲梵語寂，凄凉何處覓枯僧。

秋柳

處處殘枝對落暉，秋來風物已全非。千條拂地無鶯囀，萬里横空有雁飛。紫陌烟消金勒少，玉池月冷畫船稀。此時若遇桓司馬，不待興悲到十圍。

餞春

緑慘紅愁不自持，匆匆又是送春時。韶光老去鶯無語，别緒添來鬢有絲。榆莢雨殘人事改，楝花風盡鳥聲遲。歸期定在三冬後，日望寒梅幾樹枝。

和顔約亭翰博《嶧山三首》

雲封霧鎖洞門深，道侶空懷换骨心。我有長生真秘訣，春來日日醉花陰。隱仙洞。

細注涓涓石壁開，抱岩轉壑任紆迴。知君高會同修禊，引得流觴入座來。源頭活水。

知命亡軀志不迷，村翁伏臘走東西。只今祠畔多春鳥，猶似空山杜宇啼。邾文公祠。

康熙甲子，駕幸闕里，恭紀

聖代崇文日，儒門拜寵時。躬開一統業，手定太平基。駿業烽烟息，鴻猷日月垂。要荒均享貢，民物盡恬熙。萬國薰風遍，千春湛露滋。晞天瓊笈啓，稽古縹囊披。精一傳虞舜，圖書溯伏羲。眷懷勤贊述，仰止在防尼。吾道今方振，斯文實在兹。上元初啓運，東幸展親祠。吉日金根駕，初冬玉勒馳。夔龍陪鳳蓋，方虎扈鸞旗。遂歷奎婁野，爰經洙泗湄。霓旌來霾靡，羽衛過逶迤。就日争先睹，瞻雲不自持。龍顔何晬穆，蟻悃慰融怡。五氏簪纓集，千官劍佩隨。入門停輦轂，中道上階墀。明德馨香薦，精誠肸蠁知。導和調磬管，致愨託罇彝。麟紱尋靈跡，龍蹲憶異姿。幾年懷杖履，此日接鬚眉。符節心原合，羮牆見不疑。一人新賜額，萬世共尊師。鸞鵠翔銀牓，蛟龍起墨池。却臨聞禮處，偏與説書宜。大學明綱領，羲經闡繫辭。帝謨申紫綍，御蓋映緇帷。已錫千言賦，仍頒五字詩。圖猶鐫玉琬，壁尚記金絲。比鐵當年檜，如林歷代碑。淵衷深博考，清問備周諮。堂斧仍崤崒，龜蒙迥蔽虧。何當勞玉趾，重爲酹金巵。湛露濡枌柞，卿雲覆雒離。干霄留古楷，聚雪采神蓍。曠典從來少，殊恩望外施。榮光騰祖廟，流慶及孫枝。賜錦榮何極，彈冠喜莫支。秘書分縹帙，大賚發金貲。擴地膺皇澤，蠲租戴聖慈。仰窺崇道德，詎止荷恩私。帝利誠難報，臣心竊自惟。两楹嗟昔夢，九拜邁前規。唐宋何堪匹，羲軒直可追。高應侔泰岱，深欲比濰淄。葵悃三多頌，嵩呼萬壽期。謳歌騰赤縣，含哺浹蒼黎。寶祚綿無極，瑶圖禄永綏。敬抒銜感切，善頌愧奚斯。

村居即事

徑僻山空鳥語諧，緑陰濃處最開懷。自移修竹邀新月，更把閑花補斷崖。

麥穗齊腰一望深，黄雲鋪遍緑楊陰。筠籃滿貯鵝黄繭，閑煞桑間是戴鵟。

題家宫端小像

英宗北狩窮朔荒，土木變起緣貂璫。喪君有君立景帝，公時端委登朝堂。持節行邊賚軍士，歡聲雷動皆鷹揚。歸來鶴禁資啓沃，補天浴日多匡襄。口講指授悉墳典，責難願若虞承唐。詩學尤工貴格律，上與李杜相頡頏。有時縱筆作大字，結構直欲追鐘張。即今遺墨如尺璧，斷縑零落同縹緗。忽從畫册見遺像，藹容兀坐冠且裳。左倚瑶琴右石几，上有百尺之海棠。蒼皮古幹無艷冶，繁葩亂簇嬌春陽。浣花溪上所未有，何怪老杜無詩章。差幸先生手封樹，遠同蜀柏凌秋霜。至今西里成勝跡，花時雜遝携壺觴。君不見，將軍大樹彭澤柳，高風萬古長芬芳。

和約亭《秋興》

深山結茆屋，曲徑繞溪灣。種豆疏籬外，看松怪石間。鶴凌朝霧去，牛負夕陽還。黄葉飄飄下，蕭然枕簟間。

錦帶花

看去疑紅綬，輕盈柳外飄。夜來風雨過，瘦損沈郎腰。

贈家起占并序

高淳家胥亭先生品行孤高，學識淹博，著有《經史大成》，卷帙浩繁，未登梨棗，其孫起占携示海内，迄無所就。丁酉夏，過闕里，愧不能成其志，特録副本，藏之廟廷，並貽此詩。

硯田腴處獨深耕，懷抱都從尚友傾。割裂典墳嗤曲士，渾融班馬見儒生。遺編尚認丹鉛色，古壁重添絲竹聲。得向祖庭留著述，知君歸去意崢嶸。

孔毓琮

字鐘黄，世襲太常寺博士。鐘黄博士少孤力學，事繼母，曲意承歡，内外無間言，公舉入祀孝弟祠。

【補】孔毓琮，又字瑞伯，廩生，康熙二十六年（1687）襲太常寺博士。以子傳煥貴，封通議大夫、江南江蘇按察使司按察使。乾隆十二年（1747）公舉入祠。

康熙甲子，駕幸闕里，恭紀

崇儒聞往辟，特典創熙朝。運轉堪輿泰，天迴斗極昭。時巡聞爽籟，于邁戒嚴宵。沉璧觀河竣，鳴鸞望岱遥。法宫懸象魏，玉帳仰魁杓。正值陽暉麗，彌瞻聖德劭。麟遊知警蹕，鳳舞感咸韶。升降繇中闑，趨蹌凜外僚。誠孚元醴溢，意洽太羹調。闕殿夔司磬，丹楹曠引簫。睹兹呈萬舞，曾用格三苗。命講金聲協，留題玉節瑚。諸生頒錦綺，宗邑賚文貂。洞酌泉何幸，遊歌檜亦邀。宸章銘石匱，仙仗倚松喬。楷蔭仍紆轡，蓍叢復駐軺。千秋洙水上，一旦翠華飄。道統尊尼父，心傳屬帝堯。成由群聖集，禮視百王超。埃壒慚奚補，情殷叩紫霄。

孔毓珣

字東美，恩貢生，官至兩廣總督，謚温僖。温僖公幼讀書，即留心經濟。聖祖幸魯，以陪祀賜恩貢生出身，除武昌通判，迭蒙擢用，遂至開府，揚歷中外，勛業爛然。任四川布政使，籌餉築堰，諸政悉舉，蜀人比之李冰。後奉命治河，以勞瘁遘疾，卒於官。遺疏入，上爲震悼，賜祭葬加謚，皆異數也。

【補】孔毓珣，號樸岩。康熙五年（1666）生，雍正八年（1730）卒，年六十五。《清史稿》卷二百九十二有傳。

歲暮偶占

料峭寒威逼，蒼茫雪意遲。定沾催臘鼓，莫濕鬧春旗。志壯頻看劍，身閑漫賦詩。三農應盼澤，惆悵望雲時。

孔毓璘

字叔玉，號繡谷，貢生，官昌平州判。有《水木山房詩》一卷。繡谷參軍性好客，嘗作新室處客。客一夜鑿壁爲窗，群嘩然，乃塞之而不加堊，曰以志君意，其好奇如此。

【補】孔毓璘，生卒年未詳，曲阜現存康熙五十一年重修試院碑捐銀名單有題名。《國朝山左詩鈔》、（民國）《續修曲阜縣志》、（道光）《濟寧直隸州志》録其詩。

月夜登太白樓

勝地如相引，頻登太白樓。隔橋明夜火，傍岸宿漁舟。短笛吹殘月，寒砧搗暮秋。謫仙呼欲出，携酒酹城頭。

送别劉佩玉之都

易水燕山道路頻，雲峰缺處逐征輪。郵亭魯酒留嘉客，極浦斜陽送故人。霜染楓林秋正晚，風吹茅店月方新。蕭條易起河梁恨，不盡離懷淚滿巾。

漁翁

青蓑帶雨下長川，網得金鱗换酒錢。醉卧月明人不見，鸕鷀飛上打魚船。

訪隱者不遇

空山積翠暮雲平，獨向山家問姓名。行到柴門人不見，古槐風裏亂蟬聲。

即事

閉門高卧水澄清，坐守荒衙睡不成。閑卷重簾看飛鳥，夕陽西下海雲生。

留别馬天培

論交情已久，欲别轉傷神。楊柳難留客，春風慣送人。依依懷魏闕，去去問迷津。斟酌郵亭盞，君如酒味醇。

和顔幼客寄懷韻僧德緣寄

無聊最是昌平判，説到清閑讓老僧。破衲一身藤拄杖，看山看水十三陵。

孔毓寬

字子嚴，一字子言，至聖廟九品官。

贈張損持太史，同安懷堂諸子作

操觚事清吟，夙昔寡則效。雖云處鄒魯，未解升堂奧。太史吾夙仰，高文竊讎校。屈宋誠衙官，燕許媿清廟。今兹睹丰采，朗朗玉山照。詩成出金石，四坐敢輕誚。龍門許同登，前驅吾爲導。

冬望

雲從昨夜護霜華，曉日曈曨古樹遮。百八鐘聲來遠寺，兩三雁影落平沙。寒山尚識歸樵徑，小市稀逢賣酒家。憑眺不勝天末感，隔林有客挽征車。

孔毓昉

字時谷，監生。

【補】孔毓昉，鄒縣四氏學恩監生,《國朝山左詩續鈔》録其詩。

秋夜理琴

松下坐磐石，空濛夜色微。松風入疏葛，花月泛清徽。鶴立癡如聽，雲來静不飛。鐘期今不見，何論賞音稀。

孔毓琚

字季玉，號璞齋，諸生，官世職知縣。有《紅杏山房詩》一卷、《曲阜縣志稿》二十六卷。璞齋明府治曲阜，多善政，修縣志，未及梓行。後安鄉潘相宰曲阜，修志一百卷，體例宏備，實踵成之。性好客，王虚舟太史、蔣拙存國博皆主其家。蔣書《聖教序》及《朱子家訓》，爲之泐石，人争購之。

【補】孔毓琚，毓璘弟，雍正三年（1725）以歲貢生薦授曲阜世職知縣，在任十七年，遇覃恩授文林郎。《曲阜清儒著述記》："（孔毓琚）以諸生官曲阜世職知縣，以抑强扶弱爲己任，吏胥惴惴守法。聽訟戒勉似嚴父，體恤如慈母，無不得當以去。在署日論文講吏治，治以有聲。"《國朝山左詩鈔》、（民國）《續修曲阜縣志》録其詩。

過九仙山，飲陳萬元茅齋

夕陽雲影抱天根，兩岸桃花帶雨痕。已到山村還問路，行過竹徑始通門。有時高詠輕千卷，盡日留賓共一尊。獨卧茅齋春已老，不知芳草欲銷魂。

紅橋遇雨

紅板橋頭柳綫垂，荷花菱葉亂參差。蘭橈取次停湖上，畫裏笙歌細雨時。

榆次途中

馬首西來出壽州，平田漠漠水雲流。那堪土窟荒烟裏，四月寒風便似秋。

孔毓伸

字鐘直，諸生。

【補】孔毓伸，號薇亭，興永長子。《國朝山左詩續鈔》録其詩。

喜雨

春雨過春溪，春禽處處啼。女筐銜霧去，牧笛咽風低。城郭新烟裏，樓臺夕照西。明朝農事起，著屐踏春泥。

孔毓昌

字賡言，雍正甲辰舉人，官旌德縣知縣。有《三肄堂詩草》。

【補】孔毓昌，鄒縣四氏，《國朝山左詩續鈔》録其詩。

雨中過趙北口

謝却塵氛意灑然，波光萬頃更堪憐。空濛遠岸迷春雨，迤邐深村入暝烟。繫纜柳邊絲踠地，憑欄橋外鏡涵天。水心似有幽人宅，縹渺情懷一扣舷。

孔毓愫

字誠中。

【補】孔毓愫，《國朝山左詩續鈔》録其詩。

醉後自題小照

笑我頭顱太放顛，生平愛讀南華篇。携囊救世人稱佛，戴笠行吟自謂仙。鸞鏡偶窺殊不似，龍鍾相對亦堪憐。生來未蜕塵凡骨，已早消除八十年。

孔毓鵬

字圖南，號聘山，乾隆辛酉舉人。

舟中漫書

晚來風勢定，浮雲散空虚。四垂漸清曠，遠樹時有無。飢鳥依帆檣，炊烟起茅廬。浪平遊鱗躍，已見漁者漁。明朝天放晴，安穩登前途。

孔毓釶

字毅齋，諸生，官即墨縣訓導。毅齋學博爲文能守古法，課諸生不少懈，文風爲之一變。修至聖廟，復其舊觀，即墨士人至今誦之。

樂安學署懷友

趨庭來古邑，懷遠悵芳春。雲樹情何限，琴書樂最真。途窮翻作達，志壯不妨貧。多少囊中句，憑誰寄故人。

闕里孔氏詩鈔卷第五

鎮洋盛大士選訂　曲阜孔憲彝纂輯

孔傳鋕

字振文，號西銘，别號蝶庵，襲五經博士。著有《補閑集》二卷、《清濤詞》二卷。高叔祖博士公學贍才敏，工書畫，精篆刻。康熙雍正間，屢膺大典，罔愆儀度。世宗臨雍，入京陪祀，召見内殿。上注目良久，曰："孔博士風神，酷類其父。"欲用之，辭以職在奉祀，未果。賜"六藝世家"四字額，其克紹家學、上達主知可知矣。

【補】孔傳鋕，别號也足園叟，毓圻次子。康熙十七年（1678）生，雍正九年（1731）卒，年五十四，鄉謚"文昭"。羅筮豫《補閑集序》："（孔傳鋕）與伯兄振路儲公互相師友，兼倡'學步詩社'，日集諸同人分題課藝，四方來游闕里者，無不愿負笈而相從焉。湖海賓朋，文章兄弟，可不謂盛歟！"另著《蝶庵詞》一卷，傳奇《軟羊脂》二卷、《軟錕鋙》二卷、《軟郵筒》二卷。《清詩紀事初編》録其詩，《闕里孔氏詞鈔》《國朝詞綜》《全清詞鈔》録其詞。

恭紀《幸魯盛典》告成二十韻

虞帝時巡日，軒皇問道年。典非今日始，禮邁百王先。玉輅來殷地，霓旌下蔽天。蒙亳增紫氣，洙泗湧青蓮。顧問藏經壁，親臨釋菜籩。摩挲壇畔檜，洞酌宅中泉。聖裔均蒙召，賢孫畢至前。鵷鴻方肅穆，韋布得聯翩。講論乾坤闢，標題日月懸。萬邦咸悦矣，吾道卜昌焉。法駕回鑾去，詞臣載筆旋。汗青當有述，金石可勝鐫。詔許羅英俊，官仍授簡箋。一堂勤校勘，十載費丹鉛。麗澤言難罄，淵衷想粹然。唐槐留輦路，漢柏拱經筵。奕葉沾恩大，家門拜賜虔。縱教書萬帙，難紀禮三千。沆瀣研朱滴，薔薇盥手鮮。小臣沾帝利，拜舞誦瑶篇。

塞下曲

白雁銜寒度玉關，將軍西去幾時還。耕人拾得沙間鐵，猶是刀頭折後環。

朔雪平鋪戰馬驕，桑乾河水淺齊腰。若爲要得封侯印，白骨千堆此地消。

名在征西不記年，淺黄楊柳當金鞭。路邊皆是長城窟，只恐思鄉馬不前。

昌平州雜詠

膴膴高原禾黍秋，牛羊晨放暮還收。如何石晉無長策，輕送燕雲十六州。

舞雩臺

出郭無三里，悠然見舞雩。群山相映帶，一水自縈紆。徑草遲春色，林花綻雨餘。浴風仍有伴，何必問賢愚。

魯連射書臺

蹈海寧甘恥帝秦，聊城來作解紛人。干戈不及馳書力，韋布原非望報身。高棟至今棲鸛鶴，危樓終古摘星辰。千秋志士常興感，但得登臨氣已伸。

將進酒

長江西來復東馳，玉瓶盛酒無乾時。人生遇酒不痛飲，終日戚戚嗟何爲。君不見，功名若虛舟，身世如漂瓦，聲色過眼徒營營。世間誰是長生者，徑須白眼觀世人。一任呼牛復呼馬，不知何地埋劉伶。上有燦爛之酒星，李白他年解其意，終身痛飲何曾醒。醉來吐車茵，莫顧丞相嗔。樂游原上草，只回醉時春。醉時春，醒何有，欲使胸中磈磊消，爲爾浩歌將進酒。

登雲門山

雲盡如何更起雲，齊烟九點劈中分。雞鳴犬吠天邊絶，轂擊肩摩下界聞。似與神鼇爲鼎足，欲騎孤鶴出人群。不須遠慕緱山跡，十二層臺有隱君。

田横島

帝業初興六印消，王孫東竄海天遥。眼前抔土猶齊地，身外千山屬漢朝。熱血共傾波灩灩，英風如在草蕭蕭。生降豈乏封侯貴，恐與韓彭一例凋。

猛虎行

山石確犖陰風生，懸崖叢莽人不行。猛虎磨牙恣吞嚼，長嘯一聲山亦鳴。苦飢不得食狐兔，目炯如燈坐當路。世無善射李將軍，誰敢彎弓一相顧。我謂猛虎猶可親，窮其所欲食一人。人心險毒甚於虎，帶笑噬人無齒痕。嗚呼！山中之虎皆可避，借問誰能避酷吏。

擬陶詩

負暄衡門下，風日惠且柔。平居寡勢交，農圃皆我儔。眷言共作息，引酌自忘憂。南山爽氣澄，其下竹修修。嘯歌自可往，意興良不倖。

種豆二三頃，種竹四五竿。傍舍引清澗，輕風足迴湍。圉圉沼中魚，馥馥庭下蘭。觀物自怡悦，抱朴隨時安。喬林可偃仰，吾廬寄其間。熟讀太古書，聊當世外觀。

先母張太夫人忌日

禽有反哺烏，獸有跪乳羊。渺爾一鶵鷇，不離慈母傍。我生二十餘，俛仰獨自傷。欲養母不在，悲風鳴白楊。兒生一歲時，慈母遽云亡。側聞彌留際，爲兒涕淋浪。既憐兒幼小，又慮兒瘡瘍。撫摩再三視，宛轉徒在床。兒時未齠齔，何以學黄香。及兹逾廿載，往事俱茫茫。音容不能記，桮棬詎能將。偶從箱篋間，時睹舊衣裳。傍人爲指點，母身等衣長。見衣如見母，血淚流千行。嗚咽不忍視，什襲命珍藏。豈無屨與鈿，種種在幃房。兒今坐立處，母昔曾徜徉。觸物成悲啼，寸寸裂我腸。世人各有母，我生匪空桑。憫兹逢忌辰，長跪奠一觴。母靈如不遠，翩然來故鄉。

題《明皇按樂圖》

開元全盛民安堵，海内提封百萬數。君王無事坐連昌，不問經綸問歌舞。念奴綽約永新嬌，休沐承恩競細腰。子弟梨園教新部，月明花萼夜吹簫。梅妃寵罷楊妃進，秦虢三姨封大郡。五王裘馬亦雍容，車闖天街誰敢問。喧闐閶闔九門開，争看門前大餔來。百戲紛騰恣奇巧，纏頭一擲賭千迴。天顔欣喜如春日，士庶呼聲動九垓。亦有龜年與懷智，玉琴象管頻相催。此時妃子新出浴，露滴海棠春睡足。徐舒皓腕拂冰弦，親授霓裳羽衣曲。此曲傳來自月中，嫦娥曾奏廣寒宫。太平天子膺多福，特遣仙音下太空。自是君王倚妃子，不聽霓裳天不喜。李謩擪笛暗偷聲，傳向人間辨宫徵。李白清平調絶倫，春風輕拂露華新。其餘樂府才人筆，白紵吴歈難盡陳。自謂千齡調玉燭，焉知一旦起黄塵。漁陽鼓震潼關破，不見當時按樂人。通道繁華如轉轂，由來樂極悲相續。宫草他年别樣春，曲江蒲柳傷心緑。誰畫明皇按樂圖，延秋何不畫啼烏。風流轉作千秋鑒，只爲當年直諫無。

秋風征雁篇

嗷嗷雲中雁，啼過畫樓遍。中有少年兒，秋風苦别離。離人終夜長不寐，一聽哀聲一垂淚。當年雁來有帛書，書今不寄愁何如。江南水闊粱稻多，銜蘆覓食恣經過。雄呼雌應鳴相和，隨陽飲啄遑恤他。我有相思阻關河，曰歸不歸音信訛。安得附身以羽翼，隨雁北飛問消息。

爲羅志行表叔題大柳村山莊二首

萬壑千岩悄閉門，幾株疏柳自成村。情知别墅烟霞寂，却借幽人笑語温。明月影中時抱膝，杏花香裏獨開樽。高車駟馬今何限，不及柴桑處士尊。

麥隴畇畇竹數竿，槿籬茅舍况清寒。葛巾自號陶元亮，皂帽人疑管幼安。無事典衣償酒債，也能馳馬到詩壇。比來可作江鄉夢，九子山頭落月殘。

田家行

朝耕田之南，暮耕田之北。不惜終年胼胝勞，惟願苗生滿阡陌。四月麥熟黍乍生，五月桑肥蠶又成。家家男女無閑暇，一半繅絲一半耕。賣絲買得耕田鐵，煮麥饋作田家食。收穫千倉與萬箱，室中幸免人交謫。大兒課令讀論語，小兒亦能織草屨。阿翁鄰里醉扶歸，新婦當窗正鳴杼。秋成禾黍家家足，租完免教官吏辱。嗚呼！安得一生足跡不入城，長放閑身伴黄犢。

王昭君辭

六宫粉黛多如雲，和戎豈患無紅裙。只爲無金買延壽，漢家遂遣王昭君。昭君殊麗世無匹，薄福君王不曾識。若教歌舞早承恩，安見埋魂在沙磧。却手爲琵反手琶，曲中多半怨年華。愁來撥盡關山調，血化他年青冢花。宫禁埋香亦何限，赢得春魂化飛燕。昭君今反得千秋，何必君王曾識面。

孔傳鉅

字擎中，諸生，贈太常寺博士。常博公少聰慧，不幸早世。繼室李氏，刑部侍郎濤女也。婚已有期，而常博公卒於途。李聞訃，毁容成服，誓不他適，代夫侍養，二十餘年如一日，被旌如例。先高祖有詩哭之云："萬里行結褵，俄驚返中路。乘鸞屢愆期，化鶴忽馳訃。"即謂是也。又云："寂寞五經堂，誰爲三株樹。"其痛惜常博公之才可见矣。

【補】孔傳鉅，毓埏（1665—1732）長子。另據本書卷一孔傳鐸《哭堂弟擎中》一詩，小傳中"株"爲"珠"之誤。

雪夜侍兩大人飲酒，同藴光妹作

瀲灩光中酒一杯，梅花早逐雪花開。承歡自有高堂樂，詠絮還憐小妹才。紙閣頓看添玉樹，荒池應已凍蒼苔。鞲韝此日欣同侍，痛飲何辭覆舊醅。

題畫

蘆花楓葉滿魚磯，何處漁舟傍晚歸。一帶炊烟紅樹外，夕陽無際遠山微。

孔傳鉦

字振遠，號松皋，蔭生，至聖廟三品官。著有《炊經堂詩集》二卷。高叔祖松皋公爲恭慤公第五子，不樂仕進，以孝友稱。供職廟廷，董修《盛典》，尤能徵討故實，一時咸稱其人云。

【補】孔傳鉦，康熙四十四年（1705）生，乾隆十二年（1747）卒，年四十三。《曲阜清儒著述記》："（孔傳鉦）弱不好弄，動中矩矱若成人。四兄痘殤，母夫人慟甚，繞膝勸慰，收淚乃已。孝感熊相國聞而異之，許字以女。雍正八年，授聖廟三品執事官。肅穆雍容，稱其家風。……顧念兩兄早世，弟出爲叔後，懼孑孑一身傷母心，不片刻離左右。已而宗子病，彌留託藐孤，流涕許諾。府事無細大，無或旁撓，家臣畏懾，蓋有孝友之風焉。"另著《芳杜軒集》（無卷數）。另據《孔子世家譜》初集卷三之一"大宗户"、《孔氏大宗支譜》（同治十二年刻本），孔傳鉦爲孔毓圻第三子，小傳作"第五子"，誤。

水仙花

粼粼白石浸清流，夢斷瀟湘我欲愁。神女不嫌羅襪冷，衝寒偏愛弄珠遊。

懷戴氏姊

迢遞長天水一涯，齊烟九點望中賒。明湖月色疑洙泗，亂葉泉聲夢鵲華。吟詠絮風空謝砌，笑談步障憶王家。黄花漸放重陽近，好盼秋深候錦車。

指畫蘭

九畹滋佳種，春風第一香。拈花微笑處，彈指即沅湘。

重遊嶧山

自負烟霞癖，重來不厭頻。山容仍秀靄，客面老風塵。望遠襟懷闊，登高眼界新。春光已如許，應識舊遊人。

直上南華觀，平原散不收。山凹花競發，石罅水争流。日月雙華鵠，乾坤一白鷗。徘徊尋舊跡，何計可淹留。

孔傳鏞

字序東，號墨稼，官太原府同知。著有《聽蕉齋詩集》。高叔祖墨稼公詩才敏捷，倜儻不群。聖祖幸魯時，曾面和御製《喜雨》詩，深荷宸賞。詩集散佚，僅存三首。

【補】孔傳鏞，毓圻第四子，過繼其叔毓埏。康熙五十一年（1712）生，乾隆四十七年（1782）卒，年七十一。輯《篘亭詞選》二卷。

春日感懷

岸柳絲絲拂釣磯，小山遥映翠烟微。獨憐乳燕初成壘，誰惜征鴻尚未歸。弱水三千愁遠夢，天風九萬羡高飛。年來似醉瞢騰過，笑倚危欄掩竹扉。

悼亡姬劉湘蘭并序

姬本吴産，幼嬪魯邦，夙慧能詩，兼通音律，洵閨中之樂事，亦詞翰之同心。不意桃怨春零，柳先秋謝；玉笥之香痕尚在，妝臺之鏡影空懸。物是人非，觸情生緒，爰成長律，以寫幽懷。

秋水明姿不染埃，八年消受侍書才。碧紗窗外餘塵夢，黄絹詞中詠玉臺。貯恨樓空成獨照，種花人去爲誰開。試看淺印尋芳處，一曲紅闌冷翠苔。

相思脈脈意綿綿，掩卷南華第二篇。蛛網深亭花易謝，蛩啼荒徑月空圓。芳名喚出悲鸚鵡，曉夢驚回怨杜鵑。方士浪傳呼妙子，返魂無計淚潺湲。

孔傳堂

字振升，號升庵，雍正甲辰進士，官至思南府知府。著有《琴律易知》二卷、《學修雜記》一卷、《識字日知録》一卷。升庵太守官祠祭，以議蜀守李冰子祀典稱旨，迭蒙擢用。任鎮安府時，請免下雷等八州常貢，建學宫，置博士弟子員，却土官承襲陋規，皆卓卓可傳。

【補】孔傳堂，康熙三十二年（1693）生，乾隆十九年（1754）卒，年六十二。

詠菊

西風簾卷任盤桓，不學靈均供夕餐。三徑疏籬人獨立，一枝新蕊露初溥。淵明采去風原古，杜老吟成韻自寒。贏得清芬盈鼻觀，始知淡泊本來難。

孔傳櫺

字歷九，號振茂，諸生。雍正九年舉賢良方正，官江防同知。振茂司馬任江防時，承辦南巡大差，諸務畢舉，不以累民。錢文端公以詩褒之，稿呈御覽，賜和有“北海惟客待”之句，御注云：“陳群爲江防孔司馬傳櫺招飲錦春園，故有北海句。”一時貴官争有小北海之稱。

【補】孔傳櫺，寧陽縣四氏，纂修《清河縣志》十四卷。《國朝山左詩續鈔》録其詩。

登長干塔

浮屠高矗與雲齊，拾級登臨鳳攝低。石城二山名。一帶晴江横白練，萬家烟井界青畦。携筐村女尋桑徑，曬網漁翁醉柳堤。回首故園歸又晚，天涯芳草自萋萋。

江上即景

放棹中流喜浪平，夕陽高挂布帆輕。山村到處皆堪住，水鳥飛來亦有情。把酒欲邀新月醉，吟詩偏愛晚風清。前程遠近何須問，一任長年穩柁行。

孔傳桯

字逵節，歲貢生。有《浣星齋詩草》。

【補】孔傳桯，鄒縣四氏學歲貢生,《國朝山左詩續鈔》録其詩。

長歌贈陳正儀錶兄

蒼松偃蹇老幽壑，高人自古多淪落。家徒四壁釜生塵，浩蕩乾坤無處着。石圃居士何嶔崎，眼似秋鷹骨如鶴。拄腹撐腸富萬卷，自謂文字皆糟粕。興酣落筆走龍蛇，負郭荒田飽鼠雀。老去懶爲汗漫遊，借榻敝廬聊寄託。載酒問字門如市，共愛風流墊巾角。我才無能爲君役，同病三生如有約。西窗剪燭好聯床，開懷且把窮愁却。

山居漫詠

結廬小山曲，山色静四圍。幽林帶芳草，烟靄生檐扉。披風步前除，簇簇花撲衣。野鳥故相狎，傍人故飛飛。竟日一無營，不覺已夕暉。明霞耀巒壑，坐看樵牧歸。俯仰意悠然，于焉學忘機。

孔傳樅

字虛軒，號芥圃，諸生。有《芥圃遺詩》一卷。

【補】孔傳樅，乾隆甲子科舉人、廣東文昌縣知縣孔興祥之孫。《國朝山左詩鈔》、(民國)《續修曲阜縣志》録其詩。

泰安道中

東風拂面柳枝低，宛轉溪山路欲迷。十里桃花新過雨，夕陽遥映魯門西。

孔傳斌

字振中。

【補】孔傳斌，號維憲，題授廟庭五品執事官。

賀蝶庵博士生孫

春風入座酒盈巵，階畔欣看桂樹枝。借贈香山居士句，玉芽珠顆小男兒。

大父文章追兩漢，阿翁詞賦出三唐。他年頭角峥嶸甚，定繼詩書世澤長。

孔傳中

字振一，又字允執。雍正二年臨雍陪祀，特授冀州知州。

【補】孔傳中，《闕里孔氏詞鈔》《國朝詞綜續編》《清詞綜補》録其詞。

雍門琴

有客齊庭抱技登，七弦操處氣憑陵。漫言戰國多干櫓，何地清音就準繩。霸主雄心當日減，布衣聲價片時增。繁華轉瞬成衰歇，不待秋風感季鷹。

孔傳商

字振子，號雪村，恩貢生，候選縣丞。

【補】孔傳商，又號大光、實秋。雍正二年（1724）臨雍，欽賜縣丞。著《藕絲詞》一卷。《闕里孔氏詞鈔》《國朝詞綜續編》《清詞綜補》録其詞。

寒村曉望

纔聞蕭寺罷晨鐘，寂寂柴門斷客蹤。殘月墮時迷野店，凍雲堆處失高峰。遠天落木參差見，古驛征人次第逢。指點群鴉争琢雪，棲遲猶未下寒松。

梅

籬落水清淺，一枝花迥殊。寒應留鶴守，瘦欲倩人扶。影細争高下，香輕乍有無。莫愁知己少，湖上有林逋。

春日即事

四壁蕭然困草茅，何心遊目到春郊。江邊楊柳猶無葉，官閣梅花漸有苞。身似征鴻來遠塞，家同梁燕寄空巢。明窗遲日難消遣，收得殘書借紙抄。

西園主人招飲水南莊

幽情本是厭塵囂，小飲沂南興獨豪。繞閣四圍皆籙竹，推窗三面見緋桃。環階活水淵源古，出屋奇峰位置高。此會不辭拼痛飲，瓮頭春滿富香醪。

雲物樓懷古

禾黍油油緑，遺基何處尋。荒城餘落日，秋色滿高岑。古瓦殘爲研，荒碑斷作砧。占風懷梓慎，慷慨一長吟。

少昊穹碑

曠矣金天世窅冥，殘碑剥落石岧嵉。遺墟漫説神斯在，邃古原無字可銘。西帝獨司秋氣肅，東風能遣燒痕青。雲雷斷裂摩挲久，野老猶疑是落星。

送陳健夫北旋

識荆才一日，倉卒便離筵。聲價燕臺重，風騷魯國傳。歌殘紅燭夜，吟趁早梅天。安得重投轄，琴樽續舊緣。

孔傳松

字振茂，號鶴林，雍正癸卯拔貢，壬子順天舉人，官曲阜世職知縣，特恩世襲六品官。有《虚鏡齋詩》。鶴林明府任世職，清勤自矢，壹意拊循，如設義學，築興龍坊，以障泗水，詳免民夫赴濟寧挑運河諸政，士民誦之。子繼睿，官上虞令，多著善政，皆秉明府之訓云。

【補】孔傳松，乾隆三十七年（1772）卒。

乾隆己巳，大金川平定，
遣太僕寺卿阿蘭泰祭告闕里暨少昊陵，敬紀一首

東南小醜報來王，一净烽烟徹大荒。匝地凱歌旋帝闕，普天祭告出明堂。雲陽陵畔尊罍古，魯壁庭前羽籥光。天使遨齊將盛典，猗與有慶萬年長。

景炎侄送魚

淡泊甘衰老，那堪異味嘗。垂綸何處得，下箸有餘香。側想阿咸意，應憐阮籍狂。今宵拼痛飲，沉醉一徜徉。

孔傳科

字振修，一字溟符，乾隆甲子舉人，官寧津縣知縣。有《耘玕詩草》。

【補】孔傳科，鄒縣四氏學，《國朝山左詩續鈔》録其詩。

古詩

山下多蘼蕪，山上多薇蕨。鶗鴂鳴澗中，坐令百草歇。世人競役役，勞身在塵埃。朱槿華不實，甘瓜蒂易絶。冥情良獨難，悲歡爍人骨。東海有三山，金銀爲宫闕。朝臨扶桑日，夕望瑶池雪。隱隱咫尺間，風浪不可越。在昔王子喬，乘鶴去飄忽。

蒙陰山村

峽盡路微平，村烟楚楚生。菜花風定色，蠶葉雨來聲。沙漾沂流碧，天開峴首晴。石欄緣岸圃，緑蔭水車鳴。

明湖夜泛，訪友古歷亭

習習微風發，孤篷夜不收。疏鐘烟隔寺，長笛月當樓。鳧雁夢方永，蒹葭凄已秋。伊人在何處，渺渺水中洲。

聞雁

颯颯霜風漠漠烟，數聲嘹嚦海雲邊。吴江楓落懷人夜，紫塞秋高牧馬天。疏杵敲殘憐寂寞，尺書緘恨寄纏綿。稻粱畢竟能謀否，珍重春風百五前。

晚眺

誰家白板掩雙扉，打麥聲中乳燕飛。一帶清溪深照影，土垣紅綻野薔薇。

捕蝻謡

穀實垂垂，蝻生緝緝。一蝻食一粒，農夫無人色。不敢勞吏捕，祝蝻速生翼。一朝蝻蠕蠕，二朝蝻臕臕，三朝吏嗔呼。吏不捕蝻，捕捕蝻夫。蝻彌于墟，吏嘩於廬。婦烹黄雞，兒剉馬芻。馬芻既空，蝻亦乘風。吏歸奏功，大尹書庸。

孔傳𤇆

字振斗，一字曜南，號南溪，乾隆己未進士，官至江寧布政使。南溪方伯政聲卓著，尤以整飭風化爲己任。守蘇州時，有名妓金三姐以事就鞫，無敢爲乞免者。袁簡齋太史與方伯同年，投以小札，遂得開釋。其札有云："偶茵溷之誤投，遂窮民而無告。管敬仲女閭三百，生此厲階，似乎君家宣聖復生，亦當在'少者懷之'之例，而必不'以杖叩其脛'也。"一時艷稱之。

【補】孔傳炣，康熙五十二年（1713）生，乾隆四十四年（1779）卒，年六十七。彭啓豐《江寧布政使孔君傳炣墓志銘》："（孔傳炣）歷任江南，在蘇州爲最久。其治行不事赫赫名，一以省事寧人爲務。意所不可，雖臨以勢要，不爲動。然自一二十年間，屢治煩劇，膺重任，僚屬吏民尤推君清節爲第一。唯其始終一轍，不因時勢爲推移，此固足以挽薄俗而之醇矣。"（民國）《續修曲阜縣志》卷五"人物志·鄉賢·治跡"稱其"風節凜然，杜絶干謁，獨喜與文士交。錢塘袁枚尤所夙契。"

乾隆壬午仲春南巡，恭紀

省方南國又瞻天，晝鷁流香顧問全。五代門庭沾雨露，千年闕里紀山川。墓田疊展規模闊，儒籍優分甲第聯。身似春波魚在藻，仰窺雲際日星懸。

千官隊裏備趨蹌，寶物争迎賜上方。雲錦裘温隨舞拜，紅牙珠潤飾冠裳。微軀仰渥駢蕃厚，内府珍還奕世藏。他日廟庭陪祀典，君恩祖德兩輝光。

三載揚州理簿書，冰懷猶是莅官初。醉翁纔植平山柳，米老旋登淮泗車。聖主褒嘉恩自遠，侍臣傳述語非虚。蟻忱時切涓埃報，颺頌難宣楮墨餘。

孔傳相

字廷勷，號嶧南，諸生，聖廟八品官。

【補】（乾隆）《曲阜縣志》卷八十三"列傳·卓行"："（孔傳相）遭母孟喪，勺水不入口，父諭以毁不滅性，始食糜。事繼母如母。建家祠爲義塾小隆山，教里黨士講《史》《漢》及《唐賢三昧集》。長吏求一晤，不往。學使張若潍高其行，贈以額。所著有《孔庭傳略》。"

送弟枚移居蘭陵

我猶安伏櫪，爾乃遽辭巢。命駕心原苦，聯床夢易抛。泉甘烹石乳，簌嫩采山肴。獨處炎凉外，清風自解嘲。

候雁辭春社，喬林唤曉鶯。出門人兩地，入夢夜三更。好與漁樵偶，休隨遊冶行。百年今已半，愁送爾孤征。

孔傳經

字向亭，號巨川，諸生。有《小龍山人詩稿》。巨川茂才好爲詩，窗間壁上，淋漓皆遍。嘗携尊酒，策蹇行村落間。遇相知輒共飲，醉輒爲詩，隨手散去不惜也。

早過梳妝臺

妝鏡沉沙幾歷秋，梳妝臺上黍油油。朝來瞥見臺邊月，疑是珠簾半上鈎。

闕里孔氏詩鈔卷第六

鎮洋盛大士選訂　曲阜孔憲彝纂輯

孔傳鉞

字秉虔，號節倩，嘉慶丁丑進士，官吏部主事。著有《錯餘詩文集》。節倩吏部家貧力學，以孝行稱。里居時，與揚州黄秋平及從祖小莊、蘅浦、從父荃溪、景度諸公相唱和，賞奇析疑，極一時之樂。歿後，全稿散佚，從叔堇生爲吏部門人，手録一册存之。

【補】孔傳鉞另著《孔節倩詩稿》（不分卷）、《片雲詞》（無卷數）。《國朝山左詩匯鈔後集》録其詩，《闕里孔氏詞鈔》《國朝詞綜續編》《全清詞鈔》《清詞綜補》録其詞。另據《明清進士題名碑録》，孔傳鉞爲嘉慶二十五年（1820）庚辰科二甲三十五名進士，小傳作“丁丑進士”誤。

送陳梅垞之盧龍

今春曾小别，此别更魂消。舊雨浮萍散，西風旅雁遥。人歌燕市酒，夢繞浙江潮。霜柳那堪折，從他弄舞腰。

記是高秋節，征人暫解鞍。去年當此日，東郡足盤桓。我惜故鄉别，君爲常例看。臨岐無以贈，惟有勸加餐。

西楚霸王墓下作

渡江兵盡未投戈，飲泣西風恨最多。巨鹿轉移秦社稷，鴻門操縱漢山河。交通父老三章約，薦别頭顱一曲歌。憑仗淮陰誇將將，帝王天授竟如何。

都中寒食有感

長安作客一身輕，鶯老花殘空復情。已自傷心爲骨肉，可能無恨過清明。天涯夢尚憐初别，地下魂應念遠行。欲倩東風吹我去，魯門三月是歸程。

述蝗行

一蝗十粒，窮鄉雨泣。十蝗一穗，城中穀貴。蝗飛蔽天，秋禾猶鮮。蝗落滿地，老農夜刈。東鄰招工恨不多，功廉價費當奈何。西家登場喜尚早，碌碡聲中變枯草。吁嗟乎！吾曹餓死何足憐，捕蝻官長奪俸錢。

家小莊、忍齋暨仁表、仲華、絅文、景度招遊春及園，蘅浦以事未至，次日柬蘅浦

竹林雅宴許追陪，墅冷斜陽數舉杯。勝地漸添新稼穡，居人猶護古池臺。丁香葉大春將老，棠棣花深客又來。三年前曾同遊此，時令兄伯誠尚在。更有盛衰言不得，西園遺址盡蒿萊。謂余家錦石園。

貞女篇

貞女，臨清人，字同邑某氏子。子未娶夭，女誓不更受聘兩家。父母皆多其志，而難其事，又皆貧，無以自存，即安忍其以不嫁之女、未婚之婦而於我乎？孖州守某公，聞而憐之，爲捐貲置産，并建夫祠以正其歸，勖以終身之義有可嘉焉。顔蔭南孝廉攝學篆其地，因約同人紀以詩。

昔人亦有言，夫乃妻之綱。昔人亦有言，死者不可忘。沙邱某家女，許配某家郎。當其締盟時，百歲嫌不長。豈期未迨吉，所天遘夭殃。恩愛盡一哭，天地同激昂。誓作鴛鴦鳥，生死得雙翔。父

母相與説，吾女賢且良。許守爲兒愁，勸駕爲兒傷。自非正名分，何以事姑嫜。翁媪相與説，吾媳賢且良。許守爲兒愁，勸嫁爲兒傷。同是受飢寒，何如守耶娘。大尹聞之起，情通理則妨。往來計難決，倉卒誰能防。此人不得所，邑乘無輝光。官貧乏長物，聊與罄其囊。築茅供廟食，青廬在一旁。置田給口食，亦足謀烝嘗。顔君初秉鐸，一一見周章。婚姻雜人鬼，白衣耀紅妝。士庶爲我媒，祠宇爲我房。刀繯爲我媵，蒲團爲我床。旁人指小姑，想像夫面龐。合巹半杯酒，庶幾享馨香。顔君重欷歔，君家有太常。君家太常妻，始終肅冰霜。一朝予旌典，千載神赫揚。乃知聖明代，斷不負孤孀。謂家擎中常博繼配李氏守貞事。種竹漳河畔，種松嶧山陽。竹枯俯清流，松勁摩清蒼。託根異高下，秉性侔堅剛。古今不改色，齊魯遥相望。

濟南謁鐵公祠

當年鐵騎壓城闉，朝命猶矜叔父親。咫尺黄河誰鎖鑰，商量白帽各君臣。貽謀欲哭高皇帝，報國終慚建庶人。莫與英雄論成敗，太平俎豆在斯民。

列鎮堂堂欲棄關，書生慷慨此登壇。休誇炮火南來驟，到底骷髏北面難。豐鎬有時歸管蔡，江淮何事失張韓。祇今憑弔西風裏，仿佛靈旗隔水看。

辛酉秋日作

看足槐花又一秋，絲絲霜染少年頭。庭前蟋蟀翻新怨，江上芙蓉寄遠愁。草野不忘星北拱，古今誰見水西流。飄然我欲歌歸去，肯羨人間萬户侯。

萬事全輸一着先，凌雲才調亦徒然。英雄失路歌鴻雁，兒女傷心哭杜鵑。與世有緣難作佛，長生無味不須仙。祇應氍毹秋風後，垂老東山學種田。

壯志縱横未可降，廿年前事怕思量。斬蛟氣在空流水，屠狗人來話夕陽。富貴欲爲奴下淚，揶揄時有鬼登床。殷勤傳語妻孥道，頭白小姑恥嫁郎。

冬夜作書寄友人口占

握管不能下，懷人氣若虹。鐘寒烟樹暝，雁踃海天空。雙鬢無端白，一燈作意紅。長安多少路，書去又匆匆。

久雨初晴，家忍齋、雪渠邀同蘅浦，由春及園步至泗上觀漲，就岸命酒，醉後書事

昨宵雷雨城西偏，老龍攫屋走上天。今日晴明出北郭，蝗蟲作陣飛成團。耳目聞見都如此，一事無成吾老矣。諸君苦欲致酒徒，洗盞親斟泗河水。泗河南畔花木深，柳風蓮雪不可尋。楚漢興亡已消歇，何事元人邱壑留。至今君莫笑，元人亦莫悼。遷改上下百千億萬載，安知此地非滄海。徑須痛飲莫留連，況當放眼飽看徂徠山。天半芙蓉鏡中落，爽氣直撲眉宇鮮。滚滚波濤聲，浩浩酒腸寬。夕陽紅岸曲，長歌猶未還。人生在世貴適意，君家兄弟好容顔。酒盡可重斟，顔衰豈長好。惟有仙人不勝愁，避人自住蓬萊島。進君金叵羅，聽我醉時歌。及時行樂毋蹉跎，古來賢達則已多。嗚呼！古來賢達則已多，明月青天奈爾何。

家書後示内子

欲慰思家苦，休言作婦難。女嬌量習禮，親老善承歡。楊柳青春晚，關山白日寒。長征何限意，謝汝勸加餐。

爲家景度悼亡

繡褓淒凉剩斷針，碧天無路月長沉。可憐不是尋常别，冷盡人間骨肉心。

逢人勸説莫辛酸，到此纔知作達難。我是多情全不諱，十年舊淚爲君彈。

畫堂燒燭記論文，一樣憐才手怕分。痛煞江南徐孺子，謂徐少鶴同年，重來看妹是孤墳。

薰風刺骨欲飛霜，開到榴花夜亦長。此際更無消遣法，道書閑讀兩三行。

于孝子

我聞古滕陽，至孝出于氏。諒哉赤子心，與母生相倚。一解。
天苦至性人，至性何所苦。期功無近親，家業無片土。二解。
昏夜不乞憐，鼎牲得非易。兒丐不辱親，兒貧能養志。三解。
母願爲兒食，兒請爲母歌。兒歌不必佳，母食亦已多。四解。
杳杳隙中駒，摇摇風樹枝。生兒不能養，死母當賴誰。五解。
哀怨極蒼冥，悲號黯白日。母當正命終，兒事亦云畢。六解。
凡民各有心，營葬競相賻。送母母不知，北郭山下路。七解。
有母生殊樂，無母死亦佳。如何百年恩，一旦違親懷。八解。
人生會有死，心安理無悔。忠孝愚亦難，幸勿笑狂悖。九解。
生孝有盡時，死孝無窮極。至樂在泉臺，精誠照顔色。十解。

石馬坡漢翁仲歌

舞雩臺畔采樵路，高冢嵯峨不知數。雙雙翁仲立西風，云是樂安太守墓。太守衣冠葬幾年，子孫俎豆何茫然。翁仲心知不能語，淚痕碧暈苔花穿。大書深刻十四字，分明似爲後人記。府門之卒介執殳，廌君亭長冕而侍。我來訪古重摩挲，如從荆棘搜銅駝。曠野茫茫盡禾麥，至今人説石馬坡。坡外纍纍魯群公，魯人指點紛異同。宏我漢京重留此，爾曹呵護真奇功。磷火青飛鬼長嘯，歲歲墳前長秋草。立者弔者皆蜉蝣，夜深古月當頭照。

柳花

無端喚作銷魂樹，縱不飛花魂亦銷。何事年年三月暮，流鶯啼斷赤闌橋。

孔繼溥

字體恒，號匏庵，襲五經博士。

【補】孔繼溥，傳鐸次子，康熙四十二年（1703）生，乾隆三十二年（1767）卒，年六十五。

洛中詠古

銅駝金谷劇堪傷，盡作離離禾黍場。砥柱由來傳禹跡，下都何處覓周疆。橋頭杜宇啼紅血，邙阪悲風泣白楊。季子歸來人事改，漫云陵谷易滄桑。

燕中詠古

燕昭臺畔思漫漫，鴻鵠生偏鎩羽翰。飄渺雲烟連朔漠，輕肥車馬渡桑乾。市將駿骨才尤重，歌到蕭風水愈寒。莫把禿毫羞兩鬢，屠沽原不碍儒冠。

孔繼浩

字體充，號義壑，賜四品章服，至聖廟三品官。有《耀塵集》二卷、《棄餘集》二卷。

【補】孔繼浩，傳鈷長子，署曲阜縣世職知縣，即用州同知，誥授朝議大夫。康熙四十七年（1708）生，乾隆五十年（1785）卒，年七十八。另著《篆鏤心得》（不分卷）、《慎終集》（無卷數）、《印譜》（無卷數）。

仲春郊行，用杜工部《曲江對酒》韻

披襟散步欲忘歸，笑指東風上翠微。殘雪未消梅欲老，餘寒猶在燕初飛。三春景物休孤負，十里溪山肯暫違。明日踏青還有約，好看屐齒破苔衣。

將抵里門作

歸去來兮志莫違，尼防遥望碧雲微。籬邊手種花應綻，湖上霜催蟹正肥。笑我征衫隨夜月，憐他稚子候柴扉。舞雩不誤登高興，落帽風多欲授衣。

玫瑰花和二弟韻

仙姿摇曳小欄中，露彩霞光歲歲同。倚檻有情愁暮雨，隔窗無語出烟叢。穠香未信推西紫，艷質須知壓刺紅。倘許嵩山尋異種，一枝淺碧更葱蘢。

秋望

郊原秋氣爽，碧靄入溪村。爲愛林泉勝，而違城市喧。葉凋山徑露，鴉集戍樓昏。得句奚囊滿，遥情寄酒罇。

孔繼汧

字體源，號蒲谷，至聖廟五品官。有《五泉莊擬古樂府》一卷。

【補】孔繼汧，傳鋕次子，康熙五十七年（1718）生，乾隆十五年（1750）卒，年三十三。《國朝山左詩匯鈔後集》録其詩。

車遥遥

車已膏，僕已御，征人遽向遐方去。牽衣哽咽竟無言，目斷心摇悵愁緒。轔轔聲，漸不聞，蕭蕭馬嘶隔白雲。此身未得偕君往，此心縹緲常隨君。登山獨見巉岩險，涉水驚帆似蓬轉。閨中琴瑟判生塵，花底朱門還晝掩。鏡臺鸞影亂雲鬟，春風春雨凋朱顔。門前草没去時轍，妾心未盡纍車軰。

折楊柳

楊柳青青裊汴堤，東西送客還葳蕤。纖纖女手攀折盡，春風依舊生淒其。君不見，白駒朝馳夕易没，山雨飛來掃蒼碧。高樓日日拂長條，夜半鵑棲正愁絶。誰唱驪歌戒後人，柳陰鞅絆又揚塵。幾番霜雪不堪折，畫角聲中怨别情。

寄衣曲

凉夜鳴刀尺，縫裳寄遠人。邊城山萬疊，何日着君身。

烏夜啼

野堞烟平烏在柳，營巢拮据雛八九。朝哺夕哺不自勞，可憐毛落還髡首。夜半朔風挾霜寒，不住啞啞星折斗。夢魂驚逐鴉群飛，哀哀毛離裹已久。吁嗟乎！人生嗷嗷，菽水不及，時聽彼反哺之烏復何爲。

烏棲曲

景堤宫樹棲烏鴉，學士歌翻美麗華。金罇檀板過夜半，滿城人説後庭宴。韓擒千騎不飛來，結綺臨春真快哉。

長相思

長相思，久離别，隴頭杜宇聲嗚咽。鸞弦絶，愁腸結。對鏡惜花容，蘭缸紅覆滅。望君君不歸，兩地共明月。

明月照高樓行

高樓何所有，蟾影夜夜寒。樓中思婦心，凄怨獨含歡。極目渺無際，嗒然摧心肝。簾鈎響以静，玉漏斷以連。孤鴻凄以切，壁蟲哀以嘽。彈盡絲上鵠，舞罷鏡中鸞。孤月有時盈，妾淚何時乾。在水朝汐勤，在陸行路難。願爲鳥與樹，與君相盤桓。終焉成比翼，久久爲合歡。

吴鈎行

吴鈎青虵光，閃閃若霜雪。一爲俠士佩，寸寸心頭血。

臨高臺

散步臨高臺，臺高望不極。雲空天四垂，點點青山色。依稀阡陌陌，陌上路難識。芳草緑未衰，美人斷消息。

孔繼洞

字體之，號悔初，又號滄亭，蔭生，官至大順廣兵備道。先曾祖由郎署出守，洊至監司，清勤自矢，理錢法不自潤，歷官三省，皆著政績。去官之日，攀轅餞送，號泣而相隨者，以數萬計。守江西時，尤多善政，新建裘文達公嘗稱。調劑錢米價，清理棚民繁訟，備火患，戢虎暴，皆敦實政，而惜未竟所施云。

【補】孔繼洞，傳鐸第三子。康熙五十七年（1718）生，乾隆三十五年（1770）卒，年五十三。《國朝山左詩匯鈔後集》録其詩。

恭校家大人詩集，同五兄作

學詩承祖訓，立德渺群言。自衍三唐派，兼探兩漢源。詠懷明夙志，摛藻紀殊恩。珍重清芬在，他年示子孫。

九秋和止堂弟韻

滿城秋色萬人家，隨處登臨興倍賒。樹遠峰頭明落日，樓高天外枕飛霞。鴻辭南國人無信，蛩咽東籬菊有花。歸去小窗吟更好，一庭竹影月痕斜。

孔繼汾

字體儀，號止堂，乾隆丁卯舉人，由内閣中書官至户部主事。著有《闕里文獻考》一百卷、《劻儀糾繆集》三卷、《樂舞全譜》二卷、《孔氏家儀》十四卷、《行餘草》二卷。曾叔祖農部公篤志力行，風骨峻潔。高宗幸魯，屢充引導官，儀節罔愆，以講書稱旨，遂蒙特用。留心典則，手訂《樂舞譜》，督責肄習，孜孜不怠，廟庭祀典爲之整肅。纂輯《闕里文獻考》，紀述恩賚，表揚幽潛，足裨家乘。手校經史刊板，爲家塾讀本。字晝皆本《説文》，識者珍之。修《家儀》一書，冠、婚、喪、祭，罔不具備，迄今子孫法守之。在軍機處行走時，屢荷特達之知。行將大用，適以公事被劾，吏議落職，幸荷天恩，旋得昭雪。南游武林，卒于梁學士同書家。學士殯公于清勤堂，令子弟皆爲衣素，其重公如此。

【補】孔繼汾，傳鐸第四子，雍正三年（1725）生，乾隆五十一年（1786）卒，年六十二。參纂《孔子世家譜》二十二卷，另著《闕里儀注》三卷等。《國朝山左詩匯鈔後集》、（道光）《濟寧直隸州志》録其詩，《闕里孔氏詞鈔》《國朝詞綜續編》録其詞。

送李濟安還杭州

與君六載結相知，忽上河梁奉酒巵。放棹正當飛雪候，到家猶及看花時。雲迷草閣雷峰隱，風暖春堤驛柳垂。江北江南遥佇望，莫牽景物轉帆遲。

蘆溝橋夜行

月光如雪映長堤，村落分明樹影低。倩得青州老從事，一瓢清興共相携。

三歸臺

零落三歸臺畔路，夷吾相業竟如何。衣冠已逐浮雲散，壇坫空遺衰草多。鴉染夕陽新雨歇，山鳴槲葉晚風過。停車日暮頻回首，往事齊來嘆逝波。

趵突泉

日暮山城外，尋來水一灣。泉聲雜石響，道院入秋閑。坐愛雕欄下，行依綠嶼間。今朝游賞處，得意幾忘還。

游濟寧古南池

杜陵人去南池古，半面臨堤列數家。苔蘚淺深隨砌滿，竹枝高下傍籬斜。夏雲橋畔新經雨，秋水城隅昔泛槎。渚外夕陽寒照處，一雙白鷺隱蒹葭。

自題行看子

琅玕十萬發幽香，興到題詩掃石床。深處不須邀客住，此君相對足清狂。

九秋

帶郭西風吹萬家，催涼光景已全賒。閑情覓句逢秋色，隨意登高送晚霞。霜後紅添門外樹，雨餘香盡砌邊花。小軒地僻人稀至，扃户頻看日影斜。

智源溪

長溪名智源，尋源到沂隩。風高薄暮時，灘聲散林麓。

顔母井

忽下顔母山，却顧顔母井。井底冽寒泉，照人清見影。

魯親里

不見顔母居，空傳魯親里。村寒日漸昏，悵望青山裏。

擬古

回車駕言邁，廣陌滿衰草。日月易代謝，人事殊昏曉。昔我行役時，所知皆少小。今我復來思，亡多存者少。我匪金石身，焉能不速老。但恨無所成，奄忽如電掃。

東城高且長，一望杳無極。天際送歸鴻，秋皋攬白荻。陽和能幾時，涼颸生西北。昨爲少年人，鬢髮忽蒼色。側身顧城中，赫赫皆貴戚。粉黛列屋居，珠履華筵集。中夜泛金尊，淩高弄玉笛。不知時序催，安問歲華逼。我不行樂爲，撫世長太息。

訪李濟庵

絶羡君棲勝，南池是比鄰。溪雲常覆屋，沙鳥自依人。藥合丹經古，談揮玉麈新。高齋容小坐，應買甕頭春。

送徐訪師南歸

魯門西望送行頻，一棹匆匆去泗濱。愛酒定過彭澤令，捕魚還憶武陵春。黄花白雨歸帆晚，紅葉青山驛路新。指點泖湖湖畔路，候門稚子笑相親。

寄于海文

分手東籬菊滿叢，何堪今又聽秋蟲。雁橫范蠡湖邊月，木落商湯廟外風。兩地郵筒疏莫寄，五更清夢喜常通。何當共買蘭陵酒，畫舫琴尊日日同。

春日郊行

氣入新春漸覺温，凌晨東出建春門。萬家烟井浮芳靄，一帶晴山有雪痕。訪古且欣新試屐，懷人偏憶舊携罇。今朝省識東風面，嫩柳條條漢下村。

孔繼涑

字體實，號谷園，別號葭谷居士。乾隆戊子舉人，官内閣中書。著有《谷園論書》一卷、《玉虹樓詩》一卷。曾叔祖中翰公好學工書，能懸臂作蠅頭字，至老不倦。初學張文敏公，後宗宋四家。高宗幸魯，聞其名，召至軍機處，命書巨幅進呈，詔留覽，發懋勤殿。精于鑒定，手摹古今名跡百餘卷，名《玉虹樓帖》，爲海内所推重。同時與梁山舟學士齊名，故有“南梁北孔”之稱。

【補】孔繼涑，傳鐸第五子。雍正四年（1726）生，乾隆五十五年（1790）卒，年六十五，誥贈奉直大夫。《國朝山左詩匯鈔後集》録其詩，《闕里孔氏詞鈔》《詞綜補遺》録其詞。

夏晚漫興

柳曳空庭送晚凉，閑吟静處自徜徉。青山欲暮不成醉，白眼看人那是狂。月榻枕琴飛鶴夢，雨窗走筆繞龍香。子雲空説嘲能解，惆悵年來鬢欲霜。

題張文敏公墨蹟後

精研八法重天才，神趣縱横筆妙該。展捲曲江風度遠，蘇黄名自御題來。

評隲香光品不差，珍希法寶勒天家。上云“張照書遠勝明董其昌”，欽定《天瓶齋法帖》，跋有“法寶”之語。廿年私淑慚趨步，已恨雲烟過眼花。

乾隆戊辰，駕幸闕里，恭紀

乘陽時邁六龍飛，文治光華曜紫薇。祖德敬承當泰運，慈顔孝奉樂春暉。典崇東國今重見，恩渥臣家古亦稀。一路春風隨輦路，青旂高拂柳依依。

鴻儀奕葉仰仁皇，繼聖方征有道長。重以尊師紆法駕，更於賜祭薦馨香。尋源益秀西流水，入廟增輝數仞牆。再敕前楹留寶傘，兩朝法物許兼藏。

虚堂清㬚御爐烟，詔許微臣侍講筵。詩禮祇今宏帝學，唐虞原自接心傳。仁聲天下咸歸矣，義路斯民莫舍焉。敬聽洋洋宣手敕，金聲玉振語誠然。

鵲華山翠引龍舟，東海泱泱雅化流。泮水土田濡澤遍，鵷行虎衛賜金優。崇儒舊里陳車器，省岳敷天肅羽旍。世沐纍朝深厚澤，小臣何以効衢謳。

乾隆甲辰，駕幸闕里，禮成，召赴軍機處，用張照體作書，敬和御製元韻，恭紀

廟林丹雘與分蘉，爲仰青旂賁魯鄉。九拜隆儀鈞樂奏，五雲睿藻玉音長。頒來文綺從齋服，捧下精醪出尚方。兄弟並蒙天語問，尤慚臣職遜楊常。

卌年懸臂墨池蘉，未敢因斯望帝鄉。已愧姓名邀睿聽，何堪波磔獻微長。恩深不厭觀三軸，敬書二幅進呈，復命書一幅。志壯非忘在四

方。報稱惟期遵孝治，旨甘定省職之常。

秋懷

鏤管書猶拙，歙填和已殘。當窗盡秋色，無復倚闌干。

卧病三月，久不作字，偶題東坡尺牘，仰卧書之，時庚戌十二月十七日

明月清風不費錢，法施謝牘笑坡仙。不知妙跡今何在，定有豪光透九天。

闕里孔氏詩鈔卷第七

鎮洋盛大士選訂　曲阜孔憲彝纂輯

孔繼涵

字體生，又字誧孟，號葒谷，別號南洲。乾隆辛卯進士，官户部主事。著有《紅櫚書屋詩文集》六卷、《斲冰詞》三卷、《水經釋地》八卷、《考工車度記》《補林氏考工記》《解勾股粟米法釋數》《同度記》各一卷。葒谷從曾叔祖篤于内行，早歲告歸奉母，著書等身，於天文、地志、經學、字義、算數之書，無不博綜。遇罕傳之本，必爲校刊付鋟。所刻《微波榭書》，有《五經文字》、《九經字樣》、《算經十書》、杜預《春秋長歷》、《春秋土地名》、趙汸《春秋金鎖匙》、宋庠《國語補音》、趙岐《孟子注》、《休寧戴氏遺書》。交遊遍天下，尤與戴東原、盧召弓、翁覃溪、張瘦銅諸先生相善，講析考証，不遺餘力。年四十五而卒，未竟著述之志，海内惜之。

【補】孔繼涵，傳鉦子。乾隆四年（1739）生，四十八年（1783）卒，年四十五。另著《雜體文稿》七卷、《尼防雜事詞》一卷，輯《微波榭叢書》三十八種一百四十五卷。《國朝山左詩續鈔》《晚晴簃詩匯》録其詩，《闕里孔氏詞鈔》《國朝詞綜》《全清詞鈔》録其詞。

古詩二首

夜月何皎皎，清照窺華堂。堂上羅綺列，堂下弦管張。舉觴觴此月，問夜夜未央。時序一以改，蓬蒿東西厢。不見當年客，惟餘此月光。

黄姑居織室，所隔惟一河。盈盈帶水間，相望不得過。兔絲附喬木，自謂永不磨。相近尚相遠，相遠更如何。妾敢怨七襄，郎自慎風波。

獨酌

兀坐意不適，忽然成獨酌。乾坤浩何寬，酒人豈無著。冷月天際來，壚香烟外落。虚廊夜氣清，微聞響敗籜。抱膝一長吟，聊以寄所託。

社後一日，招周依堂遊柳莊，次韻四首

曉起天氣清，初日射檐角。枯林春風蘇，濯濯發新緑。晨興淡相對，爽氣清於沐。駕言郊外遊，聊以豁雙目。春原萬象開，勝賞難更僕。嬌鶯哢笙簧，新麥翻縐縠。我廬久就荒，几榻猶素樸。茅茨略翦除，突露花與竹。拂石坐紫苔，呼童煮黄獨。即是住山僧，何用禮尊宿。

岸幘臨東皋，曠望平於掌。稍聞石門山，幽絶衆峰上。岩深樵跡稀，道人常獨往。擬欲策短筇，攀葛一相訪。長林共鹿暝，澗道聽石響。誰能從我遊，試與結酒黨。

遥山暝色生，清泗不可唾。天末缺月來，沙際倦鷗卧。長空浄無翳，蟾影樹分破。花香撲鼻微，雁警衝人過。循堤延緣行，胸懷了無涴。遥望隔岸村，明鐙時一個。上下碧琉璃，欲去愁無那。君試拍手歌，我當擊節和。

春去已過半，念兹心悄然。好風襲簾幙，花枝自静便。閑身那易乞，况值櫻筍天。歲運自代嬗，奔騰如流泉。及時而不樂，花飛逐清漣。不如酌大斗，坐聽松風傳。何必服金石，攖身思飛騫。世無王子喬，誰能希神仙。

泰安道中曉行

開户見曉星，爍爍影未落。驅車離柴門，白楊語蕭索。露濃著草光，風急感衣薄。稍看曙色開，依約露城郭。遥門障前涂，巀嶪青如削。晴霞爛川梁，朝爽散林壑。更聽深樹閑，紛紛噪烏鵲。

芙蓉

柿葉初紅雁影低，人言江水似玻瓈。珠樓亞字闌干外，十里芙蓉一樣齊。

刈葦詞

不采葦花白，不采葦葉緑。葉盡花飄摇，葦秆直於竹。編之以爲席，織婦拳曲宿。長安紈袴兒，下陳糅錦服。

春盡

麥田蓊蓊緑周遭，飛絮殘時叫伯勞。又是一年春過眼，楝花開盡賣櫻桃。

讀書七首選四

聰明有痼疾，視理皆尋常。不知尋常中，滋味與之長。鈍者多畏事，事事聊退藏。二者累乃大，去之功允臧。

世有輕薄兒，動言訾古人。不知作者意，已歷幾酸辛。郁郁桃李花，青青霜竹筠。榮華不滿眼，要當識其真。

功夫在詩外，妙悟貴獨覽。能令功夫通，已久精神感。但見用筆工，誰窺用意慘。語盡意悠然，食君雙橄欖。

速成亦易朽，此戒夙所志。識字與讀書，一之烏可二。胡爲旣耗輩，不成翻然棄。不工死不休，借之勵吾志。

寒食作

壓城碧樹鬱蘢葱，時序今朝一望同。黄竹青旗村店酒，淡烟斜日墓門風。踏春士女衫初倩，得氣桃花面自紅。一抹離離芳草影，傷心不獨麥原東。

夜雨

春困尋思玉盌茶，春愁闌入碧窗紗。空庭隨意生芳草，細雨無心洗落花。宵夜陳編高士傳，隔籬鐙火酒人家。來朝陡起春游興，柳綠纔匀水一涯。

送周雲瓏下第南歸

兩槳摇歸夢，征帆片葉張。青山圍鐵瓮，白雨暗靈光。一第猶辛苦，三年各老蒼。賢昆還滯魯，爲賦白華章。

竹短三章

竹短不出牆，鬖髿成敝帚。不合鳳鳥棲，日晚鶌鶋偶。拳曲無取容，豈耗地力厚。飾外爲不材，虚中甘自守。青青短牆隅，生意看亦有。

大竹與肩高，小竹森如毛。戕賊日以加，雜亂兼蓬蒿。更有枯死笋，萎黄不堅牢。緬懷江之南，竹作篙人篙。洗滌無泥滓，出没隨巨濤。

惡竹斬萬竿，此言太憤懣。竹何與人事，勞君日調侃。翛翳静有情，冬夏層陰滿。同此不材穀，無心發野館。眷言帝女枝，吾亦用吾短。

佛手甘十六韻，呈沈椒園先生

陸吉黄甘傳種異，杈枒枝指賦形全。甌人别類推維一，佛國分香散大千。移植仙源更歲歲，服膺聖教也拳拳。如來根蒂空形相，爾雅蟲魚費注箋。已落又開花四序，自春徂夏實三年。上林盧橘分頭熟，東國名材屈指先。不語笑拈秋曉露，有時拇戰晚涼天。穿花鹿女銜香贈，長爪麻姑抱樹眠。脆甲纖纖春笋削，波文曲曲玉贏旋。屈伸不以無名病，擎捧真教巨擘連。漸染霜華增馥郁，若攄懷袖定嬋娟。龍拏虎攫玲瓏甚，玉質金相寶貴然。秋色遠村明一樹，絡絲斗帳稱雙縣。南來肯受江淮限，北學能隨物土遷。不隸包苴充橘柚，偏依几硯侍丹鉛。沾濡桃李無言化，莫認瞿曇一指禪。

出京送唐載熙歸歷下

贈藥花難拗，攀條絮已飛。臨歧一雙淚，各自涴征衣。

訪吴揖峰

街頭霪雨泥滑滑，東舍西鄰塌茅屋。冒雨敲門破清曉，來索先生新詩讀。先生擁被門不開，蒼苔一地無人來。阿誰攪亂蘧蘧夢，屐齒丁丁上石階。

芳苓三章，爲王、徐二節婦作

猗儺芳苓，或赤或白。赤猗子心，白猗母德。繄惟母德，是相是翼，是展是碩。

猗儺芳苓，其心伊苦。爾心則苦，亦莫敢爾侮。儇獨兩孀，克婦克母。勖爾孫子，群小以憮。

父母愛子，初何加焉。母病之不恤，而恤兒寒。兒名之是恤，曷以慰母顔。石闕峨峨，令名永刊。白華奕奕，孝德允完。

桃源行

不見桃源路，空傳桃源詩。桃源之説傳義熙，義熙處士心獨苦。欲將桃源存上古，世間禪讓自虞唐。眼内干戈同漢楚，干戈禪讓等紛紜。桃源好住殷頑民，婚嫁依然存長幼。遜亡終是爲君臣，招招舟子非我偶。苦説人民成晉有，山川不改此中清。髮膚豈負先民受，尚覺秦民太近情。夜榻留賓約鄰叟，不然避世入山深，幾不洗耳污牛口。自許漁人來，世知桃源渾沌開。不許漁人返，世覺桃源天樣遠。桃源之桃花自飛，花飛潔映首陽薇。桃源之源水自繞，水繞結作田横島。花飛水繞年復年，先生身在羲皇前。羲皇已遠何由共，嗚呼醒却北窗夢。

周幔亭槼寄爲侄曾孫憲增摹刻延陵季子十字碑

黿文龍馬開鴻濛，陽氣潛萌於黄宫。從此孚甲牙而赤，二篆八分生其中。佐隸即楷却茫昧，或體誤後争瞽矇。陋者但識姓名已，嗜奇古者心乃雄。六體八體追原始，結繩淳悶烏可窮。毘陵上湖冢上石，六名誰孰傳遺踪。潤州刺史蕭定刻，重將方篆羼且礱。中有文曰延陵墓，規旋矩折相對工。其下鐫跋字徑寸，文釋君子遭擊攻。雖然傳留亦云古，漢唐遺槼猶卬顒。誰櫬别本走千里，振振孫子傳吾宗。閣帖字小碑本大，此審其間酌癯豐。云是自書自鐫者，想爾紛怡神沖融。十六好事已有此，一身碑版兼珪邕。吾友幔亭妙授受，夷猶千古蟠心胸。循循善誘寧謹一，殆欲塗改青山峰。再寄數紙與人看，禹穴岣嶁將毋同。

翁學士過壽雲簃，觀石鼓舊拓二本

太學門中石鼓十，其一磨滅無文字。六年前曾再拜觀，辛卯二月，同周學正士英觀，兼貽拓本十二紙。自後頻年得紆意。舊拓何來入我眼，寶玉一珏相參置。一本藏自趙古則，後列跋語十有二。趙撝謙本有至大丁酉趙子昂跋、篆録舊跋、周伯温賦、至正改元虞集跋、趙古則跋、洪武廿二年端木孝思題名、洪武己巳趙文昭跋、洪武廿二年寧海盧原質跋、洪武丙寅慈谿孫經同弟綸訪古則同觀、洪武己巳唐志淳跋、危素在張壹民考古臺觀題名、洪治乙未吴寬跋。至大丁酉雖貽譏，至大止戊己庚辛四年，予未見是本，時翁覃溪先語其謬云。拓自前明鮮疑義。字數較潘又已殘，潘迪釋文在至元五年已後至大二十餘年。

古趣視今已闡秘。三十九字五鼓中，曉星尚晰泉未閉。一本藏自孫北平，割截界襄失行次。斷古釵頭棄星零，碎柴窑片足貴異。柳下猶徵右脚垂，潘次甲鼓末一字。用旁未泐左邊地。癸鼓。跋字經百廿一年，已發三十年前喟。孫退谷跋二，前跋云“余行年六十有四，視三十年前所見，又失數字矣”。末鈐小印珊瑚紅，玉琢樂安雙螭睡。末有“樂安”二字長方印，乃明光宗女樂安公主下嫁鞏永固者，原藏北平許，今在揚州商家。萬卷樓高富扆閣，玉印人傳皇八妹。想見題甲編乙時，小璽猩紅識愛嗜。閱人古物原雲烟，却巧假我緒雙縫。佳節昨遺彩縷鮮，深栝細吸菖蒲醉。摹挲細鈎匾螭形，况有同心不遐棄。垂簾雨壓香馚馧，紙光墨色拂濃翠。同觀者誰翁學士，乾隆丙申日長至。

曉行藍淀廠金之鹿園

蟬聲嘶暑曉雲流，下隰驅車潦未收。稻埂緑稠全種豆，荇花黄小不藏鷗。水鄉遠仿江南地，山勢西連代朔州。飽挹朝來嵐爽氣，只差拄笏坐危樓。

三月十二，飲臨沂山莊

莊門依舊枕沂濆，共倚危闌看夕曛。豈有酖人羊叔子，居然罵座灌將軍。風流文采空前輩，遇事隨緣等過雲。玉戲晨看霄火樹，何須急管奏紛紛。

葭谷兄送茶志謝

安得江南第二泉，淙琤蟹眼沸湯圓。湘簾夏簟圍棋日，竹雨蕉風試茗天。縛解雙缾勞急遞，分煎半裹笑前緣。每須斟酌色香味，默驗曹溪一滴禪。

孔繼炘

字景炎，號蔗亭，拔貢生，官永平府知府。著有《蔗亭詩》。蔗亭太守早歲知名，高宗南巡，曾赴行在獻詩，由校官擢縣令，旋至太守，所至多著政績。年八旬，恭與千叟宴，鄉里榮之。

【補】孔繼炘，傳橿長子，約雍正末、乾隆初生，嘉慶十四年（1809）後卒。《國朝山左詩續鈔》録其詩。

龍神祠

幾圍緑樹象山陰，中有龍宫倚碧岑。乳竇飛泉來百尺，雪峰携雨落千尋。龍宫與雪峰相對。官傳管子存興廢，地接蠻隅變古今。愁絶下車泥滑滑，莫教甘澤化爲霪。

和徐一齋太守荔枝韻

胭脂掌上星球走，好句能教一座傾。堪與坡仙争勝事，紅消白瘦絳羅輕。

曲陽懷古

三楚遺墟古戰場，淮陰舊跡變滄桑。南流半入繁華地，北渚新成駐蹕莊。海燕嬉春迷雀陣，湖雲帶雨過陂塘。誰知冷落漁歌裏，一縣孤懸大澤旁。

冒雨宿碧雞關

風卷滇池雨拍山，模糊那見碧雞關。油幢一任衝泥去，濕羽偏知認樹還。六十勞人初覺夢，三年作守已頹顔。凌虚漫笑南中小，海立雲垂直等閑。

孔繼炌

字體明，號菊亭，至聖廟執事官。著有《焚餘集》。

【補】孔繼炌，《國朝山左詩續鈔》録其詩。

埠門歸牧

曖曖炊烟起遠村，荷蓑歸去已黄昏。一聲短笛西風裏，牛背斜馱直到門。

再至天書觀

壁上題詩跡尚留，天書觀裏此重游。千金散盡腸還熱，一事無成鬢已秋。道侣有情尋舊約，萍蹤何事懶回頭。金丹豈少長生訣，只許神仙住十洲。

客中寄内

行李蕭蕭似馬周，幾年天末苦勾留。憐君井臼霜凋鬢，愧我風塵雪滿頭。此地儘拼名士酒，窮途可有故人舟。今朝又作他鄉别，漫憶凄凉魯國秋。

留别江庶齋

青山紅葉詠秋暉，選勝尋幽志不違。蘆管無端吹折柳，黄花香裏帶秋歸。

孔繼科

字進齋。

晚望

杖藜閑上遠峰頭，回首孤城一目收。鸞道有花皆夕照，虹橋無地不烟留。僧歸影帶山前月，雁落聲銜遠浦秋。何處暮雲棲不住，飛飛猶自向羅浮。

孔繼袞

字體文，號黻章，恩貢生。黻章明經性情灑落，善奕，自稱七省國手。

【補】孔繼袞，乾隆三年（1738）陪祀。

挽家葒谷户部

聞説乘箕去，驚心半信疑。人生真一夢，天道竟如斯。憶昔交遊日，同爲少壯時。箴規常切切，罇酒復怡怡。德自童年進，文堪老宿師。不趨新格調，盡得古籓籬。醉擬張顛草，閑敲謝傅棋。春風留座久，夜月下階遲。深愧夷吾敗，仍邀鮑叔知。惠貽長路贐，篤念異鄉羈。後此膺農部，重逢慰我思。書分天禄廣，字校石渠遺。出盡良臣職，歸申孝子儀。榮華輕若箒，淡泊嗜如飴。沈約身雖瘦，維摩帶未移。伯牛偏有疾，扁鵲更無醫。不得親調藥，空教淚滿頤。庭前凄落葉，池畔咽寒澌。怪鵩來何處，祥麟見少期。牙琴羞再鼓，從此斷桐絲。

孔繼滸

字蔭泗，號雩谷，諸生，官松江府知府。雩谷太守起家縣令，歷官三省，皆著政聲。湖北邪教滋事，鄖西失守。時丁母憂，自粵歸。畢秋帆制軍奏留，以墨絰攝鄖西篆，目睹殺掠之慘，誓必剿賊。先後設計堵擊，著功甚偉，特蒙優旨褒獎，賞戴花翎。郿西久無城，重爲築之，並建西津書院。又以邑無拔貢，請于學使，取一人，後遂爲例。工篆刻，家藏漢印至數百枚。喜畫梅，自署鐵骨道人，蓋於此寄意云。

【補】孔繼澣，别號鐵骨道人。嘉慶十年《郿西縣續志》由孔繼澣主持纂修，卷首有其所作序。嘉慶十七年（1812）捐廉修滕陽户支譜。年七十卒。

擬從軍行

毛錐已相誤，慷慨事戎行。千里關山月，三秋塞外霜。寒沙萬點白，曉角一聲長。身受君恩重，渾忘去故鄉。

畫梅

北風吹起凍雲團，雪裏香來花未殘。是雪是花渾不辨，問誰能耐此中寒。

孔繼睿

字體範，號思亭，乾隆己卯舉人，官鎮遠縣知縣。有《榕蔭居詩輯》。思亭明府前任上虞，曹娥江由縣北入海，海大潮，江水陡漲，漂没廬舍。明府捐俸築海塘十餘里，民名之曰“孔公塘”。

【補】孔繼睿，傳松子，《國朝山左詩續鈔》録其詩。

我有一罇酒二首

我有一罇酒，君携三尺琴。相隨明月下，共入白雲深。曲罷弦留韻，興酣杯屢斟。陶公不可作，千載幾知音。

我有一罇酒，君燒九轉丹。恐登仙籍後，得作醉人難。海外山誰到，壺中天自寬。試看劉阮輩，酩酊幾千年。

孔繼鴻

字漸逵，嘉慶辛酉進士，官棗强縣知縣。有《默齋文稿》。漸逵明府理繁治劇，所至有聲。凡差徭之不便於民者，悉裁減之。去永年時，邑人聯牘請留，明府力辭之，投詩贈行，篋中幾滿。某詩云："輿情擬叩九重天，留得神君閉户眠。願似杭州白太守，皇恩也許住三年。"

【補】孔繼鴻，號羽亭，别號默齋，年六十九卒。（道光）《滕縣志》卷九"孔氏傳"："（孔繼鴻）篤於學，而廉於吏。初習舉子業，熟復一經。嘗曰：'讀書不從身心性命中體驗，雖日誦萬言，皆糟粕耳。'爲文雖甚繁劇，腹稿而夕成之。"《國朝山左詩匯鈔後集》録其詩。

登栲栳山，取栲栳木作杖

登山南望賦歸與，折得枯杖念倚閭。聞道秋來風雨甚，高堂步履近何如。

天涯宦跡打包僧，又到名山最上層。記得故園春事好，一雙蠟屐一枝藤。

平干留别

一琴一鶴自蕭然，敢道歸耕有薄田。湖上清風山上月，殷勤争送使君船。

宦海浮沉那慣經，漫勞借寇向天庭。十年心事憑誰問，遥指東山一帶青。

答王逸蘭見寄

采采芙蓉悵遠人，詩筒遥寄故園春。儒風猶是先民訓，官况依然舊日貧。躍馬北平羞短鬢，投竿東海羡垂綸。鷗盟雁侣成孤負，愁對秋風憶紫蓴。

孔繼平

字秀嶺。有《秀嶺詩草》。秀嶺好施與，歲飢，稱貸以濟其鄉人。嘗從其兄宦游燕趙間，故詩多悲壯之音。

【補】孔繼平，繼鴻弟，庠生，例贈修職郎。

登高臺廟

白日銜寒上古臺，臺高風急净塵埃。院留殘雪梅枝冷，地接長城鳥道回。三面雲山秦壘壯，萬家烟火薊門開。而今疆宇渾無外，北望迢迢塞雁來。

温陽郊外閑步

五臺矗矗小城東，百里雲山眼界空。新稻抽針浮碧水，緑楊垂線颺微風。暖回黍谷韶光滿，岫吐螺雲返照紅。地有黍谷、紅螺二山。幾度留連歸去晚，都忘身在畫圖中。

孔繼枋

字蔭寰，貢生，有《映槐堂詩》。蔭寰明經幼受詩法於謝石農，與兄繼宋俱能詩。

【補】孔繼枋，號朴谷，嘉慶二年（1797）歲貢生，洙泗學録，候選訓導。（道光）《滕縣志》卷九"孔氏傳"："（孔繼枋）弱冠試冠童子軍，補諸生，食餼，受業謝石農先生。博學工詩，族中知名士廣燮、廣然數輩，并出門下，四薦鄉闈不售，貢成均，遂不復應科舉。先世約社置田，建義塾於級索村，日久侵削，力爲清厘，延師訓課，寒士至今賴之。卒年七十九。”另著《十三經講義稿》（無卷數）。《國朝山左詩匯鈔後集》録其詩。

即事

潦倒名場五十秋，蕭蕭華髮漸盈頭。縱無幻想偏多夢，不爲西風也自愁。架有殘書聊下酒，腰横長劍試登樓。生平見慣榮枯事，一局楸枰苦未收。

孔廣柞

字京修，號省山，蔭生。有《澗水亭集》五卷、《修卉書屋詩》三卷。省山從伯祖爲六十九代公次子，留心文獻，供事廟庭，與修宗譜，咸資考訂。遺集散佚，僅得三首。

【補】孔廣柞，繼濩次子，康熙五十八年（1719）生，乾隆四十一年（1776）卒，年五十八。與孔繼汾合撰《東家嫡系小譜》十卷《齒序》一卷。

乾隆戊辰，駕幸闕里，禮成，恭紀

疊疊榮光麗聖涯，六龍迤邐降堯階。杏花霞蔚黄綸啓，楊柳風清彩仗排。萬姓遥從春浩蕩，千秋重溯道根荄。情殷洙水羹牆獨，豫動東封補助皆。視履低徊徵器物，撝謙磬折撫模楷。經函問難諸生洽，樂律和聲百度諧。載酹雞彝明志肅，更覘馬鬣表心齋。宸章爛縵昭隆典，睿藻輝煌感衆懷。懿勒豐碑垂法則，仁餘喬木盡摩揩。時巡不數唐虞際，恩賚還同天地偕。何幸微臣欣就日，也將梧鳳賦雝喈。

廣陵

繁華自古説邗州，錦纜牙檣作遠遊。天子風流萬樹彩，美人歌罷一江愁。玉鈎露泣胭脂冷，瓊樹春殘水石幽。九曲池頭明月夜，簫聲吹破廣陵秋。

姑蘇

怒濤不斷繞城流，霜冷楓橋水國秋。簫鼓中江吴苑冷，鶯花遺艷美人留。高臺茂草餘麋跡，響屧空廊等蜃樓。立馬胥門悲往事，一聲漁唱百花洲。

孔廣棣

字京度，號謙思，恩貢生，官獻縣知縣。

【補】孔廣棣，繼溥子。康熙六十一年（1722）生，乾隆二十五年（1760）卒，年三十九。乾隆十九年（1754）任永年知縣，主持纂修《永年縣志》四十四卷，二十一年（1756）重修永年漳川書院，改名紫山書院，撰《紫山書院碑記》一文記其事。

謁鄆公祠

漢儒喜傅會，惡疾如斯人。豈以德行士，不能全其身。河北衣冠藏，俎豆嚴千春。搜抉到温泉，穿鑿安足論。昔猶陳蔡從，况乃漳滏濱。漳滏距鄆州，往還不能旬。友教留蹤跡，漸摩風俗淳。封植志墓感，不害道義真。亦聞宰中都，大聖推轂殷。恩澤所磅礴，誰能限籬藩。吾儕景行切，惟應拜跪頻。無爲騁怪僻，徒以滋紛紜。小物信有節，癘氣何由淪。宣尼嘆息語，殆與天喪鄰。從兹屏矯誣，洙泗尋根源。

申母劉孺人節孝

帝眷忠孝家，不得論常理。凄風苦雨間，藉之扶人紀。平干申母劉其氏，夫爲端愍元孫子。少小能讀家賜書，二十錚錚作名士。

名士騎箕天上游，嫠婦夜哭青磷起。呼天天閽天不聞，天之不聞良有以。顛倒折挫七十年，要使光焰燭彤史。彤史垂爲閨閫師，綱維不墜天公喜。奪之佳兒予佳孫，人間未易窮眇指。申家賢母軒靳後，與劉三人鼎足峙。軒靳有兒皆已傳，劉亦有孫發軔始。發軔始，書卷裹，紀年劉今八十五。孫爲孝廉文如綺，造物迷離誰能知，不負王公井底水。

恩井行，爲杜節婦盧氏作

孟郊亦有言，妾身井中水。井水無波瀾，千載流芳芷。永年杜節婦，甘爲井底死。非甘井底死，鬼物耽耽死其子。節婦誓死撫一子，母子孱孱命相倚。八月十五亡夫忌，孤兒垂絶呼不起。呼不起，妾計惟有此，此中水有三丈深。清冷到底無纖滓，龍母駭睨不敢受。叫徹天閽沸帝耳，死孤兒者帝殛之。節婦不蘇罰亦爾，井畔閃爍走百神。修綆牽挽出井底，出井底自辰及酉。開目視淚落，連珠發上指。孤兒呱呱聲音清，蹶起叩頭崩角觜。孤兒長大早知名，恩井之名播遠邇。

永年懷古八首

盟戰紛拏晉士先，曲梁遺趾想當年。隽才難許虧臣節，介弟何應奪將權。霸業蕭條疆里改，軍行没滅水雲連。不堪更逐雞邱跡，極目平疇意惘然。

休問榮椽與信宫，荒淫遺跡久成空。畫疆正値東西帝，巢羃真慚趙魏同。斷岸平沙隨逝水，霜林落葉叫秋風。猶聞客説叢臺近，都在烟雲幻渺中。

三年碌碌亦堪悲，畢竟毛公脱穎遲。干將無人旌墓樹，平原何處識囊錐。秋風草木邯山路，落日烟雲滏岸碑。壯士應從公等後，空林孤嘯寫新詩。

平干南去見村籬，傳是當年鑄劍池。幹子城荒秋影薄，華陰道遠落霞遲。龍文不逐東流散，虎氣常隨北斗移。樵牧何緣知往事，燒殘野火自迷離。

中原割據逐塵埃，洺水秋風望眼開。過客争誇唐帝壘，居民猶説夏王臺。淮安客禮成多事，滏口軍聲不再來。故跡茫茫何處問，斜陽落水有餘哀。

臨洺古地戰場紛，魏博旌旂白晝昏。義烈將軍酬國士，嬌羞弱女拜軍門。功成端藉尚書力，身後從知僕射尊。處處淫祠排棟宇，誰將杯酒酹忠魂。

曲突謀深鬼魅驚，扶風精氣撼危城。火軍光耀聰山裂，鐵馬聲嘶故壘平。嶓口書成渾謔笑，度支錢到自恩榮。祗今唯有雙岡月，曾照當年大將營。

神策軍容繪亦難，西平老將夜傳餐。霜飛野岸金戈静，凍穩長流鐵甲寒。兩鎮功名煩委折，百年陵廟誤衣冠。洺圍解後耕桑樂，惟向雲霄指羽翰。

孔廣枚

字文木，號怡園，貢生，官永昌縣知縣。伯祖明府公性通敏，工文辭，屢試不第，遂以校録敘用。歷宰邊邑，多著政績。豪於飲酒，每盛會必飲巨觥百數，時有“孔百杯”之稱。

【補】孔廣枚，繼洞長子。乾隆七年（1742）生，嘉慶十八年（1813）卒，年七十二。

敬步十叔父題書室韻，呈吴申宜師

延陵經術今同仰，講畫何緣共得師。細雨初過紅樹院，春風欣滿絳紗帷。案頭碧簡初寒夜，籬落黄花欲放時。課罷閑吟秋色好，竹林遺韻自相期。

孔廣材

字巨川，號汝楫，諸生，官宜山縣丞。

【補】孔廣材，繼洞次子。乾隆九年（1744）生，四十六年（1781）卒，年三十八。

戊子鄉闈報罷寄竹民

又是黄花候，思君更自思。十年仍故我，一第未逢時。怕觸停雲夢，愁吟落葉詩。封題無限意，好報故人知。

闕里孔氏詩鈔卷第八

鎮洋盛大士選訂　曲阜孔憲彝纂輯

孔廣林

字叢伯，號幼髯，廪貢生，署太常寺博士。著有《周禮肊測》七卷、《儀禮肊測》十八卷、《吉凶服名用篇》九卷、《禘祫觿解篇》一卷、《明堂億》一卷、《士冠箋》一卷、《通德鄭氏遺書所見録》七十二卷、《延恩集》一卷、《幼髯韻語録存》一卷《外集》一卷、《温經樓游戲翰墨》二十卷。幼髯從祖爲止堂公長子，博雅好古，專治鄭學。生平著作一百三十二卷，凡四十四萬五千餘言。年二十六即絶意進取。芸臺相國嘗謂："海内治經之人，無其專勤。"積詩三千六百餘首，自以爲不足傳，悉焚其稿，僅刻悼亡十五首，云以示子孫。兹選二首，餘以集唐未録云。

【補】孔廣林，原名廣枋，别號贅翁，繼汾長子。乾隆十一年（1746）生，嘉慶十九年（1814）卒，年六十九。另著有傳奇《東城老父鬬雞懺》、雜劇《女專諸》《璇璣錦》《松年長生引》三種等。

鴛鴦篇并引

乾隆壬辰十月二十日夜，繼室汪氏自度病革將死，爲余説後事甚詳。余恐傷病者心，但好語慰之。不圖二十三日，即舍我去也。遺囑未筆之書，然不忍没没。效《孔雀東南飛》體，作此《鴛鴦篇》述之云。

梧桐何青青，中有鴛鴦棲。七歲知文字，十歲習禮儀。十二工刺繡，十四能裁衣。如彼蘭蕙質，待嫁正及時。耶娘爲相攸，云是瑾與瑜。不得相輕許，二十閨中姝。邕邕者越鳥，英英者魯雲。魯雲逐越鳥，相通如有神。相從六七年，有如水與魚。未見荀家龍，已見謝家珠。謂可誓白髮，繾綣百歲俱。蔦蘿不相附，中道棄何如。如何棄中道，戢翼鳴徘徊。凜冽朔風寒，音響一何哀。自爲君家婦，蔭我有萱椿。本不堪驅使，何敢辭辛勤。感君遇我厚，云當卒大恩。俛仰内傷心，羽翼行將乖。我自不忍君，鬼伯來相催。君毋太偪仄，急以煎中懷。蠶有不盡絲，吐出未了緣。念我生母死，死去已一年。驅遣婢還鄉，再拜涕漣漣。致意白君母，致我中心言。阿耶迫桑榆，鬖鬖已白顛。同母弟與妹，無令憂飢寒。養之復教之，裕後而光前。莫使荒于嬉，老大悔徒然。君母會顧復，無乃言太繁。但我區區懷，念之摧心肝。仰視南風雁，相望不相見。尺素書寂寂，幾回發長嘆。日月相逼迫，漏滴銅壺箭。天不許我待，目斷腸亦斷。會見舟回柁，君母書寄我。其然豈其然，秉畀投烈火。更復乞君恩，相棄不我遐。游鱗時往復，毋忘丈人家。丈人家不富，奩贈不足誇。纖羅雙蛺蝶，文錦鳳穿花。百篋夜明金，圓珠握靈蛇。斗帳絡翡翠，香囊垂紫羅。紛紛豪家子，各各鬪奢華。寒家無長物，四壁有清風。箱籠朱漆飾，大半皆空空。誇布爲衣裙，越葛四五通。留此贈後人，後人笑我窮。君莫笑我窮，留此表情悰。見物如見我，願君完始終。物可作遺施，命不少延佇。我無如命何，膝下憐阿女。大兒心膽怯，小兒驕且頑。不知又不識，早違阿母顔。未知有母樂，安知無母單。乍亦索娘啼，倉皇誰爲憐。君善拊育之，當勝我生前。不勝我生前，亦當同一般。每事必關懷，毋委村嫗手。不得當風坐，日中勿令走。莫使意拂抑，食前與飯後。姊妹相戲嬉，萬勿令鬪毆。兩或不相下，淚漬面蒙垢。田田水面荷，嫋嫋中柳。無母勝無父，父難以代母。我有第七妹，大與我放佛。思欲告阿耶，繼我爲君室。定當念同氣，吾女不輕視。今作許家婦，於君爲舅氏。非君前生緣，此願常已矣。郎君别遣媒，遣媒求高門。貴家多令女，淑惠豈無人。繼母如因母，不翅如我存。勿以我爲念，早即爾新昏。慎勿爲禮拘，孤琴久無弦。但不惑後妻，便感情萬千。言罷忽褰衣，氣結不能語。淚滴郎君臂，咽咽三更鼓。殘喘若一綫，太息心頻拊。七歲習文字，十歲觀禮儀。十二教刺繡，十四學裁衣。慚彼蘭蕙質，二十閨中姝。離家事君子，倏忽七年期。孝敬循公姥，宫事無敢違。阿公不我嫌，阿姥絶憐之。嬌鳥爲風飄，阿公心勞勞。阿姥留上京，不知鳥離巢。寄言告阿母，婦作不孝婦。婦道既不終，承歡難再得。不圖辛卯冬，一别生死隔。誓不負阿姥，夢中望顔色。弟婦賢且能，小姑女中特。服勤在左右，毋念薄命息。君善事公姥，子職兼婦職。彩雲稽鳳羽，回風躓鵬翮。以此撓心意，日夜愁煎迫。仁者必有後，郎君其無憂。楊家有少女，我已爲君求。色如桃李媚，性與芝蘭幽。俾薦君枕席，以爲種玉謀。便復可抱子，韶光不我留。郎君文藻富，伯仲班與楊。性乃戇以直，涉世恐不臧。才不如德優，居官非所長。孱孱不勝衣，况更餐風霜。名山可不朽，何必政事堂。努力當自愛，作計胡不量。我更有所求，所求事兩端。望憐七載恩，聽我將死言。棺木毋以美，衣衾亦苟完。但求斂我時，松脂實我棺。我聞藏身穴，不宜磚與石。磨磚既弗鞏，甃石亦有隙。更求瘞我時，灰椁遵前哲。四周泯孔罅，堅緻多年歷。我亦笑我痴，乞君憐我意。我病三月來，累君心形瘁。情緒如連環，夜夜不得寐。豈不憐我死，悠悠郎君思。百草總無情，莫救傷弓翅。歸鳥無命留，多負纏綿意。我在君如此，我死更何似。我亦死不瞑，怯怯多情子。慎莫太悲摧，重貽公姥累。勉旃無多談，多謝從此逝。郎君默無聲，祇恐傷爾情。淅淅嚴風急，淡淡寒月清。側耳聽鳴雞，凄清啼五更。鴛鴦夢以遠，飛去紫山岑。賦此鴛鴦曲，當我朝飛吟。

甲午九月避寇鄉居作

乍作四鄉行，心閑病覺輕。疏籬淡白日，野犬静秋聲。自適林泉趣，誰驚草木兵。話談偕父老，鷗鳥恰忘情。

孔廣秀

字京彦，號雨華，諸生，候選鹽課大使。

【補】孔廣秀，繼洞第三子。乾隆十六年（1751）生，嘉慶十一年（1806）卒，年五十六。

老槐書屋禊飲，同薛夢塘作

草煖雲昏上巳天，尋春同步屋西偏。清罇相約竹林共，勝日欣逢棠棣聯。座上何人工月旦，庭前有樹長風烟。吾儕修禊多真樂，只讓蘭亭一序傳。

孔廣森

字衆仲，號顨軒，乾隆辛卯進士，官翰林院檢討。著有《公羊通義》八卷、《大戴禮記補注》七卷、《詩聲類》十二卷、《禮學卮言》六卷、《經學卮言》六卷、《少廣正負術》六卷、《駢儷文》三卷、《儀鄭堂詩稿》一卷。顨軒從祖爲止堂公次子，學究漢儒，與幼髯公兄弟齊名。蓋我朝崇尚經學，通儒碩彦，後先接踵。自亭林顧氏以後，東原戴氏、紹弓盧氏、辛楣錢氏，皆有羽翼經傳之功。從祖紹百世之宗風，析群經之奧旨，闡明絶學，厥功偉然。卒年僅三十有五，不竟其志，悲夫！

【補】孔廣森，字撝約，繼汾次子。乾隆十七年（1752）生，五十一年（1786）卒，年三十五。《清史列傳》卷六十八《儒林傳》有其傳。《國朝山左詩匯鈔後集》録其詩。

嘲竹

淇園下揵申池燂，竹箭之美專東南。君何好事天功貪，移種忽從湘江潭。離離散植低茅庵，朝夕欣賞意所妉。昔聞竹類生寔覃，篔簹簾簩簝篢筥。孫枝秀挺青霄參，柯亭八律無䃂䈣。風泠戛玉聲谽谽，雨洗鮮碧烟曇曇。詎如君家竿兩三，又無春笋充盤甘。初垂細葉緑龕弇，乍如小兒髮鬖鬖。不可殺青汗簡函，不可截杖供拄撖。不可屬甲比鮫鐔，不可作劍折螭鐔。七賢六逸今空談，素封千畝無乃慚。梅花嬌小杏花憨，元遺山句，日對此君相嘲唅。謂爾菲材用不堪，宜削棰策編筠籃。或成筆彄尚可簪，否則騎躍當篠驂。便事伐斫修鋻蹔，無使佳名混青藍。

題《鬼趣圖》

世人信目不信耳，庸目見人不見鬼。無鬼作論自阮孚，管窺井見群疑起。睽爻車載占羲經，新故大小辨左史。聖人語怪良弗爾，幽明幻化同趣旨。解斯趣者後則誰，維揚羅氏兩峰子。兩峰繪筆奪造化，窮形極態生縑紙。若肥若瘠若槖駞，若行若立若肩比。白骨荒凉古戰場，青磷慘澹新蒿里。豐隆先驅列缺殿，揚風夜卷鐙花死。此時窗下獨展閲，毛髮直竪怖不已。或云羅子固好奇，不比俗相肖相似。或云羅子乃好誕，意等相如賦亡是。非奇非誕孰爲證，證之蒼頡沮誦造字始。若不魑魅罔兩一一盡目睹，何由鬼字象形由面而儿尾。

贈金壇于相國二首

共仰樞衡翊大鈞，獨司喉舌協星辰。卅年掌誥承天語，萬里籌邊靖塞塵。朱紫賜衣昭鶯毳，丹青圖相炳麒麟。誰知帷幄陳牋者，本是霓裳第一人。

稠疊恩綸奕世光，飾冠羽翠飾衣黄。中書密勿多敷奏，講幄從容有對揚。示遠威儀覘魏應，斡機袛慎陋黄香。爲逢西旅清平日，都尉崇封燕翼長。

送陳梅岑四首選三

年少詩名動帝州，丰儀冠玉漢通侯。當時一見忘新故，此日重逢感去留。許郭論人無附和，慶廉交友最綢繆。知心自古期千里，送别於今况九秋。

何處浮生不夢鄉，欲從仙枕悟黄粱。非因仕宦書應讀，若論功名事亦常。一賦長卿逢狗監，十年張季老貲郎。儒冠未必終相誤，且待秋風擷桂芳。

竟買輕帆作越吟，河梁别思不勝深。長安閲歷皆詩境，歸路山川入賦音。爲愛孟公留尺牘，却慚義甫擅詞林。隨園他日尋師去，乞道欽遲後學心。謂其師杭郡袁子才前輩。

葒谷叔父以詩見示，即步原韻

羈宦新秋感壁蟲，故山何處擷嘉菘。名騰藝苑抛鶉褐，身近雲霞聽鳳筒。文酒有僚同跌宕，樓臺得月更玲瓏。最憐鄰館東槎客，夢挂扶桑海日紅。

曉發茌平

曉發茌平路，猶聞夜柝嚴。月横枯樹影，風順小車帆。破壁鴉慵集，荒泥鳥倦銜。長途况如此，客裏着征衫。

次圖裕軒學士書薜荔葉上詩韻

自從名筆題詩後，小葉長珍玉案東。肯逐溝中流水去，閑詞寫向紫屏風。

岐陽宫詞十六首

路寢新成制特佳，素窗朱户五間排。時聞宣召闈門入，便進東房上側階。

數問中官夜未央，曉來天子坐明堂。遥知侯氏朝正退，每侍更衣小寢旁。

渭水親迎百兩將，從來侄娣並諸姜。他年右媵先承寵，后本西宫姊妹行。本《公羊注》。

承恩每夜九人齊，次第皆從内宰稽。獨有后妃專夕貴，月明三五御樓西。

入宫未許近龍顔，羞捋車前扱帶閑。忽地後宫傳密語，金鐶脱去賜銀鐶。

階下晨雞第一聲，房中珮玉已鏘鳴。應門視寢人歸未，用文王世子，手抱衾裯不敢行。

歲歲宫嬪進御時，常逢霜後授秋衣。東風一夜催冰泮，明日三宫駕幸稀。本《荀子》。

二月春風燕子來，天王親出祀高禖。宫人夜半私相問，若个郊壇受韣回。

棗矢榆弧慶誕生，吹銅先奏上宫聲。君王錫得嘉名後，不敢輕呼太子名。

爲作天家黼黻裳，棘垣深鎖事蠶桑。中心忘却禕衣貴，手折柔條已滿筐。

穜稑曾聞進后妃，周家故事仲春時。自從千畝慵耕耤，無復君前獻種儀。

佳人小字號延娟，鵲扇輕摇奉御前。可惜膠舟同日死，靈祠凄冷漢江邊。見《拾遺記》。

轍跡歸來八駿馳，荒凉舊殿緑苔滋。偶經重璧臺前過，尚掩羅襟哭盛姬。

越女偷妝帝子身，先皇地下亦生嗔。重蘇七日真奇幻，報與宫娥怕鬼神。見《思玄賦注》。

永巷争誇后主賢，至今談道中興年。脱簪待罪因何事，莫使關雎刺晏眠。

行樂宫中四百春，西岐殿闕忽成塵。驪山烽火年來有，止少當時一笑人。

孔廣彬

字文若，號虚谷，廩貢生，由四氏學教授官至龍安府知府。先祖明恕通敏，歷治諸邑，多折奇獄。嘗謂人曰："當官能耐勞，何事不辦?"任冀州時，承辦大差，引對稱旨。數日之間，擢至太守，遽以勞瘁致疾，未及之任而卒。性孝友，里居時嘗爲伯祖償虧項四千餘金，刻日賫送莊浪，而不使曾大母知。凡宗族戚友間，聞其急難，無不慷慨推助，故身殁之日，家無餘財。嵇文恭公嘗惜先祖年未四十，才大而不竟其用云。

【補】孔廣彬，繼洞第四子。乾隆十九年（1754）生，五十六年（1791）卒，年三十八。

自題行看子，次外舅冶泉先生韻

漫賦襄陽五字詩，梧桐疏雨納凉時。披圖自笑非當日，三載塵容改舊姿。

蠡州風景苦塵囂，斗酒難將俗慮澆。多感品題留妙墨，尺書寄到楚天遥。時自湖口寄書蠡縣。

孔廣栻

字伯誠，號一齋，乾隆己亥舉人。著有《藤梧館詩鈔》八卷。

一齋從祖爲葒谷公長子，生有異稟，讀書過目不忘。少受知於戴東原、盧抱經諸先生。比長，益鋭於學，自經傳子史，莫不研究。葒谷公早世，所著書未竟者，悉踵成之。

【補】孔廣栻，繼涵長子，乾隆二十年（1755）生，嘉慶四年（1799）卒，年四十五。另著《藤梧館雜體文》一卷、《周官聯事》二卷、《春秋世族譜》一卷。《國朝山左詩續鈔》録其詩。

古歌

嶧陽生孤桐，琅玕挺其旁。鳳凰鳴且啄，斥鷃徒彷徨。斫彼枯桐枝，絙以五色絲。一彈弄魚水，再彈遊皇羲。皎皎山上月，皚皚澗底雪。位置宜自高，衆情紛慕悦。張琴復抱琴，寂寂愁知音。游目薄高鳥，舉矢空遐心。

舟中晚景

落日微雨來，西風渡頭起。雲影浸沙中，萬頃平於砥。何人吹横笛，蒼凉入客耳。故鄉雖咫尺，悵然秋老矣。

春及園納涼，同梁處素履繩姊丈作

慭陽助炎歊，汗出不可揩。好風送甘霔，如與嘉客偕。一雨得快晴，新緑高低皆。際此宜出遊，拉伴車巾柴。東郊有小圃，木石粗安排。席地古藤陰，款語愛吾儕。高柳噪亂蟬，水港聒怒蛙。坐對不覺久，時有鳥鳴喈。遥觀田隴間，種豆亦已藷。劬哉農望秋，去草不留荄。而我誤儒冠，伏案拘筋骸。讀書粗識字，何者慰壯懷。頻年走京華，才劣兼命乖。歸來依桑梓，吾生詎無涯。春花與秋月，即景良亦佳。但恐玩愒成，歲月去如颽。不殖學將落，未老名先埋。漱流而枕石，風雅實厲階。君家西湖濱，秀麗壓江淮。山川信美矣，妙句璆琳諧。豪游到闕里，千里穿芒鞋。試登魯東山，寧比越西涯。我自學種柳，君當培堂槐。君今寓吾鄉，相隔不半街。稍俟街泥乾，再過飲西齋。

柳溪修禊圖詩

柳溪鄰泗濱，面執魯城南。茅屋十餘椽，槐榆青毵毵。環以禾黍疇，春來綠潤含。四望龜梟山，晴日延虛嵐。鳥語不斷聲，桑椹熟可探。雖非山水窟，躬佬樂且耽。緬昔六十年，先公遺澤覃。舉以畀我祖，前輩屢燕酣。先伯祖蝶翁，詩畫窮青藍。玉圃予舅氏，經籍夙所諳。先祖年已壯，觴詠亦曾貪。世父齒尚稚，妙理揚清談。坐有蔣與羅，相隨如靳驂。勝游付繪事，永以貽孫男。我翁珍藏之，佳客出相參。留詩凡幾首，歌詠肄雅三。流傳及小子，自顧服疇慚。春及步東皋，常憂負耕蠶。

讀書有作

眼豈心之媒，默視神先許。字豈人之聲，隔面如相語。文以字爲券，目以心爲鏡。可惜盲者流，傾耳惟知聽。

今人繁而淺，古人簡而深。不知古之奥，請莫先薄今。佳餚豈八簋，清音惟一琴。用意不辭苦，誰當知我心。

讀書貴識見，作文貴性靈。性靈與性情，要皆心之聲。靈爲機所轉，情乃性所萌。拙者不能巧，重者不能輕。

伐樹嘆

庭前有嘉樹，生來數十年。翠葉蔭扶疏，貞幹挺且堅。謬蒙主人恩，培養何拳拳。生趣春復秋，庭宇陰芊眠。無何風雨交，蠹生紅菌鮮。螻蟻緣之上，營窟巢其巔。聿有大觜鳥，啄蟻代粥饘。鵋梟昏夜伺，啼嘯乃連連。主人惡惡聲，博訪何因緣。僉云微此樹，無由相糾纏。鳥自招其類，樹乃與周旋。聽者不知詳，命匠施斤鋋。翠蓋辭碧落，虬根出黄泉。廣蔭一以失，庭宇少蒼烟。春鮮穿枝鶯，夏無抱葉蟬。皎皎中霄月，滿散清光圓。主人重過此，躑躅而遷延。樹生每不覺，樹斃忽潛然。蟠根苟不固，愼勿爲禍先！

戲作五平五仄體

油雲屯層岑，碧草覆澗沚。勞勞征途人，日暮役未已。農夫歌東皋，飽暖子婦喜。如何塵纓牽，尺素滯萬里。

先人顏故廬偏之楹有曰“福持精舍”，未及書以懸也。按，郭象注《莊子·至樂》篇“條達而福持”，言“性常得，故福持”。“精舍”云者，李善《文選注》“今讀書齋是也”，俗以爲僧廬則謬矣。暇日偶乞從兄叢伯先生書懸於齋，因繫以詩，用謝靈運《石壁精舍還湖中》韻

時花苞夜雨，宿鳥颺晨暉。萬物報以誠，名者實之歸。擇福不在大，避禍不在微。疾風掃宿霧，輕靄積岩霏。四民何紛雜，居業各有依。脱身名利外，堅扃白雲扉。却愛庶少憎，無阿何所違。素心只任命，筳莛憑君推。

西涯詩，和法石帆祭酒同年式善韻三首選二

懶性兼多病，京華久相隔。未能振家聲，枯守先人宅。風木經幾秋，倏如駒過隙。東皋遺田園，頗亦饒竹石。距城五六里，客至未嫌僻。春雨花紛紅，秋風荷蕩碧。隨意成棲遲，非傲乃取適。半畝爲魚陂，漾月陶佳夕。數仞爲假山，曲折通謝屐。所悵舊雨徒，紆轍渺殊昔。喬木參野雲，攀條爲誰惜。池館少人遊，三徑苔空積。先人有春及園，在仙源舊城東。先生稽古嚴，如味辨於口。發興成新詩，濯濯三春柳。循名以考聲，傳訛爲詳剖。李公李廣耶，張冠誤戴否。因橋遡西涯，在斯乃知某。勝地昧平泉，感恻爲之久。百年主幾更，曲池成君有。詩龕繪西涯，宛見囊賓友。名卿繼巨公，昔山今維斗。盈盈一水間，韻事藉渠守。惆悵天一涯，溯洄竟相負。附書聊步韻，佳節迨雪藕。

兕觥銘拓本詩并序

兕觥者，明許文穆贈趙文毅者也。刻銘云：“文羊一角，其理沉黝。不惜剖心，寧辭碎首。黄流在中，爲君子壽。潁陽生許國爲定宇館丈題贈，萬曆元年。”後藏於章藻功，許爲之記。鐫柙上云：“明萬曆五年，輔臣張居正父死奪情，編修吴中行、檢討趙用賢疏劾之，廷杖，即時驅出。庶子許國鐫杯貳，玉以贈吴，犀以贈趙，各有銘。銘犀云云。後趙傳之門人黄端伯，黄傳之門人陳潛夫，兩賢者殉國難。余，陳婿也，謹受而藏之，爲之記。”按《明史》，許於萬曆十一年爲東閣大學士，時與吴、趙大相攻訐，非復投贈時情好矣。許字維楨，歙人，嘉靖四十四年進士。吴字子道，隆慶五年張居正所取士，常州武進籍宜興人，終侍講學士。趙字汝師，與吴爲同年，蘇州常熟人，終吏部左侍郎。黄字元公，建昌新城人，崇禎元年進士，儀制主事。陳字元倩，錢塘人，開封推官。乾隆戊戌臘月八日甲子，觀於顔廣文崇槼處，拓以貽。

文犀嶽嶽觩其角，截作人間閑鐺酌。誰鐫八分頌直臣，輾轉流傳恣眙愕。赫蹄紙薄施墨匀，更添題記重斯人。轉瞚已過二百載，持杯浩氣猶嶙峋。奪情疏上邀廷杖，吴趙連鑣高天壤。此時鐫犀刻玉情，他時怨李恩牛黨。二杯一樣馳聲名，一杯到眼驚未曾。直敵忠毅鐵如意，趙南星鐵如意，予曾摹得，吴門不貴鮑天成。鮑，治犀名手。况復濟美有孫子，又是門生傳授此。吁嗟有酒斟酌之，犀角不與鹿角比。

法時帆學士同年招集陶然亭，賦詩索和，久未應命。夏五旋里，依韻奉寄二首選一

憶昔賓興日，同年誼最真。春秋幾鶒蜂，行止判鴻鱗。池柳緑垂地，山桃紅照人。素心應共許，寧肯負松筠。

晴峰侄作荆楚之行，時襄賊未平，口占志念

八字山頭雁，武昌江上魚。自從千里别，未見一行書。軍檄知勞爾，平安尚慰予。新詩横槊就，寄我定何如。

憶從侄孫憲奎

之子才華擅，新詩峻似秋。髫齡頗好事，豪氣欲吞牛。一病緣皈佛，經年等縶囚。狂疾發時，其父以鋃鐺鎖之别室。不知清净域，煩惱幾時休。

于孝子詩

滕郡顔孝廉逢甲説其邑有丐者，得食奉母，作俚詞，傴僂嬉戲，以奉母歡。母死，自縊以殉。傳其事，索予輩爲作孝丐詩。予謂：丐得食奉母，丐之孝也，得食必作萊衣之舞，以飫其親。若惟恐食之不甘者，孝之孝也。母死，遂繼以死，非孝也。然律以丐者，彼豈知不死之爲孝哉？惟知以生以死事其母耳。不可爲貶詞，亦不可爲諛詞。志其事，以志其人之孝云爾。

丐生不辰，無母何恃。得食以歸，兒心則喜。一解。兒心之喜，母喜亦喜。乞食得食，母也天只。二解。丐母死矣，丐心止矣。乞食何爲，母死兒死。三解。

秋燕

開簾何處覓春光，猶是呢喃戀畫堂。落日孤帆江上雨，西風殘笛渡頭霜。高樓白紵初停剪，矮巷紅機半倚牆。記省舊巢痕尚在，佇伊雙尾蘸銀塘。

喜金端甫孝廉莊至

春風隨爾赴春臺，相待經秋喜再來。萸酒未同兄弟飲，家文木兄亦數年遠宦，今以假歸，忽抱疾未出門。籬花却爲故人開。愁中生計狙公芋，夢裏功名野馬埃。試問王郎韻亭近消息，賓鴻纔寄尺書回。

闌干

冰紗窗啓繡簾垂，鎮日無言獨倚時。高閣遠收峰點點，曲池淺覆柳絲絲。秋深有興人横笛，春晚多愁客賦詩。最是月明眠不得，巡檐閑步步偏遲。

讀信陵君傳

雄軍十萬擁長平，四十斤錐落將星。馬上兵符宫裏漏，魏王酣卧幾時醒。

折楊柳

班馬一聲嘶，長楊草色齊。妾身如柳絮，飛不到遼西。

山居雜詠

碧嶂丹霞滿，仙車引隊分。山中人不識，指作出山雲。
松陰覆苔岑，風吹落花聚。時聞棋子敲，聲斷不知路。
涓涓石泉流，清甘勝芳菊。路僻汲者稀，時來飲澗鹿。
絶頂簇紅霞，春來桃十里。風引落片飛，飛到柴門裏。

闕里孔氏詩鈔卷第九

鎮洋盛大士選訂　曲阜孔憲彝纂輯

孔廣根

字心仲，號小莊，自稱仙源第一酒人，諸生，署翰林院五經博士。有《秋蓼山房詩詞稿》。小莊從祖嗜酒耽詩，風流自賞。築園曰“息影”，春秋嘉會，幾無虚日。有侍姬名艷朝，亦工詩。

【補】孔廣根，繼涵次子，世襲聖廟六品官，敕封承德郎。乾隆二十九年（1764）生，嘉慶十年（1805）卒，年四十二。《孔子世家譜》初集卷三之一“大宗户”：“公幼承家學，學禮學詩，長入儒林，克承先志，又加以父兄教誨，卒成爲一代聞人。古人所謂‘樂有賢父兄’也，繼往開來，故炊經堂一支，繩繩繼繼，代有聞人，公與有力焉。惜享年不永，未克著述等身，惜哉！”輯《傅子補遺》一卷。《國朝山左詩續鈔》《晚晴簃詩匯》録其詩，《闕里孔氏詞鈔》《國朝詞綜續編》《清詞綜補》録其詞。

久不得黄秋平信却寄

百年能得幾同心，雙鬢垂垂始遇君。鴻爪雪泥蹤乍合，雞鳴風雨手輕分。汪倫别思桃花水，杜甫愁懷日暮雲。贏得詩名長寂寞，可堪山鬼唱秋墳。

聞説歸休總未休，飄然又作秣陵游。蒼苔屐齒前朝寺，明月簫聲何處樓。自古才人常作客，斷無名士不悲秋。雩門剩有相思我，叉手臨風賦四愁。

將進酒

將進酒，君莫辭，勸君且復一中之。秋雲常掩三五月，春風多折新花枝。閑夜邀賓友，看劍蛟龍吼。大醉樂陶然，相顧忘好醜。世上紛紛多少年，寧知學佛與學仙。狂藥未必非佳味，胡爲救渴飲貪泉。將進酒，君須傾，屈醒阮醉誰能平。酒星高挂光瑩瑩，何不竟酌劉公榮。

妾薄命

郎意良不惡，妾命生來薄。憶妾在閨中，父母慎媒妁。髫年嫁夫婿，朝暮洽歡樂。忽聞朝廷詔點兵，丈夫少壯志功名。一朝遠別柴門去，臨岐分手重叮嚀。妾守空閨二十年，征衣搗盡更裝綿。春風別院閑桃李，秋雨孤燈舊管弦。紅旂遠報捷書至，驚聞門外喧車騎。妾意應誇夫婿豪，郎心竟爾居移氣。洛陽新艷嬌金屋，盈盈十五顔如玉。鏡裹年華老妾容，須知命薄難勝福。從來棄舊爲憐新，新舊當時祇妾身。但願新人可郎意，自甘妾命不如人。

扁舟送客

長堤宛宛柳枝垂，送別江淹賦就時。南浦蘼蕪春草路，西湖風月秣陵詞。夕陽畫舫人千里，細雨輕帆酒一巵。珍重臨岐分手處，數聲欸乃足相思。

霜柳

嬝嬝長條尚倚闌，面塵色老太無端。不知誰向金城種，莫作常時粉絮看。笛裹關山秋月近，堤邊郝落夕陽殘。明年依舊青青眼，好賺王孫駐玉鞍。

送王韻亭元越侄倩歸里

知心多契闊，剩我獨凄涼。世事功名晚，關河驛路長。別來憐歲暮，歸去慰高堂。檢點空囊澀，詩篇半悼亡。

宿以婚姻好，兼之氣味投。何當輕去住，無計更淹留。風月徒供恨，江山不破愁。紅塵勞閱歷，辛苦暫同遊。

不薄蓮花幕，時韻亭佐龍安守文若兄幕，約同入川，先兄旋病故。曾開孔雀屏。死生堅古誼，聚散感重經。鞭影紆山色，霜風響馱鈴。夕陽無限意，偏照短長亭。

去去艱分手，誰能不黯然。陽關徒悵望，驪唱自纏綿。松菊荒三徑，風霜飽十年。壯游重過魯，好與話前緣。

楊柳送落花

旗亭輕挂一枝枝，絆爾飛飛駐路岐。今日風光同惜別，明春雲雨獨相思。遥憐此去無金屋，猶望隨緣入玉巵。怕説清明遊冶處，懊儂青眼太迷離。

落花別楊柳

一點還留傍緑叢，無端春色恨匆匆。情多怕染桃花水，命薄難禁楝子風。張緒何當依檻外，石崇遮莫怨樓空。殷勤謝爾勞飛絮，猶逐餘香抱落紅。

楊柳寄落花

慠緑僝紅又一番，久疏消息到文園。靈和有夢皆陳跡，鶗鴂無聲合斷魂。攀折不堪逢白下，飄零何處送黄昏。從今桃李新陰長，好傍柴桑處士門。

落花憶楊柳

百草芳消怨自多，曉風殘月更如何。三番眠起卿無恙，九十韶華我放過。莫倚黄金矜嫩色，忍教紅粉印泥窠。流鶯恰恰憑傳與，蝶使蜂媒盡是魔。

晚出西郭

浴風亭子荒凉甚，老樹還留緑一叢。千古傷心斜照外，卅年身世酒杯中。離離禾黍侵荒冢，惻惻蛩螿弔故宫。我有硯田耕未得，不堪匹馬立西風。

走馬鐙

相隔一重紙，團團未肯休。當場難立脚，何事不回頭。烈焰薰天轉，春風逐市收。參辰皆已没，銀燭淚空流。

桐淚

顆顆珍珠朵朵綿，心枯還擬寄嬋娟。臨風葉葉如聞語，滴盡相思恰一年。

寄懷顔元美

月停松梢雲影破，落花香裏人獨坐。舉觴欲飲不成歡，天風忽吹酒星墮。張我緑綺琴，悠然彈素心。調促弦急愁知音，沅芷湘蘭不可掇，美人渺渺江之潯。相見重相别，芳草無情怨啼鴂。十里五里短長亭，青旗斜照摇明滅。亂山依舊來時路，蕭蕭班馬隔雲樹。錦囊珍重揀相思，多少新愁無着處。

和顔運生先生《秋懷》韻

西風木葉夢魂遥，小立庭除酒半消。試看潘郎今日鬢，依然陶令昔年腰。一天愁思霜汀雁，何處人家月夜簫。吟得詩成難覓寄，不堪舊雨總寥寥。

老去詩名問亦慚，清風合貯遠公龕。飄零塵跡沾泥絮，宛轉情絲上簇蠶。但得瓮邊逢畢卓，還思方外友徐戡。讀騷痛飲無餘事，剩把南華面壁參。

詠棋

幾回拈子又逡巡，贏得旁觀笑認真。布局已將全勢失，應知着着未如人。

立夏日，同人集微波榭，適小疾未赴。讀沈鵠村三疊詩，用韻奉呈

遲暮傷美人，采采歌芳草。一唱再三嘆，詞源波浩浩。尺素燦雲霞，令我呼絶倒。慚愧病相如，茂陵鮮就稿。披吟啖哀梨，回味無核棗。擲地鏗金石，誰識此鴻寶。時世競新妝，休嗟紅顔老。憶昨盍朋簪，小集櫻桃島。雄談霏玉屑，一一攄懷抱。不參支遁禪，何來謝安嫂。富貴等浮雲，久欲塵氛掃。時復進一觴，用念交情好。我已號酒狂，君莫被花惱。月明漾空庭，松影横荇藻。棖觸到尊罏，歸計皤然早。應憐涸轍鮒，誰爲蘇枯槁。遮莫挂輕帆，我定石尤禱。

蟲聲

樹杪秋聲已不禁，那堪四壁動商音。啼殘怨緑愁紅地，冷到勞人思婦心。豆莢翻風籬落晚，苔花蝕雨寺門深。一罇自引舒清嘯，助爾長吟更短吟。

飲南池

飛翠樓前趁晚晴，闌干醉拍對層城。詩懷淡似陶彭澤，酒興狂

於阮步兵。天下但能容傲骨，人間何處問浮名。荷花香静琴音散，聽得新蟬第一聲。

殘春曲

醉眼愁春春未醒，緑窗忽墮飛紅影。人在春中不見春，過來春味回頭領。餳簫吹傘畫樓東，百五韶光恨萬重。花柳亂飄新粉黛，燕鶯自識舊簾櫳。難將別怨調蘇小，只遣新愁賦惱公。紅酣緑戀香孱弱，人情却怪東風惡。桃根桃葉鎮相憐，二喬深鎖悲銅雀。三島神仙事有無，六朝金粉魂蕭索。故夫山下問蘼蕪，伊人何處尋芍藥。芍藥蘼蕪夢渺茫，情懷觸忤費思量。幾灣碧水迷劉棹，一抹斜陽認宋牆。飄零欲寫當年恨，生死平牽兩地腸。腸回九曲愁無那，流鶯恰恰高枝坐。三兩聲中似有情，無端唤我春愁破。紅橋莫唱玉鈎斜，十二闌干簇暮霞。百丈游絲驕騄駬，二分明月冷琵琶。飄渺情懷春不定，天涯芳草是兒家。庭前怕種傷心樹，只賺詩人賦落花。

蘆花

也曾裊裊茁孫枝，回首繁華已隔時。一任稱花羞逞艷，不隨飛絮惹相思。沙平渚淺空留影，霧繞烟縈亦太癡。殘葉憑教翻水調，輸他清怨有誰知。

冷香慣傍蓼花洲，青女多情戀白頭。所謂伊人空欸乃，豈非窮士漫夷猶。五湖風雪銜孤雁，萬頃江天蕩遠鷗。梗泛萍飄渾不似，幾回俯首問清流。

霜林一片襯斜曛，極目秋光剩幾分。桃葉舟邊愁獨立，菱花鏡底憶同群。紅闌祗擬圍晴雪，烏榜誰教隔凍雲。黯淡青衫多少淚，彈來誤説弔湘君。

短穗離披占野塘，笛聲何處問滄浪。芳心已老三秋夢，冷眼同驚一夜霜。鸚鵡洲空翻暮雨，琵琶亭古剩斜陽。愁深北渚靈旗遠，霧鬢風鬟枉斷腸。

贈家節倩移居

我道鄉居好，君翻欲入城。行藏都莫問，去住若爲情。落月侵鐙影，孤懷怯劍鳴。硯田堪卒歲，辛苦亦農耕。

黔突君疑墨，簞瓢我傍顔。相思即見訪，問字好乘閑。鄰借高低樹，門開遠近山。棲遲雲水外，俗慮盡情删。

書五弟憶亡侄仲華詩後

不慰行人苦，翻撩淚共揮。重泉傷冷骨，宿草憶斜暉。僮僕皆如昨，心情近已非。那堪衝雪處，着爾舊征衣。

店中阻雨，與蘅浦弟秉燭坐談

整束奚囊戒曉行，忽聽細雨溜檐聲。不堪倚枕尋殘夢，差喜連床話五更。老我弟兄空有淚，拋人歲月總無情。世間去住真難定，覓得村醪且再傾。

黄秋平許訂余詩，戲呈口號

風調人閑久罷彈，停雲落月太無端。年來供狀分明在，盡付揚州黄九看。

孔廣廉

字季直，號静吾，官刑部主事。静吾從祖爲谷園公子，工於鑒别金石，玉虹樓石刻未竟者，皆手自鈎摹足成之。

【補】孔廣廉，繼汾第七子，出嗣繼涑，會典館纂修，誥授奉直大夫。乾隆三十三年（1768）生，嘉慶十八年（1813）卒，年四十六。與孔繼涑輯刻《玉虹樓法帖》十六卷、《孔氏百一帖》一百零一卷。《闕里孔氏詞鈔》《國朝詞綜續編》《清詞綜補》録其詞。

題韓雲溪三泰孝廉《登岱圖》

家近泰山側，登臨記昔年。峰當松嶺峻，人憶竹林賢。捧日幾回夢，梯雲誰到巔。舊時盤路在，披卷意蒼然。

讀先大父六十八代公續先曾祖恭慤公“春風吹雨過春城”詩，謹步續韻，以志近懷

春風吹雨過春城，新沐烟巒潑眼明。野寺花濃剛駐馬，長堤柳暗又聞鶯。白雲心遠回千疊，紅友緣多笑一生。何必征衫絲淚濕，天涯芳草不勝情。

孔廣禧

字介繁，嘉慶庚申舉人。孝廉精摹篆，有《印文合璧》之刻。

【補】孔廣禧，號祉齋，候選知縣，誥封資政大夫，累贈榮禄大夫。

任子廟

古廟東郊外，門牆歲月深。新苔三徑緑，老樹一庭陰。山色銜殘照，蟬聲出遠林。塵埃憑隔斷，此地得初心。

孔廣㚟

號曉塘，諸生，候選知縣。

【補】孔廣㚟，《國朝山左詩匯鈔後集》録其詩。

題微波榭所刊書

微波古榭魯門外，微波主人亡幾載。榭中多刻東原書，詩毛禮戴勤搜采。上溯天文下水經，方言音韻形聲改。六義而今等弁髦，夏侯海島風流在。起手最初曰考工，考經研義無疑殆。稍後字義孟子疏，互証前儒貽後悔。餘文略傳贈答書，經義紛綸云有待。此榭東原夙未登，主人對之忘朝餒。即衍其義搜鴻儒，張參杜預如學海。參較亥豕訂魯魚，魯國諸生總津逮。晴檐曝背手一編，寒日熹微下蒼檜。

孔昭烜

字顯思，號晴峰，乾隆辛卯舉人，官肥鄉縣知縣。有《歸來吟集》。

【補】孔昭烜，廣柞長子，敕封承德郎。乾隆七年（1742）生，嘉慶十六年（1811）卒，年七十。《國朝山左詩續鈔》録其詩。

如川侄招飲

雪裏梅花一樹香，消寒作會興偏長。多情何用烹肥羜，本色惟宜供瘦羊。圍坐壚邊春自暖，起看簾外月如霜。醉歸好遣兒扶掖，屐齒從教折不妨。

病中口號

我本悲秋苦自禁，那堪百病日侵尋。拙於爲吏貧方覺，酒以忘憂量不任。支枕昏昏從燭燼，依床聒聒儘蛩吟。閑中自檢生平課，學道才知力未深。

孔昭熾

字丙炅，號曙峰，恩貢生，署太常寺博士。有《老槐書屋詩稿》。

【補】孔昭熾，廣棣長子，敕封承德郎。乾隆二十一年（1756）生，嘉慶十一年（1806）卒，年五十一。《國朝山左詩匯鈔後集》録其詩。

岳忠武墓

班師詔下淚沾襟，從此長輸内府金。三字刑書成信讞，十年血戰負丹心。銀瓶冷落飛寒蝶，墓木荒凉噪野禽。千載忠魂留尺土，宋家宫闕已銷沉。

春日漫興

短榻携來坐小亭，晝長人静響檐鈴。暖風花氣疏簾卷，細雨鶯聲隔院聽。薄飲何須誇酒户，明窗無事注茶經。忽驚社日閑拋過，一半春光去不停。

海棠春雨濟南試院八景之一

澹沲春光畫不成，石橋流水亞枝横。一林紅萼半塘雨，時有黄鸝三兩聲。

立秋日風雨獨坐

一葉落高桐，飄然欲御風。暑隨午夢去，秋到雨聲中。酒熟餉陶令，詩成懷謝公。迎凉多逸興，何事漫書空。

題王家園

作吏何如園父尊，科頭跣足閉柴門。矮黄嫖白乘時長，好讀殘書咬菜根。

無題

雨後輕寒透晚窗，鐘聲催月到迴廊。欄干倚遍渾如醉，紅豆拈來欲斷腸。

始皇

徐福樓船破浪行，雲帆直欲到蓬瀛。他年圯上逢黄石，不信神仙在穀城。

唐玄宗

一去長安鎖内廷，歸途愁聽雨淋鈴。秋風夜月長生殿，猶照牽牛織女星。

自君之出矣

自君之出矣，不復理瑶琴。思君如落木，處處減濃陰。

苦熱

炎風有力猛如虎，白汗津津灑作雨。火雲萬疊壓山頭，杲杲赤日正當午。平生避暑似避俗，圖史堆床晝鍵户。身居廣厦尚如此，何況農夫力作苦。手足胼胝背焦炙，新畬千畝愁赤土。粒粒皆從血汗成，臨餐欲咽還復吐。思之煩渴少驅除，解衣聊倚檐前樹。清涼在心不在境，奚借雪車與冰柱。況復天心愛萬物，凌空會見商羊舞。一朝沾足遍田疇，定有新凉許揮麈。

華清宫

水殿雲廊半劫灰，華清無復舊池臺。行人莫聽宫前笛，恐是當年阿濫堆。

夜起玩月

夢有誰家好，愁人獨未眠。起看凉月影，仍到小窗前。露重啼芳草，風輕咽晚蟬。嫦娥竟何意，祇是逞嬋娟。

孟蜀宫詞

緑羅衫子透冰肌，瓊户無聲夜坐時。却怪摩訶池上月，無端相妒鬬蛾眉。

重陽前二日，過魏女橋

橋頭徙倚水痕深，兩岸秋蛩響復沉。獨樹西風黄葉戰，古碑荒冢緑苔侵。霜螯已長供狂飲，籬菊應開助短吟。歸去莫愁前路晚，半鈎新月挂烟林。

夏晚坐古槐下

赤日忽西匿，披襟眺晚天。回風動古槐，蟲墜絲猶懸。何來緡蠻鳥，雙雙巢其巔。纖月出林際，流螢度檐邊。静觀萬物化，慮淡理乃全。獨坐抱絲桐，撫之心悠然。

孔昭晃

字景峰，號友香，候選知縣。

【補】孔昭晃，廣枚次子，出嗣，誥贈資政大夫。乾隆三十三年（1768）生，道光二年（1822）卒，年五十五。

二兄自敦煌署省侍回里喜賦

相逢莫怪難相識，看到鬚眉别有年。喜聽椿庭身尚健，更聞宦跡世稱賢。可曾匹馬經鍋壁，即口外古旱海。定有新詩記酒泉。幾度夢隨千里雁，今宵重話小鐙前。

春閨

夢回檻外一聲鶯，啼破春愁處處生。背却人前數花朵，春風偏向那枝榮。

孔昭煌

字顯錫，號層峰，諸生，至聖廟七品官。

【補】孔昭煌，乾隆三十四年（1769）生，嘉慶八年（1803）卒，年三十五。

次韻家節倩《詠菊》

減却繁華自有真，西風影裏足精神。清姿浥露非争艷，傲骨凌霜不染塵。正色自堪超薏苡，孤標只合伴松筠。尋芳暫過東籬下，誰是江州送酒人。

孔昭麟

字仁表，號玉書，諸生。

【補】孔昭麟，廣栻長子，署尼山學録。乾隆四十年（1775）生，道光十三年（1833）卒，年五十九。《國朝山左詩匯鈔後集》録其詩。

銅距末歌

商銅署距末，出自故城隅。顔氏所藏弆，古色儕璉瑚。其長僅二寸，稜稜列八觚。觚轉凹一面，中穿而裏虚。銘曰厘商國，利用良不誣。紀名以愕作，無乃良工歟。或云弓之簫，斜剡梢末如。兩耑遥相距，末應想下柎。或云殆距來，名同字則殊。商金燦錯刀，鐘鼎遡殳書。距隨稽鄉射，精研聶禮圖。繹文以辨韻，末國果通無。遥遥數千載，形字無模糊。森然三代物，商周豈殊途。遥想初製時，射遠而及疏。即當插魚服，配以董澤蒲。否則飾大屈，命中選鍭鍭。何乃遺其一，昔雙今則孤。韞以玉爲櫝，無價疇能沽。

闕里孔氏詩鈔卷第十

鎮洋盛大士選訂　曲阜孔憲彝纂輯

孔昭虔

字元敬，號荃溪，嘉慶辛酉進士，翰林院編修，官至貴州布政使。著有《鏡虹吟室集》八卷。從伯荃溪先生爲巽軒公子，少孤力學，恭謹自守，歷官中外，多著政績。屢充試官，得士多知名者。愛才若渴，尤好獎拔後進。平生游蹤，幾遍寰宇，故紀游之詩，尤多奇警。素不喜應酬之作，每爲一詩，必數易稿而後成，故所作皆可傳。吴蘭雪刺史稱先生才大法細，力追古大家，爲刻紀行詩一卷，名曰《叩舷小草》，而不使知之，其推服如此。善隸書，工詞曲，所製樂府皆可被之管弦。尤精韻學，著《古韻》《詞韻》等書，皆未卒業云。

【補】孔昭虔，廣森子，誥授通奉大夫。乾隆四十年（1775）生，道光十五年（1835）卒，年六十一。著有《鏡虹吟室詩集》四卷、《鏡虹書屋吟草》一卷、《鏡虹吟室詞集》（一名《繪聲琴雅》）二卷、《經進稿》一卷、雜劇《蕩婦秋思》《葬花》各一卷。《葬花》演黛玉葬花事，爲現存最早以《紅樓夢》爲題材的戲曲劇本。《國朝山左詩匯鈔後集》《晚晴簃詩匯》録其詩，《闕里孔氏詞鈔》《國朝詞綜續編》《清詞綜補》《全清詞鈔》録其詞。昭虔文無結集，鄧傳安《蠡測匯鈔》録其所作《重修海東書院碑記》，陶樑《詞綜補遺》、黄文暘《掃垢山房詩鈔》、魯九皋《山木居士集》有其所撰序言，梁章鉅《南省公餘録》卷首有其題詞。

春日雜句

楊柳絲長草色肥，春寒料峭著羅衣。辛夷花下簾初卷，細雨人家燕子飛。

漢建初慮俿銅尺

神物不終榛莽宅，古金爚爚透空碧。零陵玉琯閱歲年，漢官造尺此遺跡。縣邑慮俿元建初，五年八月三五夕。律度爲尺丹陽銅，布指還符龠黍積。試取泉布較班史，長短周徑無損益。辨晰字體篆隸間，五鳳延光同筆格。隋志雖載十五等，未與始平同采摘。當時造律獨遺此，有似黃金虛牝擲。七品參詳孰弱强，何如此尺傳古昔。岸堂農部夙嗜古，藏弆不啻連城璧。何當上溯蒼姬年，璧羨重徵考工尺。

瘦馬行

邑有徵發，令户出馬，村民某鬻女市馬以應。官嫌馬之瘦也，笞之。因取樂府舊題詠其事，以代新樂府。

門前小吏持牒來，門内嬌女啼聲哀。兒女情輕官法重，賣兒買馬充官用。官用不可稽，簿尉嗔嫌遲。出門重回首，欲去牽翁衣。牽翁衣，吞聲哭，掌上珠，心頭肉。荒村歲儉輕紅顔，换來瘦馬嘶寒烟。馬瘦更求芻牧錢，枯尻玁玁嗚秋鞭。不怨肌膚裂，但痛骨肉别。肌膚有時完，骨肉難重圓。茅屋燈昏夜如水，思女不眠半宵起。起來窗外聞啼烏，風前啞啞飛將雛。

明湖棹歌詞

十三小女髻雙丫，笑倚篷窗折藕花。堤上白雲堤下水，水雲深處是兒家。

水西橋外濯纓泉，日暖清秋放鴨天。薄暮采蓮人不見，輕風吹轉渡頭船。

讀《北齊書》四首選二

業定芒山一戰旋，九龍風雨出潛淵。鳳凰山下空封石，羖攊河邊竟上天。萬帳秋風歌敕勒，三臺夜火獵祁連。佛狸黑獺都輕量，狗脚安辭殿上拳。

築罷重關又軹關，晉陽城郭已摧殘。河橋烽火傳宵警，鏡殿琵琶唱夜闌。一自黄花開鄴下，更無明月照長安。不堪懷朔重回首，地下英雄骨未寒。

村舍晚步

烟樹依稀望不真，小橋流水認前村。斜陽影裏人歸去，一路野花香到門。

古厭勝秘戲錢歌

紫紺光含古香冷，青蚨點血鴛交頸。夢回鏡殿花枝酣，一片青銅寫春影。九府三官舊式存，陰陽判合肉好匀。上清童子幻色相，月魄飛出陽臺雲。莫道深恩似秋葉，綖環自綰同心結。願如赤仄水團圞，願似堅金不銷滅。一縷柔情百煉剛，芙蓉帳撒合歡床。藕心牽絲絲不斷，榆莢買春春正長。我聞元光治巫蠱，此錢無乃起漢武。寒芒剛卯金錯刀，埋過長秋殿中土。或者漸臺寵鄧通，承恩舊賜銅山銅。少府水衡出私第，深宫秘事工形容。更有齊梁泉法異，男錢女錢各殊制。足陌曾權子母行，傳形合鑄鴛鴦字。又聞開元天寶時，内殿行樂無人知。若教古物藏秘府，化生好洗金盆兒。於今歲月不可辨，著手輕粘濕苔片。土花碧暈胭脂紅，點染春風半妝面。君不見，夏后鑄鼎昭神奸，秦皇照膽清鏡懸。此事誨淫兼誨盜，花月幻影誰流傳。吁嗟乎！貴游意錢姹女數，一例貪癡昵千古。空聞入市輸西施，幾見繞床效夷甫。

題任城故總戎陳武襄公家傳四首

儒雅祭征虜，威名鄧護羌。三邊分虎節，九命錫龍光。箭影穿雲直，笳聲入塞長。論功大樹下，劍血帶寒霜。

月黑塞雲平，沙場夜點兵。手持開府節，身築受降城。白髮猶擒賊，黄驄舊著名。至今禽鳥過，還怯控弦聲。

長劍倚天外，從軍意氣豪。搴旗拌馬革，磨盾注龍韜。部曲新降將，風沙舊戰袍。榆關秋萬里，回首陣雲高。

三十早登壇，輕裘軟玉鞍。秋風營細柳，夜火戰樓蘭。麟閣鬚眉古，輪臺劍佩寒。感恩舊麾下，瞻拜淚闌干。

擬玉臺體

搴衣問歸日，郎指荼蘼枝。不怨郎歸晚，只恐花開遲。

殘柳不成緑，空庭弄秋影。月明聞雁聲，西風吹夢冷。

江南道中

雁聲吹過古徐州，又向江湖嘆敝裘。兩岸菰蒲蕭寺晚，一鞭風雨亂山秋。天涯作客悲王粲，逆旅何人識馬周。惆悵年華同逝水，夕陽無語自西流。

冬夜觀獵

冷日光沉凍旗掣，射虎將軍夜較獵。冰花貼地塞草枯，白馬無聲滚寒雪。廣莫風蕭蕭，朔氣鳴弓弰，金鈴犬疾蒼鷹驕。靈鱔畫角一時動，滿山狐兔紛騰逃。箭入寒雲馬飛去，回首雙雕落何處。血花墮，雨魂啼。風陰雲夜黑平沙，紅山鬼驚怪鵩哭。野燒殘痕閃磷緑，將軍獵罷歸華屋。紅爐錦帳進酪漿，將軍醉舞神飛揚。西南群盜猶跳梁，網羅莫向深山張。

詠史

胯下侮國士，少年曾拜官。津亭止夜行，醉尉不生還。嗟哉故將李，何如假王韓。束髮事匈奴，百戰威邊關。小吏安足責，飲羽同力殫。睚眥怨分明，志小心亦殘。殘忍非厚福，豈獨封侯難。

温侯固反覆，矯矯亦人傑。漢且不能用，安肯事漢賊。阿瞞詎不知，甘蹈董公轍。腹刃久摩厲，假手使君舌。英雄惟使君，胡乃自謀拙。一言由我死，當塗除辛螫。兩失天下計，布殺吴交絶。鼎足成三分，遺恨自昭烈。

太真勤王事，辭母絶裾去。至孝心益苦，誰復識其故。從戎違膝下，烽烟斷鄉路。恐傷慈母懷，倚閭望朝暮。甘蹈不孝名，絶裾觸母怒。母怒不念兒，生死勿相顧。小言空詹詹，蚍蜉撼大樹。移孝乃作忠，論世亦可悟。

景略佐秦王，功烈冠一時。伏枕獻遺策，乃在誅鮮卑。鮮卑何足患，道在格君非。勤遠不務德，蕭牆皆危機。淝水無驕兵，慕容何能爲。不見魏冉閔，石宗無孑遺。羯虜鋤已盡，作難由羌氐。殷鑒尚不遠，豈忘前事師。

沙陀非國族，朱耶蟠仙李。夾寨奮奇兵，豈爲雪國恥。天下方紛紛，志在自取耳。同光始元建，獻祖九廟起。可憐張監軍，纔識李亞子。

謁史閣部祠

碧血埋烟廢壘平，哀濤猶傍舊祠鳴。天留一木支中外，身與孤城共死生。燕子新聲春度曲，梅花荒嶺夜團兵。褒忠曠典昭千古，月自高懸江自清。

東城老父行，伯父命題《鬭雞讖》傳奇後

雲龍門外春如水，小兒生長宜陽里。弄雞遊戲禁街前，一朝熏

沐朝天子。天子雞坊五百人，小兒慧黠最承恩。生男何用致卿相，不及天家一弄臣。春暖東郊芳草地，紅綾纏項千餘隊。金距長鳴響入雲，花冠怒舞風生翅。賈勇何愁犀角驚，擅場不假狸膏勢。羽林慓悍佽飛雄，指揮一一都如意。殺氣由來兆寇端，一朝鼙鼓滿長安。雌雄莫問陳倉寶，金碧翻愁蜀道難。勤政樓前舞馬死，延秋門上啼烏起。離宮蕭瑟寂無人，膈膊群雞聲未已。争雄空解佔先鳴，不爲君王却敵兵。惟有雞坊賈隊長，天梯雲棧逐君行。亂山匹馬陰雲黑，折足崩崖萬里程。行在未能依故王，招提聊許寄餘生。烽烟慘淡荒村夜，風雨淒涼佛殿鐙。夜永鐙昏重夢見，簽名内敕呼同伴。官家已幸望仙樓，進雞直入宜春院。正值臣民賜大酺，天長節起千秋宴。百戲分筵曼衍陳，六州按拍伊涼遍。報導韝籠出廣場，一時萬目齊回盼。執鐸鳴鞭意氣豪，繡衫雕佩風流擅。天顔有喜賞頻頒，勝彩纏頭賜無算。月斜猶未出宫門，宫門曉漏催銀箭。一聲清磬夢回時，獨坐蒲團淚如霰。回頭往事記依稀，自悟當年事事非。人剩業緣須懺悔，佛憑定力好皈依。即今南内新供奉，誰識東城老衲衣。五夜桑陰閑唱曉，一龕花雨静忘機。盡言玩物關君德，逢君遺恨知何極。未識姚崇作相公，鬬雞可便傾人國。君不見，鄭公奏事殿前遲，鷂死懷中人不知。格君自是大臣事，莫責區區賈小兒。

卿憐曲

闔閭城下風波惡，美人遲暮傷飄泊。暗惜年華逐水流，生憎風雨催花落。花落花開幾斷腸，雲泥茵溷兩茫茫。十年鴻雪留痕在，三尺烏絲寄恨長。當年生小横塘住，阿母嬌憐鄰女妬。愛惜原同掌上珠，漂零竟作風前絮。單衫二月艷春陽，恰遇琅琊大道王。十斛量珠輕買笑，一宵倚玉便專房。此生自分歸金屋，地久天長歡未足。纍爪春調大喜箏，折花夜按秋娘曲。按曲調箏枉斷魂，教成歌舞爲他人。無端驚破文鴛夢，緹騎飛來已到門。喬松吹墮罡風劫，女蘿花早隨飛蝶。又向誰家舞柘枝，翻憐當日迎桃葉。權門有客慕程松，買得名花進相公。移柱别彈中婦瑟，挂帆高趁大江風。江風浩浩江潮闊，咫尺烟波判燕越。從此天涯一片雲，回頭望斷江南月。相公家世擅奢豪，司隸威嚴戚里驕。門外弓刀傳赤幘，屏前環佩列紅綃。朝回日日耽歡宴，曲房行樂無人見。五夜分熏侍女香，三春頻起催花宴。新妝各自媚春華，誰是平泉第一花。自笑立群雞混鶴，敢嫌失路鳳隨鴉。那堪謡諑蛾眉巧，有人妒殺紅顏好。夢裏蘼蕪憶故夫，篋中團扇悲房老。秋雨秋風冷畫樓，螢飛獨夜暗生愁。争知失寵翻爲福，莫向空房嘆白頭。炙手薰天勢如此，處堂燕雀安知死。内室金錢積似山，私門車馬喧如市。不信冰山一旦傾，連宵貫索度台星。中樞密敕收元載，御史交章劾竇嬰。九卿執法難原免，八議殊恩從末減。絶命哀吟枉費辭，氂纓盤水猶寬免。蕭條舊第鎖葳蕤，零落殘妝金縷衣。幸免收孥輸織室，又摇雙槳渡江歸。歸舟重過西陵渡，記得當時歌舞處。燕子都非舊日梁，桃花莫問經秋樹。匆匆歲月苦消磨，回首平生恨若何。鸞鳳换巢雙宿少，琵琶别抱斷弦多。玉啼香怨傷心重，燃脂自寫浮生夢。樂府雙聲唱懊儂，妝臺獨曲翻囉嗊。荷珠風蕩不成圓，蘭炷香濃空自煎。兩度悲歡盡陳跡，卿憐畢竟倩誰憐。苦樂從來相倚伏，傾城况少柔鄉福。紅拂何由出戟門，緑珠枉自埋金谷。虹橋雲水日悠悠，多少紅妝罨畫樓。一種春江花月夜，珠歌翠舞不知愁。

平陽范氏三世節孝詩

黄鵠飛將雛，子母同哀鳴。辛苦斷腸花，葉葉皆女貞。高門毓淑德，女宗夙所稱。結髮事夫子，夫子當遠行。遠行竟不歸，俯仰痛搏膺。前室有遺孤，鞠育逾所生。辛勤慎調護，繈褓何零丁。心如古井水，茹苦甘于餳。淑女方待聘，瓜葛聯新盟。一顧爲色喜，可慰黄泉靈。願兒宜子孫，願兒長康寧。佳兒共佳婦，從此光宗祊。天道竟如何，枯枝終不榮。含飴樂方始，又聽離鸞聲。老屋鵂鵑啼，陰風吹冥冥。暗螢照空壁，鬼氣昏孤鐙。纔結絲與蘿，已化梗與萍。摩笄恨不極，填海波難平。上視白髮姑，下顧黄口嬰。一死事未畢，千鈞猶爲輕。收涕向庭闈，回首啼縱横。焚香祝姑壽，幸見童孫成。長齋祈兒福，所望衰族興。養姑撫孤子，憂瘁相交并。血枯骨消化，猶恐慈姑驚。慈姑憐弱孫，百藥命汝名。爲聘母族女，稚齒何娉婷。舊婚作新特，宛轉宜家庭。問年纔織素，已解親調羹。更得大母心，膝下歡親承。憶昔娶婦時，婦如新婦齡。今日婦作姑，婦鬢已半星。當歡憶往事，老淚雙盈盈。風疾草屢折，室毁巢終傾。那堪遭厄運，酷禍相頻仍。庭蘭既已摧，孫枝復凋零。彌留顧新婦，後事當累卿。脱我指上環，定我身後情。新婦含淚答，妾身幸分明。威姑與大母，撫孤留前型。身毁心不渝，瀝血陳孤誠。垂白兩孀親，哀痛慘不勝。拭淚更相勸，寸腸千回縈。晨昏黯風雨，共飲清池水。一綫存孑孑，三世嗟煢煢。孀親老且病，檢藥調參苓。沈綿竟不起，相繼歸荒塋。摽擗感行路，喪葬皆親營。藐孤方在抱，相顧痛益增。茹荼數十年，蔭此徑寸莖。篝鐙課兒讀，口爲傳遺經。授室復抱孫，學行聲飛騰。薦辟動卿相，上應賢良徵。殷勤謝二母，地下目可瞑。冷月夜臺白，宿草秋墳青。貞魂笑相答，松柏風泠泠。一門俱苦節，歷世留餘禎。行義表閭里，矩矱循高曾。羅雲山並峙，噴雪泉同清。永昭彤管則，金石千秋銘。

東溟行，送同年齊北瀛編修册封琉球便道歸省

聖皇御宇海不波，聲教四訖咸修和。益地舊來青鳥使，莋都新譯白狼歌。東溟遠嶠中山國，世備藩封貢方物。候應東風識聖人，心依北斗瞻京闕。敂關奉表籲恩綸，嗣服先邀册命新。爲錫鸞章懷屬國，特從螭陛簡儒臣。營邱學士閩中彦，幾載簪毫侍香案。每憶家山望白雲，長聽鈴索趨丹殿。石渠濟濟衆仙儕，帝曰欽哉惟汝諧。九能夙擅盈庭望，專對群推出境才。親承巽命辭温室，懷柔往

布朝廷德。仙骨榮披一品衣，軺車高擁三重節。况是鳴騶故里歸，重闈燕喜正春暉。即看晝錦趨庭日，依舊含飴繞膝時。賢勞奉職親心喜，靡監無煩歌岵屺。愛日還同捧日心，白華翻借皇華使。西南風動重洋開，高駕星槎天上來。日月浮沉姑米嶺，蛟龍出没釣魚臺。水蕩天摩互翻簸，落漈横穿風雨過。平生笑傲凌滄洲，穩持英蕩樓船坐。萬千氣象豁胸襟，吐納雲霞入勝吟。五月濤聲䶀鼊嶼，七更風信乙辰針。白鴉飛送高華界，天吳肅肅乘潮拜。一點神鐙百尺帆，壯遊直到鯨波外。三十六島環球都，八尺華堂文命敷。城頭仙樂迎旄節，道左名王拜起居。紫泥手捧銜天語，上國風儀光藻黼。婦孺争看博望侯，姓名久讋歡斯部。如天帝澤湛重霄，如水臣心冰一條。瀧露堂深秋望月，停雲閣迥夜聽潮。禮成歡頌騰瀛甸，明霞却照龍潭宴。聖代聲靈諭尉佗，海邦風物諳黿監。回首舢棱接紫宸，鄉關更憶倚閭人。相風客館占烏羽，計日歸舟到虎門。天倫樂事今猶昨，麒麟衣當萊衣着。玉杖扶詢海外天，板輿勸引花前酌。四牡歸來周道長，天顔有喜奏明光。輶軒寄象登王會，絶域輿圖上職方。男子由來四方志，匪躬宣力王臣義。利涉惟憑忠信懷，致身交盡君親誼。世人百里傷别離，壯志如君安可期。顧盼風雲動今古，文章麟鳳焕威儀。與君舊是齊年友，况同儤直鑾坡久。送遠遥占渤澥雲，贈言代折春明柳。君不見，風流前輩説周汪，此日重增使節光。萬里好酬宗慤願，千金豈問陸生裝。

城武廟堂碑移置曲阜歌

會稽内史誰與儔，永興楷法高瀛洲。廟堂一碑最神品，元氣内藴含剛柔。當時太學帝京重，墨妙未向仙源留。紇干雀凍李花落，長安一望烽烟愁。斷碣零落委榛莽，敲火礪角無人收。廬陵集古已致慨，涪翁不惜千金求。重摹縱有王節度，虎賁得似中郎不。元季疏榮得片石，衝波如見榮光浮。斟酌濃纖較銖黍，追攝神骨工雕搜。迴翔鵠反折瘦竹，宛轉蠆尾蟠銀鈎。蘇齋先生有真賞，苔繡手拭青雙眸。憶昔軺車此小住，墨緣卅載今方酬。寄言當事移闕里，黄金庶不虛牝投。潁川開府快同志，氈裹緪束速置郵。熙朝崇聖邁貞觀，修飾宅廟工方鳩。同文門下魯壁右，夾以石柱盤蛟虬。乙瑛韓敕同位置，貞瑁不朽俱千秋。鸞臺叔祖昔嗜古，吴興舊篋窮冥搜。手摩殘字勒殿廡，吉光片羽千狐裘。叔祖谷園先生曾以閩中丞唐本殘字摩勒，嵌於廟壁。即今全碑互輝映，宛合雙璧珍琳球。杏壇晴旭散朝彩，石華古墨蒼烟流。仰瞻榱桷式彝鼎，共延世澤昭前休。願拓萬本傳藝苑，熊熊光氣連奎婁。

素馨斜歌南漢葬宫人處，今名花田，素馨花極繁盛，相傳宫人有名素馨者，愛簪此花云

秋墳碧化珠塵碎，怨玉愁香結芳地。蛺蝶飄殘五夜風，杜鵑枯盡千年淚。十畝瓊田一色花，路人猶指玉鈎斜。陰磷夜冷魚鐙焰，晴雪春籠鶴渚沙。紛紛五季爭蠻觸，清海將軍卯金族。繼體何曾嗣赤符，自娛聊爾開黄屋。當時諸國競風流，烽火光中事宴游。傾國名花都解語，處堂癡燕總無愁。摩訶池畔清宵坐，九龍帳裏酣春卧。陌上花開緩緩歸，念家山入聲聲破。可憐一角海南天，也效春江璧月圓。天上靈妃降胡子，侍中淑媛字瓊仙。翠舞珠歌歡未已，高梧影動凉風起。落葉聲哀漢殿蟬，荒苔媚斷波斯豕。蕭蕭殘壟幾黄昏，雙女山前戰馬屯。翻羨景陽宫井内，玉顔生死殉君恩。冶骨塵飛心未燼，夜臺吹度東風信。豈有生香爇返魂，空持幻影銷長恨。秘事羞傳大體雙，嘉名不羨小南强。新妝露洗千金艷，舊夢雲沈七寶床。萬株素蕊吹香屑，冰姿消盡蠻天熱。鷓鴣啼影上枝頭，猶帶昌華苑中月。零落花鈿莫更愁，年年春色在芳洲。不知執梃降王長，可有斜陽上一抔。

艤舟湞陽峽江中，游觀音岩、碧落洞

頹崖壓江老龍怒，掀波破壁忽飛去。雲根斜裂雷斧痕，山鬼呦

啾泣朝暮。洞口下與江水準，打門時有驚濤聲。却探雲罅入石腹，白日乍匿天冥冥。手捫苔壁撥蘿網，瘦筇拄磴發空響。沍雺如水吹幽寒，中有精靈共來往。山僧夾路燃蚖脂，陰沉碧焰螢火微。忽驚大扇下撲滅，無數蝙蝠翻空飛。豁然開朗天宇闊，一片盤陀架飛閣。不知身在何處峰，却訝窗前舊帆泊。飛閣斜矗懸山腰，谽谺上覆檐牙高。當頭石乳垂欲滴，足底千尺江滔滔。江風松濤遠相和，倒披蓮影恐吹墮。却憶萬瀑喧飛湍，淙碧亭中昨宵坐。重尋歸路愁昏黄，徑熟虚白生微茫。舟行漸遠已出峽，嵐翠染衣餘古香。

文信國故里

辛苦南冠縶朔庭，回天力竭尚邀靈。一樓正氣人千古，萬里傷心帝九齡。白馬舊盟隳猛骨，紅羊殘劫到零丁。祇今空闊文江水，牛斗長懸劍氣青。“水天空闊”及“堂堂劍氣”、“牛斗空認奇傑”，皆信國詞中語。

潯陽江夜聞角聲

太白初低夢未闌，畫螺忽送思無端。月浮夜氣千峰動，秋入邊聲九派寒。蕭瑟江湖村戍古，蒼茫身世楚天寬。孤舟此夕悲淪落，何必琵琶淚始彈。

登黄鶴樓

極目斜陽楚望開，蒼茫今古此徘徊。捲簾漢逐長江去，隔檻雲從大别來。百戰山川銷霸氣，二南士女擅詩才。梅花落盡仙人老，鸚鵡空洲自緑苔。

古柏渡

古柏渡頭車雲屯，緣堤千里一渡存。天留利涉達行旅，行人欲渡隸不許。匪隸不汝渡，嗟汝自謀誤。南登廣武原，北望金堤路。東流崩懸崖，西岸没高樹。洪波馳縱横，舍此道何處。巡河手牒據壟斷，饑鷹攫肉肯縱去。匪隸不汝渡，啗汝自謀誤。傾篋早輸十萬錢，即夕長風疾飛鶩。君不見，達官揚舲去何急，大艑峨峨金百鎰。肩販蚩氓不量力，朝朝風雨望洋泣。

渡海四首

蠡測居然得大觀，遠凌窮髮駕飛湍。從來不信風波險，到此方知天地寬。雷雨蕩摩帆四角，星河吞吐浪千盤。滄桑舊境分明記，清淺蓬萊夢未寒。

東南地盡入無涯，章亥縱橫步莫誇。牛渚然犀陋温嶠，鯤溟擊水問南華。頓開心目通三界，小住雲濤自一家。時携眷屬同行。聞道靈源接天上，女牛宫近使星槎。臺灣分野屬女牛度。

樓船制迥異江關，未許神風輒引還。鐙火一龕祠馬祖，海舶虔奉天后，稱馬祖，香案鐙日夜不息。帆檣百尺上鴉班。舟子登檣頂望山者名鴉班。乙辰針定無歧海，舵工注視沙盤，令針指乙辰之間，少差即豪厘千里。庚癸糧呼笑首山。放洋必聚數月糧，即淹滯及飄越他所，無絶糧之虞。候氣望雲沙線熟，片花高插夢俱閑。海中水道名沙線，舟師能識之。帆頂别挂一小帆，名巾頂插花舟，尤駛而穩。

貝闕珠宫盡渺茫，更從何處覓扶桑。一輪浴日回中夜，萬里浮天入大荒。曼倩十洲歸笑傲，元虚千古擅文章。奇游信是平生冠，唤起髯仙共泛觴。“兹游奇絶冠平生”，坡公《渡海》句也。

初入潼關望華嶽

千里乘秋色，清風送馬蹄。河聲過山小，天勢入關低。二華雄秦隴，三峰插斗奎。浮陰寒白日，積翠截青霓。長拱辰星北，全吞弱水西。百神軒後會，一掌巨靈批。帝座通呼吸，仙人此寄棲。集靈祠漢室，太乙聳神堤。奔走群山共，尊崇五岳齊。靈泉膏黍雨，玉井墜蓮泥。留霧曾成市，登雲信有梯。平生耽澗壑，絶壁慣攀躋。便擬茅龍跨，高聽石馬嘶。明星招玉女，曉月弄天雞。笠屐孤游健，烟霞兩袖携。宅尋王猛隱，碑訪郭香題。空有登臨思，終緣薄領稽。狂言羞僕射，痛哭任昌黎。謝客心終在，桃源路豈迷。今宵夢遊好，清渭水澌澌。

余與梁芷鄰一別十年，客臘今春，兩過吴門晤聚，芷鄰以倪雲林《南湖贈别圖卷》索題，即用雲林原韻得二首

水雲一片送歸船，夢寄鷗情鶴思邊。岸上踏歌聲未了，南湖秋色正蒼然。

兩度胥江暫泊船，一罇剪燭夜窗邊。異苔正喜聯今雨，畫裏離情忽黯然。

題湯節母楊宜人《斷釵吟》圖，爲令子雨生參戎賦

節母，武進湯贈君與竹室，參戎雨生母也。與竹侍父緯堂先生宰鳳山，同殉臺逆林爽文之難。時節母奉姑留福州，聞變痛不欲生，既而念姑老子幼，且恐重傷姑心，託言與竹避匿他所，事定且歸，而設虚位於舅側。姑寢後，私臨哭奠。迨湯君父子遺骸自海外歸，節母奉以還里卜葬。養姑教子，扞禦外侮，艱巨萬端，心力俱瘁。賜恤臺灣死事臣，雨生以世職補官，猶事事禀承慈訓。節母夙工詩，罹難後，悉毁棄絶，不復作。嘉慶甲子冬，寓揚州瓊花觀。夜分釵斷，忽感舊事，口占二絶句示雨生。雨生銜恤後，繪《斷釵吟》圖，同人題詠成帙。余時扁舟溯江西上，得詩一章，並識其顛末云。

蕃厘觀冷新霜月，懷清臺峙古冰雪。一夜雛鸞碎玉聲，卅年寡鵠傷心血。却思當日上頭時，結髮先悲生别離。士會寶貽誰耀首，孟光荆在幾齊眉。婆娑洋外妖氛惡，飛彗翻波動鮫鱷。堂前好語慰尊嫜，階前私禱占芒角。驚傳猿鶴一軍空，致命全家下侍中。小劫修羅萃忠孝，孤城碧血慘天風。楝折巢傾竟如此，痛心幾欲磨笄死。苦念高堂衰老親，况餘復壁零丁子。猶恐孀姑心倍傷，詭辭暫

慰倚閭望。無聲血淚招魂奠，不敢公然説未亡。更值無情惡風雨，官逋私負追呼苦。羅貢陳冤牒自投，龍憐質券喪同舉。南陔柔色膳常馨，東壁古香書滿楹。夜雨牽蘿聊補屋，秋鐙畫荻自傳經。報國承家擅儒雅，義方慈訓傳弓冶。鞭朴胥捐李使君，勛名早勖王司馬。釵燕分飛經幾年，紫雲今夕化奄然。鈿篋漫説琉璃脆，骨肉猶難金石堅。教子名成事親了，重泉有約相期早。置户當年夢不歸，同心此日人偕老。舊匣簪環半不存，爵釵蔽髻拜新恩。蕭蕭雙鬢都如許，翻惜無瑕玉尚温。斷腸久廢哀弦曲，往事心頭忽棖觸。蔡女能無悲憤吟，杞妻合有同聲哭。空波弔月誦遺詩，一片江山今古悲。聊寫烏絲附彤管，愧無黄絹續豐碑。

江行雜詩

江漢渺無極，方舟安可窮。潮來京口白，日射海門紅。風月懷劉尹，山川識謝公。空餘藉卉地，罇酒更誰同。

昨憑高臺月，潮頭瞰大江。今浮瓜步水，塔影落蓬窗。赤岸迎千里，青山載一艭。臨流初解纜，勝境已心降。

泛宅頻年慣，陽侯若可招。漲添新過雨，舟活暗生潮。雲水空無際，魚龍静不驕。何當尋傲吏，共話此逍遥。

高吟興不極，暮色又蒼然。落日孤懸水，遥山淡入天。暝烟依樹盡，江氣得秋先。爲愛宣城句，滄洲夜未眠。

采石青如此，長庚去不還。有情千古月，無限六朝山。北埭雞聲少，中洲鷺影閑。待邀三弄笛，相和水潺潺。

風景還如昨，三年别大孤。分風出彭蠡，插日上香爐。山色遥迎楚，江聲自入吴。白公亭下過，回首愧銅符。

萬里瀉銀河，風雷互蕩摩。浪沈江岸盡，雨到楚天多。我亦浮槎客，曾經滄海波。水鄉此留滯，誰共叩舷歌。

雲氣壓蒼梧，空山叫鷓鴣。勢吞青草闊，影浸岳陽孤。風雨通三峽，乾坤寄一壺。依微烟樹近，已過洞庭湖。青草湖在洞庭南岸，春夏水漲，二湖即合爲一。

五溪秋棹歌

辰、沅皆漢武陵故郡，五溪匯流，直接沅、湘，絶壁天懸，騰波迅急，而奇峭幽秀，迥絶凡境。泝洄匝月，娱目滌情，篷窗多暇，聊識遊歷，以代棹歌，殊愧古人山川能説也。

萬山疊翠環天光，軒然大波飛中央。源從何處我安往，長烟遠樹空茫茫。極目四望猿鳥絶，有路或者通銀潢。一峰忽轉衆峰變，蟻曲蝸角盤羊腸。横流奔注勢正狂，萬蹄渴驥争騰驤。峭壁雙束已拗折，中流更列兒孫行。高者砥柱下培塿，横截一一排梯梁。屏風對立影浮動，石根上下隨簸揚。磊隒翻空欲吹墮，鷩鳶跕跕風浪浪。飛瀑百道卷雌蜺，破壁一線穿斜陽。大官洞壓斗灘迅，仙人橋跨懸崖長。三足支鼎駐誇父，五色煉天遺女皇。龍角犬牙互牚拄，鱗之而動作作芒。北平誤射飛將虎，金華空叱初平羊。石不可礮水益怒，冰蠵夔跂争頡頏。漱齧雲根穿地骨，水犀萬弩安可當。過眼風雲忽異色，半空金鼓齊雷硠。雪浪吞吐日晦暝，山河眩轉天低昂。黄牛峽幻咫尺急，吕梁洪落千丈强。榜人見慣尚愕眙，僕御失色群倀倀。我奉簡書向夜郎，浮家萬里一葦杭。雅量敢希泛海謝，素心自矢叱馭王。虚舟任觸石齒齒，舉頭惟見天蒼蒼。翻覺奇險盡奇境，耳目所接非尋常。閬風懸圃那可到，白雲即此真仙鄉。斷霞流景媚幽壑，老楠隔澗吹古香。薜蘿若有人窈窕，聽風聽水皆霓裳。娱人清輝繞孤榻，蕩胸雲氣歸詩囊。昌黎石廩天柱峰，康樂麻源華子岡。千古幾人共此樂，醉眠心魄俱蒼凉。凉秋滿空月在水，玉宇浮夢凌風翔。天雞一聲亂山曉，推篷初旭迎扶桑。

飛雲洞

觸石膚寸合，垂天夏峰瘦。一氣互往復，萬化潛結構。何處忽飛來，孕此九華秀。噓氣從游龍，託根幻靈鷲。冱碧凝不流，冷翠屯欲皺。攀霞入團瓢，披蘿憩乳竇。瑟瑟秋氣來，英英滿懷袖。高岩風雨聲，瀑簾下飛溜。穿洞戛鳴玉，沁齒清可漱。息影聊自怡，雲屋適邂逅。石應笑我頑，無心已出岫。

烏蠻竹枝詞

萬山鑿空闢康莊，赤水河連蜀道長。九驛行人共來往，更誰杯酒弔奢香。明女土司奢香始刊山通道，置九驛達蜀。

滿天嵐氣濕衣凉，鶯粟花紅燕麥黄。渝舞蠻歌諸葛鼓，村村争賽竹三郎。苗俗寶重武鄉侯銅鼓，不惜重貲購以祀神。尤虔事竹王，有竹三郎祠，香火甚盛，云是竹王第三子也。

前山漁唱後山聞，樹色溪聲對嶺分。相見坡頭一相見，不知遥隔幾重雲。大相見坡、小相見坡，兩峰中隔一溪，人對立如咫尺，行程尚隔三十餘里。

雪虐風饕九九天，松柴燒盡不成眠。相逢却羡郎溪峒，尚有蘆花當木綿。冬月無被絮，裸體炙火而卧，惟郎溪峒苗有以蘆花爲絮者。

黄州舟中感坡公事，率成四韻，寄哲峰從弟

隴右時哲峰以州牧特蒙召見

國恩當報敢不勤，用蘇句。知己四海一卯君。相期致身絶世俗，片言可使諸天聞。吴峴鼓角尚相送，寒溪鴻雁嗟離群。樊口山川自今古，一鶴飛度横江雲。

題星廬侄《淮陰話雨圖》

聽雨曾千里，聯床少一人。檐花今夜落，池草異鄉春。海岳烟霞幻，平原贈答新。看雲翻觸我，渺渺大江濱。時余與俊峰弟不相見者，又五年矣。

繡山侄以侄婦朱葆瑛《小蓮花室學隸圖》索題，乃虹舫同年中女也。追憶左思嬌女之譽，曷勝向秀山陽之感。長言不足，情見乎辭

凌波摇影影臨池，悵觸余懷有所思。花落曲江悲孟寂，書傳石室見文姬。若翁自昔憐紈素，幼婦從來擅色絲。好伴燃藜天禄閣，七弦聲裏八分碑。

題繡山侄《青天騎白龍圖》

天門詄蕩闕九重，欲往從之將安從。安得姑射御飛龍，出空入有游無窮。有謫仙人東山東，逸情奇氣造化通。夢游曾小天姥峰，捫天摘星又岱宗。騎鯨跨鼇未足雄，徑欲藥市尋壺公。唤起葛陂三尺筇，鞭策鱗甲生天風。頷珠穩鞚光熊熊，手挹北斗招飛虹。前驅列缺後豐隆，東浴曜靈咸池紅。西流河漢聲淙淙，下瞰九點烟溟濛。一勺滄海明霞封，片月低挂嵩陽松。朝馳湯谷夕大蒙，高歌閶闔聲摩空。吾家玉樹今何充，珠流咳唾星羅胸。彦和文心恥雕蟲，健筆萬斛鼎可扛。尚友千古追高蹤，風雲卷舒尺幅中。會看奏賦蓬萊宫，一飛破壁凌蒼穹。青雲後塵步雍容，瓊樓高處遥相逢。

李烈婦行

一鈎百煉金，堅貞如妾心。持此欲斷腸，腸斷匪自今。一解。
雌劍鳴匣中，亦知憶其雄。利刃不了事，胡不諒素衷。二解。
金亦不必堅，刃亦不必利。大義在一心，分明如天地。三解。
豈不念暮齒，養姑有長姒。豈不計血食，長姒有弱息。四解。
朝不食不飢，暮不食不飢。腸轉車輪熱，口銜石闕碑。五解。
大海無迴波，懸崖一揮手。秋墳草茫茫，秦嘉魂在否。六解。
莫歌華山畿，莫上青陵臺。岱雲觸石起，清濟西南來。七解。

孔昭赤

字仲華，號葆初，恩貢生，候選州判。葆初從伯天資英敏，好學工書，以大母病，星夜馳數百里延醫致疾，卒年僅二十有六。

【補】孔昭赤，廣栻次子。乾隆四十一年（1776）生，嘉慶六年（1801）卒，年二十六。《國朝山左詩匯鈔後集》録其詩。

感懷，和黄陶庵韻

健吟何用仗枯筇，春色醺人似酒濃。開徑肯除新緑草，當檐不折礙人松。落花細雨縈塵夢，野鶴閑雲惜舊蹤。驢背詩情正無限，錦囊欲破倩誰縫。

泛雪

水色雲光黯不開，六花飛舞挂帆來。偷他一幅倪迂畫，載得湖山好景回。

春初小集，遲厚齋不至

庭院低徊數暮鴉，白雲争卷日西斜。尋詩誤折當門柳，問僕頻驚隔巷車。縱有深杯傾臘釀，阿誰妙筆擅春華。舞雩他日拚同醉，雁背風高破晚霞。

梅影

不須羌管怨黄昏，瘦骨闌珊鎮倚門。午夜窗明春有跡，一枝香冷月留痕。鉛華俱斂歸虚白，色相全空剩縷魂。記否前生曾解脱，雪中水際任評論。

孔昭美

字叔彦，號絅文，恩貢生，道光元年舉孝廉方正，官四氏學學録。有《福持精舍詩稿》。

【補】孔昭美，廣栻第三子，欽賜六品頂戴，官四氏學學録。乾隆四十三年（1778）生，道光二十年（1840）卒，年六十三。

題李白樓梅花卷子

李生擅畫梅，不以名自炫。摹本繪全神，累黍不失綫。披圖清風來，寒香生素絹。鐵骨横杈枒，前身呈百變。瘦者鶴凌風，肥者雪凝霰。幹既遒而秀，條亦婉而孌。突欲過前人，真贋目光眩。君不愧補之，下筆啓生面。我欲持漢書，細嚼恣清咽。大白時一浮，醉卧成仙眷。

憶亡弟景度，用張紳齋明府韻

雁行零落不堪思，詎信斯人竟至斯。磨蠍光陰餘傲骨，哀蟬情緒付歌詩。從今怕憶聯床樂，此後誰憐抱瓮痴。伏雨炎風倍惆悵，書齋寂寞立多時。

送舍妹于歸途中作

一帶長堤拂曉烟，征人幾許思綿綿。林邊帆遠有時露，沙際鷗閑鎮日眠。自笑牽蘿兄計拙，但期采藻妹聲賢。竹林小别情何限，定悵今宵月上弦。

遊石門山

裙屐相邀拄杖來，山靈應亦笑顔開。自忘履險成遊福，敢説登高是賦才。古澗藤能摶巨石，懸崖字半蝕蒼苔。負嵎近日休多慮，貔虎峰頭數舉杯。

出山無計入山難，卜宅端宜此地安。幾縷炊烟僧飯熟，半灣流水夕陽寒。時聞犬吠知村近，静聽鐘聲忘夜闌。記得嵐光青到枕，侵晨秀色耐人餐。

孔昭薪

字孟翹，號克樵，嘉慶戊寅舉人。克樵從叔爲止堂公長孫、幼髯公之子，處事剛斷，綽有祖風。止堂公輯《孔氏大宗支譜》，例以逢甲重修。從叔恪承庭訓，克紹前聞，鄉論歸之。

【補】孔昭薪，廣林長子。乾隆四十六年（1781）生，道光五年（1825）卒，年四十五。

庚辰赴試禮闈，舟中和家魯齋刺史傳曾韻，同余鑒堂、來西峰孝廉作

海雲咫尺是蓬萊，曉日船窗射彩來。莫笑狂吟呼斗酒，青蓮原是百篇才。

纔聽江南唱采蓮，又來天上坐春船。杏花消息今探取，郭李同舟盡列仙。

闕里孔氏詩鈔卷第十一

鎮洋盛大士選訂　曲阜孔憲彝纂輯

孔昭恢

字景度，號鴻軒，嘉慶庚午舉人，候選布政司理問。著有《春及園詩稿》。鴻軒從叔性孝友，才氣橫溢，屢試春闈不第，兼抱安仁伯道之戚，遂抑鬱成痼疾。詩語哀感頑艷，讀之可以悲其遇矣。

【補】孔昭恢，廣栻第四子，出嗣，乾隆四十七年（1782）生，道光十年（1830）卒，年四十九。著《春及園蟲鳴草》四卷、《春及園詞稿》（無卷數）。《國朝山左詩匯鈔後集》録其詩，《闕里孔氏詞鈔》《國朝詞綜續編》《清詞綜補》録其詞。

鐵公祠

洪武非無子，建文真有臣。城隨身共碎，祠與姓長新。久徙南朝鼎，羞爲北面人。明湖風雨夜，慷慨話前塵。

秋海棠

一把酸紅淚，西風吹不香。可憐當日恨，猶斷後人腸。命薄原秋草，名嬌奪海棠。那堪明月夜，根下咽寒螿。

旅壁題贈

飛鳥依人態可憐，幾回背立數青錢。多情我勝香山老，不聽琵琶已黯然。

下第後坐小車旋里

隻輪載月過蘆溝，笑對雲山説壯遊。鋪上花裀安似榻，碾開麥浪穩於舟。轡難應手何須攬，鞭已輸人一任投。擬向西泠訪蘇小，縱無油壁亦風流。

妻梅

相依紙帳與蘆簾，羞説穠華葉鳳占。結子預期調鼎鼐，宜家從不話齏鹽。雪深昨夜衣添縞，月認前身鏡啓奩。偕老惟卿同傲骨，畫眉俗筆敢輕拈。

讀《桃花扇傳奇》偶書

俊眼青樓笑李香，誤將俠骨認侯郎。董家小宛真奇絶，能識如皋冒辟疆。

中興事業擅風流，乙夜掄材選部頭。自古金陵王氣短，慣教天子號無愁。

半壁山河尚可支，樓船東下罪何辭。將軍枉自名良玉，愧煞秦家一女兒。

夜半軍營拜冕旒，孤忠誰惜靖南侯。青萍似恐田雄涴，留待將軍自斷頭。

堂傾一木竟難支，社稷臣偏值此時。嶺上梅花江上月，傷心惟有杜鵑知。

新秋言懷，用皮陸唱和韻

鬢影悲潘岳，吟情愧孟郊。庇身無廣厦，容膝且安巢。蟋蟀纔如蛹，蟷蠰罷綴蛸。藤鬚閑笑捋，柳瘦醉頻敲。蛛網層層密，蜂房孔孔皷。紅看嬌莧葉，黄漸逼松梢。沼淺魚驚餌，林深兔畏髆。葛衫凉欲襲，韭帖愛慵鈔。蟬遠聲疑咽，蚊多癢屢抓。心花衰剩蒂，舌劍懶離鞘。老境輸甘蔗，荒齋學繫匏。慣嗟冰遇炭，幾見漆投膠。下第宜安命，爲師又代庖。子由時載酒，小阮偶携肴。憐我巵無當，談經鐸是鐃。書文真僞處，易卦變通爻。未受專門秘，難排衆論譊。羞成司馬贊，枉解子雲嘲。俗士尋章句，腐儒託與胞。淵源迷一貫，意旨昧兼包。最苦黔驢技，徒矜柙虎虓。傳神失阿堵，逢敵每于崤。青紫寧堪羨，丹鉛遽忍拋。近叨今雨益，遠訂古人交。敢薄宗邦縞，終成楚國茅。淄澠須早辨，涇渭豈容淆。悟自虚懷入，文憑妙手操。漫誇才似斗，自戒量如筲。小慧應知悔，真愚庶免教。無聞過四十，江海一浮瓟。

平原君

一笑如何罪至死，當時習氣乃如此。我意竟斬躄者頭，三千之客仍然留。以去要君原故智，哀哉美人時不利。君不見，信陵客比平原奇，策勛還讓一如姬。客才果勝如花貌，豪舉空貽信陵笑。

辟暑犀效昌黎體，用《城南聯句》韻

寮宷班肅穆，珮玉音瑽琤。經筵講周易，朵殿森唐英。翠扇擁帝座，火傘當天行。虎賁汗愁浹，鵷序言敢明。異寶得靈犀，焦木蘇枯莖。委蛇舒百骸，瞻視瞭雙睛。紋辨龍鱗細，斑密魚子撐。產從烏衣遠，駭使雞群驚。颯然蒸鬱解，釋此煩憂縈。御屏罕蠅跡，禁樹多蟬鳴。非敕疏勒貢，定煩交趾征。蔗漿浸齒妙，葛衣稱體輕。屏息聆講讀，精義悟縱横。不敢手欲舞，但覺心爲傾。功同觸忿佯，利與却塵并。動悔匣龍猛，貌忘類豕獰。扇免揮齊紈，楫似擊吴榜。薰風舜琴罷，沂水曾瑟鏗。凝神究彖象，渺慮希牆羹。鎮心瓜初熟，迎涼草乍萌。作威嗤趙盾，沉淵弔屈平。太息彼酷吏，銷鑠累蒼生。直應牛渚燃，安得兕觥迎。外强乃客氣，中熱惟宦情。欲以鍛煉技，遽息錐刀争。藕絲白勝鶴，榴花紅于猩。炎陽茂稼穡，永晝舒茅衡。大果期繁實，草蟲恣跳趙。旅客科頭憩，農夫炙背䞓。天道順泰和，民志樂咸亨。惟祝玉燭調，敢怨金烏精。浴水皆温泉，披蓑疑組絣。藥傳夏草枯，蟄羨冬蟲塋。晨先鳥雀起，夜慮蚊蚤偵。四時須溽暑，萬寶方告成。其如血肉質，安禁鑪炭盈。窮檐嗟牧竪，廣厦艶公卿。浮冰佐茗椀，凉枕卧桃笙。臨流足一濯，披襟體偶呈。緑竹環翠幄，朱李耀丹楹。扁舟擬畫舫，妙藥携茶鎗。碧紗作窗紙，明珠代燈檠。鼎鼐資調燮，邦家得幹楨。朝參坐薇省，退食或松棚。朱雀自赫赫，黄鸝時嚶嚶。論道味鹽梅，掄材拔鯤鯨。大纛憶將帥，深壘肅甲兵。不寒使人栗，發令驚雷轟。術傳玉帳秘，勛比天山崢。健兒挽强弩，凉醖飛巨觥。鐵衣爍月色，枚馬寂宵聲。刁斗穿細柳，兜鍪結朱櫻。連營等踞虎，移陣學遷鶯。奈此日如火，不及雪爲瓊。霜威虚紫電，星彩綴赤瑛。據鞍愁握槊，減竈苦炊粳。空聞渠州押，徒矜巴浦名。舉世説龍窟，厥宫號水晶。綃有鮫人獻，珠笑蟹眼瞠。黿甲作屏幛，鼉鼓報漏更。恬神消念慮，專氣致孩嬰。珊瑚光璀燦，玉樹柯登丁。境謝紅塵擾，調高白雪賡。長嘯瞰蓬島，振袂立瑶京。午陰陋緑槐，美蔭謝文楹。金正伏深谷，暘不到寒坑。禪機堪入定，夢境除匪禎。魚躍胸懷闊，鯇桓風骨清。浪花分水利，波練通天澄。褊急同邾子，烈炬患秦嬴。起居視屋宇，悶絶坐箱篋。昏沉眼起翳，摇曳心懸旌。小舟泊水驛，疲馬阻山程。屏營侍北闕，隱竑望東瀛。雨難佛髻洗，露希仙掌擎。夏蟲且共語，秋士孰班荆。净荷想西池，修竹森南榮。案縱撫青玉，珮枉垂白珩。麀鹿適野性，犍牛徒角騂。謬傳仙馭挽，只助農夫耕。視蔭正當午，驗礎值久晴。會當容袒裼，况復集簪纓。深自探窔奥，高亦有閈閎。束身總局促，汗顔若嫈嫇。彼蒼真不測，生物由至誠。疾能已消渴，醉竟爲解酲。磨去異凉熱，用來貴珩璜。氣真迴地軸，氛喜掃天槍。喘免類顛蹶，閑若息經營。風潭坐大木，香草結杜蘅。班聯齊玉笋，庭卉驗珠栟。快逾啖雪藕，爽甚剖霜橙。不願公瑾交，但乞犀首盟。玩占無悔吝，悟道得利貞。屧緫瞻赤舄，冕藻仰朱紘。樂哉魚在沼，快矣兒脱緗。乍覺態潑潑，頓止泣喤喤。舊聞牙食棘，利于刃發硎。狃豈逢將叔，衝或遭終甥。頭銜傲清宦，角握嗤凡牲。有齒象遭焚，斷尾雞畏烹。獐兔自行，林麓飽蕪菁。驅烏著靈異，爲釵鬬媌娙。辟寒疑配耦，鎮惟或弟兄。夫差甲三千，伯嚭擅律令。製簟肆豪侈，蔽賢受譏評。伐蛟張虛勢，取鼉布大紘。况此敵虎兕，得之豈麇麖。鋭比龍拏爪，威加魚奮鬐。浴曾經毒鴆，蝕不許飢虻。雄心誰敢捩，觸目猶疑振。豈被元公驅，遂等窮民惸。羚羊跡難覓，豪豬箭自抨。具此衛身寶，乃爲利賈贏。異名曰黑暗，方言賺瞽盲。爲問充庭實，何以樂野苹。簪消四座塵，箸饜五侯鯖。咸銘愛鈎曲，璞贊振韶韺。寶宜居藻棁，觀足壯繡甍。牛且矜皮革，麕尚藉茅蘉。騰光繪莫掩，試異米教盛。聖朝念民瘼，遠略慎兵輣。周穆與漢武，雨急而風飈。因知四海富，惟在一德宏。擊壤歌優游，約法無椓黥。忍以果櫟玩，勞彼屨縷甿。雲牖茁屈軼，松棟巢焦鵬。布帛盈笥篋，菽粟溢盆罌。四夷爲守禦，萬禩綿宗祊。和鳴鳳巢閣，朗吟龍在泓。民知負耒耜，耳不聞鐃鉦。咸若來獸舞，宛爾協球鍠。牧夢占熊羆，蔀屋鮮蛆蠑。麥隴叫布穀，桑下囀鶬鶊。户口編甲乙，飢腸免癸庚。雍熙生意足，郅治休嘉砰。冬日挾絮纊，春臺含飴餳。奚獨賤碔砆，亦不重璣珵。慶雲凝紫霧，膏露綴連瓔。求賢心若渴，望道目常瞷。恥言珠照乘，底用璧連城。清凉由肺腑，弦誦絀琶箏。錫蘭侈古跡，靺鞨駭俗傖。肖形混符紱，環目迷鵁鶄。静能含六氣，燥貴誅三彭。浮生原虱蟣，格物辨蜞螃。寡欲效公綽，多欲戒申棖。當時諸俊彦，出身各庠黌。犀以通爲病，角則磨始瑩。群然寶燕曳，無乃撼樹蜻。要路官無冷，利藪敵皆勍。腐儒甘淡泊，迂見愧拘伫。緬想珍絺綌，吾道守硜硜。

夏夜聞笛

何處一聲幽，人思趙倚樓。未曾吹入破，已覺夜成秋。使我情無着，知他客更愁。侍兒强解事，簫韻説揚州。

答客慰

我無金滿籯，我未通一經。四十强而仕，頭銜如白丁。於此有佳兒，何以訓過庭。無端九子母，憐我太伶仃。遂施婦人仁，兩度俾寧馨。賺我開湯餅，衆客傾醁醽。今日弄璋筵，明朝夢兒亭。朝看孤在門，暮看旛在欞。老母與山妻，笑眼終涕零。我木鈍根人，悟道苦頑冥。煉魔從骨肉，創巨夢乃醒。生兒欲其肖，肖我墮先型。呼我作犁牛，兩字不耐聽。與之亟奪之，造化善調停。兒貌我已鑒，兒音我已聆。白楊收兒骨，黄土藏兒形。生死原一致，雛鳳睡舒翎。前年我不達，半載困參苓。良友多寄書，勸我減酒瓶。我匪金石質，忍自促其齡。堂上望抱孫，雙鬢已無青。膝前兩弱女，恐學崔家星。中夜念及此，惕然心常惺。荷鍤死便埋，此樂讓劉伶。

雜感二首

慶虬賦清思，李華弔戰場。當時不知貴，假人名乃彰。究乃好名耳，不貴庸何傷。作文原自娱，風觸蘭蕙香。以耳爲目者，奚足定否臧。知音渺何處，對影憐孤芳。佳人在空谷，臨鏡寫清揚。寧爲遺世立，肯託施與嬙。

昌黎欲送窮，柳州擬乞巧。才人弄筆鋒，文體鬬輕狡。柳已悔機謀，韓豈志温飽。奈何讀書人，名利心自攪。窮如玉在璞，不敢炫華瑤。巧如龍在雲，時或露鱗爪。送之與乞之，無乃與命拗。吾拙愧農圃，且把菜根咬。

新興髻

抛家墮馬已荒唐，蝴蝶花籃取次狂。只有青山遵女誡，烟鬟不改舊時妝。

孔昭熙

字敬甫，號時純，諸生。

【補】孔昭熙，廣栻第六子。乾隆五十四年（1789）生，嘉慶十五年（1810）卒，年二十二。《國朝山左詩匯鈔後集》録其詩。

下第歸里途中作

日暮苦行役，客心愁復愁。青山猶似昔，紅葉又驚秋。皎皎林間月，閑閑沙際鷗。此身無著處，去住一浮漚。

石磴

石磴入凉夜，孤吟兀坐時。花香人共澹，松影月來遲。天迥雲如水，星稀露似絲。一罇空有約，秋水動遐思。

孔昭薰

字惠如，號琴南，嘉慶癸酉舉人，官臨邑縣訓導。有《柳村詩》二卷、《貯雲詞》三卷。從叔琴南先生爲谷園公長孫，喜鑒别金石，克承家學，編刻《至聖林廟碑目》，搜訪殘石，悉爲妥貼位置。工文辭，尤喜倚聲，輯《孔氏詞鈔》，選録甚精。性好客，旨酒高談，風流自賞，從遊甚衆，多知名士，人以絳帳目之。

【補】孔昭薰，廣廉長子。乾隆五十七年（1792）生，道光十九年（1839）卒，年四十八。另著《綬藤吟舫詞》一卷，與孔昭蒸輯刻《闕里孔氏詞鈔》五卷。《國朝山左詩匯鈔後集》録其詩，《闕里孔氏詞鈔》《國朝詞綜續編》《清詞綜補》《全清詞鈔》録其詞。

宿黄村作

荒村積雪尚凝寒，小别春風客路難。只有壯心消未得，踏冰深夜過桑乾。

七夕夜泛舟

解纜明朝載酒還，數聲柔櫓荻蘆灣。銀河欲浣愁難洗，碧宇新凉夢亦閑。朔雁江魚歸思引，山城水驛客途艱。乘槎可覓支機石，席帽依然笑别顔。

下第出都，涿州旅舍作

坐久不成寐，當窗月挂藤。客懷閑似水，詩味淡于僧。秫釀聊呼酒，松肪獨爇鐙。名心俱掃盡，最是百無能。

夜泊聞笛

黯然玉笛韻偏幽，丁字沽邊小繫舟。千里關山縈遠夢，一帆烟雨颺離愁。不堪過雁淒横塞，爲問何人獨倚樓。却異天津橋畔聽，聲聲吹徹海門秋。

病齒

嚼得菜根味，廿年心已殘。幾曾竟摇落，也自歷辛酸。石闕銜將盡，輔車依未寒。閑來還默叩，欲礪又何難。

北海相文舉公雅琴歌，用蘇東坡《聚星堂雪》韻

孤桐斫自漢中葉，朱弦聲韻鏗寒雪。流傳已閲二千年，北海高風未云絶。紛紛當日肆權詐，惟公正氣剛難折。六年相郡仰海内，名士風流那可滅。讀書餘事好琴理，軫徽夜半驚龍掣。座上清風泠玉泉，罇中美酒浮花纈。識音者稀有中郎，焦尾同時韻騷屑。渤海

梁國幾人存，雲烟已散真如瞥。人琴已碎覆巢下，梅紋斷缺凄難說。寶藏遠共景君碑，聲價千秋重璆鐵。

東阿道中雜詠

項王墓在亂峰間，舊縣途經路折環。殘碣猶存苔蘚冷，斜陽一帶穀城山。

蟬

休羡修緌好，偏憐輕鬢同。聲清不畏熱，翼薄也含風。老樹有情碧，夕陽無限紅。何妨獨高潔，飲露一庭中。

孔昭煊

字温甫，號小蘅，道光壬午舉人。有《習静山房詩》。小蘅從叔爲蘅浦從祖子。從祖隱居不仕，娱情詩酒，自稱仙源第二酒人，著有《愛蓮書屋詩集》。從叔夙承庭訓，有雛鳳清聲之譽。

【補】孔昭煊，廣權子，乾隆六十年（1795）生，道光十三年（1833）卒，年三十九。《孔子世家譜》初集卷三之一“大宗户”：“公幼懷聰敏，長勵勤修，本詩書之家傳，爲經師子後裔，惜享年三十九歲遽歸道山，未克登進仕途。然一鱗一爪，亦足傳之後世，勿墜家聲矣。”另著《半舫詞》（無卷數）。《國朝山左詩匯鈔後集》録其詩，《闕里孔氏詞鈔》《國朝詞綜續編》《清詞綜補》《全清詞鈔》録其詞。

歲暮寄方滋齋

相思不相見，思與時俱深。相見復相遠，寂寂成孤吟。欲言不能盡，所貴惟知心。人生會有期，歲月何駸駸。

擬玉臺體

飛絮化浮萍，隨波無定止。何如連理樹，託根共生死。

折柳送郎行，驚秋盼郎返。郎豈不思歸，郎行天樣遠。

出門口占

一聲嘹唳雁南飛，觸我悲懷事事非。回憶兒時行役日，幾曾知自檢征衣。

送司馬繡谷南歸，效五平五仄體

禮貌脱俗盡，逾年交忘形。笑我混黑白，推君工丹青。性介骨愈傲，神寒心彌靈。酌子一盞酒，巾車欣還停。

寄壽從嫂孫孺人五十初度，次俊峰兄韻

艷説西池敞綺筵，新詩百幅燦華箋。鶴籌初益彤奩裏，鴻案相莊玉鏡前。將母殷勤朝整膳，課兒辛苦夜遲眠。祥開官閣輝生婺，卅載争傳鐘郝賢。

孔憲增

字如川，號怡齋，襲五經博士。以長子慶鎔承大宗嗣，貤封衍聖公。有《凝祉堂詩》。

【補】孔憲增，昭焕次子。乾隆二十三年（1758）生，嘉慶十七年（1812）卒，年五十五。

和梅書弟《秋望》韻

晚山一望徑難通，孤嶂蒼茫暮靄空。雲斷雁聲連遠塞，秋深蛩語咽西風。秦碑指點寒烟外，魯殿荒凉夕照中。自笑年年孤蠟屐，

長吟閑對半林楓。

郊原衰草影凄凄，天際孤雲遠岫齊。數點黄花荒徑仄，滿山紅葉夕陽低。寒砧處處樓頻倚，古木蕭蕭路欲迷。千里征鴻回首望，故人書斷錦江西。

花前

花前猶記酒盈罇，徙倚紅欄一斷魂。欲問池塘新得句，杜鵑驚夢月黄昏。

孔憲奎

字璧聯，號梅書，别號一蓮，諸生。有《一蓮詩草》。一蓮從兄少負雋才，受知于錢籜石宗伯，以女孫妻之。屢困棘瘖，遂致癲瘖。有姬張氏，隨侍數十年，無怨言，人以爲難。詩稿多自塗抹，鴻軒、琴南兩從叔手録存之爲一卷。

【補】孔憲奎，昭烜長子。乾隆二十五年（1760）生，道光六年（1826）卒，年六十七。《國朝山左詩匯鈔後集》録其詩。

春山閑眺，次朱雪樵孝廉韻

隨意登臨好，悠悠水石間。聽鶯時唤酒，立馬日看山。阮籍狂多興，龐公隱不還。從來耽野趣，偏愛此身閑。

渡泗水

泗水河邊衰草稀，泗水河上野雲飛。行人欲渡且莫渡，日暮烟波横翠微。

擬古

憶昔君遠遊，相送之河汾。愁心視長途，北風吹雁群。踟躇兩無語，去去亦何云。感此心凄絶，落葉忽紛紛。相思阻遠道，形骸各有分。願隨天上月，千里流照君。

獨坐理鳴琴，琴聲不成曲。繞砌花影幽，落月照梁屋。覽景一長嘆，中心苦幽獨。聞雞自起舞，此意有誰告。

送別

斷腸柳色碧毵毵，一曲紅亭酒不堪。遥指歸帆天際渺，青山無數是江南。

寄陳香鷲

六橋柳色青如許，天際懷人得句無。何日與君春泛艇，載將詩思入西湖。

題畫

雲湧山泉飛，風寒石裂壁。上有一危橋，行蹤往來絶。

南樓懷古

詩聖登臨地，一龕遺像留。自從老西蜀，不復到南樓。斷碣蒼苔蝕，荒城落日秋。潺湲臺下水，清影自悠悠。

錢籜石先生畫竹

與可已往坡仙死，仲昭文長争後起。二百年來繼者誰，神來下筆錢夫子。夫子作畫三十年，虚心勁節皆真傳。西經險阻，千盤之鳥道。南窮瘴癘，萬里之荒蠻。寰中瑰異盡收覽，化爲筆底湘竹痕斑斑。清氣蒼然天上來，青鸞白鶴相往還。吁嗟乎！竹兮竹兮凌清秋，干雲獨立誰與儔。世無七賢六逸與子猷，夫子胸中獨與此君結綢繆。

晨起野眺

振衣凌高岡，空林薄朝旭。清光極天際，到眼平野緑。樹色罨畫中，散步西溪曲。白鷺立遠汀，蟬聲曳斷續。荷鋤得得來，昨宵新雨足。

村居贈陳曉村

林藪小招隱，題襟我共君。偶持一枝麈，閑拂萬重雲。喧市不須避，幽情且並分。翛然塵外鶴，風骨本超群。

仙源雜詠

蠟飲猶餘古俗存，水田秧馬復連村。舞雩臺畔一株柏，數畝濃陰覆魯門。

霸王橋下水潺潺，騎馬長吟出曉關。最是清和好時節，藤花開遍石門山。

桃花夾岸縐春波，野草離離映緑莎。寂寞錦雞坊外柳，空留夜夜月明多。

榆錢

和雨伴飛花，隨風疑落絮。不買春光來，慣擲春光去。

西亭

滌塵惟逸趣，此意復誰知。掃榻夢初寂，開軒客到遲。籬疏花近屋，泉細水通池。當暑北窗下，蕭然意與移。

明湖偶詠

淡拂蕉衫緑，輕霏柳綫青。扁舟曾有約，閑上水心亭。

暮行

策馬西風裏，山光欲暮天。沙明多積水，樹遠不聞蟬。隱約望烟火，荒凉耕墓田。那堪一回首，鄉思亂雲邊。

登南樓懷陳香鷲

下馬重來又夕曛，南樓風景静秋氛。西流不盡臺前水，東郡偏多檻外雲。此日詩懷應倍我，平生知己最思君。十年鴻雪都陳跡，舊雨情悰兩地分。

自兖州歸有感

行行日將晚，驅馬忽西來。塔影自終古，河流竟不迴。人烟韋巷宅，風雨杜陵臺。已失同袍友，蒼茫暮色哀。

懷王東溟先生，時新得第

夫子詩中聖，高名五十年。客心驚歲月，旅食老江天。一第鬢如雪，千秋筆似椽。數言聊志喜，回首共寒氈。

尼山春祭，歸途口占

青青松柏路紆盤，主祭歸來跨繡鞍。福酒飲多紅上頰，村人蜂擁看山官。尼山例有樵牧之禁，故稱主祀者爲山官。

小河村居即事

連朝春雨放新晴，粉壁泥乾燕羽輕。借得農書却未讀，又看鄰婦餉朝耕。

雲水蒼茫一徑微，嵐光雨濕翠沾衣。松針拾得渾忘却，更折枯藤渡澗歸。由雞窩嶺至孫嶼山，俱極幽勝。

衝寒獨自出茅庵，酒榼詩囊味共酣。騎個疲驢何處去，尋幽山北復山南。

古意

妾如江山水，郎如天上月。月圓有時缺，江水無銷歇。

朝聽野烏鳴，暮看野烏飛。莫唱烏棲曲，行人歸不歸。

偕同人遊石門山六首

相約尋幽勝，攀蘿逸興長。岩空碧靄合，境僻白雲涼。林木叢危澗，人家隱夕陽。看山無定所，隨意宿僧房。

潑眼青如沐，晴空一鳥飛。欄攲西塢井，磬掩北堂扉。嵐氣積寒翠，天風吹我衣。云亭嗟久逝，莫采故山薇。

無數苔花緑，層陰覆古牆。荒涼農部宅，恬淡萬公房。薄霧籠朝旭，清溪拂老篁。山齋不易曙，晞髮辨晨光。

嶺極東南勝，空濛山外山。扶筇孤石峻，洗鉢野僧閑。月影翠微裏，泉聲樹杪間。偶然壺榼興，薄暮竟忘還。

谷口答樵響，濕雲一徑披。岩花初放候，山雨欲飛時。穿屐路偏折，開罇席屢移。古藤不記歲，花下且題詩。

小憩隔塵俗，霏微疊嶂開。烟霞舊夢渺，風雨幾人來。康樂原多癖，支公好共陪。石門味清福，千仞振衣回。

楚中雜詠

葵扇分涼到碧衫，萬家烟樹日西銜。笛聲忽起黃華渡，獨上江樓數遠帆。

柿子岡邊葉葉青，石泉明月水空泠。醉來便脱野冠卧，十里杉風吹我醒。

蘋花溪愛新醅熟，滿郭青山破曉時。相約小姑踏春去，蕭蕭松竹伍員祠。

松枝爲炭桂爲薪，好鬼聽巫自楚人。半日輕風半日雨，村村疊鼓賽山神。

郧西縣齋作

積雨不開霽，他鄉氣候偏。一春幾見日，五月尚衣綿。磎樹花迎瘴，山厨地少泉。閨人驚我瘦，詩癖自年年。

汶河待渡

滚滚驚沙撲面黄，汶陽西去路蒼茫。等閑負却青山約，又趁東風上野航。

病中寄友

抱疴忽經旬，庭草叢如積。之子東皋間，杳與城市隔。年豐野騰歡，餅餌香生麥。偶然過場圃，飽看鄉人奕。可憶苦吟人，枯坐風雨夕。

錢順甫、得甫昆季餞余烟雨樓賦别

白鷺明沙渚，紅欄漾野荷。孤雲含雨重，高榭貯風多。罇酒花中舫，漁謳柳外蓑。明朝離别意，渺渺隔烟波。

自題蕉影蒲團小像

蓮花因夢夢爲因，三十年來聚沫身。鬚髪徒添今日影，袈裟曾是舊來人。居然木石成同相，却愛烟霞未了塵。我自出門君打坐，不知誰假復誰真。

庚戌秋在廣州，又題小像

嶺南山好興堪乘，欲訪羅浮惜未能。兩影一形同萬里，前身合是打包僧。

闕里孔氏詩鈔卷第十二

鎮洋盛大士選訂　曲阜孔憲彝纂輯

孔憲圭

字玉川，號鎮齋，恩貢生，官四氏學教授。著有《抱真集》十卷、《志道集》三卷。鎮齋從兄校官秩滿，薦升縣令，辭不就，隱居，自放於詩酒。詩徑縱横奇警，頗效玉川。晚年多奉道語，於太白、東坡彷彿似之。僕宋能詩，有“可憐三月咸陽火，抵得焚書一字無”之句，人比之顥士云。

【補】孔憲圭，昭焕第三子，候選知縣，貤贈朝議大夫。乾隆二十九年（1764）生，道光十一年（1831）卒，年六十八。《國朝山左詩匯鈔後集》、（民國）《續修曲阜縣志》録其詩。黄文暘《掃垢山房詩鈔》卷首有孔憲圭序，馮雲鵬《掃紅亭吟稿》有其題詩。

春夜

穠華還皎皎，遠樹已蒼蒼。月上淡春色，風來匀暗香。所思汶水側，遥隔岱雲長。理瑟不成曲，應憐此夜良。

瘦馬行

荒村老翁貧且苦，茅屋蕭條無環堵。白頭伯道竟無兒，掌中衹有如珠女。官軍連夜下荆州，鐵騎縱横殺氣浮。縣官派馬供軍卒，里胥昏夜肆苛求。富者納錢官曲護，貧者無馬官嗔怒。就中老翁最慘情，路人感嘆爲余訴。翁倚女兮託生死，女奉翁兮女猶子。催科不及一煢獨，無田無税安桑梓。忽來飛牒有翁名，居人相向各吞聲。可憐三月農家景，比户蕭蕭征馬鳴。老翁萬死求生路，竟棄掌珠輸馬賦。今夜對啼孤月沉，明朝弔影殘陽暮。霜裹分花容易死，盆中覆水收不起。不及木蘭替耶征，十年尚得還鄉里。女兒出門去，牽衣還致語。勸耶將馬速獻官，免使殘年繫囹圄。老翁掩面不能哭，還來俯首求厮卒。厮卒但喜獲征駒，那知剜却心頭肉。剜肉補瘡實可憐，縣官猶索羨餘錢。不念民疲嫌馬瘦，反遭鞭朴官衙前。泣下堂，跛歸室，板門倒扃人聲寂。比鄰夜夜爲翁愁，老病何堪風雨夕。吁嗟乎！天高帝遠不能知，老翁叩天天無梯。皮膚鞭裂有完日，肝腸斷痛無續期。

古宫詞

一笑固傾城，一泣已傾國。歸胙陰謀何慘情，新城月冷魂凄惻。恭世子，亦太恭，無辜而死真愚忠。天心會欲霸晉國，特假禍亂資英雄。吁嗟乎！申生若不因讒死，誰殺奚齊與卓子。

詩境

草木競榮落，靈蠢互死生。山川不改色，人代徒紛更。俯仰天地間，達士難忘情。鼓鑄造化理，窮搜幽渺形。千古一詩境，智者得其靈。

詩境何茫茫，如對九疑谷。中有仙人廬，峰巒障凡目。攀羅歷危險，欲行愁繭足。迎人虎豹啼，夾道蛟龍伏。一朝生羽翼，悠然達岩陸。

岩陸自清曠，萬象羅森然。捫星動歷歷，御風行翩翩。日餐五色霞，腹中化雲烟。咳唾落紙上，奇氣干青天。雖無金光草，亦得引長年。

引年有大道，往往誤所託。白髮猶不悟，空覓壺公藥。一遭臨濟棒，頓解色象縛。行行與之化，脱胎遊碧落。回顧來時路，蒼茫在幽壑。

幽壑一心中，不用輙茅塞。日日爲爬疏，前途稍可涉。夜深發清籟，林木振屋側。時有鬼神來，清鐙摇暗室。爲我説詩境，微言若可摘。

秃筆

老矣管城子，功多反見投。古今數行淚，揮灑一生愁。無力宣皇詔，驚心誤白頭。連宵尋舊夢，花發不知秋。

燒香曲

魯門客店一春忙，啍啍薄夯趨晨裝。一車一旗風飄颺，朝山進香書煌煌。舉國從之幾若狂，男女結社輕相將。共載行李宿舂糧，花開一路嬉春光。信信宿宿達其鄉，石磴紆迴肩輿扛。悠然兩翼乘風翔，天門震盪隨低昂。巍巍殿閣雲中藏，紅顔雜遝白麵郎。隨歷廣廡更長廊，碧霞元君七寶妝。香花燦燦羅幬張，金佩玉琚雲錦裳。如在其上神洋洋，老巫嗚嗚誇梗陽。鳴鐘伐鼓聲琅琅，忽言神靈降下方。宫車高駕鸞與凰，精誠惝怳魂悠揚。紛紛羅拜祈禎祥，更有一户鎖琅璫。金錢斗大懸中央，以錢擊錢乞兒郎。青錢堆積三尺强，拜者致禱詞正長。山靈大怒氣欲僵，匹夫何登天子堂。鮑魚何入芝蘭房，云云亭亭祀典詳。虙羲神農壽而康，厥有暴君曰始皇。阻以風雨休樹旁，季氏僭旅誰爲防。聖人一嘆大義彰，况爾氣焰敵蛟虻。饋予苞苴求餘慶，媚予輕予罪非常，証汝以刑庸何傷！山靈拂衣返碧蒼，彼昏夢夢空相望。前年一人仆山岡，至今肢廢猶卧床。去年一人墜澗亡，清泉白骨相舂撞。今年來者猶攘攘，咸云不敬罹灾殃。吁嗟乎！千古淫祀真荒唐。

正月十七日，大風紀異

嘉度庚午月在寅，十有七日日壬申。黄雞啼罷鴉繞樹，窗櫺生白晨光侵。枕上輾轉復假寐，醒來室暗如墨皴。初疑金烏飛太急，扶桑纔出回螭輪。又疑長留少昊曠，厥職不留反景察。九垠少焉，門罅微辨，影紅光乍，闇旋如焚。鐙夕過了已逾夕，誰留華燭當窗薰。點燭披衣離卧榻，開門目炫眉爲顰。火在天上慘不發，赫赫倒射浮空雲。恐是白榆攊磨出，燧人乘取當開春。非霞非霓亦非電，恍惚愁煞雲中君。倏忽變幻黑抹漆，俾晝作夜生妖氛。茫茫如到北極下，不見寒門棲燭陰。轉瞬黄塵半天雨，恒河沙簸深復深。直恐摩蕩通帝座，玉皇拍案爲之瞋。遲遲忽現瑪瑙色，離離漸作玻璃紋。蜃樓海市跡屢異，赤黑黄白色相因。青帝當權未布令，見如不見聞不聞。遂令邪霧塞八極，陰霾蔽日光沉沉。折丹山獋氣吞吐，山鳴谷應聲砏磤。萬木掀播難止鳥，四壁震撼欲壓人。里墟卒罷日中市，閭閻畏炊厨下薪。竈不生烟類寒食，腹無朝食若饑民。又聞荒村拔廬舍，黄茅白葦飄河濱。妻孥向隅不敢泣，風中怕降蚩尤神。虎嘯鳶鳴日至夜，大塊噫氣還沉吟。日薄虞淵淪蒙谷，陽光翳没屈未伸。唯恐詰朝仍向晦，不日有噎凄胸襟。誰知望舒御月來，相助嫦娥一怒爲清塵。

祈雨詩

禾苗焦卷何時蘇，日午汲井泉源枯。漕河船行在泥淤，買水一石百青蚨。四郊村農仰天呼，天心惻怛還踟躕。風行天上陽德孤，山川屏氣不得舒。兩月不雨米如珠，旱魃爲虐誰誅鋤。惟天有神在清虚，參贊化育妙且殊。天心仁愛造化拘，民病還借神吹嘘。神象威儀破廟居，村民託命争來趨。頂香捧輦出村墟，數百作隊爲前驅。香烟霒靆氤路隅，齊折楊柳爲干旟。科頭洗足忘其軀，赤日行天爍洪壚。背炙欲裂不敢吁，鼓聲隆隆雜欷歔。遇者拜禱聲喁喁，地格天通神曰俞。爲民請命來清都，上帝慎重在簡孚。豈容灾禍及無辜，陽光赫赫耀里閭。陰德未洽澤未敷，一朝殿陛陳嘉謨。垂裳端拱運天樞，召令飛廉來徐徐。豐隆屏翳駕雲車，雲根八極雨脚鋪。老龍睡醒翻江湖，安得響應在須臾，俾滂沱矣歡田廬。

久旱得雨志喜

睡熟不知雨，夢回枕簟清。開門殘滴響，依壁曉鐙明。旱甚愁無濟，秋遲望有成。起來問童僕，可稱老農情。

寒夜宴熊介兹觀察方受，聞述官況，作詩紀之

畫堂夜炖金蓮膏，紫霞瀲灩堆葡萄。座上有客興正豪，酒酣耳熱脱金貂。一言投契若夙交，歷陳身世雜詼嘲。今春奉命入右曹，鳳凰池上揮仙毫。一旦東來作下寮，春秋佳日塵中消。纔送貢臣至國郊，忽命折獄回征軺。一身百務紛侵擾，席不暇暖心神勞。相逢長願歡長宵，又看飛檄來相招。三更擲杯登輿去，月懸半破風如刀。

冶山侄因予有“地僻尚憐遊屐少，春深肯任落花多”之句，遂作泗濱之遊，復疊前韻，作詩因再和之

泗濱春老屐纔經，節到清明柳倍青。檀越散歸香社罷，杏花零落寺門扃。村有佛寺，無僧，每歲二月中，暫招僧人作佛事，過此則冷落矣。東風撲面飛紅雨，野店何人賣緑醽。笑我杜門無個事，西齋晏坐讀黄庭。

季蘅從祖齋前有檜一株，忽發花，色如絳蠟，同人争相采折，枝幹迨盡，作詩志感

四時不改色，何心争榮悴。孤標具本性，淡然烟霞外。忽被東風吹，春光與之會。便開頃刻花，幽姿媚烟靄。絳蠟結英葩，晶瑩露光怪。閭里駭見聞，争來探異卉。紛紛采折歸，如求三年艾。采折不崇朝，倏已秃翠蓋。苟自斂菁英，元氣長養晦。蒼蒼到歲寒，安能遭戕害。深人毋自炫，用當鑒此檜。

題陳默齋總戎《淮南話别圖》

四牡雙旌已戒裝，依依猶自話離腸。恩深能下三軍淚，令肅還飛九月霜。

節駐東郊營細柳，人從南國憶甘棠。荆山歷歷河橋外，古驛寒鴉亂夕陽。

送厚齋弟赴大梁

半百生涯事事違，杜鵑聲裹着征衣。居家我自憐蘇季，赴洛人應問陸機。同志郄王原有素，孤身歷碌果何依。不如早作歸田計，一卷黄庭晝掩扉。

自昔曾歌行路難，離情别緒豈能删。吟成常棣憑誰和，開到安榴望汝還。莫向浮塵熬白日，早從福地買青山。他時得計須偕隱，好采金光共駐顔。

偶見流螢入户，因成絶句二首

流螢拂座影珊珊，月色昏黄漏欲闌。却有少年清興在，呼童減燭下簾看。

腐草何因入化機，近人亦自有光輝。清宵怨女含情思，莫傍輕羅扇底飛。

鐵笛

頑鐵能教律吕生，一回鍛煉一回清。何時携向武夷去，吹得仙人下玉京。

三月三日，冶山侄招飲蔣園作

冉冉老漸至，所志尚無成。且繼竹林遊，飲此池上亭。高談洽賓客，飛盞傳優伶。溪光上屋梁，花氣薰瑶觥。我雖不能飲，對此亦怡情。忽憶蘭亭會，紛紛悲死生。何如今日樂，脱略真忘形。青陽已欲暮，白日還西傾。我欲挽流光，喝日使倒行。流連興未盡，歸詠春風清。

三月六日，冶山侄招同人遊響石泉，予由亂磧下層崖，偶而顛躓，無傷也。或有笑之者，作詩答之

境爲氣所勝，履險還如夷。氣爲境所動，隨地皆危機。我詣防山陽，聽泉水之湄。扶杖下層崖，彳亍愁顛危。安步忽隕越，反遭童稚嗤。稍焉尋舊路，舍杖輕攀躋。陟險而忘險，氣定力不疲。倏忽達岩陸，身世已如遺。始悟洪崖術，外身方熙熙。何獨滯形骸，觸境生憂疑。呼吸閶闔通，中有上天梯。長嘯凌風去，天路無險巇。

有鴿并引

五月二日，奚童携鴿十餘隻入厨，將割以供盤飧。鴿匹不雜交，食避生蟲。予憫其仁節，以雞易之，畜於樓上。飲飼旬餘，猶生恐怖，若有去志。嗟夫！世有高人智士救人於陷阱之中，而人反疑之者，卒就死地，良可慨也。今日之鴿，殆若是乎？爰作《有鴿》三章。

有鴿有鴿離于羅，無罪就死傷如何。以雞易之意不阿，欲全仁節存天和。飲以清泉飼以禾，一樓烟月營成窠。我有高歌發天籟，無端拍拍飛天外。

有鴿有鴿鴿尚雛，學飛無力旋階除。花陰驚起睡狸奴，逐鴿鴿避投座隅。護鴿遠把狸奴驅，鴿還恐怖聲相呼。安得我身三毒盡，春滿西樓覆佛影。

有鴿有鴿爾莫瞋，熙熙我是忘機人。和鳴鵓鵓空好音，爰得我所有遐心。閑啄草子樓上蹲，便思舉翼凌青雲。莫倚高飛鳴得意，弋人在野還相伺。

題伯海侄孫《秋林讀書圖》

正值艷陽年，胡爲嬉秋風。却携壁中書，來撫霜前松。殷殷慕後凋，嘻嘻未成童。雖令修今業，而有學古胸。斯文原載道，小技輕雕蟲。汝承詩禮統，望汝振儒宗。我年垂六十，將隱東蒙東。松旁有老檜，生氣原無窮。藉以託真宰，呼吸與之通。化鶴還歸來，行看汝化龍。

姬人夢

昨宵夢到仙人廬，見我披宣金簡書。蓮花座上真人居，幾人竦聽羅階除。嗟我落落一貧儒，屢向塵中聞道樞。惟慚德未能充符，疑懼終似聽冰狐。因乞仙夢開庸愚，終宵寂寂一夢無。起來日照西南隅，下階搔首還欷歔。正愁老景入桑榆，不意感而夢者趙氏姝。曉來説夢聊揶揄，我忽聞之身蘧蘧。真人散後庭清虚，兩桃斗大堆盤盂。我食其一一轉輪，嗅之灌頂若醍醐。彼但見我貽芳腴，那知默禱通元都。既能默禱通元都，終當有路入蓬壺，毋怠厥志空踟蹰。

醉司命

雪鱗薌脯東方牲，素盤更列膠牙餳。司命之神如在上，圭也再拜輸精誠。舉世溷濁莫我知，久甘匿跡而銷聲。年垂六十命未立，吾恐司者將焉憑。伯玉五十已知非，每欲寡過猶未能。我今修身以俟命，安能驟與前賢争。年來幸獲枕中秘，重會八卦攢五行。身中能候一陽復，盗啓元命神鬼驚。神若司此大造化，先天一炁由權衡。司命仿佛可其奏，雲車風馬爲之停。今宵面定忘形約，濁醪爲酹三百觥。神具醉止思報福，來年定見丹砂成。罏烟靉靆香始升，當筵紅燭光熒熒。須臾司命朝天去，樓頭閃閃三星横。

邵貞女詩

泰山石可爛，滄海水可竭。惟有貞女心，皦日光不滅。毗陵邵氏女，艷冷梅花雪。十二字王郎，蘭閨志皎潔。王郎字彬如，矯矯人中傑。十歲群書辨，十三錮疾孽。未及列青衿，已教立白骨。鵩鳥兆纔徵，杜鵑聲已咽。夙嫻淑女儀，每懷義士烈。一朝臂繫絲，百歲心如鐵。生則待同衾，死則願同穴。脱却舊衣裳，陌上桃花色。屏除新膏沐，鏡裏春風歇。適姊賦于歸，正妹傷永訣。姊福厚于山，妹命薄于葉。床頭女兒箱，案上珠璣篋。悉以贈阿姊，怕染蓮花血。口絶葷與腥，心茹荼與蘗。婢媪盡感傷，父母空愛惜。奄忽星霜變，竟爾天柱折。邵家驚未定，貞女意更决。風霜九月秋，肝膽一時裂。來求父母命，去服翁姑役。入門哭惟哀，撫尸慟屢絶。淚盡目爲枯，鸞飛鏡永缺。早感翁姑心，爲嗣宗祧脈。何期目漸明，轉覺心如噎。强顔慰翁姑，入夢動凄切。嗣子痘又殤，貞女魄又奪。目乃依舊盲，身餘不了孽。女蘿施長松，松摧難自活。卒依地下魂，永與人間别。填海化冤禽，啼珠託鮫妾。八年純貞孝，萬古昭明月。嘉慶庚辰春，芳菲百卉發。兄公王介如，含悲爲予説。僕本忘情人，聞之淚盈睫。花光慘不舒，柳絲愁欲結。作詩代銘誄，出語凄毛髮。願得采風人，持以獻帝闕。倘邀天語褒，永著冰霜節。

道光元年，歲在辛巳，四月朔日，日月合璧，五星連珠，作詩紀瑞

歲在辛巳四月朔，日月璧合星珠連。一自唐堯呈瑞後，三代以次無聞焉。雍正乙巳日庚午，群臣獻賦留瑶篇。聖聖相承近百載，復見於我皇御極之元年。司天陳奏書乙乙，我皇下詔心乾乾。臣圭行年五十八，喜逢奇瑞狂欲顛。是日晨興盥漱畢，下階東望心泠然。晴空萬里無纖埃，杲杲日向初辰懸。鬱儀光彩異平日，祥雲靉

𪂏婁壁躔。忽見跳丸來東北，形如未磨古鏡行。翾翾須臾漸與流，珠合恍惚若睹鴻濛先。四圍彩色光燦漫，無窮生氣中纏綿。知有皋夔人瑞出，欲將萬億國祚延。臣圭藐處光天中，太和醖釀疑登仙。高歌一曲紀符瑞，誰爲譜入雲和弦。

母忌日作

我母棄兒時，血淚枯寅冬。忽忽十六年，兒已成老翁。劬勞恩難報，罪孽無終窮。近聞上品藥，可以返衰容。惜兒知之晚，坐視春暉空。欲招地下魂，升諸大羅中。所恨德力薄，難格神祇衷。哀哀述兒志，和淚陳蒼穹。

閏三月二日紀夢

昨宵夢遊小有天，瓊樓十二相鉤連。樓中石架排牙籤，萬靈呵護生祥烟。綠軸卷開水精奩，黄金字寫雲母箋。籍載授王白玉鈐，那摩作令惟其賢。以尊作卑禮有愆，茫茫此意何由詮。醒來漸悟喜欲顛，國君亦若心君然。治大國如烹小鮮，修身立命同乾乾。心君欲返鴻濛先，卑以自牧神方全。王喬舄履飛翩翩，國王得此何慚焉。紀夢初成閶闔天，含毫欲寫天花旋。此詩不許人間傳，我還質之太上前。

小遊仙

張老騎驢下碧霞，天然奇遇野人家。靈田三畝堪生活，欲向仙翁學種瓜。

朝騎白鳳走青霄，忽忽乘風萬里遥。引入碧桃花裏去，秦家弄玉正吹簫。

偶逢二女立雲霞，爲道天台是妾家。手把金莖招我戴，休隨人世誤桃花。

白榆歷歷好風吹，覽遍諸天到處宜。莫訝三茅兄弟好，原來仙樹喜連枝。

秋日雜詠六首

大火忽西流，天地氣始肅。衆類感陶鈞，一氣隨剥復。我年垂六十，人境忘寵辱。蟬看螳螂捕，牛任烏鳶啄。知命復奚疑，那復計塵俗。我有負郭田，秋風禾正熟。粗糲尚堪餐，裋褐亦可服。學古待良朋，良朋隔山麓。何以慰幽懷，燦燦東籬菊。

燦燦東籬菊，相對凌秋霜。翹首望平林，木葉餘蒼涼。群卉皆欲歇，孤花還自芳。胸襟有奇趣，冷艷同春陽。睠言我所思，乃在天一方。胡爲不歸來，嘯傲談羲皇。

嘯傲談羲皇，茫茫何所有。一畫既已開，萬象從此剖。遂墮生死途，却羡喬松壽。返本味太羹，棲神飲元酒。忽來當户月，不見同心友。秋蛩咽壞壁，寒蟬抱衰柳。奈此落寞情，欲契漆園叟。

欲契漆園叟，忽作蝴蝶飛。秋雲散羅綺，清夢成希夷。纔向羅浮去，復自蓬萊歸。依然成我身，飄飄立竹扉。時見一蝶來，翩躚拂我衣。戀戀花叢宿，遲遲草際依。乃知我昔是，孰辨爾今非。

孰辨爾今非，浮塵同一軌。居塵人自塵，在水魚忘水。緬彼庭中蓮，蓮葉生未已。人心似蓮根，終日蟠泥底。胡不學蓮花，出水無塵滓。

出水無塵滓，乃是餐霞人。糞壤看塵俗，贅瘤等幻身。忘情處空山，遺世輕華簪。盍追牙與鐘，相對調素琴。牆頭竹數竿，猗猗知我心。

秋草

幾度尋芳有舊蹊，凄凉不似踏青時。廢城斜日仙源縣，荒徑寒烟聖果祠。疑有康仙尋野菊，應無屈子扈江蘺。春光轉眼瀛洲接，莫爲飄蓬哭路歧。

低迷猶認舊王孫，此日風光足斷魂。可記芳菲蓬島路，不堪寥落夕陽村。至今難報三春力，終古空悲一燒痕。誰識宿根生意在，神芝仙徑與重論。

孔憲堃

字載元，號厚齋，恩貢生，候選直隸州判。有《逸友堂適性草》。

【補】孔憲堃，昭煥第五子，乾隆五十三年（1788）臨雍，欽賜直隸州州判，貤贈通議大夫。乾隆三十二年（1767）生，道光十年（1830）卒，年六十四。（民國）《續修曲阜縣志》卷五“人物志·鄉賢·文苑”：“（孔憲堃）性聰明剛斷，交人必誠信，謀事有智略。凡義所當爲，即勇往直前，不計利害。就職州判，效力河南，年餘告歸，侍母恬如也。好讀，博聞强識，精岐黄，善弈，能草書，兼工吟詠。析居後，不屑治生產，家日落。而教子有義方，故子慶銈、孫繁渥皆有成就。”另著《詩餘偶存》一卷。《國朝山左詩匯鈔後集》録其詩，《闕里孔氏詞鈔》《國朝詞綜續編》《清詞綜補》録其詞。

折楊柳

妾折楊柳枝，贈君遠別離。柳枝入君手，憶妾攀折時。妾居長干里，君行渭水湄。迢迢灞陵岸，依依官路歧。秋風悲摇落，羌笛入夜吹。春來發長條，葉葉寄相思。

擣衣曲

園菊白露溥，庭槐黄葉凄。明月照空床，中夜妾心悲。起坐試雙杵，淚濕流黄絲。幽香散羅幕，輕汗融冰肌。節序忽已遒，征夫尚天涯。纖纖鐙下手，縫爲萬里衣。萬里不可到，寸心君自知。

秋日村居，分用姚武功韻

柴門深護柳，終日息塵機。畦菜經鋤長，池魚出釣肥。尋花忘道遠，采藥傍溪歸。野服蕭閑久，渾忘減帶圍。

送春

柳緑紅橋絮染塵，黄蜂紫蝶總愁人。祇今盡日渾相對，明日看花不是春。

送徐恒廬之碭山

後會期無定，居人喚奈何。征車愁落日，尊酒咽離歌。木脱山微瘦，霜嚴水不波。高樓一以望，祇覺暮雲多。

題季蘅從祖《觀海集》

筆瀉詞瀾水湧秋，襟期海闊任勾留。放懷早悟三生夢，濯足曾經萬里流。瓮酒富於河朔飲，囊詩豪似劍南游。無端霜鬢催人老，珍重吟情莫浪愁。

孔憲豐

字約齋，諸生。約齋從兄工文辭，氣息古厚，爲學使劉金門先生所賞。後得癲疾，終其身不愈。手稿皆自毁棄，僅存此首。所作《青鐵硯》一詩，久爲藝林傳誦，以帖體故未録。

【補】孔憲豐，乾隆四十七年（1782）生，道光十五年（1835）卒，年五十四。

五大夫松歌

泰山之上多神物，芝草玉石靈秀鐘。如何古來封不及，受封獨在五株松。吾聞松柏有本性，欺霜傲雪無春冬。垂針曾作幽人筆，此身豈以大夫庸。世傳秦皇封禪日，中阪遇雨偶相容。虬枝攫空鋪密蔭，居然一命叨殊封。豈知詩書遇劫火，惟此松影青花濃。越二千載柯不改，白鶴泉畔天門東。封固無榮亦無辱，穿雲覆霧藏蛇龍。至今冷雨空崖滴，猶見濃陰翠蓋重。

闕里孔氏詩鈔卷第十三

鎮洋盛大士選訂　曲阜孔憲彝纂輯

孔麗貞

字蘊光，五經博士毓埏女，歷城蔭生戴文諶室。著有《鵠吟集》《藉蘭閣詩集》。蘊光高祖姑工詩善畫，于歸一載，夫亡，守節四十餘年，冰操蘗況，見諸歌詩。與同邑顔氏恤緯相唱和，俱以苦節被旌。先高祖爲刻稿行世。濟南、長清諸《志》俱載其節行，惟《曲阜志》列入“賢淑傳”，以繼叔姬、敬姜，蓋因不僅以節孝傳也。

【補】孔麗貞，約康熙三十年（1691）生，乾隆十二年（1747）卒。《國朝山左詩鈔》、《晚晴簃詩匯》、《國朝閨秀正始集》、《國朝閨秀詩柳絮集》、《香咳集選存》、（民國）《續修曲阜縣志》録其詩。

雪夜侍兩大人飲酒，同伯兄作

瑞雪彌漫漾碧空，香烟裊裊小壚中。無邊清興誰能賞，惟有雙親兩意同。

中秋玩月

玉宇無塵萬籟幽，捲簾一派暮烟浮。飛飛歸燕方辭社，唧唧寒蛩已報秋。桂蕊迎風香滿袖，桐陰繞座月當樓。世情争似清虚好，不染人間半點愁。

偶成

小圃堪忘夏，荷香散緑池。文魚能作陣，鸚鵡解吟詩。書倩微風揭，身隨好月移。清虚塵慮静，未許俗情知。

暮春懷劉氏表妹

閑庭梧影静，曲徑落花鋪。地僻微風響，天空片月孤。新詩懷舊侶，短札寄長途。不識清宵立，還思小閣無。

續伯父途中起句，漫成一首

春風吹雨過春城，洗盡征塵歸騎輕。樵子荷來薪漸重，牧童吹去笛偏清。山容淡淡千峰暗，水態溶溶一片明。楊柳低垂鶯不語，詩情總在望中生。

哭亡兄

悲風蕭瑟起愁雲，骨肉何堪生死分。幾載囊螢成往事，無端觸痛是遺文。抛殘藥裹封蛛網，冷落書帷聚鳥群。庭宇荒凉腸欲斷，淚和霜葉下紛紛。

茉莉

斂艷含嬌待夕陽，冰姿摇曳晚風凉。垂垂盡帶清宵露，冉冉輕飄午夜香。月過瑶階留素影，鐙輝綺閣助新妝。競憐丹桂還相妬，遜汝頻移傍畫廊。

哭亡夫

親老妾心悲，哭君無盡期。月圓分鏡日，雨滴斷腸時。生死魂難聚，幽明路已歧。縱爲華表鶴，留語復誰知。

孝友繼家聲，温恭自性成。如愚常默默，守拙獨硜硜。淡泊恒爲樂，炎凉素所輕。片言聊作誄，那得盡生平。

哭幼弟

堂上雙親鬢已絲，膝前賴汝慰愁思。那堪無故摧殘甚，哭婿時兼哭子時。

九日感懷

白髮翁姑白髮親，自悲無計可分身。兩行血淚愁千縷，怕對黄花懶見人。

途中作

亂山擁處似途窮，無限傷心一望中。哀雁數聲殘照裏，孤村鐙火隔林紅。

紀夢

愁深夢不成，既夢忽驚起。瞥見母復蘇，父女悲且喜。母言我没後，家事孰任此。顧女更垂泣，何故形容毁。我在女嬌癡，我去女奚倚。汝父别幾時，憔悴忽乃爾。幸賴我婦賢，晨昏供甘旨。一一勞慰問，惠恤逮僮婢。坐定撫瑶琴，弦斷不容理。出看庭前花，手自扶傾圮。相看情最真，惟愁是夢裏。覺來見母棺，慘痛徹肝髓。

泰安道中

嶽色秋光遠泬寥，離家一日即爲遥。高堂此際應相憶，知渡湯湯汶水橋。

留别嫂氏

萬端離緒恨填胸，魯水齊雲復幾重。啼血終朝憐杜宇，哀號竟夕類寒蛩。餘生怕看中秋月，多病愁聽五夜鐘。盼得君來儂又去，未知何日是從容。

晚行

寒山入暝色，四望失崔嵬。馬倦征塵細，林疏木葉稀。孤鐘鳴野寺，小犬吠柴扉。古道傷心極，何堪去復歸。

冬閨

寒梅一樹暗浮香，滿地霜華月色凉。斜倚屏風成小立，不堪孤雁叫昏黄。

偶製團扇，以飛白書之并題

龍蛇飛素練，皎潔傲秋霜。玉腕輕摇處，風生兩腋凉。

村居即事

别墅東郊外，濃陰接草堂。殘花飛野徑，落日坐匡床。掃葉緣烹茗，開窗看築場。鳴蟬聲漸急，遠樹起新凉。

芳草曲

堤邊芳草何凄絶，記得去年怨離别。去年離别今年人，今年芳草去年折。一年芳草一枯榮，人獨何堪不感生。幾度徘徊不能去，情移目觸心爲驚。翩翩蝴蝶憐草色，飛來飛去嬌無力。東風亦解人意傷，堤邊拂拂如相識。

題葉書城夫人《繡餘草》

卜宅臨江志自伸，柴門常閉不知春。汲泉瀹茗全抛俗，繞舍栽蔬未是貧。曲徑花鋪鶴夢穩，茅齋雨過燕泥新。漫憐落落無儔侶，同調難逢寫韻人。

九日過先父書齋

竹樹依依在，嚴親何所之。床書從蠹飽，几硯任塵資。石冷蛩聲咽，庭空鳥語悲。那堪逢九日，血淚灑東籬。

孔淑成

字叔凝，樂陵訓導廣鼐女，諸生顔士銀室。以子錫惠官主事，封安人。有《學静軒詩》。安人工書善弈，通經史，年七歲即能詩。隨其祖任黔中，所歷山水景物，悉入吟詠。年二十九而歿。家人于敗簏中得詩僅十九首，葉柏芳老人爲序而刻之。

【補】孔淑成，道光十年歲貢生顔士銀室。（民國）《續修曲阜縣志》卷六“人物志·列女·賢淑”：“（孔淑成）秉性貞静，博學能文，相夫教子，一時稱盛。生子七：長錫敏，以拔貢任深州州判，殉難；次錫惠，以進士任户部員外郎、清江黄河兵備道；三錫琅，增貢生；四五錫瓚、錫璠，均歲貢生；六七俱入國學。有欽賜‘福壽’二字。”《國朝山左詩續鈔》、《晚晴簃詩匯》、《國朝閨秀正始集補遺》、《國朝閨秀詩柳絮集》、（民國）《續修曲阜縣志》録其詩。

題畫

輕舟一葉傍江干，山骨蒼蒼石髪寒。安得躡衣凌絶頂，半天風雨望彌漫。

夏日即事

午日炎蒸苦，何方散鬱陶。一亭山雨歇，雲净碧天高。

栗樹歌并序

余髫齡時，隨宦黔中，手植栗樹一株。及北歸，樹已數尺，舟車不可載，遂留于署。旋里來已十八年，不知樹高幾許。追思種樹之時，是夢是真，雪泥鴻爪，無復記東西矣。因作歌以志之。

我昔隨宦黔南遊，卭衣丹江逾數秋。槐陰滿庭記慈蔭，人人競説甘棠留。偶向中庭覓餘壜，花樹託根半蹇崨。手植一栗出階旁，争説宣城燕山產。風風雨雨歲時易，冬心盤盤高數尺。車不能載舟難量，合使遺留成舊跡。歸來憶樹思綿綿，夢魂時與相周旋。樹影雖無三五畝，時光已閲十餘年。歷盡風烟傲霜雪，柯如青銅幹如鐵。横空碧影蔽文窗，此日亭亭定奇絶。栗兮栗兮，胡不忘年同大椿，名山巨壑争嶙峋。胡不竟如髯翁老龍鱗，精靈鬱律蟠長春。胡爲寂守蠻烟瘴雨地，故土猶未離風塵。我爲此栗悲，轉爲此栗喜。嘉果由來重篤迦，不比木奴逾淮化爲枳。柏葉側，紫竹方，生材誰與量短長。但願得地同梧檟，輪囷俯瞰烟雲化。寄語蠻奴好護持，主人安知無還期。喬木終成棟樑質，盛筵此日知爲誰。吁嗟乎！盛筵此日知爲誰，夢中欲化飛雲飛。

秋日憶父，時應省試

尚喜身還健，高堂鬢未華。廿年慈愛重，百里道途賒。鄉信隨詩草，科名説榜花。團欒知有日，疏水樂無涯。

落花

幾陣清明雨，閑階數落花。捲簾風力薄，飛不到鄰家。

讀曾祖世尹公《虚鏡齋遺稿》

淵源家學擅當時，一代清芬絶妙詞。最是深宵凉月好，秋鐙一穗讀遺詩。

詩情濃處宦情闌，日拂柔毫寫素紈。自是空明有心鏡，虚堂懸與萬人看。

送姊

我生鮮兄弟，有姊屬連枝。幾日纔相聚，今朝又別離。鐙花尋舊夢，岸柳綰新絲。好慰庭幃望，平安莫報遲。

秋日隨母發汶陽

也寄登高望遠心，平陵景色最堪尋。百年流水無高下，萬井荒園自古今。山果紅時霜信早，菜花香處暮烟深。氈車隨侍添吟興，笑指長空月影臨。

秋日晚歸

百里仙源路，凉秋景物蒼。亂山凝晚翠，新月逗微黄。淳樸猶遺俗，昌平是故鄉。停車還弔古，數典更難忘。

小園

小園風景勝江鄉，差喜三春徑未荒。半架疏籬花隱霧，一條淺水竹成行。苔痕似罽緣階緑，草影如絲滿徑黄。抱瓮園丁須料理，携鋤劚遍菜根香。

冬日侍母點消寒圖

鎮日蘭閨學繡襦，慈顏真比掌中珠。偶來霽雪三三徑，細點消寒九九圖。月影清如今夜好，梅花香似去年無。巡檐索笑渾閑事，樂事萱闈韻不孤。

月下看菊

蒼苔踏遍訪花行，晚近東階看最明。秋氣已從籬外得，冷香多在月中生。影看瘦處多丰格，品到高時見性情。酒送白衣應更好，閑吟沉醉十分清。

孔昭容

字玉仙，候選鹽課大使廣秀女，儀徵候選縣丞鄭昌琪室。

【補】孔昭容，孔廣秀（1751—1806）之女。《國朝山左詩匯鈔後集》、《國朝閨秀詩柳絮集》、（民國）《續修曲阜縣志》録其詩。

春曉

晴日初移過小廊，聲聲鳥語唤晨妝。開簾漸覺春深處，數點輕紅落海棠。

新夏瑣窗雜詠

偶向書窗啓鏡奩，剪來蕉葉試豪尖。點苔忽過疏疏雨，一陣棗花香入簾。

孔韞芬

字漪芬，吴橋縣知縣昭誠女，齊河副貢馬豫煐室。漪芬從妹幼失怙，秉母葉柏芳老人教，女紅之餘，兼工韻語筆札。歿年二十一，零箋剩墨遂致遺佚云。

【補】孔韞芬，又字晉孫，孔昭誠（1783—1816）長女。《國朝山左詩匯鈔後集》、《國朝閨秀詩柳絮集》、（民國）《續修曲阜縣志》録其詩。

水仙花

金盞銀臺絶世姿，凌波微步憶當時。詩情未必如君淡，但訝幽香入硯池。

秋雨即事

一雨生微寒，陰雲壓茆屋。疏響閣林鐘，秋聲滿落木。

孔憲英

字蘭生，舉人昭恢女，桐城方錫琯室。蘭生從妹聰慧能詩，幼失母，爲大母所鍾愛。于歸數載而歿，年二十有六。

【補】孔憲英，孔昭恢（1782—1830）長女。《國朝閨秀詩柳絮集》録其詩，《闕里孔氏詞鈔》《詞綜補遺》《國朝詞綜續編》《小檀欒室閨秀詞鈔》《安徽名媛詩詞徵略》録其詞。

題司馬夢素嫂氏畫瓶中折枝桃花并引

夢素嫂氏名梅，才工香茗，譽著鷗波，遥挹蘭芬，未親芝采。蓋于歸官署，甫及三年，而小住塵寰，僅逾廿載。聰明損壽，其信然乎？兹繡山五兄以所繢遺跡囑題。神傷奉倩，遺挂同悲，展卷凄然，爰題斷句。輸清才于詠絮，借名筆以留芳。寫我心悲，忘人齒冷。時己丑竹醉日也。

灼灼夭桃寫折枝，含毫斟酌小軍持。可憐宜室宜家品，鴻爪先留恨一絲。

孔璐華

字經樓，贈衍聖公憲增女，儀徵相國阮元繼室。有《唐宋舊經樓詩稿》六卷。經樓從侄女幼習詩禮，精嫻翰墨。于歸相國，以賢孝稱，持家居喪，多引闕里禮法。喜吟詠，常與相國唱和。所著詩六卷，歸安姚文僖公載入《揚州府志》，時稱經樓夫人云。

【補】孔璐華，乾隆四十二年（1777）生，道光十二年（1832）卒，年五十六。其子阮孔厚爲其所撰《行狀》云："先妣讀史有識，有雜文十數篇，今亦録《項羽論》《金日磾論》等四篇。"惜未見。《國朝山左詩匯鈔後集》、《晚晴簃詩匯》、《國朝閨秀正始續集》、《國朝閨秀詩柳絮集》、《國朝閨閣詩鈔》、（民國）《續修曲阜縣志》録其詩。

送夫子除服陛見

念君不日别家園，整理行裝重致言。從此墓田休再戀，誓將心力答天恩。

千里關山憶遠人，行程正是小陽春。未知節鉞臨何地，且向京華作近臣。

憶闕里兼懷甬東

常爲思親意黯然，雲山千里隔江天。昌平侍膳知何日，姊弟分襟又數年。幾度夢魂來枕上，一番詩思對鐙前。連朝更望平安報，夫子在寧波督剿海寇。多少愁心兩地牽。

己巳八月十八日，蔡逆就殲于浙海温州，二十二日夫子卸印入京，時在曲阜，聞之書寄

跳梁小醜竟成擒，一戰功成喜捷音。辛苦七年今始慰，報恩方不愧臣心。

寓冶山弟京邸，補種花樹偶成

虚庭自幽敞，依依百笏寬。我家湯沐宅，借居聊盤桓。堂前有

古槐，緑陰影團欒。我亦愛花木，橐駝種此間。新梧出檐際，垂柳拂闌干。紫藤雜丁香，還倚竹數竿。海棠最嫣姹，桃杏何攢攢。雖未成老圃，因之憶杏壇。春深雨漸多，日日對花看。待得三五載，群赤皆可觀。出遊已十載，復來住長安。開軒惟把卷，恬然心共閑。

書之宜人、月莊女史携兒女來京喜賦

久别相逢一笑看，閨門骨肉又團欒。勞君二載持家計，與我今朝説古歡。膝下嬌兒皆長大，江南新竹盡平安。此番長向京華住，同把冰心詠歲寒。

接闕里家書，知二弟病，時在江西

鄉書驟到最關情，弱弟無端宿疾生。剔盡青燈心正遠，數殘玉漏夢難成。枕邊空墮思親淚，墓側何曾送葬行。雨雪霏霏彭澤冷，怕聽江上雁行聲。

福、祜、孔厚諸兒夜讀，詩以示之

沉沉官閣小窗東，各自擁書燭影紅。能識書中滋味好，他年方守舊家風。

風摇梧竹得幽情，我亦臨窗看月明。最好晚來開夜課，漏聲相和讀書聲。

謝月莊携五兒福婦許及孫輩移居小琅嬛館，以詩賀之，次夫子韻

新修小圃學琅環，覓句揮弦在此間。詠絮昔傳才地好，飛瓊合住洞天閑。同居嶺表思鄉里，錯把官齋認故山。我有愁心亦抛去，抱孫一笑共開顔。

廣東新建學海堂

主人建節羊城久，案牘終朝不釋手。餘暇初登越秀山，擇得一峰開數畝。略加修築有高臺，海闊天空眼界開。夏木千章梅百樹，登臨遥望興悠哉。海山雲水摇清目，雨過風生凉滿竹。四面窗開日影微，雲樹相連滿天緑。非爲閑遊設此堂，爲傳學業課文章。從今佳士多新作，萬卷收來翰墨香。主人夙愛研經史，欲振儒風有如此。更助膏薪勸讀書，嶺南他日留遺址。梓里吾尼山靈秀鐘，遥映瓊州好山水。

憶劉書之宜人，兼懷七兒祜婦錢及九女

一别文樓十二秋，詩情畫意遠相求。君歸梓里應生喜，時七兒應省試。我住珠江亦解愁。鋤草墓門梅樹在，披圖石室雪花留。先姑有《石室藏書圖》。雲箋重寄關山隔，囑語明年早放舟。

展先君封公墓

哀哉不孝女，遠來展親墓。傷哉我先公，永舍兒女去。昔日女歸來，侍奉朝復暮。嚴訓日諄諄，憐女每復顧。持家訓節儉，雖貴守寒素。斯言猶在耳，朝夕時省悟。今來歸闕里，惟見墓門樹。號泣向寒天，悲心結雲霧。呼親親不應，杳杳黄泉路。衰草滿長林，凄然著霜露。須臾日沉西，何能久延佇。征車又將催，欲行不成步。

病中憶外，書寄滇南

擬入京華共舊林，不期滇海久分襟。錦囊但覺新詩少，白髮還愁舊病深。萬里江湖難放棹，一樓風雨獨停琴。致君珍重無多語，惟把丹誠答帝心。

江上口占

碧天如畫繞城闤，雲水相連遠水間。風送片帆人去也，斜陽影裹過廬山。

過潯陽古渡

舊説潯陽古渡頭，我今何幸此間遊。江邊緑柳千層繞，亭下清波九派流。風色暗侵明月夜，櫓聲摇過夕陽樓。白公當日停舟處，一曲琵琶萬古秋。

登黄鶴樓，和古霞女史韻

渺渺烟波暝色收，登臨遥望楚山頭。空懷鶴去千年事，但見人來百尺樓。玉笛吹殘明月夜，梅花摇落漢江秋。且將詩句酬佳境，一派滄浪助客愁。

寄外二首

硯匣爐香絶點塵，時光又是一年新。西風簾捲秋容澹，檻外黄花憶主人。

虚窗人静影迷離，重寄雲箋重寄詩。書卷半開茶半熟，課兒豈厭二更時。

題琴南叔祖姬人許倩春遺照

前身應是水中仙，誰道無情斷俗緣。梅繞幽魂香伴影，人間天上恨綿綿。

闕里孔氏詩鈔卷第十四

鎮洋盛大士選訂　曲阜孔憲彝纂輯

葉粲英

昆山人，山東按察使副使方恒女，六十七代衍聖恭慤公夫人。先五世祖母温恭遺則，工詩善畫，與姊宏緗齊名，有“閨中二難”之稱。宏緗早寡，著有《繡餘草》《聽烏草》，多有唱和之作。

【補】葉粲英，康熙五年（1666）生，三十一年（1692）卒，年二十七。《國朝閨秀詩柳絮集》、（民國）《續修曲阜縣志》録其詩。

喜母至闕里

千里迢迢乍解裝，喜瞻顏色一稱觴。扶持白髪團欒坐，翻憶年年夢故鄉。

話久渾忘漏已深，秋鐙頻剪月華侵。遥憐阿姊疁城住，鎮日思親獨自吟。

畫蘭

緑葉翩翩花未殘，幽香一縷露華團。移來欲植黄瓷斗，供向深閨静處看。

于氏

金壇人，大學士敏中女，七十二代衍聖公夫人。著有《就蘭閣遺稿》。

【補】于氏，乾隆二十年（1755）生，道光三年（1823）卒，年六十九。《國朝山左詩匯鈔後集》、《國朝閨秀詩柳絮集》、（民國）《續修曲阜縣志》録其詩。

惜春

滿樹芳菲旖旎妝，撲簾飛絮舞輕狂。一聲杜宇催春去，紅雨紛紛落海棠。

白荷花

净質仙姿迥不同，素襟披拂玉玲瓏。欲從月下尋顔色，只在香飄十里風。

立秋夜未聞蟲聲

碧天如水月當樓，瑟瑟西風夜景幽。金井梧桐已飄葉，未聞蟋蟀報新秋。

清明

佳節清明又一年，梨花深處斷腸天。東風細雨添惆悵，放下湘簾聽杜鵑。

六月望日

夜月明如晝，清風透碧紗。遥看窗外影，移過隔牆花。漏永鐙光淡，天高銀漢斜。憑欄人静望，倍覺此情賒。

詠月

月明如水映堂前，可愛清光入繡簾。坐對小窗携彩筆，夜深花影出籬邊。

秋日閑詠

浮雲漸散碧天空，欲步蒼苔怯晚風。秋夜乍長人不寐，數聲蛩語小窗東。

金井梧桐落葉，窗前細雨瀟瀟。午夢乍醒無事，憑欄閑看芭蕉。

春暮感懷

滿庭芳草緑成茵，節序相催倍愴神。柳絮才飛三月雨，梨花忽謝一枝春。流鶯驚夢臨窗唤，乳燕窺人入幕頻。獨倚闌干傷往事，幽懷無限淚沾巾。

春日閑吟

紅雨紛紛點碧苔，閑庭小立獨徘徊。子規聲裏黄昏月，叫斷東風夢不回。

秋夜

最是清秋夜，深閨倍寂寥。簾前風颯颯，窗外雨瀟瀟。顧影腸空斷，傷時志已消。情懷無限恨，伏枕夢魂遥。

顔氏

字恤緯，曲阜人，考功郎中光敏女，孔興焯室。著有《恤緯齋詩》、《晚香詞》。恤緯幼端慧，從父受書，旁及琴奕。夫既早亡，矢節甘貧，孝事堂上，逾六十載，被旌如例。既侍夫及舅姑疾，博涉方書，常自製丸散，以濟鄉里之煢獨者。《曲阜志》列其事入“賢淑傳”。

【補】顔氏，名小來，晚年自號恤緯老人。順治十四年（1657）生，康熙十三年（1674）適孔興焯，康熙五十七年（1718）以後卒。《國朝山左詩鈔》、《晚晴簃詩匯》、《國朝閨秀正始集》、《香咳集選存》、（民國）《續修曲阜縣志》録其詩，《闕里孔氏詞鈔》、《小檀欒室閨秀詞鈔》、《國朝詞綜續編》、孔傳鐸《同調詞》録其詞。

村居

好静離城市，移家住遠村。飼蠶三兩簇，分菊十餘盆。細雨還栽竹，清風自閉門。日長無個事，課僕牧雞豚。

促織

空階當静夜，應候咽清秋。伏草偏多恨，聞聲易感秋。頻頻驚旅夢，處處動閨愁。不識凄凉意，空嗟懶婦謀。

贈别藉蘭主人歸濟南有序

孔麗貞，字藴光，博士宏輿公之女，大僕卿戴公之兒婦也。精詩畫翰墨。結縭甫一載，夫旋死。未幾，其同產兄亦死。博士公無子，復逆藴光歸居里第。其兄先聘李氏，未成婚，矢志不他適。藴光與同事博士翁媪，無間言，時有“兩家奇節，萃于一門”之稱。迨博士翁媪謝世，喪葬如禮，乞于大宗，爲立嗣焉。藴光復以在魯無所依，返之夫家，還于濼水上。瀕行矣，遣老婢來贈余畫箑一，《藉蘭閣詩刻》全册，用爲留别，且索余作詩。余自夫君亡後，四十餘年茹荼集蓼，與藴光同其凄楚。而藴光之天親骨肉凋零欲盡，則視余爲更烈。

晚窗脱稿，遂成悲風怨雨之音；素紙寄將，誰和别鵠離鸞之調。當世不乏名媛，睇觀此詩，庶知余兩人之苦衷云爾。

蓬轉信無定，人間多别離。曰歸愁短髪，分手易前期。閨閣神仙侣，綺羅冰雪姿。長成惟嗜學，生小自吟詩。黄鵠歌何速，青鸞舞已遲。既傷慈母背，旋痛阿爺隨。黽勉營喪葬，倉皇誓墓碑。一門同作鬼，兩世竟亡兒。婦烈箕裘重，女孀繼述奇。剪刀收破碎，書篋理殘遺。反魯尋田宅，辭齊閲歲時。蕭條君與我，邂逅友兼師。就正疑難字，還傾深淺巵。曉葵和露折，香糯共烟炊。事往常中變，途窮每遇歧。駕車辭里閈，秣馬向天涯。洗黛换行色，賣琴充路貲。昨朝詢婢媪，來日賦驅馳。留贈團欒扇，重題絶妙詞。庭篁存密節，河柳挂長絲。看劍孤懷迥，牽衣獨淚垂。他鄉應健飯，故國總相思。未卜鷦鷯穩，難逃斥鷃嗤。遥知明月夜，新有夢參差。

春夜聞笛

笛聲吹破月，春夜落花愁。露重衣先濕，鐙昏坐自幽。無心憐遠道，有夢定高樓。未解調絲竹，吾今已白頭。

病中不寐

曙雁成行過，群雞遠近鳴。一鐙明復滅，雙杵斷還清。眼倦花初合，肌寒粟欲生。擁衾難假寐，殘漏咽荒城。

侍兒

幾載相依共繡床，書窗獨爾伴芸香。風清移榻來桐院，雨霽張琴向草堂。似識詩懷憐落蕊，恐驚午夢逐鳴蜇。從知遠嫁多飄泊，每誤呼名意自傷。

秋夜將曉，枕上口占

破窗夜静送凉飈，正是添愁不寐時。無數蛩聲催懶婦，空勞螢火照書帷。貧來但覺心情减，老去常教鬢髮知。爲圃呼兒須早起，井旁清露折朝葵。

秋夜

夜月深沉静掩扉，空庭秋氣逼單衣。梧桐小院支機石，搗素聲中一葉飛。

門閉窮秋最寂寥，西風吹雨晚瀟瀟。無眠數盡樓頭鼓，一夜閑愁滿緑蕉。

墓祭

山青郭近野雲移，車轉深林日午時。鴉噪墓田應有淚，鶴歸華表自無期。紙錢挂樹松將拱，麥飯招魂祭莫遲。祇問人生多少恨，眼中烟草晚離離。

送春

細數飛花絶可憐，杜鵑啼血草如烟。一簾日影還殘照，哀響泠泠上七弦。

夏夜

雨歇雲邊露玉弓，匡床移向樹當中。荷方舒卷明新露，蟬趁清凉語上風。破鏡詩殘塵夢遠，素琴弦折世緣空。坐來寂寂更初動，竹裏螢光數點紅。

村居，和樂清侄韻

拮据經年秫豆空，農人就食各西東。數聲塞雁凄凉裏，一院黄花寂寞中。比户啼飢官告匱，空場無穴鼠嫌窮。傷心不奈村居苦，懶見青山柿葉紅。

哀詩

哭母翻無淚，痛于喪夫時。夫亡我依母，母亡復何依。天親盡凋謝，餘生多艱危。哀烏夜夜啼，孀女心傷悲。

父櫬還家後，母居魯親里。念我門户單，爲求螟蛉子。焦桐雖有孫，樹萱反先毁。涕泗感今昔，天乎竟至此。

遣病

夢迴芍藥香相續，暖風吹雨梅子熟。階下石榴駐晚霞，池邊竹映湘簾緑。家貧無力種茯苓，病久應知疏骨肉。草堂泥滑絶纖塵，道書携向窗前讀。

賀長姑生子

連年不見少舒眉，今日懸弧喜可知。湯餅猶堪娱壽母，琴書盡可付佳兒。養成鳳羽飛應早，和就熊丸教莫遲。却愧家貧無以贈，但能來誦弄璋詩。

和肅之弟除夕韻

十畝之間三歲旱，艱難家計有誰知。盤堆生菜迎春節，竹賣青蚨饋歲資。老僕能然行儺炬，稚孫學寫送窮詩。雪花幾點催衰鬢，竟飲屠蘇最後巵。

春盡

傍午柴門尚未開，花陰深處試茶迴。空亭寂寂春將暮，燕不嫌貧依舊來。

閑興

布衣疏食自甘心，案上殘書壁上琴。日誦黄庭三兩卷，清修何必入禪林。

舊宅梧桐

三十餘年伴寂寥，彈琴調鶴度清宵。別來休問人憔悴，只看梧桐已半焦。

元夕挽岸塘先生

打鼓吹簫掩淚聽，家家罷却上元鐙。梨園小部人何在，扇裏桃花哭不勝。

都門十子絶群倫，宣武坊南索句頻。零落才名誰繼起，先生格調不由人。

吹笙跨鶴小遊仙，老愛蘭苕翡翠妍。寄語維揚諸女史，一時佳句借誰傳。

愛向湖山乞一廛，古稀年紀日吟詩。白頭剩有黔婁婦，寂寞空梁燕子悲。

題昆山葉書城夫人繡餘、聽烏《詩草》

南國佳人絶世妍，西昆風調早流傳。如何零落閨中秀，不識春風四十年。

頭白愁聽烏夜啼，緑蕉窗外月明低。自憐命薄皆相似，獨有才名未許齊。

禽言

春雲漠漠日昏昏，花裏禽言最斷魂。聽到不如歸去好，東風吹淚濕衣痕。

養蠶

火箱蘆席閉蠶房，五月家家拜簇忙。不問繅車問繭市，他人正作嫁衣裳。

姚氏

荆門知州士萊女，臨淄訓導孔毓懿室。孺人幼端静，通經史，性篤孝，嘗割臂以療姑疾。毓懿卒于官，孺人絶食瀕死。臨淄諸生環跪門外，請返櫬而後畢志，乃强食。既歸，鬻婢營葬，自爲文以祭。復絶粒十四日而卒。乾隆間，知縣張若本高其節，爲立祠祀之。

【補】姚氏，《國朝山左詩匯鈔後集》、《國朝閨秀詩柳絮集》、(民國)《續修曲阜縣志》録其詩。

詠蘭

嫣紅久已薄群芳，自挹芬菲到水鄉。豈是尋常貪采采，此花不比等閑香。

臨淄道中

素旐凌晨發，驅車過幾山。眼看霜樹色，盡是淚痕斑。

蔣玉媛

常熟人，兵部侍郎檙女，宜山縣丞孔廣材室，以子昭光舉孝廉方正，封安人。伯祖母年十歲時，蔣心餘太史贈詩云：“風裁林下本來清，學繡摹書見性靈。娩娩宜聽慈母教，孔家兒子正趨庭。”其端慧可知矣。

【補】蔣玉媛，乾隆十年（1745）生，嘉慶十三年（1808）卒，年六十四。《國朝山左詩匯鈔後集》、《國朝閨秀詩柳絮集》、（民國）《續修曲阜縣志》録其詩。

送春

殘花落盡鳥聲悲，小雨初晴柳尚垂。試問飛飛新燕子，可知春去幾多時。

孫茗玉

字琬華，錢唐人，監生同理女，貴州布政使孔昭虔室。世母爲先母姊妹行，通書史，解音律。荃溪從伯所製樂府，皆爲按拍，令諸婢歌之。工詩詞，而不肯存稿。是作僅得之從弟憲恭口述云。

【補】孫茗玉，乾隆四十年（1775）生，道光十二年（1832）卒，年五十八。著《琬華詩稿》。《清代閨閣詩人徵略》："女士有《種花》詩句云：'殲蠹殺螟秦律令，丸泥分水漢河渠。'人盛傳之。"《國朝山左詩匯鈔後集》、《國朝閨秀詩柳絮集》、（民國）《續修曲阜縣志》録其詩。

秋夜對月

病骨宵無寐，秋心漏共寒。捲簾邀片月，留照曲欄杆。

孫會祥

字聯雲，錢唐人，桃源同知同琨女，鹽城知縣孔昭傑室。先母賢孝慈惠，名著鄉黨。幼失恃，號泣得嗽疾，至終身不愈。事吾祖母陳太恭人，先意承志，三十年如一日。周氏姑卒，遺一女，甫周齡，先母撫之如己出。通書史，嘗口授憲彝兄弟經傳。尤善篆印，刀法工秀。每謂才藝非女子所宜有，故不輕作云。

【補】孫會祥，乾隆四十二年（1777）生，道光七年（1827）卒，年五十一。《國朝山左詩匯鈔後集》："孺人爲繡山中翰（孔憲彝）太夫人。詩雖不多，然亦足見繡山之淵源有自也。亟鈔而識之。"《清代閨閣詩人徵略》："郭頻伽評聯雲詩：'如珊瑚筆格，琉璃硯屏，位置文房，自然名貴。'"《國朝山左詩匯鈔後集》、《國朝閨秀詩柳絮集》、（民國）《續修曲阜縣志》録其詩。

五旬初度，外子以詩爲壽，戚好門人均有和作，勉次原韻

何必稱觴設綺筵，新詩重疊燦華箋。敢矜名附黄緘裹，且喜歡承白髮前。滿院鶯花憐永晝，萬家砧杵記遲眠。操持久已慚中饋，漫道留賓一例賢。

答王澹音夫人見懷

我思西子湖頭水，君憶吴淞江上雲。同是鄉心兼惜别，新詩寄到悵離群。

接闕里家書，知叔昭誼病殁後三日，娣婦高氏自經殉之，愴然賦此

千里音書至，驚聞涕泗流。貞姿原莫比，烈性竟無侔。樹發枝連理，香埋土一抔。遥知祠廡下，娣附祀敦本堂家祠表烈廡内，故云。俎豆共千秋。

葉氏

桐城人，汶上縣知縣馥女，涇州知州孔昭佶室。從叔母相夫事姑，以賢孝稱。母左孺人慕光，故桐城閨秀，有《青筠軒詩稿》。叔母夙嫻，翰墨皆承母訓也。卒年二十有四。

【補】葉氏，乾隆五十九年（1794）生，嘉慶二十二年（1817）卒，年二十四。《國朝閨秀詩柳絮集》、（民國）《續修曲阜縣志》録其詩。

詠芍藥

金縷紅綃品不群，當階翻處望如雲。遥知此日豐臺畔，爛漫春光已十分。

王氏

字墨莊，蘭陵人，鎮雄州知州壽女，監生孔昭榮室。從叔母多識古文字，口誦楚辭數萬言，一字不遺。工書，能懸臂作蠅頭字，骨力秀勁，綽有父風，觀者多疑非出閨閣之手云。

【補】王氏，乾隆五十八年（1793）生，道光四年（1824）卒，年三十二。《國朝閨秀詩柳絮集》、（民國）《續修曲阜縣志》録其詩。

臨池

臨池敢説得金丹，離合茫茫下筆難。欲向古人求妙旨，奩中自檢折釵看。

惠氏

盧龍人，廣州副將昌運女，欽賜主簿孔昭芬室。

【補】惠氏，嘉慶六年（1801）生，道光十年（1830）卒，年三十。《國朝閨秀詩柳絮集》、（民國）《續修曲阜縣志》録其詩。

秋夜聞蟬

半窗涼月映花枝，愛聽寒蟬步肯移。不畏五更風露冷，一聲清入夢回時。

康氏

興縣人，通政使司參議綸鈞女，刑部員外郎孔慶鑾室。

【補】康氏，乾隆五十二年（1787）生，嘉慶十四年（1809）卒，年二十三。《國朝閨秀詩柳絮集》、（民國）《續修曲阜縣志》録其詩。

紫藤花

庭前漠漠裊香烟，剪碎春風分外鮮。疑是誼傳方士術，九天召下紫烟仙。

汪之蕙

夏邑人，臨清直隸知州汝弼女，慶鑾繼室。

【補】汪之蕙，乾隆五十三年（1788）生，嘉慶十七年（1812）卒，年二十五。《國朝山左詩匯鈔後集》、《國朝閨秀詩柳絮集》、（民國）《續修曲阜縣志》録其詩。

初冬偶占

小閣初寒夜，紅鐙映硯池。鴛壚香乍爇，閑誦玉臺詩。

送父之淮上

匆匆又是歲將闌，阿父勤勞阿母嘆。一夜雪飛風更急，料知江上不勝寒。

蕭條家計愁無限，千里歸來又遠行。我愧木蘭身手健，不能辛苦替爺征。

懷英敏二姊

繡倦停針倚碧紗，自看小婢試新茶。無端簾卷增惆悵，開遍階前姊妹花。

寄五姑母

離懷脈脈思漫漫，深掩重門静倚欄。芳草池塘春事晚，杏花庭院雨聲寒。驚心節序遷何速，回首萍蹤聚更難。千里迢迢魚雁少，天涯誰爲勸加餐。

石竹花

剪碧裁紅色色鮮，小盆移傍畫闌前。簪來鳳髻先增態，繡上羅衣最可憐。幹肖筠叢偏細細，根依石徑倍娟娟。一枝折供書窗下，鏤雪吟成欲鬬妍。

闕里孔氏詞鈔

（清）孔昭薰、孔昭蒸輯

山東省圖書館藏清道光十九年曲阜孔氏玉虹樓刻本

目　録

闕里孔氏詞鈔卷四　/330

闕里孔氏詞鈔卷五　/341

原書序一

《闕里孔氏詞鈔》，孔君琴南所編録也。憶自嘉慶庚申、辛酉間，王蘭泉司寇有《國朝詞綜》之選，余與襄校，於闕里孔氏得詞四家，時以搜羅未廣爲憾。迨丁卯舉京兆試，出孔荃溪師之門。師殫精經學，性喜金石文字，兼及填詞。得讀所製，不獨取法南宋名家，亦禀承家學也。琴南爲師之介弟，博雅嗜古，尤擅倚聲。兹成《孔氏詞鈔》四卷，元音競作，彬雅一門，凡纖濃晦澀之弊，悉皆洗汰之。至夫精心校讎，按譜審韻，無少差訛，彙爲名製，有較宋之常父、毅父、澹皐、漁父，未遑多讓者。余以簿書歷碌，何敢妄事點定？琴南寓書相囑，僅爲填諱，並弁數言。因念前歲荃溪師六十生辰，見和《齊天樂》一闋尚在集中，竟成絶筆。展讀凄然，不覺涙下。玉田生玉笥埋雲之感，想千古有同深爾。

道光戊戌之冬長洲陶樑序。

原書序二

詞者，詩之餘。孔氏秉趨庭之訓，二千餘年來，詩學紹承，著作宏富，而詞則自宋迄明，寥寥數家，傳本亦鮮。我朝文教化成，人材蔚起，昔時王蘭泉司寇《國朝詞綜》、顧天石布衣《草堂嗣響》，孔氏詞人各列入四家，引商刻羽之工，捉月拈花之妙，久播傳於海内矣。然叢集所録，采輯本少，兼之山川阻越，蟲鼠凋殘，日久飄零，固所不免。且以別集附存者，比諸吉光片羽。倘未能彙以成帙，致使殘編剩譜，湮没不聞，豈不更惜哉！琴南族祖博學嗜古，九上春官不第，乃澹懷仕進，閉户著書，尤性好倚聲，深得宋人風趣。每與鎮洋沈子鶴坪晨夕唱酬，極詞壇樂事。此《闕里孔氏詞鈔》四卷，沈子並參校之，陶凫薌觀察鑒定焉。凫薌近有《詞綜續選》，與金風亭長相並美。是鈔也，填詞者求之一家已非易易，至其別裁厘製，屏艷芟繁，樂府雅音，一軌於正，即千載上弁陽老人見之，亦當必同心相賞云。

道光戊戌之冬，孔子七十三代孫主鬯慶鎔序。

原書例言

孔氏爲詞者，宋時孔武仲、孔平仲、孔夷僅數家，又《闕里志》諸書載宋孔漢英善詩詞，早卒。元五十五代公樂府一卷，明孔公琦《泗漁樂府》一卷，俱近鮮傳本。兹鈔只載國朝，共十八家，及閨秀二家，皆家闕里。流寓者俱不載之。

先曾祖六十八代公爲大宗主鬯，列之卷首，餘以輩次爲先後，不論支派、科第之遠近焉。

是鈔俱已逝者，不列現在各家，從《昭明文選》之舊也。

凡字號、科甲、爵秩，均詳遵《詞綜》選本，惜詞話一時難於訪采，悉不紀入此集。各家詞鈔多寡不一，於輯稿後呈長洲陶鳧薌觀察師鑒定，並填諱作序，又鎮洋沈鶴坪學博參校之。薫雅好倚聲，今得躬事編録，以成一家詞鈔之總集。誠爲幸甚。

道光戊戌之冬，孔子七十一代孫昭薫識。

原書目録

闕里孔氏詞鈔卷一

長洲陶樑鑒定　鎮洋沈宗約參校　曲阜孔昭薰編録

孔傳鐸

字振路，號牖民，雍正元年襲衍聖公。有《紅萼詞》《炊香詞》。

浣溪沙

放眼千峰疊繡屏，瑶臺飛舞柳綿輕，燕泥沁入小紅英。　魚躍陂蓮波半皺，蛛封山薜葉叢生，扶疏樹影緑陰清。

桂殿秋

閑院落，小簾櫳，夜香燒罷月當空。玉人佇立搖環珮，遠隔闌干第幾重。

漁父家風

一舟團聚樂喁喁，家在大江東。朝朝得魚换酒，笑作信天翁。　青箬帽，碧蒲篷，雨風中。雨中也釣，風中也釣，烟水空濛。

愁倚闌令・過東平州

車轣轆，度長橋，第三條。萬古行人，揮別淚，馬蕭蕭。　連峰路，入岧嶢，東阿望似隔層霄。遥見柿林霜葉外，酒旗飄。

千秋歲・除夕自壽

爐焚商陸，寶篆生銀燭，舊臘改，新春續。長恩書帙祭，鏡聽官街卜。何暇問，桑弧蓬矢懸門屋。　節序驚相促，椒頌宜多福。斟歲酒，娱姻族。年年當此夜，歲歲群相祝。人散後，瓶中三友松梅竹。

采桑子

當年夢到閑庭畔，鳥語簾櫳，玉馬丁冬。柳絮斜陽亂舞風。這回恍似曾遊處，人去難逢，院院空空。半架鞦韆樹影中。

鷓鴣天

雪盡寒生草色凋，騣騣獵騎興偏豪。離韝蒼隼雙舒眼，射虎强弓各在腰。　狐兔走，鹿獐逃，仰身一箭得雙雕。平原灑遍毛和血，寒日依依下柳梢。

减字木蘭花・柳絮

春光老矣，亂滚平蕪飄不起。也罥人衫，也逐飛花入畫檐。好風休送，留與梨雲同一夢。飄泊迷離，不記何時别故枝。

杏花天

催花時節，鶯聲軟，杏腮艷，似佳人面。金鈴暗護春風剪，蜂蝶且教驅遣。　上苑邊，斜飛紫燕。曲江外，低垂柳線。玉樓人倚闌干倦，雨後落紅一片。

减字木蘭花・喜鵲

穿林度樹，每占一枝啼不去。本自無心，錯被人猜作好音。繞檐群噪，似説檀郎明日到。怪煞栖烏，叫得空閨信也無。

虞美人·翾風

石家最數文辭擅，况解摇歌扇。幾回掌上舞腰輕，生受洞房金屋唤卿卿。　年華逝水愁多少，一旦稱房老。雖然恩愛等閑休，不似緑珠薄命墮高樓。

百字令·弔屈原，用東坡詞《酹江月》韻

汨羅沉後，嘆楚雖三户，竟無人物。愛國忠君，騷雅在，留取問天呵壁。杳杳東皇，冥冥山鬼，叫徹寃誰雪。武關西去，君王棄此英傑。　此日酒設蒲樽，菰沉角黍，都爲君而發。衆醉獨醒，人不見，想像雲旗明滅。戰罷蛟龍，碧湖依舊，青霽山如髮。風生蘭杜，蕩波惟有新月。

漁家傲

釣月罾烟無俗慮，終年只在扁舟住。認得蘆花深淺處，閑洲嶼，何妨自任風吹去。　賣得魚錢船上數，沽來美酒偕翁嫗。篷底一燈深夜語，將網補，明朝怕有黄梅雨。

青杏兒

昨夜不曾醒，和衣睡，月榭風亭。耳邊誰度紅窗曲，幾聲入破，幾聲出破，記不分明。　好鳥語惺惺，向花間，撼動金鈴。鸜哥又報新來客，任他聒絮，任他喧鬧，也不曾聽。

明月逐人來

人行千里，冰輪如洗，人行處，月先來矣。異鄉看月，故鄉偏不異，一樣懷人遠思。　明月三分休説，揚州占二。相傳久，全無根柢。怎如此夜，豪飲天澄霽，十分金樽酒裏。

一剪梅

影聚圓沙劇可憐。半照菱船，半落漁船。夜光一幅好山川。淡寫汀前，罨畫溪前。　一片征帆挂晚烟。詩思綿綿，别恨綿綿。波心冷蕩月嬋娟。紅蓼灘邊，白雁洲邊。

卜算子

月弔玉鈎斜，雨長紅心草。開落棠梨一樹花，啼遍春山鳥。夜半想魂歸，環珮聲聲杳。人道愁無地可埋，此地埋多少。

行香子・芙蓉

窈窕孤蹤，獨殿秋叢，情無限，誰適爲容。梳烟暈淺，照水妝慵。比水蓮鮮，山鵑淡，嶺梅紅。　佳人倚檻，凉秋醉矣。羨娟娟，若個堪同。甘心寂寞，不向春風。在露江上，霜華裏，月明中。

唐多令・秋柳

縷縷織愁成，寒鴉宿處明，挂一灣殘照太無情。向日風流今記否，憔悴也，送舟行。　客子夢魂驚，空餘烟水生，恨章臺春色凋零。况復行人攀折盡，能幾樹，傍郵亭。

八聲甘州・過鄒平，謁伏生祠

滿咸陽烈炬正焚書，先生似冥鴻。抱黄農虞夏，叢殘簡册，長嘯清風。楚漢縱横過了，鶴髮已蒙茸。不向桃源隱，只在寰中。他日遺經口授，與吾家藏壁，字字相同。笑空疏陸賈，草創叔孫通。數千年遺風綿渺，剩荒祠，落日斷垣紅。有多少，行人錯問，何代仙翁。

阮郎歸

熒熒客舍一孤燈，僕夫催曉行。未曾鄉夢得圓成，金雞唱數聲。　籠淡月，挂疏星，柳梢霜影清。不知何處是前程，長亭又短亭。

菩薩蠻

蕭蕭急景催遲暮，寒烟遠罩關山路。羌笛入邊愁，有人空倚樓。　心如千丈線，縷縷空中轉。無緒理瑶琴，斷魂琴裏尋。

霜天曉角

一天露重，何處聲催送。點點凄凄槭槭，桑乾外，寒林凍。　絲鞭呵手控，征途誰與共。帶去曉風殘月，疲驢背，馱殘夢。

南柯子

怨柳迷長道，愁花泣短亭。酒旗歌板倦逢迎，説到一聲將息，甚關情。　紅豆傳心曲，青衫掩淚聽。眼前猶自立娉婷，此後梨雲夢裏，不分明。

憶秦娥

青衫濕，愁人又向愁邊立。愁邊立，畫欄春雨，玉階秋月。　有人虚度佳時節，無人不怨經年別。經年別，梨花無夢，杜鵑無血。

揚州慢

十里樓臺，萬家燈火，揚州自古繁華。繞隋堤一帶，無處不烟花。自杜牧，三生夢後，邗關遺俗，夜市猶嘩。聽簫聲，廿四橋頭，雜亂悲笳。　寄題曾到，悵如今，未策驪騧。想落月萸灣，觀濤曲水，杳渺天涯。俊賞江東詞客，蕪城賦，寫盡烟霞。問平山楊柳，明年更屬誰家。

浪淘沙令

雁影過晴嵐，兩兩三三，垂垂枯柳拂征驂。此景却疑重九日，身在城南。　菊冷映秋衫，楓樹霜酣，束薪歸去倦樵擔。事事都成搖落也，斜照西銜。

齊天樂・剪刀

生來不惜機工苦，零星細裁文練。稱體春衫，宜人衵服，待汝方施針線。尾分似燕。算燕尾雖長，遜他輕便。深夜階行，遠聞聲放繡初倦。　雙雙尖疊股并，冶金星一點。妙箝關鍵。未了鞋幫，半成裙衩，鎮日深閨相見。晚香庭院。也移入花叢，碎枝芟遍。難斷相思，寸心迴宛轉。

戀情深・荼蘼

開到荼蘼花事歇。又聞啼鴂。晚春重見雪成團。逗輕寒。　如慵如睡倚闌干。誤作繡球看。禁得一宵風雨，太摧殘。

采桑子

世間何限歡娛事，花在欄邊，月在樓前。人倚東風正少年。
世間何限悲涼事，花不常妍，月不常圓。人背殘燈獨自眠。

臨江仙・山園春晚，用稼軒詞韻

正好園林圍錦繡，春光欲去堪驚。紫苔緑蔓上牆生。美人無一語，花事冷於冰。　不合與春相聚久，一時多少牽情。亂拋飛絮送春行。怕從今日後，春夢不分明。

祝英臺近

寄分釵，傳織錦，遺珮向南浦。總是無憑，虛把歲華度。算從夢裏相逢，雲深月黑，怕夢也，無從飛去。　山隱隱，幾層圍住愁城，難尋別時路。夜語湘江，燈昏鷓鴣語。想來離恨重重，半林紅葉，寫不盡、斷腸詩句。

少年遊

何人錯憶少年遊。驄馬紫貂裘。痛飲揮犀，嬌歌倚玉，終日礲青樓。　黄金散盡高臺廢，人也不風流。仔細思量，不如農圃，淳樸本無愁。

鳳凰臺上憶吹簫·元日悼李夫人

簟捲床空，琴囊壁挂，那堪節换新年。記去年今日，猶共椒筵。剩有祭詩殘酒，臨風酹，不到幽泉。桃符下，縞衣兒女，相對凄然。　無眠。起來偏早，似聽履綦聲，還繞堂前。問舊時懸帨，影在誰邊。人今當真去也，寒梅蕊、依舊匀圓。匀圓處，空餘暗香，不上釵鈿。

青玉案

畫中常識江南路。想游子、從斯去。夾岸好山無紀數。長亭十里，短亭五里，歷亂垂楊樹。　夢游畢竟無憑據，身似匏瓜偏繫住。若得漁舟爲伴侣。風餐也好，水餐也好，行到銷魂處。

最高樓

人何在，人在畫樓中。簾幕一重重。不知窗外催花雨，不知林外妬花風。鎮淹淹，眉斂翠，臉銷紅。　却也是，春來多倦悶，却也是，春來多感恨。耽午睡，未惺忪。没情没緒因何事，獨言獨語意無窮。既娉婷，還瘦怯，又嬌慵。

謝池春慢

數重榆柳，偏勝把、垣牆築。瓜蔓豆畦間，亭敞依林麓。斜日曛禾黍。山徑歸樵牧。火雲升，峰黛簇。夕陽人影隨處，堪游目。

披襟解帶，閑静處，忘炎燠。既小庭芟草，更小園分菊。晞我陽阿髮，濯我滄浪足。心恬淡，風古樸。繩床引枕，還候黄粱熟。

金盞倒垂蓮

秋色蒼然，對葭黄露白，雲淡波輕。似鏡涵虚，無棹擊空明。一抹淡描山影，早曉際，倒浸螺青。遥望洲渚中間，着個危亭。

淒清。敗荷衰柳，愛欲疏又密，似送如迎。所謂伊人，偏隔此盈盈。此後荻荒蘆冷，更没有蛙鼓螢燈。何待越水吴山，送遠牽情。

陽關引

返照臨城堞，過雨殘虹滅。長堤緑柳，聽遥曳、蟬聲接。况溪潭影裏，冷映彎環月。恨此時，歡情一霎黯然别。　望裏楚天遠，魚信絶。好天凉夜，簾空捲，簟虚設。歎暗香閑艷，都在丁香結。最惱人，侵尋舊事寸心折。

蝶戀花

棐几時時勤拂拭。位置瓶花，莫放塵埃積。好好囊琴懸素壁，燕泥休污閑書籍。　活火煎茶泉屢易。見拂瑶箋，滴露旋研墨。鸚鵡初來須剪舌，教他言語應賓客。

六么令

女牆低小，一半遮修竹。春烟更梳新柳，好鳥鳴金谷。正是芳菲時候，寶馬相徵逐。銅環雙扣，高樓隔水，外有王孫往來速。

最好隨時行樂，何必愁蛾蹙。誰信錦陣香圍，也有人幽獨。脈脈閑情一縷，擬倩游絲續。隨風飄去，惹郎襟袖，正在闌干第三曲。

瑞鶴仙・帕

素羅輕似紙。見霧瀠波瀲，暗紋堆起。裁剪湘雲尾。問何時熏透，帶龍涎氣。同心勝裏。顛倒繡、鴛鴦兩字。是當初、同憑闌干，親手玉人偷遞。　旖旎。香溫玉軟，皓腕春纖，曾籠袖底。看成珍重，悄未許，郎拋棄。念酒闌歌散，風淒月冷，拭盡絲絲清淚。再休提舊搵，唇脂斷，紅褪矣。

曲游春・淚

知否愁滋味。是苦從腸滴，酸向心起。略眩青眸，便如泉如露，涓涓不止。欲搵渾無計。多一半、向隅偷墜。曉來掩鏡臨妝，月中尚帶秋水。　正自傷春未已。又轉瞬悲秋，歡日無幾。惜別懷人，算盡情沁入，眉梢眼底。總把浮生計。除對酒、暫時收耳。又怕興盡悲來，青衫易漬。

暗香

舊山淒寂，借丹楓紅柿，略添姿色。柳葉無情，只辨飄零送行客。江上寒雲淰淰，又早逗，護霜消息。促思婦罷理清弦，樓上試刀尺。　鄉國，嘆遥隔。爲燕去雁來，倍添愁憶。寄書未得，空對湘江浪頭白。最苦夜長如歲，斷夢與，零魂堆積。起看月輪下也，數星在側。

海棠春

凍雲處處堆黄葉，荒草外，笛聲清絶。去傍夕陽斜，歸趁村烟接。　黄昏便向柴門歇，看一帶，栖鴉殘雪。不見脱蓑衣，隨意眠明月。

湘江静・倒挂鳥

絶小珍禽靈絶也，拂桐華，曲闌芳樹。探花有信，飄來翠羽，自心情閑暇。么鳳是芳名，類鸚鵡，不多言話。釵香鬟底，鈴聲葉間，還詩句，寫羅帊。　憩息處，珠蕊亞，斂雙翎，倒身懸挂。層檐顯敞，虚堂寂静，更無須驚怕。繡譜樣兒新，佳人見，早偷描畫。休嗟夢冷，朝雲縹緲，梅花樹下。

桂枝香・鴛鴦

雙飛並引，羨蓼渚荷陰，占身偏穩。較比鳧鷗更覺，羽毛輕俊。風梳雨洗真芳潔，獨憐他，翩然丰韻。倦來長是，纏綿交頸，此情難盡。　便活似，閨中繡本，想度徹金針，爲伊春困。只憑成雙惱亂，獨眠方寸。憑闌索性端詳，看又没入波，圓風緊。那能得似，七十二行，永無離恨。

柳梢青・登牛山作

升最高巔，濟州在望，九點疏烟。藹藹濛濛，雲生樹杪，雁落沙邊。　景公揮淚何年，千古恨，牛羊墓田。身世茫茫，百端交集，我亦潸然。

雙調望江南・送顧天石南歸

多少别，别緒話清樽。君戀東山深舊雨，我依南國望停雲。烟樹送歸人。　多少淚，淚影漬羅巾。廿載深交千里隔，三秋離思兩心分。能不黯消魂。

洛陽春

甫見鶯梭織就，鵝黄似酒。東風催放最長條，早低拂，青驄又。
到得鳴蜩時候，唤他衰柳。恨他攀折幾多時，還解繫，離情否。

念奴嬌・王夫人忌辰感賦

青衫淚涴，算離鸞別鵠，年經十五。大夢千秋常不醒，惟傍松楸朝暮。窗裏椒吟，庭前絮詠，往事難重數。畫圖輕展，一番一度悲楚。　自嘆不及梁鴻，難同奉倩，伉儷情空注。環珮珊珊來入夢，一點精靈何處。渺渺雲歸，茫茫鶴化，相望成終古。年年此日，酒澆原上寒樹。

荆州亭

燈影半窗旅館，風鐸一聲檐畔。做盡晚寒輕，穿得絲絲不亂。
點滴蘚階夜半，最是撩人腸斷。牽惹別離情，遠在黄河那岸。

醉落魄

趁凉放馬，暗塵都在車轅下。依微新雨臨平野，茅屋稀疏，棗樹密如稼。　旅行最不宜長夏，算來却又宜清夜，車中一枕黄粱罷。太白星高，又唱荒雞也。

眼兒媚

纖纖長是捲簾看，浮黛做輕寒。濃描一筆，淡描一筆，烟雨纔乾。　合離却似羅浮樣，絶不露峰巒。有時舒翠，有時蹙翠，無限悲歡。

闕里孔氏詞鈔卷二

長洲陶樑鑒定　鎮洋沈宗約参校　曲阜孔昭薫編録

孔尚任

字季重，號東塘，監生。康熙二十三年幸魯進講，特授國子監博士，遷户部員外郎。有《綽約詞》。

鷓鴣天

院静厨寒睡起遲，秣陵人老看花時。城連曉雨枯陵樹，江帶春潮壞殿基。　傷往事，寫新詞，客愁鄉夢亂如絲。不知烟水西村舍，燕子今年宿傍誰。

西江月・平山堂懷阮亭

花事清明五度，衣香人影匆匆。風流司李管春風，又覺揚州一夢。　楊柳千株剩緑，芙蕖十里殘紅。重來誰識舊詩翁，只有江山迎送。

綺羅香

鳥喚提壺，蜂黏釀蜜，恰是暮春時序。惹得閑愁，多似藕絲千縷。罥緑意，自展詩牌。拾紅片，還修花譜。驀聽來，疏雨瀟瀟，和烟灑破竹窗素。　凉颸飄入庭院。愛茶新餅試，爐温香炷。如此韶光，底事瘦來如許。没意緒，白髪詞人。好心情，青衫酒侶。共高齋，鬬葉敲棋，友朋相樂語。

杏花天

當年製就傷心句，冰絲上，泣宫啼羽。杜鵑夜冷江村暮，獨閉紗寮暗雨。　魂銷盡，無人告訴。買鸞膠，青春已誤。錦囊收拾才人賦，焚在埋香小墓。

沁園春·小吟蟬琵琶

碎砌檀槽，顧曲當年，承值玉熙。看牙箝肩削，迴文錦浪，鈿鋪背滿，並蒂花枝。夜殿張燈，秋簾撥雨，恰報河南戰馬嘶。强排遣，在官家懷裏，淚濕冰絲。　聲聲，落葉淒其，算玉笛金筝劫後稀。嘆匙頭半損，難傳塞曲。軸弦重上，怕譜宫詞。暖閣囊收，寒溝泥委，總付飄零舊監知。偏愛甚，有針鋒細字，匠製鐫題。

孔衍棫

字炎木，號慎先，康熙間歲貢生，官青城縣訓導。

少年游

上元風景月華清，燈市晃晴明。浮蟻筵前，鬧蛾階畔，一曲漏三更。　錦堂繡幕聯歡趣，梅影數枝横。撒荔宵深，傳柑人艷，歌鼓暖春城。

憶漢月

紅杏幾株風暖，占了黄鸝多半。聲聲細雨近清明，人倚緑，楊堤畔。　雙柑兼斗酒，游興好，又誰拘管。漫將愁思織金梭，天際雁，鴻書斷。

孔毓埏

字鐘輿，號宏輿，康熙間襲翰林院五經博士。有《蕉露詞》。

朝中措·除夕，用六一詞《平山堂》韻

萬家爆竹徹高空，新舊五更中。此際猶然殘臘，霎時換了東風。圍爐聚首，椒盤擎出，滿勸金鐘。最嘆少年儔侶，催成一半衰翁。

菩薩蠻

紙窗虛白侵塵榻，寒梅冷艷吹殘臘。記得那人兒，鬢邊横一枝。　芳年剛二八，生性偏輕滑。盼的是花開，花開人不來。

惜餘春慢·護花鈴

惹鬧時光，困人天氣，偏爲惜花起早。流鶯啄碎，乳燕銜殘，幾片落紅未掃。尋向園中晝晴，布滿枝枝，紅絲遍繞。趁東風，吹起叮噹，聲韻送來林表。　還勝似，鐵馬鏗鏘，觸人愁緒，不管淚痕多少。聲聲翠羽，小小金翎，驚去别尋粱稻。休怪个儂情薄，儂也惜花，還愁春老。剩游蜂浪蝶濃香，恣意覓，花心抱。

醉太平

今宵昨宵，風飄雪飄。倚樓探取梅梢，嘆春光尚遥。　黑貂玉貂，詩瓢酒瓢。且須樂我陶陶，把爐香自燒。

轉應曲

楊柳，楊柳，送盡行人知否。去時雨雪紛紛，來日依依曉春。春曉，春曉，人與緑楊俱老。

隔簾聽·雪

一帶紙窗油幕，冷樹號寒鳥。當空一色雲綿緲，似冷落殘梅，

亂零曲沼。落絮繞，論鹽花，遜此鮮皎。　階前掃，飄萍枯藻，不見魚兒鬧，霏霏弄盡天公巧。看遠空，紛舞積來多少。甚人曉，還當日，謝莊知道。

偷聲木蘭花・蒲劍

豐城蕭索龍光滅，變作池塘蒲葦葉。獵獵迎風，百煉青萍淬水中。　蒯緱配此方爲善，昔日馮驩應未見。數點流螢，葉上攢來似七星。

前調・松針

龍虬錯落盤根節，秀葉堅同良冶鐵。稺子溪頭，盡日敲來不似鉤。　聯成翠幄能無縫，怪底鉛松同作貢。易損鋒鋩，不上佳人刺繡床。

前調・桐淚

亭亭孤幹依金井，每伴銀床搖月影。不耐秋凉，纔見春歸意已傷。　臨風多少無聲淚，沾向美人身上膩。因甚淒心，只恐將來斷作琴。

前調・蓮鬚

芙蕖曾擬傾城貌，玉臂瓊腮真窈窕。不稱宫妝，放出鬑鬑數寸長。　蓮房露冷嗟搖落，縱有長髯無處着。可惜昌宗，一夜婆娑作老翁。

齊天樂・獺

祭魚本是荒唐事，從來也書月令。猛過鸕鷀，捷逾鼴鼠，出没深淵俄頃。狂蹤不定，任穴岸衝波，跳梁逾井。潑剌舟間，篙師欲捕又無影。　當湖月明如鏡，有魚争捕處，偷越笭箵。帶水嘗鮮，拖泥覓飽，畢竟與人無競。還須自警，但誤出人間，便愁膏鼎。奈此深冬夜，寒波色静。

减字木蘭花・蜂衙

土門圭竇，盡向花間開户牖。列隊分曹，衙鼓無聲早散朝。采香歸去，獻納君王依鷺序。寇至須防，更怕天寒割蜜房。

沁園春・謁文信國公祠

宋室陵夷，乘輿播遷，厥由靖康。論皋亭持辯，辭嚴義正，真州定策，計善謀臧。西入金陵，東要浙水，一舉能教宋祚昌。天心去，致庭芝信間，變姓離揚。　不渝鐵石剛腸，更蹈海，如温訪二王。嘆瓜洲誓將，李姜同志，海陵完節，張許齊芳。縶纍燕京，從容柴市，留得千秋姓字香。忠魂聚，看一堂俎豆，日月争光。

浪淘沙令

暮靄鎖寒烟，有酒如泉，街頭緩步穩如船。醉後只嫌天地小，月大如錢。　無異挾飛仙，對景流連，五更漏盡興悠然。明月銜杯杯捧月，隨手團圞。

孔傳鋕

字振文，號西銘，康熙間襲翰林院五經博士。有《清濤詞》。

憶王孫

遠山都被杏林遮，蝶舞翩躚蜂放衙，游女雙雙出浣紗。是誰家，人道風光勝若耶。

如夢令

滿眼鶯簧蝶拍，争奈離人消得。要看别時蹤，佯去踏青南陌。

凄惻，凄惻，曾道一聲將息。

醉公子

不見檀郎至，只得和衣睡。酩酊又歸來，偷兜金縷鞋。　酣情猶昨夕，認取窗紗碧。憐惜意些些，佯嗔不睬他。

采桑子

算來九十春光内，幾日晴天，風雨淹煎。愁煞清明百五前。　甫能過了清明候，柳要成綿，荷要如錢。難道留春住半年。

浪淘沙令・虞美人草

一劍答君恩，藁葬紅裙。空餘碧草伴黄昏。意氣都隨風雨黯，何况行雲。　瓣瓣是愁痕，柔態如顰。年年開向楚江濆。無限漢宫芳草色，不忍爲群。

惜分飛・蚓笛

淺土黄泉嘗果腹，與世都無榮辱。曾具何眉目，悠然發韻如吹竹。　野調村腔頻斷續，難奏玉樓金屋。農叟聽偏熟，分明報道甘霖足。

减字木蘭花・柳絮

唤他飛絮，縱得成團無暖處。散漫天涯，着地沾泥便是家。　晚來無力，化作浮萍波上碧。長記春三，糁遍游人杏子衫。

青衫濕

牽衣正訴心間事，何苦去匆匆。忍教禁受，紅愁緑慘，細雨斜風。　伯勞回首，眼看飛燕，各自西東。不曾帶去，羅襟淚點，少片殘紅。

踏莎行

燕子頻朝，鶯聲滿樹，怕他易把多情誤。不如一世醉醺醺，免教魂夢隨他去。　翠被驚寒，羅幃愁暮，此中便是關山路。爾尋我夢在梅花，我尋爾夢知何處。

菩薩蠻

憑闌没個人堪語，蕭蕭落葉黄如許。莫更惹閑愁，怕他來不休。　問愁何處賣，賣去愁仍在。烟雨隔天涯，夢中人憶家。

琵琶仙・送顧天石南歸

離合無端，惱人甚，又唱陽關三疊。金石文字交情，心清似冰雪。争忍向、秋江色冷，又生做一番離别。急管繁弦，今宵席上，歌拍嗚咽。　况嗟我，牢落文園，但良友如君不多説。休趁布帆風便，滯迢迢吴越。看一帶，垂垂敗柳，更莫須，盡興攀折。送過沂水橋邊，半林黄葉。

定西番

簾外一枝紅綻，嬌嫩甚，玉玲瓏，雨絲中。　淡紫深黄相伴，花濃春亦濃。最怕杏園牆角，五更風。

眼兒媚

賣花門巷一聲聲，只做不曾聽。折來花朵，將春賣去，忒煞無情。　自從薄幸青門别，屈指幾多程。花朝過了，明朝春社，後日清明。

柳梢青

蕩漾春流，縈烟惹霧，葉嫩枝柔。密處藏鶯，長時拂馬，真個清幽。　明知春在梢頭，却因甚，看來似秋。千里橫塘，數聲漁唱，何處扁舟。

醉花陰

無意携香香滿袖，春色濃如酒。花似惜人情，笑臉常舒，只少開香口。　如何上巳清明後，獨把雙眉皺。瘦損送春人，一半因花，一半還因柳。

青杏兒

雨雨又風風，風雨過，亂掃殘紅。甫能天氣晴和了，桃花一片，梨花一片，各自西東。　鶯語緑陰中，道春光，去也匆匆。速宜把酒將春餞，有花亦醉，無花亦醉，不管天公。

天仙子·闌天竹

顆顆匀圓交互映，碾碎珊瑚光萬頃。枝間晃眼欲消寒。浮玉鏡，鋪金井，透骨相思心未冷。　看取塵根俱早凈，不與群芳相比競。西來舍利想當然。霜力勁，風聲定，羞逐落紅堆滿徑。

相見歡

池邊雨過微凉，自生香。今夜簟紋螢影，似瀟湘。　銀露冷，池荷静，睡鴛鴦。誰伴月明如晝，有啼螿。

解連環

夢懷凄切，聽蛩吟斷續，似多悲咽。縱塞鴻，能寄音書，被霧阻烟迷，也應愁絶。枕冷衾寒，空負了，一窗明月。看辭梁社燕，記得當時，黯然離别。　今年菊花晚節。恨風風雨雨，早添紅葉。更嘆甚，如此清凉，把翠倚紅圍，盡數抛撇。千里蕭郎，可念我，衣單香怯。撥金爐，燼灰多少，爲誰意熱。

憶秦娥

雲鬟掠，梅妝雅淡真難學。真難學，玉釵微顫，瘦腰如削。愛他不怕些兒謔，諒他不負些兒約。些兒約，海棠開後，至今耽擱。

倦尋芳・牽牛花

清宵露泫，白晝風凉，青紫如許。柔蔓孤牽，合與野花爲侶。苔砌蘿牆深處滿，最宜開向多陰處。隔盈盈，望一抹銀河，鵲橋牛女。　似驚聞，牧童相喚，掩冉迷離，風中競舉。老寄藩籬，頭角幾回塵土。好是凉天新雨過，映成顔色柴窑古。正芳妍，報秋深，被霜驅去。

南柯子

脈脈如花落，飄飄似雪飛，暗裹助梅肥，一宵山盡變小峨嵋。

雨霖鈴・重九感懷，用柳耆卿韻

篝燈凄切，滿城風雨，小箑初歇。闌干盡日凝竚，魚箋遠寄，行人臨發。蕭寺鐘聲微度，被風引嗚咽。沁玉簟，孤枕凉生，夢與烟波共寥闊。　黯情又是今番別，獨登高，冷甚茱萸節。思量那人别後，虚幾度，半床凉月。菊影東籬，香泛清樽，恨他空設。只剩得無限相思，付與寒螿説。

柳梢青

隔斷青溪，殘霞一抹，落日平西。習習生凉，悠悠忘暑，滿耳蟬嘶。　緑荷漸覺離披，猶自舞，殘紅舊衣。遠思迢迢，夕陽古道，疏柳長堤。

念奴嬌・弔屈原，用東坡詞《酹江月》韻

冤沉江底，葬埋了，日月争光人物。一自三閭遭放後，霸氣凋殘半壁。壯矣離騷，悲哉天問，心事如冰雪。滔滔湘水，至今英氣猶傑。　若使魂放難招，當年楚些，宋玉何因發。舊俗争傳投角黍，戰鬬蛟龍明滅。蘭芷芳馨，薜蘿凄冷，一碧山如髪。千秋遺恨，鷓鴣啼煞明月。

麥秀兩岐

纔醒朝來睡，忘了夜來事。涴羅裳，掩繡袂，床畔金釵墜。寶筝瑶瑟，無心理，任他零碎。　顛倒鴛鴦被，半是相思淚。更慵紅，還悶翠，怎洗愁腸胃。無妨百事都抛棄，不如沉醉。

愁倚闌令

層樓外，是青山，莫憑闌。望見行人從此去，幾時還。　時候柳緑花繁，都付與，愁閑夢閑。待得愁消和夢醒，又春殘。

撼庭秋・楓葉

幾番霜滿，高嶺早肅然。風勁碧雲開處，猩紅點點，染來千頃。　憑闌極望，天南烟隔。孰憐孤影怕征鴻，銜去吴江葉落，夢中秋冷。

燕歸梁

十里芙蕖曉露香，也耐盡凄凉。風牽蝶影上迴廊，剪不斷，是離腸。　蟬聲似訴心間事，愁無夢，到君傍。數完七十二鴛鴦，更有甚，費思量。

洞仙歌·玩月

隔河牛女，也遥相呼應，惟有嫦娥最孤另。夜凉時，獨自行遍中天。嘆下界，幾個閑人弔影。　桂叢虚幻耳，玉兔銀蟾，解有何愁傍明鏡。圓滿不多時，東缺西斜，能幾度，玉容端正。况最是今秋雨聲多，怕瑶闕瓊宫，倍添淒冷。

好事近·自題也足園

快意不求多，説甚玉樓金谷。買得野亭半曲，便誅茅也足。　門栽楊柳圃栽瓜，收禾釀醽醁。睡起三竿日上，正茅檐晴曝。

江城梅花引·聽雨

蕭蕭槭槭復泠泠，一聲聲，又聲聲。偏向黄昏，點滴到天明。更怕西風連夜起，窗紙破，一絲絲，吹入欞。　入欞，入欞，冷清清。夢乍驚，酒乍醒。聽也聽也，聽不得，吹滅孤檠。巴到來朝，畢竟有時晴。誰料來朝依舊雨，撲簌簌，打殘花，落滿庭。

訴衷情

好花只愛半花枝，月愛未圓時。花開月，當圓夜，行樂已嫌遲。　年少日，美丰姿，莫相離。休教老大，減盡風情，只剩相思。

闕里孔氏詞鈔卷三

長洲陶樑鑒定　鎮洋沈宗約參校　曲阜孔昭薫編録

孔傳商

字振子，號雪村。雍正二年臨雍，欽賜縣丞。有《藕絲詞》。

定西番

三月夭桃開遍，臨水處，兩三叢，倚東風。　極目天涯芳草，迢迢心萬重。陌上游人歸去，馬蹄紅。

曲玉管

菜圃瓜畦，苔磯荻渚，村居夏日偏多爽。一曲清流環繞，堤畔垂楊，逗微凉。燕語周遮，蟬聲遥曳，采香蝶影頻來往。野老村童，个个相饋壺漿，話耕桑。　小憩槐陰，看山畔，斜飛朝雨。遠雷驚破濃陰，瀟瀟已潤新篁，竹生香。算湘簾垂處，甚事堪消長景。數枰黑白，半卷丹青，一枕黄粱。

憶王孫

無端春色鎖閑庭，柳困花慵薄霧輕。傍着闌干悄地行，月三更，隔院誰家笑語聲。

轉應曲

牆外，牆外，灼灼夭桃猶在。怎禁一夜東風，簌簌盈階落紅。

紅落，紅落，花事從今擔閣。

江城子・游絲

絲絲裊裊弄輕柔，罥清秋，織離愁。去住隨風，無計可勾留。最是繫人情緒處，楊柳外，酒帘頭。　了無根蒂任行游，類中流，一虚舟。地老天荒，飄泊幾時休。借與蜘蛛堪結網，能放去，不能收。

孔傳中

字振一，號允執，廩生。雍正二年臨雍，特授冀州知州。

人月圓・中秋後一夕

月輪皎潔還如鏡，莫説昨宵圓。笙歌今夜，酒杯今夜，相對嬋娟。　纖雲微暈，一聲鐵笛，吹破瑶天。斜飛露脚，懷人千里，休再間眠。

偷聲木蘭花・艾人

青青衫子當門坐，耳後榴花紅似火。乞得靈蘘，禳毒家家風俗同。　洞房縛葉晴光永，絶勝盤羞香染餅。如許頭顱，灸到心腸半寸無。

孔傳鉞

字節倩，號錯餘，嘉慶二十五年進士，官吏部主事。有《片雲詞》。

浣溪沙

嬝嬝婷婷一段春，蕙蘭心性玉精神，眼中人是意中人。　芳草羅裙留幻影，秋風紈扇憶前身，可容真個喚真真。

南樓令·甲戌出都，途中題壁

官柳兩行斜，征人到處家。嘆浮生、容易天涯。錦片前程渾不似，但撲面，有風沙。　探斗少星槎，殘棋着屢差。論豪游、五度京華。只此青衫堪淚濕，又底用，奏琵琶。

柳梢青·瓶中殘海棠

賺煞娉婷，生來金屋，折向銀瓶。半霎芳菲，一番供養，兩處飄零。　春陰低羃閑庭，慣睡也，嬌酣未醒。脂暈啼殘，香魂夢惹，燭影愁橫。

菩薩蠻

西風簾影人憔悴，銀缸冷照拋紅淚。本自夢難成，恨他長短更。　月凉鋪似雪，屈指歸時節。不會説相思，算儂曾負伊。

孔繼汾

字體儀，號止堂。乾隆十二年舉人，十三年幸魯進講，特授内閣中書，遷户部主事。有《行餘詩草》詞附。

梅花引

碧松森，碧篁深。小小雙雙棲翠禽。倚梅吟，倚梅吟。明月美人，羅浮山下尋。　誰家千樹圍香國，誰家三弄飄羌笛。冷梅心，冷梅心。驛使江南，一枝寄遠音。

行香子

燈影將闌，衣影還單，望星影，横轉欄杆。蓮籤漏滴，數到更殘。更竹廊幽，花塢暗，草窗寒。　人意閑閑，遠道漫漫，黯離魂，千里關山。雁聲渺渺，蓼渚蘆灣。況月溶溶，雲淡淡，露溥溥。

孔繼涑

字體實，號谷園，乾隆三十三年舉人，官内閣中書。有《玉虹樓詩》詞附。

菩薩蠻·古泮池上巳作

桃花千樹飛紅雪，魚天一葉浮青艓。風景似江南，嬉春三月三。　蘭亭真跡渺，曲水流觴少。采采藻芹香，游人遍魯鄉。

點絳唇·玉虹樓消夏

種竹栽花，盤紆石徑苔痕點。好山當檻，一抹雲容淡。　閑倚闌干，襲襲荷香染。消熱念，疎簾清簟，暑氣都收斂。

孔繼涵

字體生，號葒谷。乾隆三十六年進士，官户部主事。有《斵冰詞》。

南柯子

泛泛秦淮水，雙姑麗似霞。霞影浴蓮花。隔花低指與，麗人家。

更漏子·荷珠

雨微微，風䩾䩾，灑得珍珠顆顆。凄絶處，似芭蕉，疏香度小橋。　玉釵穿，金盤露，試問可曾捉住。嗔郎笑，惱郎猜，傾郎袖裏來。

摸魚兒・窩絲糖，用迦陵詞韻

弄餳簫，虎晴甜食，旋成細膩肌理。絛絛古恨包藏就，怎肯拈來輕嗜。人散市。也應有，承恩耆舊酸眸底。飄零同此，看軟欲黏唇，輕難勝手，脆又不禁齒。　星零處，曾見齊民所記。遺名莫彷規製。玲瓏孔竅千絲貫，綰个合歡結子。誰許似，有舊載，宣和搓粉迎年荔。都成剩事。供燈火長安，詞人蹴屋，艷話穗燈細。

長相思

鏡盤龍，髻盤龍，水面荷花水底紅。朝朝暮暮逢。　帳紫茸，釵紫茸，畫蛤空明槅子通。卸頭涼夜中。

秋蕊香・牽牛花

帶露和烟時候，花色天光相鬬。纔開滿架踈籬右，影共秋人同瘦。　黄姑天上釵痕溜，拾來否。最憐破曉難依舊，變作檀心紅皺。

南鄉子・和張瘦銅題扇

撩亂没心懷，何事冰紗六扇開。月影照儂儂抱月，遺釵，惹着流蘇好夢來。　底用判歡哀，起看銀河冷墮階。誰把清秋分一半，天涯，負了新凉也不該。

如夢令

簾外凄清欲曉，低說一聲去了。一點小魂靈，隔個花陰樹杪。人杳，人杳，夢破紅窗啼鳥。

夜行船・菱

葉底嬌紅紅暈小。似抛殘，燕支淡了。荻岸風輕，藕花妝卸，配搭一枝秋蓼。　小楪花瓷安頓好。浸他在，水盆色皎。另種風標，别成滋味，不愧叫，童兒狡。

更漏子・和張瘦銅韻

濕螢流，竹瑟瑟，夜色一般清寂。纖月挂，翠峰尖，花房蝶夢甜。　短屏圍，燈蕊小，一縷篆香微裊。砧杵碎，剪刀輕，香眠人乍驚。

品令・九日懷嵇葑溪、袁春圃

雨馳風驟，今日逢重九。影低賓雁色，添霜葉，舊情迤逗。一樣秋懷，爲問故人知否。　歸鴉衰柳，伴孤鶩，黄昏後。葛巾猶在，是誰負了，持螯右手。無奈黄華，却被西風吹瘦。

鷓鴣天

二月春郊碧欲空，野花村店酒旗風。坐來楊柳衫都緑，看盡桃花臉亦紅。　勾粉蝶，趁游蜂，水西曲巷版門東。落英一地櫻桃白，兜攬春愁又个儂。

鵲橋仙・雨中同周依堂送張瘦銅南歸，即次瘦銅留别韻

一天雲黑，一窗燈紫，剩得今宵共語。只今别况足愁人，怎禁他，關門細雨。　譚心月底，開樽花下，是我三人爲侣。當時舊夢首重回，都併入，銷魂一處。

前調・立夏日寄瘦銅，仍用留别韻

凄凉若此，一庭花影，只伴紅襟燕語。者般已是惱人心，又幾

點，梨花暮雨。　零星柳線，蕭疏書榻，都是無情伴侶。雩門一帶碧裙腰，空立盡，斜陽紅處。

虞美人

清明上巳匆匆過，悶我堆愁坐。荒凉佛寺閉門居，又是一天微雨落花初。　相思枝上春光透，破了丁香扣。小樓吹散玉笙風，只是醉看斜月上簾櫳。

摸魚兒・蟬

遍周遭，一聲聲叫，夕陽冷落高樹。將他錦簇花攢地，咒的凄凉無主。何太苦。更慘壞，西風没處尋秋去，不堪凝佇。剩敗葉吟霜，枯楊嘯月，黯淡暮雲暮。　當初是，翠幄朱樓無暑。都教葬送酸楚。一般冠冕因風勢，枉了居高吸露。誰和汝。只折葦，枯荷陣陣昏黄雨，豆塍瓜圃。共拉雜秋蟲，一齊歡喜，鬧到月明處。

前調・螢

掠簾旌，星明一點，逗將亞字窗罅。風吹忽又斜斜墜，籠入越羅裙衩。團扇打。正月照，兜娘浴起憑欄乍，與誰閑話。是簾影玲瓏，花陰淺淡，料理素娥寡。　蕭條甚，雨店征人疑訝。青磷明滅平野。亂墳古驛荒烟渡，昔日舞臺歌榭。光可借。照書卷，評論草木根科化，英英露下。有牧犢兒童，成群拍手，因你亮兒惹。

鵲橋仙・玉簪花

一叢香潔，半闌粉膩，簌簌風吹響細。分明千萬玉搔頭，又逗著，步摇珠翠。　小蓮冰影，林蘭月底，不敵惺忪滋味。莖莖葉上白皚皚，忍掐向，秋羅帳裏。

浣溪沙

午夜吹簫何處樓，珍珠一桁上簾鈎，危欄斜倚不禁秋。　悶翠慵紅都是幻，疏花凉月總關愁，翻教七夕妬牽牛。

憶江南

杯中樂，樂處可憐人。珠淚抛時穿乙乙，女嬃怨處詈申申。一醉一愴神。

沁園春・雪美人

彼美人兮，冰肌玉骨，縞衣素巾。也幾番炙手，堆來妥帖，一雙冷眼，不受温存。末路污泥，夙緣流水，悄染陽春便損神。還相説，向山椒凝睇，心事成塵。　挹來妬婦前津，恁掘强生生惱著人。有曉霜簌簌，爲他傅粉，纖塵漠漠，助爾添顰。貞操冰清，心情雪亮，熱氣輕呵也斷魂。偏貯爾，在廣寒宫殿，認取前身。

减字木蘭花・和吴揖峰春雨之作

絲絲細雨，一片陽春都濕住。檐溜灣環，低壓眉梢半寸山。　左尋右覓，都揀百花深處滴。惹得珠娘，點點心頭費忖量。

喝火令・華奴

不分青衣隊，真堪感路人。玉環豐艷細肌匀。牽動小時心性，容易覓良辰。　車尾尋常坐，花陰仔細論。月明何處憶横陳。可記鈎簾，可記小回身，可記偎人低語，觸忤一含嗔。

蝶戀花

楊柳妝春吹木杪，幾段殘絲，摇碎花魂悄。捨得癡魔拚起早，鶤鷂啼過紗窗曉。　消受金樽連日倒，燕嘴蜂鬚，孤負春多少。明日重來知漸老，海棠一夜開完了。

多麗

七姬墩，爲僞吴女夫潘元紹姬程、翟、徐、羅、卞、彭、段七人也。段最少艷。城將下，段曰："主君待吾輩厚，願先君死，以絶念慮。"六姬從之。潘藁葬之東城，張羽爲之傳，宋克書碑藏冢中。至嘉靖中，碑始出，土人建七姬廟祀之。楊升庵跋宋書云："七姬之死，蓋出於潘之逼之也。平居則玃雜子女而漁聚之，一旦有變，恐樂他人之少年，而雉經之。潘之惡甚矣。"并引高季迪《多麗》詞爲證。按，潘爲行省左丞，城破身降，與平章李行素、徐義等，同執送建康。《鐵崖樂府》序云："《金盤美人》，刺僞駙馬潘也。潘娶美娼凡數十，内一爲蘇氏，才色兼美，醉後尋其罪殺之，以金盤薦其首於客宴。國亡，伏誅臺城，投其首於溷。"則潘屠毒粉黛，淫虐爲甚。彼七人者，信非甘心爲潘死矣。然君子善善從長，亦不必定以七人非殉節也。

虎狼巢。不虞天畀如莜。猛虹霓，飛來龍井，香國鐵馬弓刀。躪蛾眉，行營魚貫，驅雉頸，覆穴鮫綃。烏喙重臨，鴟夷自昔，嬋娟清淚灑星杓。枉揚厲，雄文奇字，命薄也難消。匆匆處，帊羅尚熱，墩土猶潮。　賺街頭，香烟祠廟，奠酒人采蓬茅。拆紅心，草啼露眼，掠翠尾，鳥起春梢。螓首金盤，曾饈上客，誰言恩怨不同遭。乘除會，美人罪孽，霞氣在旗旓。終歸繳，骷髏沉溷，一任評褒。

孔廣根

字心仲，號小莊，增生。嘉慶三年臨雍，署翰林院五經博士。有《秋蓼山房詞》。

江城梅花引

陽關唱别憶深秋，意遲留，步遲留。手把金樽，兩地各凝眸。從此夢魂天樣遠，對孤影，猛思量，雙淚流。　淚流淚流，幾時休。簾半鉤，香半篝。算也算也，算不盡，百種温柔。剩有斜陽，望遠怕登樓。總是當年輕去住，千里外，向春風，各自愁。

念奴嬌·美人膽

烈姬俠女，總生成天性，膽自名娘。最是欺儂儂慣怕，薔薇花影風颸。密約難期；私行又怯，此際費商量。池邊偷過，驚他飛起鴛鴦。　午夜醉，盼郎歸，茶呼鸚鵡，可耐守空房。寶帳流蘇春浪暖，屏山輕響難防。懊惱雞鳴，遲疑人覺，顛倒着衣裳。雙鬟醒未，厭聽更漏匆忙。

拜星月慢

中秋對月，待金蝶庵不至，兼寄王韻亭，用陳允平體譜此。

皓魄三更，故人千里，岑寂中秋景況。滿擬歡逢，共醉蒲桃釀。恁前日，特地鸞箋遥寄，只觧平添惆悵。况憶王郎，重登樓吟望。　看南飛，一雁寒雲傍。聽通宵，砌下哀蛩響。長笛遠遠吹來，忒聲聲清亮。甚西風，處處愁依樣。娟娟月，夜夜長無恙。仰天問，今夕何年，剩新詞獨唱。

多麗·念典堂小集，段清標年丈拈韻索賦，兼懷馮樸齋

按紅腔，聲華久擅南邦。問六朝，幾多烟柳，片帆遥認輕艭。袖巴詞，青櫺詩卷，就陳榻，紅蓴軒窗。驛遞梅花，天涯鴻雁，觸人心事一樁樁。感聚散，新歡舊雨，聯璧竟難雙。休悵觸，暫停麈尾，重倒雞缸。　話當年，酣歌看劍，一燈青影幢幢。暮雲深，松寒岱岳，秋水遠，楓冷吴江。月共離愁，人分别恨，壯心不受酒杯

降。怕醉裏，誤君鄉夢，樓外隔花尨。却要我，離騷讀罷，重賦蘭茳。

踏莎行·息影園秋居

蛩語庭階，螢穿籬落，輕飔漸透羅衣薄。夜深酒醒始歸來，月斜已没闌干角。　曲曲銀屏，森森翠幕，良宵好景空耽閣。依稀有夢到秦樓，夢中似見人如昨。

孔廣廉

字季直，號静吾，嘉慶間官刑部主事。

清平樂·尺五莊小飲

城南花竹，十二闌干曲。褚氏舊園曾卜築，閑把樓村詩讀。柳塘陰裏荷塘，愛他小有餘芳。呼酒不妨沉醉，草橋河畔迎凉。

浣溪沙·大通橋泛舟

通惠河中鼓枻行，紅船白板水盈盈，茶烟半縷颭波輕。　兩岸風摇蘆荻影，一篷雨結鷺鷗盟，槐村樹色暮雲横。

闕里孔氏詞鈔卷四

長洲陶樑鑒定　鎮洋沈宗約參校　曲阜孔昭薰編録

孔昭虔

字元敬，號荃溪，嘉慶六年進士，官貴州布政使。有《繪聲琴雅詞》。

山花子

芳樹陰陰接後堂，輕雲只隔宋家牆。一桁柳花風未定，又斜陽。　瓊采戲投雙陸局，銀鈎試寫十三行。提起一春無限事，耐思量。

疏影・花影

誰描淡墨，剪暖雲片片，吹上窗槅。空色涵香，活脱玲瓏，一枝未許攀摘。横斜不礙尋芳路，算夢蝶，重來曾識。恨曲塘，流水無情，照老鏡中春色。　依約離魂倩女，曉鶯唤未醒，嬌重無力。碎月香苔，如此闌干，底事看朱成碧。清陰只到西厢下，誤幾度，玉人消息。又等閑，籠霧和烟，卷入水晶簾額。

踏莎行・書余澹心《板橋雜記》後

松柏西陵，烟花南部，誰人又續傷心譜。剩金零粉早銷沉，春江花月愁何許。　丁字簾空，石城艇去，江山總付閑歌舞。一波冷月弔香魂，秦淮嗚咽長千古。

湘春夜月

又斜陽，數峰紅近黄昏。可奈一片飛花，春瘦已三分。燕子帶香歸去，任撲簾狂絮，不管殘春。悵小橋曲水，流紅信杳，愁到湔裙。　天涯萬里，今宵片月，何處孤村。聽徹啼娟，應也念，故園芳草，曾憶王孫。愁寬夢窄，怪緑陰，空鎖鶯魂。寄别恨，倩東風一夜游絲，亂蝶吹作行雲。

醉花陰

風漾一簾花影皺，無計消春晝。燕子替銷魂，緑外紅餘，商略愁時候。　秋千巷陌清明又，摘遍雙紅豆。夢不到天涯，應怕行人，驚見離魂瘦。

臺城路·遼后洗妝樓

夢雲吹斷回心院，金鋪舊苔誰掃。换枕留香，鳴箏按曲，曾艷春城花鳥。繁華易了，剩奩月涵秋，黛峰顰曉。膩漲芳沉，翠波猶記鬟蟬小。　行人空憶往事，説柔荑寸莛，新樣尤巧。木葉山頭，可敦帳外，幾度凄風寒照。瓊華舊島，也銷歇當年。半池魚藻，對語興亡，杏梁雙燕老。

江城梅花引

秋夜小飲杜石樵同年館寓，歸來棖觸無寐，凉月滿地，秋氣瑟然，聊譜此解。

芙蓉香老又驚霜，怨秋光，奈秋光。冷徹波心，三十六鴛鴦。玉宇無聲烏鵲倦，對明月，幾低頭憶故鄉。　故鄉故鄉歸路長，竹半廊，書半床。望也望也，望不極，波渺雲茫。夢到鈎簾，不是舊斜陽。依約一行南去雁，秋影外説，天涯此夜凉。

踏莎美人・虞姬

生復何聊，時兮不利，中宵玉帳陰風起。美人俊眼識重瞳，一代紅顔端合，殉英雄。　千古蒼凉，數行嗚咽，悲歌也壯風雲色。笑他楚舞淚沾巾，黄鵠歌成，氣盡戚夫人。

前調・李夫人

夢裏蘅蕪，鏡中金翠，姍姍畢竟非耶是。空花此日許君憐，何似憔香悴玉，是生前。　堯母門空，平陽歌咽，阿嬌夢冷城南月。葬華朝露永承恩，好倩文成，寄語慰芳魂。

前調・明妃

人隔榆關，圖留椒壁，紅顔翻羨丹青筆。拼將匹馬静天驕，更畫麒麟閣上，女嫖姚。　明月空懸，行雲何處，翩翩燕子西羌去。掖庭待詔老長門，誰復千秋青冢弔黄昏。

前調・班婕妤

長信秋來，增成夢醒，寒鴉也斷朝陽影。玉階芳草又黄昏，錯認當時隨輦，舊苔痕。　詩鑒褒閻，篇工德象，總輸一曲陽阿唱。漫思紈扇入君懷，不見長秋故劍尚昭臺。

前調・趙飛燕合德

東井陽昏，北宫波溢，掖庭故事相繩急。不知禍水是昭陽，一任雙飛燕燕，入倉琅。　赤鳳歌來，白龍飛去，嚙人鼠子還相妬。連章封事上公車，可抵黄門一紙赫蹏書。

前調・張麗華

天上張星，宫中璧月，滿城遍唱迎桃葉。吹寒一夜渡江風，回首臨春不及，景陽宫。　玉樹歌殘，金陵氣盡，芳魂甘爲君王殞。青溪碧血艷蘼蕪，依舊吴宫臺下伴黄奴。

前調·上官昭容

纈彩樓高，流杯池碧，量才巨秤雲蜚筆。才多命薄况紅顔，説到毁家資國，共長嘆。　栲栳空差，桑條難剪，寸腸迴結如屏轉。懷中制草手中燈，遺恨千秋，心跡未分明。

前調·江采蘋

奩鳳銷香，鬢蟬凋翠，樓東花共人憔悴。踈英已過早春時，春在沉香亭北，牡丹枝。　長信詞工，玉階怨古，豈無人解相如賦。君王枉自費恩波，一斛珍珠那抵淚珠多。

前調·小周后

故鏡銷波，新桐擢翠，文鵝此日迎歸妹。搴帷一顧更嫣然，回首燒槽弦冷，又三年。　照夜珠圓，酣春亭小，香苔重步低眸笑。嬪娥魚貫總難猜，忽憶花明月暗那宵來。

前調·花蕊夫人

蜀道塵飄，㠊宫夢斷，西風容易流年换。隨人千里月華明，可似摩訶池上，舊時情。　故國江山，新詞驛壁，此情只有啼鵑識。大梁宫内説朝天，盡日心香一縷，奉張仙。

霜葉飛·落葉

洞庭波曉，楓江岸，霜柯驚散飛鳥。暮林吹瘦楚山多，昨夜秋聲早。誤冷雁，迷尋舊沼，枯苔封徑無人掃。向此夕天邊，又放入，桐窗竹檻，明月多少。　休問往日昆池，哀蟬聲裏，怨曲曾爲秋惱。庾床陶徑總飄零，幾度長年老。想渭水，孤吟夢杳，西風愁滿長安道。盼波頭，寒潮信，定有相思，片紅流到。

洞仙歌

坡公補蜀後主“冰肌玉骨”詞，止首二語是原句，序載甚明。乃《漫叟詩話》復載蜀主全詞，實七言古詩，不類《玉樓春》聲響，且通首俱坡公詞中語。或好事者裁剪公詞，僞託爲之。竹垞翁反以坡公檃括孟詞，有點金之憾，意殊不然。暇日偶仿公調譜此。

凌波殿角，正荷風吹透，同夢宵闌起携手。繞迴塘，花影穩護鴛眠。渾未識，風月有人消受。　秋期將近也，斜漢無聲，凉露橫天漾珠斗。素景占今宵，明日妝臺，合添入，宫詞幾首。甚金縷，香階艷江南，更絶勝驪山，憑肩時候。

南浦·秋水

凉信到蒹葭，正清潭，昨夜全收餘潦。一色浸長天，羅雲濕，倒影銀河流照。涵空雁去，魚龍寂寞，滄江曉鷗。夢驚寒愁，未穩輪輿，鴨陂春早。　舊時南浦依然，怕江郎賦别，不堪重到。新漲荳花肥，西風渡，都付絮蘆烟蓼。汀洲渺渺，采蓮人遠蘋花老。空憶蘭橈，迴秀盼嬌剪，一雙波小。

更漏子

夜寒初，人别後，愁壓小闌花瘦。蛩有約，雁無情，一帆秋外聲。　淮水咽，薊雲結，各自銷魂時節。風滿樹，月當窗，夢長山更長。

金縷曲·江中阻風，登燕子磯望金陵

醉唤飛鴻住，問當年，臨春歌歇，鶯花誰主。嗚咽江聲新亭淚，風景河山自古。又潮打，空城回去。孤石凌波飛不下，認烏衣舊巷無尋處。千載恨，塔鈴語。　風波如此公無渡，漫銷凝，莫愁艇子，寄奴陵墓。金粉乾坤兵火劫，銷過龍盤虎踞，剩一片，傷心烟樹。多少詩魂招不得，約山靈，共和秋墳句，敲鐵綽，唱金縷。

浪淘沙令·韶州夜泊

萬恨貯孤航，春鬢驚霜，衡陽雁斷況韶陽。回憶折梅江介晚，未是他鄉。　天闊嶺雲荒，北斗低昂，潮生月落夜茫茫。夢到小樓人未睡，花落殘缸。

長亭怨慢

延平署中有修竹館，小具幽勝。自壬午暮春到官，日日坐卧其中。甲申二月，量移臺海，行當别去，撫循花竹，不禁惘然，爲賦此解。

記吹絮飛花時候，乍憑闌干，緑天清晝。兩載勾留，鷗沙鴻雪又回首。花時人去，春似惜，花枝瘦。立盡玉千竿，只凉翠，雙携襟袖。　知否。聽明朝津鼓，一派亂灘風吼。重回望眼，更珍重、今宵樽酒。算片月、猶送輕帆。也分到、新陰花柳。剩燕子歸來，惆悵風簾依舊。

沁園春

治臺三年，自慚無術，而人士意頗依依，已移轉漕西江，尚留海東候代。暇日澄臺憑眺，即景寄懷，漫成一闋。

一片飛來，海氣天光，乍陰乍晴。算長風意氣，已酬宗慤。浮槎蹤跡，莫問君平。有信潮迴，無心雲去，山色匆匆自送迎。君知否，記當年短夢，曾到蓬瀛。　羞言有志澄清，且萬里孤臺此暫登。問舊時月色，幾番照我，一池春水，何事干卿。魚長新苗，燕依故壘，柳眼看人别樣青。低徊久，縱歸心難挽，未免關情。

暗香・花夢

倦紅酣碧，正錦旛護穩，嬌春無力。倩影一簾，葉底流鶯總岑寂。何處愁春未醒，都不管東風消息。趁澹月香到池塘，眠柳恰相識。　蹤跡，片雲隔，料徑遠夜深，睡蝶難覓。斷魂自惜，芳約羅浮幾回憶。吹度燈窗有信，曾艷入，青蓮吟筆。漏乍定，憑唤起，小樓怨笛。

哨遍

滕邑徐松皋以光禄解組歸，里居有林泉之雅。值歲荒，時鄉民仳傰顛沛。近城狐駘山，故多佳石。松皋令災黎運石，一卷酬粟數斗。山已築成，而野無餓殍矣。因名其園爲易石園，園内有一分屋、藉山亭諸勝。寓書索題，譜此以爲異日游券。

屋小一分，亭遠藉山，雙笋翹寒翠。想幽人，苔屐澹忘機。儘徜徉，竹欄桐砌。憶舊時。名園幾多風月，平泉略少烟霞氣。驚半畝依然，諸峰頓闢，嵯峨今已如此。乍吹來，秋影片雲飛。問何處，愚公故山移。鞭石仙人，聚米將軍，總憑一簣。　嘻！結構誰知。雅懷高義皆經濟。鄉邑愁歲歉，哀鴻中野相繼。算穀果能飛，石還可煮，狐駘秀色蒼茫裏。纔皺碧肩來，陳紅量去，流災何損桑梓。嘆折腰米老拜非癡，笑奉食黔敖謝都遲。早壺公，一壺堪寄。溪山收，入清供，幻巧非游戲。眼前春滿，心頭願慊，朝爽餐來無際。晴嵐孤瘦萬家肥，漱瑶華，更礪吾齒。

滿江紅

扁舟溯大江西上，仿白石道人以平韻《滿江紅》壽神姥祝便風故事，賦此申禱。

縹緲靈旗，乍飛下，天風珮環。憑唤起，蜚廉蘋末，吹送長瀾。樓上仙人乘鶴去，漢皋游女弄珠還。躡紫雲，素月共遨嬉，清夜闌。　魚龍静，犀照寬。江山古，浪花寒。趁布帆，無恙九萬扶搏。公瑾英雄留故壘，子安才思動江關。便乘時，我亦御風人，天際看。

摸魚兒・問月

又西風，夜臺魂冷，人間無寄愁處。當頭一片荒凉月，曾照燕梁鶯户。憑寄語，問當日，眉痕扇影今何許。秋心最苦。甚易斷初弦，難圓破鏡，飛上九天去。　知何夕，渺渺瓊樓玉宇，吴剛空倚高樹。青天碧海長依舊，回首頓成今古。烏鵲渡，幾曾見，年年風浪驚牛女，難將恨補。縱靈藥長生，浮槎有信，誰識廣寒路。

齊天樂・陶梟香譜詞製斗壽余六十生辰，次韻答謝

扶摇吹遍滄桑夢，蕭然敝廬春老。竹徑苔荒，松窗雪古，舊侣都非年少。孤吟瘦島，似化鶴歸來，令威華表。正憶天涯，故人前度别離早。　同心千里咫尺，折梅官閣下，揮翰雲掃。香火因緣，烟霞歲月，併入懷人幽抱。賓鴻過了。又寂寞空山，片雲飛到。細酌流霞，玉衡低向曉。

孔昭恢

字景度，號鴻軒，嘉慶十五年舉人。有《春及園詩》詞附。

山亭宴・徐松皋易石園作

上宫地近名園好，濟鄉人，裹糧多少。聚米散紛紛，論顛癖，堪稱米老。澤邊鴻雁聽嗷嗷，藉頑石，能蘇枯槁。苔徑疊青蒼，看點點，皆粱稻。　昔時不願簣山早。一拳也，餉他暫飽。峰影忽飛來，况又擅，天池筆妙。香雲香雨畫圖中，共點綴，滿庭花草。城北話徐公，自樂事，掀髯笑。

如夢令・題歌郎韻蘭畫蘭

染黛添莖時候，一點痴情暗逗。慧業認前身，恰似董家娟秀。娟秀，娟秀，數筆憐他醉後。

孔昭煊

字温甫，號小蘅，道光二年舉人。有《半舫詞》。

憶舊游

聽鶯聲嚦嚦，燕語喃喃，陡惹閑愁。待把重簾捲，奈無人撲蝶，響戛空鉤。悶來酒傾三雅，薄醉暈雙眸。偶倦倚吟窗，春寒料峭，怕賦登樓。　悠悠記前度，共暢敘幽情，兩意綢繆。瞥眼韶光換，問神仙伴侶，解憶儂不。儘饒二分春色，美景付誰收。只黯黯魂銷，香霏小院花氣浮。

月上海棠・海棠花下，和沈鶴坪韻

垂絲態勝靈和柳。縱無香，妝擅暮春候。六載樽空，者番開，識予心否。凝眸注，愛絶顔如中酒。　溶溶月上花梢久。嘆休文，腰更近年瘦。滿院蔫紅，譜新詞，未輸黄九。移銀燭，錦障尋春夢又。

孔昭芬

字德誦，號幼卿。道光三年臨雍，欽賜直隸州吏目。

【補】孔昭芬，廣廉第三子。嘉慶七年（1802）生，道光十八年（1838）卒，年三十七。《詞綜補遺》録其詞。

轉應曲

紅友，紅友，獨自爐邊煮酒。數枝梅影横斜，閑對寒窗冷花。花冷，花冷，雪月一庭相映。

浣溪沙·水仙花

朵朵玲瓏白玉瑩，小蓮芳韻自輕盈。嬌黄一點暈多情。　根净不妨沙礫伴，瓣單逾覺色香清。凌波風致可憐生。

孔憲堃

字載元，號厚齋。乾隆五十三年臨雍，欽賜直隸州州判。有《逸友堂詩》詞附。

浣溪沙

花半開時酒半醺，碧欄干外獨逡巡。艷陽天氣滿園春。　樂府空憐劉碧玉，美人還憶薛靈芸。閑中贏得暗銷魂。

山花子·梅影

空色横斜也自憐，瘦描苔髮淡籠烟。偷得壽陽宫樣巧，鏡中天。　雲剪孤山春有跡，月篩紙帳夢初圓。江北江南何處寄，思綿綿。

孔蘭生

桐城方錫瑄室，嘉慶十五年舉人昭恢女。

【補】生平見《闕里孔氏詩鈔》卷十三“孔憲英”。

雨中花令·題從嫂司馬夢素女史秋海棠遺畫

腕底酸紅冷翠，寫出秋容如醉。恨煞西風情太惡，吹黯冰絲淚。　閑把畫圖相晤對，又朵朵階前顦顇。更惱甚，一聲蛩語咽，寒夜心頭碎。

如夢令·雨中見月

雲罅一輪冰鏡，勝却滿湖詩興。玉宇洗無塵，點滴聲中相映。相映，相映，濕透半庭花影。

顔氏

孔興焯室，吏部郎中光敏女，康熙間旌表節孝。有《晚香詞》。

浪淘沙令

簫史韻凄凉，月冷簃廊，本來勁節傲冰霜。地下人間心一點，幻影茫茫。　白髮兩高堂，暮景悲傷，親調藥餌檢丸方。淚灑西風紅葉裏，一帶斜陽。

點絳唇·題孔蘊光女史《藉蘭閣詩》後

黄鵠吟餘，聲聲字字俱嗚咽。兩心凄絶，鸞鏡悲殘缺。　點筆窗間，樹樹鵑啼血。冰心潔，冷如寒雪，皎似天邊月。

闕里孔氏詞鈔卷五

長洲陶樑鑒定　鎮洋沈宗約參校　曲阜孔昭蒸編録

孔昭薰

字惠如，號琴南，嘉慶十八年舉人，官臨邑縣訓導。道光三年臨雍，署翰林院五經博士。有《貯雲詞》。

相見歡

清風明月，年年不論錢。好結白雲，爲友意悠然。　春來燕，秋去燕，語纏綿。相伴花間，舊譜共尊前。

浣溪沙

閑雜鶯聲處處春，小橋流水緑楊津，踏青時節冶游人。　廿四風光撩眼麗，初三月色畫眉新，海棠一樹買爲鄰。

阮郎歸・驛柳

横堤一帶織輕烟，絲絲遠思牽。天涯飛絮恨纏綿，折腰空自憐。　描淺黛，綰征鞭，芳情猶昔年。也曾青眼向人偏，垂垂古道邊。

惜餘春慢

姬人許倩春，同邑人也，侍余八載。己丑二月，余計偕北上，甫行數日，姬以猝疾化去。偶和棠村詞春雨韻，題其小影，不禁憮然。

月黯冰魂，花摧蘭質，憶到娉婷凄絶。三生舊夢，一點靈心，八載意融春雪。因甚塵緣易拋，還問飛瓊，可嫌單孑。想飄然，歸去愁聽，枝上杜鵑啼血。　空悔煞，輕擲春光，匆匆别了，此恨何時纔歇。妝餘粉剩，繡半絨殘，總是淚絲縈結。偏易迷離舊情，斜月斷雲，重來難説。况今年，寒食棠梨，零落晚風時節。

浣溪沙

辛卯二月十四日，對倩春小影偶題，是日其亡辰也。

芳影輕盈畫裏春，舊時眉嫵淺螺痕，一杯憀落酹香魂。　聽雨簾櫳疑雨夢，釀花天氣惜花人，此情偏覺幻中真。

漢宫春

漢萬歲殿瓦，和芝耘兄韻。此瓦半缺，僅存“萬歲興地毋極”六字，芝耘兄得於荃溪兄長安臬署中。

殘甋零星，閲二千年矣，跡未銷亡。當時未央宫近，鳳峙龍驤。關中三輔，控形勢，十萬青鴦。朝旭映，水晶縹碧，依稀排列成行。　磚蝕方夔一片，早靈光舊址，魯殿蒼凉。更嗤笵銅神屋，蕲福無疆。苔痕六字，傲摩崖，響拓玎當。風雨夕，聯床訂古，歡蹤高接三姜。

月上海棠·海棠

玉樓句艷屯田柳。二三分，開到好時候。緑映闌干，裊輕妝，也憐儂否。嫣然笑，半醉嬌含宿酒。　結巢人憶徐家久。倚東風，花意未消瘦。品格神仙，莫儷他，冷紅秋九。裝金屋，還問藏春可又。

浪淘沙令

曉月恰弓彎，一點銜山，盧溝橋畔水潺潺。小憩旗亭微醉也，暫解征鞍。　花事未闌珊，魂夢鄉關，輪蹄八度又長安。争奈踏青時節好，客裹春寒。

江城子

城闉遥隔水之涯，癖烟霞，樂桑麻。春秋佳日，閑對酒簾斜。地是柳村人五柳，也書舍，也田家。

雨中花令

已過百三寒小驟，春緩緩，杏花時候。村外餳簫，窗間鐙火，今日清明又。　野屋數椽青插柳，試嫩茗，石泉香漱。獨掩柴桑，乍晴風雨，暖入新烟透。

西江月

展古帖摹丙舍，吟香箏點辛夷。金錢偷卜恁思伊，可説連朝醉未。　商置竹壚茗椀，掃除茅屋荆扉。此心只共夜鐙知，領取閑中滋味。

浣溪沙

惆悵前朝别路賒，軟塵輕碾小紅車。青青芳草又天涯。　微有情蹤濃似酒，絶無妝飾麗於花。東風依舊好年華。

南鄉子·飲黄清遠村舍

小憩却車塵，雞黍相邀樂味真。新雨有情如舊雨，何人，人是光羲近結鄰。　三兩里鄉村，野樸衣冠古意存。新釀鵝黄酒熟，開樽，薄醉歸來月到門。

高陽臺・柳村鄉居

雨潤如酥，風輕似翦，硯池點點楊花。小作鄉人，疏籬矮舍欹斜。琴書儔侶皆閑福，映簾櫳，竹樹清華。閉門居，其樂怡然，詩酒生涯。　裁瓊織錦才都遜，只味甘飲露，境隱餐霞。勾漏何求，稚川近又移家。興來獨自抒吟嘯，懶心情，不被愁遮。隔鄰牆，響雜春聲，咿軋繅車。

清平樂・初夏即景

幾枝垂柳，翠色濃於酒。麥序梅天閑坐久，相約二三良友。關山新月如弓，音書渺渺難通。簾外落花如許，別來一度春風。

柳梢青・芝耘兄下第未歸，志感

易嘆飄零，讀書少小，相對鐙青。繡冷鴛鴦，夢閑蝴蝶，記不分明。　連朝屈指郵程，暗回想，歸途慣經。千里風沙，廿年辛苦，兩地心情。

滿庭芳

秦少游此詞，琴操改作陽字韻，東坡聞而賞之。王子梅以《玉人梅影圖》囑爲題詞，偶用其韻，賦此一解。

玉粉精神，瓊枝體態，紅羅曲唱春陽。折來纖手，麗友伴金觴。夢裹梨雲喚起，帶疏影，月色微茫。早贏得，鴛鴦名字，芳信度東牆。　何傷。休自惱，夜寒紙帳，句瘦詩囊。原不是紛紛，蝶妒蜂狂。問訊江南消息，一枝寄，花占千香。憑當日，壽陽人艷，眉捧額間黄。

齊天樂

陶凫薌師不相見者，幾廿年矣。甲午冬，譜詞鑄斗，寄爲荃溪兄壽，兄次韻答謝，因疊韻以寄懷。

蘧廬風雪天寒甚，蕭然結心莊老。書劍飄零，壺觴嘯詠，愧説王家諸少。蓬萊海島，更渺渺予懷，海雲天表。桐帽棕鞋，廿年林壑賦閑早。　詞人千古白石，石湖仙舊句，塵境都掃。驛使梅花，長年松節，斗酒分澆孤抱。冬心未了。盼雁字魚箋，春風傳到。别思綿綿，一燈雞唱曉。

淡黄柳・星廬侄《淮陰話雨圖》

娑羅樹匝，清響閑窗答。點滴聲聲聲一霎。話盡悲歡離合，多少心情弟兄洽。　具壺榼，呼僮爇銀蠟。凝寒候，氣蕭颯。映清淮，一水同聯榻。幾日重陽，異鄉爲客，應悵茱萸遍插。

春從天上來・繡山侄《青天騎白龍圖》

萬里天風，早曉發昆侖。策馭行空，尺木頭上，纖芥晴中。扶摇直入鴻濛。想長庚飛入，更詩句，列宿羅胸。躡層霞，向咸池濯足，低瞰巃峰。　無難狎而騎也，記舊語韓非，極目蒼穹。鱗甲之而，風雷掌握，當日行雨奇蹤。定驪珠探得，嘘雲氣，契合雲從。思無窮，我暴腮如此，還羡登龍。

高陽臺・丙申春入都途次作

遍地風沙，漫天塵土，一車又上長安。野店荒村，幾曾努力加餐。琵琶一曲無須唤，鬱輪袍，爲問誰彈。伴深宵，杯味心清，鐙影心閑。　蓬萊渺渺何時到，任天風引去，萬里澄瀾。彩筆新吟，妙思飛入毫端。還丹今日還餘我，燭三條，心已燒殘。更何妨，破敝征衣，歷碌征鞍。

南樓令・葉潤臣《江亭看山圖》

層疊翠微横，蒼茫隔遠汀。儘卧遊，何必擔簦。雲水光中天萬里，還比似，快哉亭。　一帶繞山城，山光滿郭青。望晴川，烟樹初晴。杜老舊吟新畫本，都一點，映心清。

蝶戀花

江亭乃江郎中藻所建，都中陶然亭也。前題誤詠，復譜此以志。時清和三日，江亭有展禊之會。

一醉陶然塵夢掃，讀畫看山，此景俱超妙。伏獵侍郎同絶倒，迂疏似我真康了。　剔蘚剜苔幢影照，梵境清凉，古意誰尋到。展禊千秋佳會少，江亭更比蘭亭好。

阮郎歸·倩劉庚史畫放翁小影團贈沈惰翁

一編一笠鏡湖中，湖光遠夢通。梅花一樹倚簾櫳，滿身花影濃。　軀如鶴，氣如虹，化身千億同。千家紈扇月玲瓏，惰翁亦放翁。

離别難·用柳耆卿韻詠盧溝曉月

相照一鈎冷影，偏今日光陰。過桑乾，擲盡雄心。况離情，垂柳萬絲金。五更裏，浸入河流，年年流水，愁緒難任。想當時，秀句黄花吟遍，何處覓花簪。　雞喔喔，漏沉沉。映疏星，夢斷孤衾。問瓊樓玉宇非渺，算陰晴圓缺儘能尋。更隱隱，曙色橋頭，紛紛行旅，車馬聲音。只自嘆，石景山前客子，千里憶家深。

南鄉子

重陽日，沈鶴坪以用山谷詞《重陽宣州城樓》韻句見示。余秋來病未出户者兩月，和此聊述悶懷。

拈句管城侯。不必登高百尺樓。誰製蠻王獅子巧，心休。聊插東籬菊滿頭。　桑落酒杯留。風雨何曾冷九秋。自笑題糕無一字，堪羞。佩得萸囊亦辟愁。

前調・用山谷詞《九日寄懷永康彭道微》韻，即懷山谷道人

颸館曉霜收。入畫雙溪泠荻洲。樓外敬亭山色好，宣州。人倚西樓最上頭。　歲月去如流。八百年來幾度秋。謝守高風千古共，涪州。當日臨風解盡愁。

齊天樂

高寄泉以莊光私印寄示，并跋云："嚴子陵本莊姓，因避漢明帝諱，易姓嚴也。"余按，嚴君平本莊，君平亦同此。

羊裘五月今云渺，鐫來姓名共仰。古澤猶存，黝痕未蝕，恍似莊嚴寶相。釣壇無恙。印一水澄泓，碧雲孤嶂。擲向張星，客星相照酒懷暢。　市門仙女偕隱，兩心緘密處，漁歌同唱。螭紐誰蟠，虎符誰綰，不羨雲臺諸將。先生已往。共卜肆君平，千秋高尚。鈐得新詩，達夫精鑒賞。

高陽臺・春感，用《山中白雲詞・西湖春感》韻

筆架山光，石門山色，泗濱獨泛村船。桃李多情，共他風景年年。鬢華易逐年華老，算春光，我見猶憐。望空濛，一點雲波，一抹雲烟。　近知静者心多妙，快閑披書史，如歷山川。暮暮朝朝，酒邊還倚花邊。天涯柳絮當年恨，又何須，三起三眠。鎮無聊，且聽春鶯，休聽春鵑。

百字令

王海門宰壽張時，夢吟古樹間，樂甚。丁酉春，移官曲阜。署中之唐槐，風景宛然。紀時刻石，因譜此以酬之。

槎枒釵股，正午陰清處，鳴琴聲逸。槐應舊堂題拙老，槐蔭問誰名易。六丈枝高，千年樹古，觴詠延佳客。花黄時候，早培庭畔嘉植。　夢境不是南柯，經霜老幹，詩意神仙筆。文草蘇楊靈瑞

紀，並溯仙源遺跡。召伯甘棠，尚書絲竹，風景同今昔。扶疏振葉，一雙鳧影飛舄。

浣溪沙

醉裹年華話酒觥，村居閑把硯田耕。飲茶獨笑不詩清。　十里春風姜白石，一軒明月柳耆卿。紅牙拍按艷新聲。

摸魚兒・榆錢

愛穿來，酒堪冬釀，隔牆莫易抛去。綫環串就盈千萬，休説流如泉布。春色住。自買笑年年，飛遍真娘墓。碧烟新鑄。算鋪砌苔紋，疊溪荷葉，幾綴樹頭古。　村社雨，散入曉陰濃處。還添花勝歡趣。密垂短貫枝枝重，不似粉飄輕絮。堆狹路。也萬選，青青學士誰裁句。兒童争賭。更白打閑分，翠妝戲簸，圓小積無數。

臨江仙

隨意搓酥膩粉，頻朝寫翠傳紅。新凉天氣倚簾櫳。茜衫金菡萏，羅襪繡芙蓉。　閑把侍兒名喚，冬冬又復東東。詎人偏是醉妝慵。拖肩珠落索，插鬢玉瓏鬆。

虞美人・七夕後一日雨中作

洗車舊事空抛擲，秋夢紗窗隔。那堪灑淚又今朝，凄寂梧桐，庭館冷瀟瀟。　冰清琴韻愁懷寫，點滴聲聲也。上弦月掩黯情多，惱煞詩成，八夕渺銀河。

臨江仙

一枕蕭蕭秋影，半窗瑟瑟秋聲。離懷無奈忒凄清。流螢星萬點，寒雁月三更。　雲樹復遮烟樹，短亭况接長亭。夢吟尋想不分明。驪駒門外路，楊柳曲中情。

虞美人·中元日王秋垞生辰招飲未赴，譜此謝之

張燈今夕思開竇，歡宴良辰好。壺觴紅豆不勝情，相對團圞月色話長生。　蒡翁菜美堪爲脯，冷我吟秋圃。玉奴弦索意奴歌，爲問詩題羅帊又如何。

滿江紅·俊峰兄《回頭是岸圖》

悟得迷津，浮一葉，懷抱自寬。凝眸望，人家羃歷，雲樹迴環。笠澤無妨存蟹志，鹽池曾記話魚官。任烟波，萬里極空濛，天際看。　風颸颸，水潺潺，思渺渺，路漫漫。更飛帆，遠柁激浪層灘。巨海何難尋寶筏，中流容易挽狂瀾。算此心，自在似虛舟，還顧間。

鎖窗寒

幼卿三弟化去數月，已葬矣，譜此悼之。所謂長歌之哀，過於痛哭。用《山中白雲詞》悼王中仙韻。

玉樹長埋，荆枝猝折，魯城郊外。風淒雨殢，春草句尋空裏。縱有時，夢中歡語，怡怡回首心堪碎。想雁行雲斷，也應知我，闃然情致。　偏是，淒傷意。嘆黃土成塵，白楊映水，形神憔悴。甚當日，巫禳青鬼。獨登高，遍插茱萸，滿衣黯灑千行淚。剩夜寒，冰結洙流，冷霜飛荻葦。

少年遊

爐温茶熟沸瓶笙，梅萼數枝横。雁聲遠也，雁聲近也，天外一聲清。　柳湖尊酒心淒寂，詩句亦零星。寒窗燭影，寒窗人影，風雪夜三更。

高陽臺·冬居志興，用韓子耕《除夕》韻，時戊戌嘉平

聲噪芻尼，味腴龍耀，閑中樂意隨心。半畝梅花，暗香疏影光陰。年華五十行將近，休恨他，鬢影相侵。喜頻朝，快雪時晴，都入新吟。　佩來宜子宜孫印，共圖書萬卷，詞賦千金。桂樹冬榮，秋風冷處誰禁。清癯骨格仍依舊，甚送窮，愁説而今。自怡情，嘯傲烟霞，歡醉園林。

識　語

從叔琴南先生手輯《闕里孔氏詞鈔》四卷，校刊甫竣，先生遽歸道山。雲村從叔既抱手足之痛，復念先生平生精力盡於此鈔，而詞學尤所夙嗜，欲以所著《貯雲詞》附全鈔後，以傳永久，爰命憲彝選録遺稿四十首爲第五卷，刊板藏於玉虹樓，並屬志緣起如此。

道光己亥八月二十有六日，受業侄憲彝謹識。

曲阜詩鈔

（清）孔憲彝輯

山東師範大學圖書館藏清道光二十三年曲阜孔氏刻本

目　録

原書書後

余友孔繡山葺《曲阜詩鈔》八卷，予得而讀之，凡五十一人，計十一姓，惟東野氏得三人焉。而顏氏稱盛，其修來考功，則漁洋同時稱“十子”之一者。雖未知於漁洋，何如懷文抱質，斐然有述作之意矣。而異鄉士大夫知之者尚少，況其他乎？嗟乎！士固貴有所憑，其所憑過厚，則後起者難爲工，理自然也。昔東坡喜譽其子過，過固不愧能者，而《斜川集》，學者亦罕見之。使非東坡爲之先，則其集必易稱於世矣。爲聞人之子孫，而其難且若此，況賢聖之裔乎？繡山汲汲乎存之，蓋有見於是矣。道光二十二年壬寅夏，上元梅曾亮書。

原書後序

嗟乎！學不能稱，名没世盡，人之所惴惴也，即文辭亦豈不然哉？然而恐己名之不稱，力求可傳之，實此第爲己，而不足以及人。若於前人既没之後，必欲擇其名之可稱者，盡力表揚之，使人人皆得傳諸久遠而不朽。此其推己及人之量，可謂宏矣。余表弟孔繡山同年鋭意著述，留心文獻，嘗編輯《闕里孔氏詩鈔》十四卷，既寓誦芬之意，兼深闡幽之旨，誦其詩即可以知其人，知其家世，知其事蹟，實於孔氏家乘有所裨益。既又編《曲阜詩鈔》八卷，得五十一人，計十一姓，先君子得與焉。一日，持全册，囑校字，且索弁言。憲銓何敢哉？然憲銓不言，他人亦安得有深知其意者？憲銓更何敢哉？吾邑人士皆務樸實而厭虚名，其流弊遂至於名不能出鄉里。故區區音韻之學，非學士之所難也。而今之人，每以爲北人之所未嫻。豈知山左爲古聖賢之邦，而曲阜尤承先聖學詩之訓，爲最近接跡風雅。豈難之耶？繡山特輯是編，以期没世者傳諸久遠，邑之中盡人得免無稱之憾，其意甚美，而量實宏矣。憲銓既未能誦揚先人，又不能表彰鄉先輩，實有愧於繡山之所爲。然憲銓嘗欲力務可傳之實，果能實至名歸，始更有所編輯，以稱前人不朽之德業，爲後世學士之勸。今雖未能，而步趨之志在此矣。世之學者，其亦可以觀感歟？

道光二十三年癸卯正月望日，鄭憲銓子斌謹書。

原書序

余既編《闕里孔氏詩鈔》，因念曲阜世家，孔氏外，惟顔氏稱盛，次東野氏，其外如魏氏、賈氏、陳氏、黄氏、桂氏、王氏、毛氏，皆嘗盛，而今稍淩夷衰微矣。顔氏澹園、修來、學山三先生，皆有盛名。修來考功爲國初"十子"之一，其子女孫曾，席道風、能詩歌者十餘人，可謂盛矣。然考功之曾孫運生明府，嘗患先世詩多散佚，欲編總集，未能也。所録者才十二人，存微波榭，老成凋謝，聞見日鮮。其盛者且久而失其詳，其淩夷衰微者，尤可念也。爰搜訪故實，葺《曲阜詩鈔》八卷，自孔氏外皆歸是鈔。較《山左詩鈔》所載曲阜諸家，人則倍之，詩加詳焉。且仿《武定詩鈔》之例，人係以傳，以志其遺言軼事。其倫次先後，以行輩年齒定之，不以科第斷，鄉黨尚齒，異國聞也。閨秀一人，即考功之女歸孔氏者，已見於《孔氏詩鈔》婦人内夫家。且二鈔相表裏，故不複見云。

道光二十一年夏五月，曲阜孔憲彝書於韓齋。

原書目次

曲阜詩鈔卷第一

曲阜孔憲彝纂輯　弟憲庚參校

顔伯璟

字士瑩，復聖六十六世孫，明河間府知府允紹長子，諸生。茂才當明末河間公殉難時，居兖州。城既陷，弟伯玠死亂兵中。茂才自城上躍下，賊憐而遣之，間行至河間，求父尸歸葬。遂隱居不出，日鼓琴賦詩以終。

【補】顔伯璟，康熙十六年（1677）卒。《國朝山左詩鈔》："漁洋《孝靖先生傳》：先生有異禀，狀貌偉麗。讀書不屑章句，談古人忠孝事，輒感激奮發。父河間公卒，會稽倪文正公赴召入都，過河間，爲設祭，且曰：'父忠子孝，吾師也。'河間公辛未舉禮部，實出文正之門，其爲所推重如此。朱竹垞《顔公墓表》：'公平生坦易，不沽名譽，暇則抽琴賦詩，與宗黨結文酒之會，取怡悦性情而已。遇人甚温，而家法嚴以肅。友愛季弟伯珣，同居無間言，訓子孫以博通經義。恒自言吾壽止六十一，卒之歲果驗。'"著《先孝靖公遺詩》一卷。《國朝山左詩鈔》、（民國）《續修曲阜縣志》録其詩。

詠柳

東風南陌緑盈盈，二月飛花鳩雨晴。閨裏不知楊柳色，却教離怨滿春城。

哭養微社兄詩未就，值栗兄柩歸，書此志慟

石門癯老人鮮識，早歲經營晚嘆息。世法脱却誦黄庭，白鷗元鶴共秋日。閉門著書窮石髓，崚嶒傲骨山矗立。白髮却結風雨盟，城郭時見君顏色。吁嗟！眼中之人皆老大，二十年來嗟何及。先生姻戚半同人，西江歸棹復憂集。一月兩作故人哭，金章荷衣同惻惻。兵戈旅櫬江水寒，虎岩人去山路黑。獨憐龍鍾尚遺余，朝涕沂南暮泗北。

顏伯珣

字季相，號相叔，伯璟季弟，恩貢生，官壽州州同。有《祗芳園集》《舊雨草堂詩》。參軍從宦河間，甫六歲，城陷，闔户自焚。有僕吕有年，從烈焰中負之出，有年遇害，遂匿民間。及兄伯璟至，始求得之。年十五，補博士弟子員，以陪祀特授壽州州同。在州修復芍陂以溉田，民咸利之。工詩古文詞，與從子澹園、修來相切劘。築祗芳園于泗上，彈琴賦詩以自娱，四方名士皆樂與之遊。

【補】顏伯珣，一字石珍。明崇禎十年（1637）生。《國朝山左詩鈔》："孔璧六《序》：'相叔早年游金陵，爲詩風流跌宕，脱口而出，不事追琢，晚年乃臻平澹静深之境。今讀其詩，如對數十年面壁老僧，令人矜驕之氣不滌自净。'"《國朝山左詩鈔》、《國朝山左詩補鈔》、《晚晴簃詩匯》、（民國）《續修曲阜縣志》録其詩。

寄朱武林

伊昔陟泰嶽，與君訂交初。蘭譜雖自舊，新知樂有餘。解帶越觀松，遂造雲中廬。碧海在東牖，凉輝生蟾蜍。揮手謝群仙，徒見梁父墟。塤篪歌互發，上感天帝居。灑酒弔魯連，馮夷爲欷歔。雄

氣愜歡賞，誰覺清夜紆。蹉跎二十年，白髮兩蕭疏。天雲雖在璽，舒卷固自如。秋湄吟猶遠，春畹藥正鋤。常貧傷嚶鳥，將老昧津漁。躑躅梁上月，殷勤河中魚。河廣不可涉，卬須漫居諸。

答單父朱武林寄書

羈守淮南客，傷離魯阜春。故人書昨到，歸夢夜尤頻。細草琴臺路，紅妝獵騎塵。未堪懷往興，垂老阻松筠。

秋日下窑廣住寺編甲恭講上諭

艤舸下下窑，遵渚上上方。寺在平阜上。既告編甲令，旋敞象魏堂。鳩鴿紛在眼，焉用桁與楊。獨夫戌滄海，聖人重蕭牆。床第均以和，雞犬無相戕。大哉王者仁，覃敷十六章。猶母語嬰赤，提耳加膝傍。小臣藐斗筲，同照日月光。職非任宣達，感激望時康。文翁格殊俗，矧兹蕞爾鄉。鐘鼓陳兩序，觀者頗扶將。千人稽首諾，金鐸鳴喤喤。有鴞墓棘叢，好音還頡頏。因知舞儀鳳，詎擇虞廷翔。龍宮夕向晦，鼉浪射日黃。拾棹驚欲去，野老羅酒漿。秋風吹淮泗，白波蹴徐揚。蕭蕭柿林合，院宇深且涼。窈糾鄉思集，對客還停觴。故廬行當返，聊治門徑荒。白頭倚蒼林，永頌帝道昌。

擬綫陽館送别詞

來如秋燕去春鴻，又挂孤帆落照中。不及雙灣宫外水，明朝還到壽陽東。

張節婦詩十七韻

羊市會諸水，堂崗蔚鬱盤。中有摧折桐，上有孤翼鸞。遺子養危巢，竹實含辛酸。氣與風雷争，骨隘天地寬。有女張也雛，奇毛長琅玕。十歲受經書，十五薄綺紈。十六嬪于高，鳴玉房櫳端。萱色春未暮，桂折秋忽殘。明星爛何繁，錦琴怨何嘽。豈惜繼一死，惜爲達者嘆。女子矢明義，措躬顧所安。朝進菽水飯，暮投熊汁丸。肩巨願難酬，泛敢隨憂歡。何意身復殂，嘔血碧未乾。烈士慎委身，受命感急難。成功豈人謀，仗此奮激肝。相望盡千古，撫旌涕萑蘭。

考城道上

黄綬非吾事，青山正好春。窮愁不放客，花柳且隨人。馬懶吟詩穩，林暄聽鳥頻。前途莽浩蕩，不復問漁津。

滕縣

凌旭渡大河，兩舍忽及兗。近鄉意飛揚，屢怪駑步蹇。青冥孤雲深，嶽頂乍隱顯。嘉禾滿原皋，滕薛在仰俛。逢人擬親識，覿面笑屢舛。鳥上林靄呼，烟帶峪村轉。即此認故鄉，須知近京輦。欲報閨中人，驚心翻側轉。

兗州府

衰老不及情，哀樂與常異。兗國吾舊居，今夕千里至。親故相候迎，問答頗無次。矯首泗上村，數有閨中使。老妻致寒裳，迴札了數字。三載長婦歿，望哭翻無淚。莫怪不入門，衰顔尤多愧。善待鹿門還，料理白頭事。

獻縣

垂老無寸功，九遍走河朔。夕熱征徒煩，憩馬白水郭。西支下滹沱，東灌徒駭涸。遂作瀛海障，勢殷秋天廓。誰致襦袴謡，兒孫世耕鑿。忠臣魂不歸，醇俗惜猶昨。下邑莽黄雲，西風淚紛落。耆舊問幾存，窮秋傷倚薄。

詠女生日

官閑知瑣細，兒女慰春堂。欲雪看成詠，探梅早試妝。新書楚語半，舊彩越羅凉。次第催余老，汝今身又長。

揚州

闤城歌吹古揚州，物换人非獨繫舟。邗水未沉隋苑月，平山常對海門秋。勞臣備寇遭嚴謫，烈主臨危想壯猷。遺事傷魂耆舊盡，逢人莫問廣陵遊。

運銅返壽州，答壽民

州貳微細職，亦備守土臣。官銅輸有吏，濫責安所循。吏解苦累錢，豈念官更貧。無乃教之貪，交征虧至仁。破産盡寶泉，達官猶怒嗔。十月衣葛迴，返顧西灞津。蒸黎爲我哭，願償官累銀。感激謝蒸黎，剜肉寧一身。今年誅阿魯，白鉞逾北辰。至尊日一食，六軍仰隻輪。但添盧龍骨，未返麒麟人。而我僻南服，偷生守六親。譬彼屋角蓬，庇霜敢望春。君看征戍兒，我何怨苦辛。

病閑

吏情虚禄米，病態愧閑身。未絶論文屐，猶翻漉酒巾。樵薪課僕早，種菊唤妻頻。聖代容迂老，何須憶釣綸。

芍陂堤上課各門監者種柳

我昔獨卧泗水春，十年身老漁樵人。園中高閣臨河滸，千柳萬柳相映新。我今淮南末僚列，許身難比稷與契。操築日日芍陂頭，種柳猶課春時節。女柳盡生我當歸，十年白髮頭更非。不見此老汝應悲，須憶陂頭種柳時。

靈壁縣西，故汴水上，奇石十餘里，磊砢相望，意即宋花石綱所遺也，感賦兩絶句

隋館成塵堤路荒，宋家花石御河旁。野人不解千年事，此道惟聞入汴梁。

汴水何年御岸平，中流獨見野人耕。美人不得同花石，猶伴寒烟幾處横。

題《江子獨坐石溪圖》

若有人兮抱真而獨處，水潺湲兮石齟齬。老樹千糾藤百盤，藤春穗葉殷先丹，長松落落風猶寒。誰爲貌此技入妙，意無丹青神始肖。不可逼視烟霧深，翀天微有元鶴叫。

七月十五日，孝陵監送白果總督府感賦

孝陵嘉樹果猶繁，潔白堆鮮出寢園。已見雕盤馳大府，應同黍豆薦中元。樛枝影動龍帷曙，密葉秋凝玉殿痕。昨日皇華新秩典，可能招得鼎湖魂。

寄家書，即發石頭城

鷁轉城頭纔撥棹，魚隨舷尾乍題緘。離心翻似辭鄉國，愁理西風一片帆。

自臨清夜抵泗南吕村

慘淡河南墅，繁星見北岑。遷居何草草，種竹只深深。歸况羞僮婢，塵顔對釜鬵。山妻六十載，猶卧嫁時衾。

奉酬孔璧六先生過訪雙溪

門徑午始開，柳花深一尺。故人過澗來，握手歡如昔。相見眼

終青，不知頭更白。毋徒問北音，杯底月堪惜。

瓦埠春祭先賢宓子廟

數里平沙春水連，漁舟賈泊雜人烟。晴光雲影清波上，細柳遊絲小隊前。入里風謡猶古俗，升堂琴瑟想先賢。腐儒亦有成民任，忝禄虚能守豆籩。

奉酬孔壁六貞瑄過訪宛溪

里巷如無路，落花深没磯。不因迎竹杖，誰爲啓柴扉。問道羞奇術，論文動少微。與君來往便，識者亦應稀。

獨居懷吴六益

茅屋連清曉，相思意甚長。冬林明霽景，山竹裂寒塘。薄俗才偏忌，高名老善藏。無由論舊好，愁思過滄浪。

九月十日，孔氏園宴集

遂使凌丹壑，何由入玉田。遠墟含落照，高竹上秋烟。花動翠微閣，山鳴碧澗泉。茱萸還可泛，莫漫惜離筵。

沙邱

柳色青青壩水頭，千家歌吹繞沙邱。祇今寒食堤邊路，盡是王孫舊酒樓。

早秋寓意

夜清凉思發，秋氣滿高原。露重星房白，寒凝嶽色尊。烏啼梁苑樹，客淚孟嘗門。尚憶貧交在，寂寥誰爲言。

感懷

春遊忽欲暮，歸騎已蕭然。烟嶼猶啼鳥，花溪不放船。離筵歌舞地，别淚艷陽天。未可聞吴詠，相思落雁邊。

早秋

高館秋風落，孤城有所思。衣裳寒水外，心緒暮雲時。石隘灘聲急，關深雁度遲。桂岩一茅屋，幽獨與誰期。

雪甚康熙二十八年十二月作

跨馬出魯門，還村渡泗水。雨雪積昏晝，原隰平如砥。六合歸太素，萬物盡爲滓。放犢惜及目，僵鱗赤頳尾。村遇曝背人，有懷兼憂喜。喜者春得耕，憂者即餓死。稱貸絶親戚，况乃問鄰比。兩歲俱無年，泰瑞反成否。明年幸蠲租，六郡受帝祉。願得少延活，共待春陽起。使君罷於田，豢盧日一豕。餓者拾餘去，且得飽妻子。請爲將盧役，虞人聞之恥。側頸籲使君，公門如萬里。

訪孟玉尺故宅不見

孟系傳鄒國，羈棲老白門。梓桑千里意，章甫兩朝恩。失望清淮鯉，聞哀獨樹猿。江山迷故宅，無處訪諸孫。

王莊驛

夕薄王莊驛，驛人不肯留。群盜夜殺人，吏卒方苦求。富人既已矣，貧者畏見收。行子幸託止，眠食焉得周。堯舜馭八極，職司贊鴻猷。胡爲此輩繁，猶厪宵旰憂。急弦鮮長音，宿海無澄流。長吏亦有道，安用多殺劉。余亦厮王臣，蹇拙不自謀。忝職非獻替，兹意常悠悠。

賈應寵

字思退，號鳧西，拔貢生，官刑部郎中。有《澹圃集》。鳧西爲人瑰畸，好爲稗官之説，歸田後，遷于瑕邱。卒年八十餘。

【補】賈應寵，一字晉蕃，别號澹園，自號木皮散客、木皮散人。明萬曆十七年（1589）生，清康熙十四年（1675）卒，年八十七。孔尚任《木皮散客傳》："木皮散客，喜説稗官鼓詞。木皮者，鼓板也，嬉笑怒駡之具也。……行年八十，笑駡不倦。夫笑駡人者，人恒笑駡之，遂不容於鄉里，自曲阜移家滋陽，閉門著書數十卷，曰《澹圃恒言》。文字雅俚，莊諧不倫，頗類明之李卓吾、徐文長、袁中郎者，鄉人多不解。有沛縣閻古古、諸城丁野鶴，爲之手訂付其子。蓋閻、丁亡命時，嘗往來其家云。"另著《詩綱》一卷、《木皮子詞》一卷。《國朝山左詩鈔》《滋陽縣志》録其詩。

飲孔方訓郎中齋中，同望如劉顯思徵君

此心憂太苦，把酒且狂歌。初月辭星下，高天任雁過。亂離猶未盡，故舊已無多。既醉不歸去，流連意若何。

秋夜

一天飛落葉，萬木響秋風。兀坐嗟遺事，當杯問太空。星流雲澹處，雁過月明中。短歌思偏遠，長宵恨未窮。

歸興

行年五十四，衰老且歸休。白社誰爲主，青天不可尤。藥多仍病肺，髮少懶梳頭。樹底家園在，園西水正流。

泗上殘春

白鳥飛飛去復還，石橋寂静水涓涓。清明且看花如錦，上巳何須酒載船。茅屋倚窗曾種竹，淺溪繞舍可栽蓮。春風澹蕩閑吟望，隔岸殘村幾處烟。

陳見智

字體元，號力庵，康熙庚戌進士，官金華知府。有《哂園吟草》。太守清操表著，歷任守令，多有善政。以論事忤上官，罷歸。家居教授，饘粥多不給。舉鄉飲大賓。卒年八十有五。著作博富，譜《一線天》傳奇，爲時傳誦。

【補】陳見智，明崇禎四年（1631）生，清康熙五十四年（1715）卒，年八十五。(乾隆)《曲阜縣志》卷八十六“列傳·守令治跡”：“（陳見智）授萬泉令，丁内艱，服闋，補陳留，執法不撓。諸生有犯法者，賂於守，守爲解免，見智力抵之法。累遷刑部江西清吏司郎中，出守金華府。俗多溺女，女奴往往白首不得嫁。見智嚴其禁，所長育及遣嫁者不可勝計。”《國朝山左詩鈔》：“案：力庵先生與先大夫鄉試同門，清操表著，罷官後以舌耕終老，寄先大夫詩有‘老任生來我，貧羞説向人’之句。余髫齡甫學爲文，即蒙先生賞識，贈以詩云：‘遍檢牙籤尋甲乙，早從襁褓識之無’。六十年來，諷詠遺詩，不勝知己之感。”另著《哂園詞》一卷。《國朝山左詩鈔》《晚晴簃詩匯》録其詩。(民國)《續修曲阜縣志》卷七“藝文志”録其《直省縮地歌跋詞》一文。

憶家

歲月天涯盡，年來悔浪遊。風霜沙際雁，棲息水中鷗。竹塢開詩社，桃花入酒篘。何當尋故老，驢背過林邱。

虎牢關

百戰成皋地，中原第一關。大河迴九曲，少室亘重山。風雨崤函外，人烟鞏洛間。往來憑眺處，回首已蒼顔。

西園主人招飲水南莊

筆床茶具出青郊，別墅開樽近鳥巢。一徑苔痕侵客屐，三眠柳色漾晴梢。花間對酒渾閑事，竹裏行厨亦大庖。堪笑蒼顔髩髮叟，詩腸枯盡費推敲。

觀明景泰御賜衍聖公南溪先生“謹禮崇德”金印歌

前朝有法物，金章玉篩文。賜來景泰間，什襲更重紉。時時光芒吐，夜氣動青雯。今日爲君發，開函驟五雲。睥睨珊瑚樹，輕薄琅玕茵。周鼎與商彝，寵光埒典墳。驚看復却顧，嘆賞侔鬼神。從來神物有奇怪，安肯久涸於風塵。珍重丁寧司藏者，毋令劍氣走龍津。

即席送陳健夫先生

幾年才執手，十日爲停驂。返旆燕雲北，來旋道路南。君宜雙筆賜，我已二毛毿。後會知何地，離情似酒酣。

顔懋衡

字以玉，號向九。復聖六十九世孫，翰林院五經博士。

恭紀幸魯盛典

萬乘霓旌下拂天，哲王親祀聖人筵。因知盛代修文物，不減虞廷奏管弦。遍歷林塋因訪道，下詢草野爲褒賢。存神過化今如此，疑是唐堯甲子年。

顔光猷

字秩宗，號澹園，伯璟子，康熙癸丑進士，選庶吉士，改行人司正，官至河東轉運使。著有《易經説義》《水明樓詩》。運使守安順時，值提督部兵激噪，匹馬入其壘，曉諭之，皆投戈。受命修復聖廟，置祀田，疏請以祖河間太守從祀于廡，皆爲時所稱。

【補】顔光猷，明崇禎十一年（1638）生，清康熙五十年（1711）卒，年七十四。《國朝山左詩鈔》："李小東克敬《三顔公傳》：'孝靖先生娶朱淑人，遭亂不屈，死而復蘇，濟南王阮亭、寧都魏叔子爲作傳。孝靖生六男子，淑人生者三，皆知名當世，長運使，次考功，次學使。一母生三偉人，聞者異之。'衛爾錫序：'澹園先生與余先後讀中秘書，後又同事黔中。今來榷鹽河東，操弦嘯詠，不改其素。猶憶余去黔後，聞安順營伍脱巾噪呼，上下錯愕，不知所措。先生出片言，徐定之，聲色不動，戢變難於倉卒，信乎？談笑樽俎，折衝千里，其得於温柔敦厚之教，非淺鮮也。'"另著《顔澹園藏稿》（不分卷）。《國朝山左詩鈔》、《晚晴簃詩匯》、（民國）《續修曲阜縣志》録其詩。

題丁遷子山水圖

閉户蒼崖陰，開簾蒼崖霽。如何尺步間，具此千尋勢。曲徑旁東回，小屋垂薜荔。有客坐危欄，仰觀流雲逝。下聽陰壑泉，泠泠響石砌。修竹驚棲禽，青翠滴人袂。我性耽山林，對此成深契。久視不知疲，了無塵襟繫。欲爲麋鹿群，但恐終俗吏。懷彼馬少游，超然自高詣。

督亢陂

從約既不成，雄秦日烘烈。六國將蠶食，千古同悲咽。惜哉燕太子，養士求一雪。圖窮見匕首，血染秦庭闕。荆卿不歸來，燕丹亦遂滅。刺秦禍固速，不爾亦力竭。與其坐待亡，誰與先攻伐。放諸博浪椎，未可言優劣。迢迢易水愁，萬木鳴寒葉。不見督亢陂，千載流霜月。

玉泉山

出郭絶氛埃，遲回入林麓。爽氣生西山，遠眺如新沐。碎石礙馬蹄，仄徑轉車轂。行行三十里，高垣俯深隩。路轉躡荒坡，工作雜平陸。虛堂招清風，迴廊瀉幽瀆。西行探甘泉，對面來飛瀑。瀑水清且漣，攬之動盈掬。既吸泉中水，復坐泉上屋。危巒聳高樓，仰視如一簇。卧佛望不及，野火明樵牧。紆徑問山人，何處留吾宿。

贈蔡孚萬

蒙茸蘭芷滿青山，中有道士彈七弦。一卧十年不知曙，流水落花任自然。目前六龍那可駐，空言螭駕隨烟霧。須知年比龜鶴深，終是蜉蝣等朝露。

龍灣村居

草動平原暮，林占夜壑晴。到籬秋水濕，繞砌白雲生。野犬迎燈吠，鄰雞上樹鳴。武陵應不遠，此地可躬耕。

擬南苑應制

傳幸甘泉苑，金輿出漢宮。九斿親講武，萬騎儼臨戎。月映琱戈白，天連獵火紅。後車應有載，渭水夢非熊。

朝天關報捷

聞説朝天破，將軍第一功。獻俘蜀地外，秣馬錦江東。鳥道山無險，蠶叢路已通。從今元氣鋭，奏凱自秋風。

己未冬留别諸弟

駐馬看群雁，分飛自此晨。同將一片恨，流繞泗河濱。酒在難謀醉，吟成空有神。不知茅店月，清夢阿誰鄰。

路轉虛亭影，林横落照痕。莫違慈母命，深愧聖人恩。積雪迷征騎，空山斷客魂。脊令知别苦，啼到月黄昏。

宿復輝上人精舍

到門斜日暮，駐馬夜深時。古寺留人住，香粳帶雨炊。秋深螢火亂，雲破月明窺。不待疏鐘發，蒼凉有所思。

石門

石門山寺白雲深，亂雨飛花野火侵。法帳空懸蓮葉散，梵鐘不響草蟲吟。牛羊歷落千林滿，藤桂蒼凉一徑陰。草閣昔年何處是，流泉彷佛似鳴琴。

冬日發大兵入川紀事

蕭騷白草擁飛蓬，一夜寒冰滿薊東。天賜嚴威能破敵，群知飛將遠臨戎。旌旄遠動關山月，刁斗聲隨劍閣風。此去專征還止殺，漫言銅柱勒神功。

側聞羯鼓下襄陽，更見丹旄出建章。自是南人多反覆，莫教西地隱豺狼。文翁化俗今何在，李廣封侯尚有疆。轉眼俘囚知不遠，早歌凱樂獻君王。

舊城

城郭蕭條三兩家，高林喬木有啼鴉。仙源舊治何人問，五月空庭落棗花。

石門山

石門半落短籬遮，時有仙翁飯紫霞。雲去天空山鳥亂，年年風落碧桃花。

龍灣

樓外青溪引徑斜，覆堤桃李爛明霞。河陽兄弟渾無事，尊酒年年趁落花。

舟行絶句

船開鎮遠大橋頭，緑水青山宛轉流。七十二灘瞬息過，滿江風雨下辰州。

江水溶溶江草齊，萬山迴合暮雲低。何年結舍秋江上，横石灘頭把釣磯。

過洛留别文韓兄

龍灣小圃滿青蘋，夢裹飛花爛漫新。東去兒童應計日，遍栽桃柳待歸人。

東野沛然

字郊霖，諸生，翰林院五經博士。翰博先以世廩生奉元聖祀。康熙二十四年，聖祖幸魯，翰博隨父雲鵬接駕，籲請設立博士，蒙詔許之，并給祭田五十頃，遂得襲職，如十三氏賢裔例。蓋博士之設，自明迄今，格于部議，至我朝而始邀特旨，誠曠典也。而郊霖之積誠上達，亦可見矣。

【補】（民國）《續修曲阜縣志》卷八“補遺”：“康熙二十三年，上東巡。沛然時爲周公奉祀生，奉旨撥給祀田，修葺廟宇，以沛然世襲五經博士。上（向）〔問〕：‘周公姬姓，爾疏東野，何故?’沛然對曰：‘昔魯公伯禽季子魚，賜東野田一成，因以爲氏。’沛然（常）〔嘗〕作《幸魯恭紀》詩，盧雅雨纂《山左詩鈔》采入之。”《國朝山左詩鈔》録其詩。

恭紀幸魯盛典

翠羽東巡過岱宗，迴鑾特幸伯禽封。金絲再奏新韶濩，詩禮重開古辟雍。齒及元公隆典禮，恩加下士慶遭逢。君師一德千秋合，載筆賡颺愧莫從。

王時鴻

字□□，歲貢生。

聖駕幸闕里恭紀

時巡曠舉會冠裳，釋奠親臨舊講堂。齊拜恩波孫子慶，欣瞻仗衛廟林光。當年道德傳縫掖，今日師儒在帝王。千古淵源同作述，仰窺宵旰早羹牆。

曲阜詩鈔卷第二

曲阜孔憲彝纂輯　弟憲庚参校

顔光敏

字遜甫，號修來，伯璟子，康熙丁未進士，官至吏部考功司郎中。著有《樂圃詩集》《舊雨草堂集》《南行日記》。考功眉宇英異，鋭意著書，官吏部時，與修《一統志》，名滿輦下。留意經學，嘗言："《大學》'格致傳'未亡，錯簡在聖經内。"手輯定本，識者韙之。詩派探源漢魏，古厚雄深，抗行于韞退、荔裳、西樵、阮亭諸公之間，東國之詩，于斯爲盛。與田綸霞、宋牧仲、曹頌嘉、汪季角、王幼華、謝千仞、曹升六、丁澹汝、葉井叔諸公，同時稱"十子"。漁洋嘗謂："施愚山曰：'吾鄉英絶，當讓此人。'"而顧氏亭林、沈氏歸愚亦俱推爲雅音，允無溢語云。

【補】顔光敏，又號德園、樂圃，光猷弟。明崇禎十三年（1640）生，清康熙二十五年（1686）卒，年四十七。其子肇維有《顔修來先生年譜》。另著《顔修來文鈔》（不分卷）、《顔氏家誡》四卷等，輯《顔氏家藏尺牘》四卷。《國朝山左詩鈔》、《國朝山左詩補鈔》、《清詩别裁集》、《晚晴簃詩匯》、（民國）《續修曲阜縣志》録其詩。

張夏道中

山行頓忘疲，曲棧穿蘿蔦。下臨千丈岩，沙嶼何娟妙。桃李緣青溪，疏花自相照。日落蒼烟深，餘香上寒嶠。谷鳥將雛飛，游魚濺波跳。石梯絶攀援，終古無弋釣。武陵争問津，翻令達者誚。車馬常班班，幾人展清眺。

朝出

朝出城東門，喧囂聞聚訟。我馬本虺隤，數里如遮送。旱魃垂三年，相依守餒凍。賑貸及窮檐，喜愕翻疑夢。吏情頗久諳，誰敢安愚戇。盡典懸鶉衣，屢顧儲粟瓮。豈知膏澤屯，祇訝名籍衆。無力號穹蒼，惟向路人控。吁嗟我矜人，憂樂當爾共。所憐九閽遥，莫效矇叟誦。兗俗無蓋藏，薄征始禹貢。適來螟蝗灾，久闕筐篚供。廟堂不加督，頻煩損國用。終當召天庥，坐致嘉禾頌。昨望河出雲，已聞霑梁宋。勿爲豪吏多，或忘主恩重。勸爾姑吞聲，忍饑事春種。

驅蝗

夏蝗乘南風，蠶食逼鄰邑。百里互傳警，一朝遍原隰。側聽風濤湧，仰驚霰雪集。良苗鬱芃芃，凶年變呼吸。比屋争喧豗，余亦操竿立。衾裯揺旆旌，婦子列伍什。攘袂或暫休，斷穗紛争拾。浹旬得晴乾，子孫復蟄蟄。田祖空有神，薦瘥竟相襲。惟昔有仁人，四境期不入。阡陌莽交通，驅除豈能及。矧我比閭間，饘粥常難給。人情賤煢嫠，追呼獨爾急。我倉雖未盈，雁鶩時餘粒。忍令偏罹灾，坐見向隅泣。投竿對童叟，壺漿可共挹。且息嘉樹陰，清風挂臺笠。

邯鄲行

總兵太監高起潛，縱兵焚掠畿輔間。先王父令邯鄲，禁戢之。起潛疏劾，阻撓援師，幾蹈不測，後竟坐鐫級，守城功亦不敘

昔在戊寅歲，蚩尤方降殃。神州久殄瘁，幕府無才良。全軀保妻子，五字垂官常。遂令長子權，隱忍歸貂璫。堂堂細柳營，蟠蟒懸金章。屈膝事婦寺，兵氣安得揚。畿輔募壯士，怨讟成乖張。肆

然爲蟊賊，遂行肘腋傍。放火連虹霓，揮刃交雪霜。深仁二百年，嚣然願偕亡。我祖令邯鄲，百折懷剛腸。被堅四馳突，片言懾豺狼。生縛送麾下，列狀盈案箱。細者施鞭箠，走者輒殺傷。僚佐聞此事，咋舌争潛藏。百姓見屨出，叩馬牽衣裳。是歲洺關破，連營趨滏漳。王師竟安在，所賴城與隍。折蓋充矛戟，載槖傳餱糧。三日解圍去，大酺典衣裝。天譴忽而至，禍始撓援兵。赫怒先削奪，旦晚緹騎行。通衢伐大鼓，萬人何皇皇。誓欲食督師，北往排帝閶。我祖跨馬出，遮道呼穹蒼。忼慨睨白刃，始得安岩牆。從兹飽喪亂，竟殉畿南疆。每飯念趙人，生聚猶未遑。父老聞我至，跛涉羅壺漿。揮涕感今昔，矯首叢臺荒。

登太華山九首

千尺峽自峪口逶迤行二十里，抵青柯枰，上肩輿可達。自此以上皆懸繘自汲，峽口有石，鐫曰“迴心”，用戒登者

青柯圍翠屏，四合無嵌竇。東北窮石林，劈空懸巨霤。巉岩互噴薄，造化争一候。夭嶠轉蛇龍，窅冥穿鼯鼬。側聞天籟發，曠野雷霆鬬。仰井窺秋旻，浮雲裊清晝。白帝觴百神，衆峰爲籩豆。瓊臺阻且長，翠葆紛何就。

瀑布即玉井水流出兩峰間，昔年有巨石阻其口，水泓深，峰不可登

溪迴硤角轉，三峰面始正。萬仞青琅玕，瀑流下砰訇。天逼多烈風，飄灑無時定。細沫隨霧消，大珠如星迸。石罅昔未闢，渟泓絶人徑。時挹霄漢芬，遥想菡萏盛。誰使鴻濛開，瑶宫借涵映。高蘿有垂猿，登歷當與並。

犂溝

犂溝劃絶壁，直上無迴藏。熊經復魚貫，誰得相扶將。危柯裊撐拄，修綆垂毫芒。仰睇愁瞑眩，况乃窮八荒。昔夢逐化人，靈境空彷徨。退身渺無地，懦夫亦時强。高林絶鳥雀，萬壑聞笙簧。便合此中住，彌年承玉漿。

白雲峰在三峰北，又北爲香爐峰

三峰信靈造，巍巍司寇冠。磊砢不盡泄，蚴蟉復北盤。結空出瑶几，前對香爐寒。大道望如髮，豁然見長安。我行采山蓀，葱蒨被岡巒。秋色何時來，萬里霜林丹。三川富陳跡，八水無停瀾。玉女悵不顧，目斷雙青鸞。

擦耳崖

振衣更南登，詭狀乃非一。蟻行緣危棧，逡巡皆股栗。側身常瓶耳，茹趾妨齧膝。吹徑乾松花，滴空熟崖蜜。蕭摵無人蹤，坐惜幽芳失。昔聞避世亂，雞犬喧雲日。劫火燒咸秦，遥慨人代畢。遺竈尚可尋，終當置蓬室。

蒼龍嶺

紆迴下平坂，削成當左衝。青霄嵐彩滅，蜿蟺垂蒼龍。修鱗剝石蘚，高脊突劍鋒。神物倏幻化，雷雨愁相從。玉京多欄楯，琪樹無春冬。咫尺不可接，勞心益忡忡。危橋見炊烟，下界聞夕鐘。相携戒前路，日暮崖霜濃。

西峰

衆險歷已窮，千盤墮幽渺。西見青蓮花，娟潔萬象表。夕氣收秦川，蜃市競紛擾。漸覺明霞昏，忽訝繁星繞。何年采芝翁，結廬出林杪。陰壑應天雞，空階裂寒篠。夢餘念疇昔，纖末俱了了。願從叔卿游，自顧浮生小。

南峰

侵晨望南峰，岧嶢更天半。仰凌變寒温，俯視殊昏旦。平岡始徐立，亭亭步鶴鸛。游塵失秦隴，微縷求沔漢。亂山互糾結，豁然四奔竄。欹傾如海濤，泱漭天爲岸。驅馬過華陰，豈謂窮壯觀。徘徊俯清池，濯纓復三嘆。

東峰

東峰不可極，乃知造化尊。屹然鼎彝峙，勢如虎豹蹲。松氣望蔚藍，無人踐霜根。巨靈拓太古，高掌誰能捫。晨光没河漢，似有雲車痕。陰風折秋花，吹落洗頭盆。蜷局念鄉國，久客傷精魂。且復望虞淵，散髮晞朝暾。

游伊闕

群山走嵩陽，空翠疊遠天。西南斷削壁，中見虹霓懸。高秋水痕落，沙石何清妍。游魚粲可數，霞彩濯更鮮。側聞風雨交，奔淙瀉鳴泉。澄潭荇藻静，凉月生娟娟。我欲乘輕舠，中夜凌紫烟。紫烟渺無際，悠然懷泗川。

龍門已曛黑，蹋步凌幽陗。夕風散輕陰，飄忽見殘照。冉冉行旅絶，冥冥露鶴叫。岩谷互響答，似聽蘇門嘯。洛城與邙山，延望空窅窱。昔年盛歌鐘，達人久憑弔。金銀接梵宇，墟落存餘燒。有懷向誰論，長歌下雲嶠。

游燕子磯

漾舟下澄江，安穩廢輕楫。遥空指蒼翠，久行漸重疊。石蘚秋更荒，皋蘭露猶裛。孤亭四環望，風磴遂屢躡。盤渦骲雁驚，幽窟蛟龍怗。恐觸馮夷宫，俯聽常震慴。詰屈雙銀杏，天半垂黄葉。波濤撼危岩，栩栩亂風蝶。東西吴楚間，舳艫邈相接。鐵鎖沈千年，金陵氣久厭。蒼凉金粟堆，時時見樵獵。鳳凰無遺音，嶰竹誰更叶。浩歌懷美人，褰裳不可涉。彷徨江霧消，斜日照城堞。

對菊

我愛甘菊花，風霜共高潔。非關託隱淪，邈如對賢哲。十載園林荒，塵狀空蹴躃。方春思種溉，懷歸屢中輟。九月凉風高，百卉萎鳴鳺。晚節始扶植，盆盎稍羅列。野人恣微尚，鹵莽豈所屑。枝幹攢丰茸，柎萼剪薄劣。顧今異疇昔，幽趣仍采擷。圃師終歲勤，曾不自怡悦。遑敢羞雷同，還疑笑忝竊。把酒巡檐楹，彈琴向寥泬。馨香苟無忒，及爾終如結。

送孫屺瞻假歸

烽火遍南國，鴐行去相踵。與君共棲遲，胡更棄閑冗。三十垂銀魚，稽古亦殊寵。中宵歌白華，有檄不親捧。邇來奮天戈，歸命及秦隴。賴知皇威宣，轉益鄉思動。我聞苕霅間，戎馬昔倥偬。鋒刃隨所遭，坐見群盜擁。鴻雁紛安歸，瘡痍賦猶重。儒生乃何知，憂端擬泉湧。翩翩洛陽少，片言邁晁董。七國方晏然，痛哭愁病瘇。古人貴幾先，後人迫將恐。君懷桑梓憂，宸聽應時聳。蘇門嘯清歷，天台賦龍嵸。高蹈殊未遑，九閽待垂拱。

君馬黄

君馬黄復驪，我馬駑且疲。我自游康莊，君自淩嶮巇。與君金石交，欲語中腸悲。挽君君不留，未敢相追隨。封狐走侁侁，罔戀相蔽虧。勿狃他人往，當思我爲誰。

爲王阮亭題庭前竹

昔在長干陌，修竹接林莽。把酒行春風，竟日迷來往。寒翠浮客衣，飄籜亂清響。對此翻離憂，欲濟恨川廣。長安闢高齋，隙地才如掌。美人來幾時，忽見琅玕長。西風吹庭户，海月漸東上。邈然懷三山，夙結鸞鶴想。深叢遞蛩音，重露明蛛網。野人逝將歸，誰與共幽賞。

董烈婦詩并序

婦孫氏，爲董樵中子道廣婦，偕隱成山。夫歿，從容告廟，與家人訣，遂自經死。

董生今仲連，高節淩滄波。忼慷引大體，裋褐良足多。中男製荷衣，中婦帶女蘿。形影常雙栖，松桂間婆娑。一朝閉重泉，秋蘭委陂陀。骨肉銜哀榮，行路紛悲歌。余時厠容臺，公好非敢阿。六年壅上聞，感憤空蹉跎。吁嗟潛德光，枯槁終銷磨。董生愛修名，當奈青史何。

易水歌

易水寒流幾千載，沙礫滿前風物改。波濤零亂倏明滅，中有英雄舊時血。六國流輩徒紛紛，二百餘年有此君。屠狗椉酒豈殊衆，高義先死樊將軍。蕭蕭白浪秋風起，白衣相送秋風裏。變徵繁音不可聞，離人按劍髮上指。蜂準豺聲辟萬人，鳴鐘陛戟羅九賓。匕首一出無人色，洶洶傾動咸陽塵。不爾元君亦囚魯，大轍螳蜋爭敢怒。燕家太子真可人，甘心委肉當饑虎。君不見，漸離矐目終伏質，子房報韓竟奔逸。生死一酬國士恩，智勇何須論得失。楡次客，邯鄲生，大言浪得千年名。傴僂老死安足道，我欲叱之謝慶卿。

汶陰禹廟歌

汶流西折如白虹，高源遥出徂徠東。穿穿石窟漱靈液，披翻峭壁凌剛風。塗山遺廟誰所作，閟室終古留鴻濛。階前老柏飽雷電，霜皮脱落成虬龍。火鬣高張勢崷崒，雙睛四射疑磨礱。引頸北來渴且怒，將無鎖鈕煩神工。泰山岩岩作襟帶，洸沂洙泗皆朝宗。一從分水濟飛挽，疏鑿頗與淮瀆同。南流滔天北流竭，萬夫始得帆檣通。天窮人厄信巫覡，殺牛伐鼓馮夷宫。昔聞洪州鑄鐵樹，蛟鼉偃蹇沈泥中。誰使古鼎淪泗上，下民昏墊無時終。當年隨山辨九土，流沙荒服開堯封。可憐精衛漫填海，鎩羽垂頭誰謂功。元圭告成屢相賀，昨來徵調何匆匆。廟前寂寞獨下拜，側身南望長書空。

菊嘆

東園甘菊高過牆，主人與爾同風霜。北窗支枕盡炎景，婆娑已似聞寒香。六月芸黄雨轉急，中宵獨往擎雙笠。濺葉猶防錦石崩，漂根豈合污流入。秋冬之間懷抱惡，年年植此同蒔藥。盡賒市酒羅户庭，大索明燈綴簾幕。去年蓓蕾不盡開，今年委絶纏蒿萊。籬邊朝槿終何用，偃蹇愁眠獨舉杯。

寒食日過故沙邱在兗城東，故青樓地

君不見，綿上山，孤高表雲海。同時儔侶紛光采，黄河投璧今安在。又不見，古沙邱，朝朝寒食王孫遊。田家八口憂饘粥，汝曹博塞皆天禄。早知巢覆争須臾，恨不常然夜遊燭。青樓左右連槐衙，明星漸落啼早鴉。鑿蹄驕馬轉飛鞚，迎門對掃棠梨花。棠梨歲久成高樹，不蔭樓臺蔭邱墓。牛山有淚行復歌，古來如此當奈何。

麥雨嘆

寧逢旱魃行，莫見商羊舞。小麥黄時賽田祖，汗流肩頳何太苦。霏霏霪雨連三旬，却恨炎曦在何所。昨日飛蛾空麥頭，今朝麥尾生黄牛麥中小蟲名。嘉實幾日作糠粃，長饑更待涼風秋。勸農使者來省耘，麥花布野揚苾芬。豈知倉庾有灾眚，翻嗔野老多傳聞。頻年屢歉蒙寬假，秋來並命鞭棰下。蛾兮牛兮胡爲者，覥然食我倉中粟，何不往遮使君馬。

游泗水源

朝弄泗水濁，暮弄泗水清。泗水瀲灩竟何許，今晨擬作尋源行。道旁嘉樹列帷障，持觴緩步聞倉庚。金沙銀礫行忽斷，爟然滿地朝霞明。七十二泉殷地出，石角沙痕相鬬争。累如玉繩曲篆籀，東西奔匯無定名。卞橋横束不盈丈，飛湍變滅何渟泓。清渠夾岸光烱碎，灣環倒影摇空城。何人沿溪抗風榭，炊烟縹緲懸瑶京。手植楊柳皆合抱，密葉交錯垂苕榮。蜩螗沸聒亂人耳，黄昏始覺潺湲聲。酒酣顧影愛流沫，熒熒燈火迴三更。昔年列坐杏壇席，弦歌左右清風生。俯仰嘆逝陳跡在，誰言太上能忘情。我生無地寄駘蕩，逝將浮海乘蒼精。但使身如黄犢恣，幽討蒼林白石，豈應與爾終寒盟。

漢韓敕修孔廟禮器碑歌

岐陽獵石輿京師，西京慘澹無雄詞。鬼神守護在鄒魯，嶧山野火誰爲之。兩楹夢奠四百載，先民猶似生同時。修復禮器片石在，千年盈把珊瑚枝。剜苔剔蘚出鋒鍔，細如烟篆交蠶絲。天漢分流注析木，蒼松倒挂垂元芝。鼎彝剝落車服壞，巋然墳典争陸離。黄初以來尚方削，豈知筆墨和天倪。延陵十字殊草草，陽冰變化事頗疑。岣嶁之碑徧嶽麓，昌黎搜索空漣洏。當時鄭璞誰得見，驚人豈在形模奇。逢掖章甫縱無用，安能垢面如蒙魌。東國使君致響拓，牛車歲貢同鹽絺。當前拱璧不知護，壁中蝌斗誰更貽。豐碑十丈勒宸藻，赤文緑字盈階墀。大雅淪亡恐復夜，願長留此光三儀。

留别孫鍾元先生

蘇門山勢何嶙峋，衛源澄澈如漢津。徵君來時已白首，種松復作蒼龍鱗。擔簦本意絶氛垢，門邊結駟來詵詵。目若懸珠齒編貝，褐衣不溷漁樵人。天啓之朝鈎黨急，半夜宫門匭函入。群鳳争鳴困一梟，翻與桁楊增椄槢。鎮撫司前慘么麽，狼藉何從辨楊左。孝廉急難排風雷，剝爛豈知存碩果。我來夏峰訪幽谷，鳴鳩乍乳山櫻熟。濯纓遥汲百泉水，朝餐細斸淇園竹。千秋壇坫徒紛紛，緇帷弦歌久不聞。五交三釁競飆起，達人甘與麋鹿群。鮑山遺烈渺難再，鵝湖鹿洞勞區分。先生講學頗以不黜姚江見詆。酒闌捧杖意惝恍，翻愁岐路風塵昏。駑駘已駕且長往，何曰重過元禮門。

青柯坪

我從華陰來，秋懷苦凄愴。一登十八盤，嗒焉如盡喪。手拂岫幌開雲關，峰巒變滅無停狀。狸狌嘯雨猿晝啼，咫尺但愁失歸向。

蒼藤羃歷穿危棧，高下冥途那得辨。石棱澗道僅數尋，渭水秦山幾迴轉。舉頭忽訝青天開，垣屋鱗鱗綴晴巘。長松挂壁森蓬藋，細霧緣扉裊烟篆。吁嗟青柯坪，壯觀真崔巍。三峰高造天，於我何有哉。安得巨靈咆哮重擘裂，二十八潭傾帝臺。手挽鐵船入天漢，仰攀十丈蓮花開。回頭却笑羨門子，坐看東海生黃埃。

戊申六月十七日，齊魯地大震，歌以紀之

冥海禺强立天門，啄害下人乘夜昏。耳聞青蛇雙噀火，蜿蜒競與蛟螭奔。穿窮地肺作陶復，谽谺勢欲無昆侖。大噬羵羊細螻蟻，蒼生履厚徒惛惛。千雷萬霆伏床下，發聲直奪飛廉魂。城郭跳踔金石走，六幕八柱手可捫。威斧怒劃裂平壤，幽光騰閃疑陸渾。黃泉激水立千丈，虹霓交射相并吞。踉蹌裸體走曠野，摩挲大樹同鴟蹲。荒雞不鳴狗亂吠，行衢南紀猶啍啍。閭門漸返尋骨肉，眼明喜見扶桑暾。恍疑中宵現妖夢，一時慶弔忘饔飧。共言巨鼇覆公餗，縮頸自請甘鉗髡。高陵深谷瞥然改，嶽瀆亦失公侯尊。嗟爾東人出兵燹，版築未就三冬温。焚巫暴尪測天意，疲氓忍使瘡痏存。西方雨雹大如象，探丸篝火驚蜂屯。野人習見尚云妄，監門何得徹九閽。三十年來增户口，祇愁庸調拋兒孫。村頭一夕遍磷火，舊鬼煩冤安足論。

重登牛首山

春風浩蕩臨江潭，驅光逐景如驚驂。却看山色喜長住，王孫一去林壑慚。鐵心橋畔理雙屐，陂陀迴望迷朝嵐。蒼藤新架竹籬改，路幽不使行人諳。憶昨秋深陟絕頂，高歌楚些哀江南。憂能傷人坐蕉萃，重來自對彌勒龕。兜率懸崖不受日，空中石髮垂毵毵。重樓倚巘開北牖，藜床藥竈浮蔚藍。邱壑信美不終老，誰令逋客窮幽探。我謝山靈勿譴怒，荷衣豈少庸人貪。共知萬境皆變滅，祇疑大海同泓涵。鶴怨猿驚幾千載，鐘山樓觀徒耽耽。山僧煮石不釀酒，

階前孤負泉香甘。我行醉卧雙塔影，徑思鑿壁營茆庵。桃花墮席夢初醒，黄鳥撩人歌正酣。人生所貴快意耳，安能束縛同春蠶。

賣船行爲宣城先生作

高人昔日寒無氈，書籍捻賣供酒錢。先生賣船今幾載，我把詩篇重喟然。君不見，江頭日日有官舸，繡旍十丈交婀娜。畫檻高懸大羽箭，綺窗横列繁花朵。雲幕夾岸移桃笙，解衣如瓠當中坐。鳴鐃伐鼓氣飛揚，金錢珠貝如堆垛。古來豪奢等電逝，貪泉一酌堪垂涕。先生之船水一方，沙棠爲楫木蘭枻。中虚載取西江石，望若仙舟渺天際。嗟此扁舟留不得，歸田杖策牽薜荔。先生昔出方紅顔，年來多憂雙鬢斑。魯門絲竹響復輟，澤國鴻雁何時還。梁間懸鼓愁天闕，豈應常歷風濤間。有琴在抱書在几，日長且卧敬亭山。

送宋觀察荔裳之蜀

三閭昔日沈沅湘，楚臣憭栗長悲凉。蘭臺巫岫類譎諫，翻令千載譏淫荒。片言立朝豈易得，何況秉節來天閶。怪君天刑誰與解，倏爲霖雨周雍梁。憶昔含香坐藤院，公然白眼輕張湯。一朝蒙辱處囊檻，獄吏嫚侮如驅羊。拘縶反成好游癖，南窮漲海西河湟。今年被詔按巴蜀，龍墀乍見鬚眉蒼。巴蜀年來成鬼國，蠶叢魚鳧重鬪疆。頗聞中丞貢嘉穗，九莖豈得盈千箱。猰貐磨牙近城市，騶虞垂首眠通莊。神禹泣罪祇輦下，窮陬無計逃桁楊。使君冠佩望魚雅，萬人祖送紛琳琅。子規晝啼岩谷静，木綿花落旌旗香。萬事夷險如轉燭，天公好生民壽康。皋陶廟裏襲長夜，凄風苦雨君無忘。荔裳有《祭皋陶》劇。

鬭鶉行

高堂邃宇人罕過，錦囊高挂珊瑚柯。乍聞人響軒勇氣，空中跳擲常傞傞。何來賓從皆禿袖，入門豪氣聲誰呵。服膺拳拳疑印綬，朝餐廢箸猶摩挲。三尺寶床正中設，鄭綿齊縷金盤陁。兩鶉出囊已脱手，盛怒似欲尋干戈。朱目紺趾豈得辨，疾如激水旋雙渦。注目良久三嘆息，爲官爲私理則那。戕伐固皆爾儔類，崇朝百勝何足多。磔毛啄血供一笑，誰當與爾同癢疴。瞥然一敗竟葅醢，争如朱鷺傳鐃歌。田中偃鼠飫草實，《月令》“田鼠化爲鴽”，即鶉也，徐行不避虞人羅。乃知羽翼反爲累，嗚呼奈此微生何。

斫冰行

河干夜雪寒太酷，兩岸嚴風折喬木。千人斵冰冰亂開，黿鼉下徙鮫人哭。荒雞聲斷聞鐃吹，舳艫銜尾相蹙蹙。紅旗獵獵拂雪乾，朱雀蒼龍耀雙燭。昔到炎荒供豆蓏，黄茅萬里雲熇熇。弓撥矢鈎鼓聲死，但怨羲和滯南陸。豈知天伐垂東南，元蜂赤蟻猶在目。恨無膂力操戈鋋，敢愛瘡痍飽鞭扑。東方日出傳朝餐，停船翻受篙師辱。熊膰牛腱凍不肥，争向南村求雁鶩。南村婦子輕室家，歲拾橡栗采野穀。朝來鳥雀盈牆頭，遲迴恐是逃亡屋。

秦以御應武科不第，歌以送之

秦生昔來遊帝都，羸縢履屩行操觚。海内新詩每在口，朝華夕秀争敷腴。今來意氣凌九衢，棱棱眉采鬑鬑鬚。中樞府前調駿馬，犀渠玉劍纓曼胡。南方雄虺流毒焰，我曹豈得耽文儒。聞雞起舞良可哂，聊爲渤澥添雙鳧。甘泉捷書日三至，策勛已滿麒麟圖。旌旗颭裂鼙鼓啞，駑駘不使同馳驅。三載懸科募壯士，輿臺厮養何所無。燕山之弓剡蒿矢，從天飄落如投壺。猿臂引滿惜不發，道旁識者常嗟吁。燕頷封侯亦有命，强探虎子何其愚。宣武門邊霜葉枯，城樓嗷嗷啼夜烏。與君歷落望星斗，夜深醉卧黄公壚。

江南詞

江南春色遠，遠見大江流。江流無停意，春色安可留。沙棠之舟泛城郭，舟上紛紛雜花落。不見其人空渺然，日暮芳洲搴杜若。

題孔四別業

神仙中人住何處，茅堂面面三株樹。白雲相逐東山來，洞户玲瓏旋不去。庭前秋水明玉沙，一曲參差月欲斜。青鳥雙飛來，啄我金粟花。三山鸞鶴不可致，且欲因之弄紫霞。

次衛河

莽莽衛河濱，孤城對古津。風沙連塞地，鞍馬去鄉人。日落帆前樹，烟含廟口春。客心從此異，忍見柳條新。

送客

舊許同羈旅，胡爲此送君。望中三輔道，别後萬重雲。濁酒移燈勸，寒溪入夜聞。夢中驚塞雁，已似久離群。

柴門

柴門無暑氣，清興發今朝。山雨乍連夜，溪流初斷橋。秫田争乳雀，風柳厭鳴蜩。便擬褰裳去，輕泥漲未消。

過奎泉

芊綿春草色，寒食滿天涯。亂水鳴孤漵，高城落片鴉。輝輝波動日，纂纂樹交花。幽意何時愜，前林暮景斜。

中秋

青天動彩虹，月出海門東。秋色晴摇樹，江聲夜起鴻。輪高看漸小，烟盡望逾空。故國愁千里，清光永夜同。

村居同家兄作

僻地慚高隱，多愁念歲時。秋容經雨盡，暝色到山遲。起舞憑誰促，狂吟且自怡。更餘同跨馬，莽莽向空陂。

郯城

去國今何許，鄉關淚眼中。水吞淮口北，天盡馬陵東。舂米煩鄰老，縫衣試小童。相看饒笑樂，不敢怨途窮。

雪

四更雨聲絶，莽莽灑平湖。夜色去何早，朝山看漸無。村墟圍戍火，浦溆守檣烏。不見戴安道，遥憐清思孤。

漫興

野曠渾連水，人閑屢出遊。無端芳草歇，總作故鄉愁。池淺蓮衣落，園深柿葉秋。兒童不相問，争弄倚灘舟。

秋日歸西溪

炎天雨斷絶，遂及雁來時。西閣書仍廢，東皋醉不辭。采荼安歲儉，愛菊願秋遲。尚想柴桑老，幽懷許爾知。

將歸

客睡醒何早，鄉心望轉迷。月高喧櫪馬，風遠應村雞。醉恐鄰人厭，詩從僕子題。高堂應少寐，敢謂久羈棲。

房氏馬

何處憐神駿，房家好弟兄。幸分天子廄，肯向衆人鳴。金埒遊塵遠，春郊細草平。玉鞭如可試，吾欲賦西征。

蘇季子故里

七雄争愛客，尚有敝貂裘。洛邑征車返，函關霸氣收。驕奢張樂飲，慘澹負書遊。富貴焉常保，終貽故里羞。

集張帶三齋，得“濃”字

冒雨寧辭醉，當歌豈再逢。燭憐春夜短，酒愛異鄉濃。霽色明雙塔，離愁黯九峰。蒓鱸何足羨，知已在吴淞。

題趙雙白《春耕圖》

炎荒戈未息，詞客老江關。村徑連雲海，禽聲擬故山。野橋驅犢過，春雨荷鋤還。隴上遺經在，猶傳到百蠻。

春日山中

杳冥何所極，路盡一峰開。滄海溶溶暗，群山衮衮來。祠前明寶氣，劫外俯沈灰。惆悵書門跡，鳴鑾遂不迴。

絶巘餘亭古，群遊引興新。鐘聲山向午，日氣水浮春。坐愛薔薇發，行憐翡翠馴。淮南招隱未，芳草憶何人。

泊天妃閘作

稍擊淮南楫，連宵望大河。星高知夜氣，風轉得漁歌。間稼愁年祲，懷鄉厭夢多。燈前看旅燕，吾醉亦婆娑。

伏讀上諭因地震修省成十四韻

三載辭京輦，層霄望獨悲。頗聞頒秬鬯，私喜靖邊陲。土伯慚無狀，神鼇敢自移。艱難逢帝怒，愚賤費皇慈。苦憶沅湘阻，頻驚觱篥吹。哀鴻迷霧露，碩鼠逐旌麾。豈暇憂黔首，惟甘畏赤眉。羽書常獻捷，讜論想持危。汲黯心何切，京房見已遲。鳌弧須勝算，虎觀且遐遺。南國收酣戰，中原念阻饑。農時田澤澤，蠶月女祁祁。不羨芝三秀，争歌穗兩岐。會看邦本在，重與奠坤維。

寄吴六益

茱萸良宴惜離群，每見黄花倍憶君。北地風烟從此隔，南州鴻雁幾回聞。江天木落悲吴苑，海國秋高接塞雲。莫向龍山重載酒，清狂誰似孟參軍。

渡漳河

我昔夢游漳水濱，桃花樹樹開城闉。今來此地尋芳草，無那輕舟送遠人。樓前烟暝銅臺路，天際沙明白馬津。長路關山歸未得，莫將客思惱陽春。

銅雀臺

漳干南望鬱崚嶒，遺構荒凉遍野塍。樵牧浪傳銅雀瓦，綺羅空守繐帷燈。華林幾見嘶邊馬，疑冢何如起灞陵。亂世雄才聊復爾，不應蒙面説金縢。

鄴城

鄴城風日暫徘徊，榆柳清陰夾道開。沃野北連天府闊，浮雲西擁太行來。韓陵勒石人何往，洹水懷瓊歌自哀。七郡分藩從此始，豈應彌望但蒿萊。

次衛輝

淇園蕭瑟接平疇，客路荒凉出頓邱。亂後人烟多近郭，雨餘竹樹早驚秋。樓臺漫築王孫怨，舟楫空傳衛女愁。莫向朝歌問耆老，百年遺事早悠悠。

洛陽

城闕蕭森望洛陽，西來瀍澗水湯湯。千山紫翠朝中嶽，萬古歌鐘對北邙。故國何人憑險阻，皇天有意閱滄桑。可憐賈傅今祠廟，吳楚蒼生幾戰場。

張茅

驛樹參差隴麥交，微茫一徑是張茅。河流繞地浮三晉，山勢連空結二崤。雲外旌旄閑古戍，洞中烟火出危巢。岩花岸草空經眼，那得他鄉有樂郊。

登靈寶閣

荒城樓閣倚山村，近郭風沙入夜昏。開塞陰陰當萬嶺，星河衮衮下三門。游梁已謝平臺宴，入趙空悲國士恩。日日東歸歸未得，孤城吹角易銷魂。

潼關

連山覓路縱横斷，粉堞當空結構牢。萬里河流蒲阪動，九天秋色嶽蓮高。燕齊無計撓秦帝，關隴頻聞唱董逃。設險當年隸畿輔，廟謨親見紫宸勞。

潼關道中

楊公墓下繞清溪，柳葉桑條翠覆堤。鄉夢自縈河曲外，客愁更在灞陵西。林間黄鳥春無賴，馬首青山望轉迷。縱使新豐賒斗酒，玉壺金管爲誰携。

望華山

潼關西上見嵯峨，路入雲臺佳氣多。萬壑深松寒白日，三峰積雪照黄河。天雞曉徹扶桑湧，石馬宵鳴翠輦過。擬向青冥銷永夏，蓮花玉井竟如何。

弔韓淮陰

鐘室坡前野草紅，長樂鐘室故址，草獨紅色。冤魂長繞未央宫。王侯屢負將軍約，絳灌何知國士風。垂釣但應依漂母，築壇翻恨誤蕭公。可憐漢室君臣際，不道雲臺復戰功。

望汴城

馬度關城拂早霜，戍樓吹角更悲凉。山開廣武存孤壘，天盡長河見大梁。夾岸黄蘆容對酒，連宵明月伴還鄉。狂歌擬上侯嬴冢，汴水桑田已渺茫。

京口

十里荒烟接岸青，金焦疑對兩浮萍。連山北斷江樓出，潮水東還海氣腥。機杼並愁鮫室盡，鼓鼙空向鷺門停。歸舟擬雪蒼生淚，聞説君王不忍聽。

將至揚州，懷王阮亭

江船穩泛桃花水，運道新開瓠子河。瓜步潮生吞海岸，市橋風轉送漁歌。野殘禾稼愁年眚，路入鄉關厭夢多。最憶風流竹西在，北征無奈布帆何。

春塘曲

春塘波灩灩，緑草蝶飛飛。含情無一語，春水照羅衣。
爲愛桃花岸，盈盈泝碧流。回頭見鸂鶒，却轉木蘭舟。

悲沙邱

沙邱池館水西灘，舊國繁華欲見難。春色不來歌舞地，月明深照隴頭寒。

有感

北郭風沙落日昏，五陵秋草怨王孫。可憐珠履三千客，却道曾無國士恩。

昭君曲

一辭宮闕出秦關，長得丹青識舊顔。爲報君王休愛惜，漢家征戍幾人還。

送朱錫鬯之濟南

携手河橋悵去塵，歷山遥望柳條春。訟庭尚有南冠客，時亭林以詔獄在濟南。莫向燕臺思故人。

臨淮道中

東塘緑水灌西陀，雨歇淮南布穀多。少婦村頭休嘆息，御筵曾譜稻秧歌。

金陵雜詩

楝樹馨香覆稻畦，日斜人散子規啼。春風解盡簣簹籜，重到長干路轉迷。

鏡中樓閣影層層，桃葉津頭五夜燈。縱使當年羅綺在，忍將歌舞對西陵。

春詞

紅粉樓中歲月淹，江南江北草纖纖。送君二月攀楊柳，從此春風不捲簾。

清流關

身騎龍背上青霄，路盡峰迴出麗譙。雨氣全吞幽壑樹，風聲直送大江潮。

渡江

天際揚帆一鳥輕，四邊銀屋海門聲。巨鼇已散扶桑島，却怪神山兩岸行。

曲阜詩鈔卷第三

曲阜孔憲彝纂輯　弟憲庚參校

顔光斆

字學山，伯璟子，康熙戊辰進士，官翰林院檢討。有《懷軒遺稿》。檢討幼有神悟，嘗學琴崇朝而盡其妙。與兄澹園、修來齊名，世稱“三顔”。時講官闕，聖祖憶檢討名，特授起居注。主浙江鄉試，遂督學政，蓋異數也。取士嚴慎，試牘爲海内所誦法，論學使者皆稱“學山先生”。暨引疾仰荷，傳旨慰留，疾篤，始得歸。卒年四十，所撰著皆未卒業。

【補】顔光斆，光猷、光敏弟，順治十六年（1659）生，康熙三十七年（1698）卒，年四十。《國朝山左詩鈔》顔光猷小傳：“案：先生與先大夫同舉鄉試，而考功公光敏先登第，學使公光斆最少，康熙戊辰成進士，以檢討視學浙江，廉介著聞，所取試牘，制義家奉爲金科玉律。在翰林貧甚，朱竹垞贈詩云：‘每向高堂憂菽水，何嘗太史不簞瓢。’詩不多作，又率散佚，鮮有存者。附記於此。”另著《顔學山近稿》（不分卷）。《國朝山左詩鈔》《國朝山左詩匯鈔後集》録其詩。

癸丑秋過河間

禾黍斜陽道，秋風匹馬過。縱横新畎畝，寥栗舊山河。事去黄巾盡，城荒白骨多。尚聞倪太保，揮涕向兵戈。

先祖忌日

嘆息余生晚，何由紀故勛。年深無夢寐，痛定失傳聞。曖曖松阡日，悠悠渤海雲。歲時陳俎豆，涕淚自紛紛。

鬻兒行

悠悠彼昊天，胡爲降疢疾。我生復何時，罹此饑饉日。蠶時典衣襦，無計救慄栗。中夜思鬻兒，無言與婦述。豈不畏饑寒，一去永相失。號哭向柴門，去去不忍出。朝負進都城，車馬紛相軼。物貴人命賤，轉恐復見黜。兒前牽衣號，豈復有善術。富貴非爺娘，胡獨不我恤。聞此如刺耳，血淚翻胸溢。背面涕滂湲，强顏猶喝叱。歸來妻候門，誰能一一悉。念我出腹子，旦暮常在膝。一朝委道途，甘苦那能必。生理尚未籌，縣吏滿蓬蓽。盡輸猶未償，一兒曾幾鎰。哀此煢獨民，誰爲達黼室。

清音亭聽泉

坐久如新浴，春寒漠漠侵。乍疑微雨過，旋作老龍吟。午磬沉初遠，村烟漾未深。惟應孔太守，遺跡到于今。

重遊豐臺

三載逢今日，重來憶昔時。藥闌經雨早，柳岸喜風遲。鳥語出幽谷，波光動遠陂。宦遊驚物色，深愧故人詩。

經筵侍班賜宴恭紀

講幄頻前席，熙朝正右文。九重花外露，五色殿頭雲。盛事今方睹，虛懷古未聞。萬邦崇聖學，下問意猶勤。

自有傳心法，淵源古帝王。一言天道合，二典聖謨彰。是日進講《舜典》及《中庸》“至誠無息”章。仙仗隨鴛尾，清班列雁行。近臣誇異數，袍袖拂天香。

喜雨應制

一氣天人際，三時宵旰中。精誠原不隔，呼吸自相通。雲暗宫城樹，塵清輦道風。恩流雙闕近，澤沛四郊同。甘液傾盆遠，陰膏潤物融。黍苗光薿薿，麥穗勢芃芃。動植多含態，高低各占叢。是誰施造化，真見發群蒙。浩蕩沾敷土，蒼茫仰太空。可能忘帝力，端合慰皇衷。良耜歌周室，靈星紀漢宫。歡聲畿輔外，瑞景日華東。國計時方泰，農書歲屢豐。村村歸餉婦，户户走樵童。共享盈寧樂，難窺發育功。小臣慚獻頌，拜舞效呼嵩。

鎖闈中秋，次張大中丞鵬翮韻

風雷亭午不須驕，龍虎横秋取次標。柱石恩流巴蜀雨，諸生文湧浙江潮。乍看晴月淩空起，最喜層雲入夜消。還記昔時親召父，十年離别感甄陶。

顔懷禮

字子真，號約亭，復聖七十一世孫，諸生，襲翰林院五經博士。有《帶月草堂詩集》。翰博讀書，目數行並下，喜與名士游。少應童子試，黄琨圃學使謂之曰："君生而翰苑，復欲奪寒士地耶?"翰博起謝。黄公奇其文，遂補四氏學生第一，襲博士。後修廟廷，習禮樂，爲時所推重。卒年三十二，士人惜之。

【補】顔懷禮，康熙五十五年（1716）襲翰林院五經博士，主奉祀事。康熙六十一年（1722）以前卒。《曲阜清儒著述記》："（顔懷禮）事父母以孝聞，於兄弟相友愛，鄉黨推重焉。承爵後，遜志時敏猶昔也。"《國朝山左詩鈔》、（民國）《續修曲阜縣志》録其詩。

秋思

酒罷鐘聲遠，歌殘月影斜。露殘金線柳，香散玉簪花。好夢終難續，明河未有涯。幾回樓上望，何處問乘槎。

田家辭

轆轤十丈汲無水，穲稏千畦不見泥。野日荒荒春睡足，愁聽門外鵓鴣啼。

河邊淑氣轉芳菲，結伴出門塵滿衣。日暮牆頭兒女笑，傾筐携得柳芽歸。

哭五叔祖

骨肉驚多難，憑誰問老成。凋零三世盡，孤苦一身輕。藥裹生前事，方書死後情。養生終有命，痛絶幾吞聲。

樂圃宴集

祓禊蘭亭會，春風上巳時。名花香艷艷，垂柳影絲絲。坐石藤穿徑，開樽月映池。流連歸路晚，星霧兩迷離。

泗水晚渡

歸路夕陽下，長河一望明。遠山銜返照，岸柳帶秋聲。雁宿晴沙闊，魚翻細浪平。臨流空有羡，無計逐鷗盟。

雪後登鴻翼樓晚眺

掃徑登樓眺望遲，憑欄不盡故園思。晴峰幾點斜陽下，正是風寒雪霽時。

暢春苑早朝

西山曉翠接城闉，御柳低垂露氣勻。金殿日高華采麗，玉爐香暖篆烟新。每從丹詔聞天語，又向春風識聖人。寶歷宏開逢甲子，嵩呼齊慶萬年春。

閑居

西風落葉滿庭除，凉帽輕衫亦自如。不學淮南續招隱，愛從潘嶽賦閑居。黄花紫桂迎朝露，白薤青菘供晚蔬。最喜高堂猶健飯，携孫扶杖日徐徐。

栽竹

數個修篁手自栽，蕭蕭風雨破莓苔。殷勤非愛清陰好，留取秋江作釣材。

顔肇維

字肅之，號次雷，晚號漫翁，光敏子，恩貢生，官至行人司行人。有《鐘水堂詩集》《賦莎齋集》《太乙樓集》《漫翁詩鈔》。漫翁幼讀《莊子·秋水》篇，一覽成誦。以陪祀貢入成均。雍正間，詔諸臣各舉所知，漫翁得與敘用。宰臨海，多惠政，尤留意海防。去官日，有投巨函者，不告姓名而去，皆繪在任政績也。既致仕，高宗幸魯，親臨法部，特命扶杖從事，見者咸謂是神仙中人，時年已八十矣。詩律清圓，齊侍郎召南稱其爲良吏、爲高人，皆以詩見。其伯姊恤緯及子懋齡、懋僑、懋價、懋企、懋仝，孫崇穀、崇儉、崇椝、崇棻、崇槼俱工詩，允稱一門風雅云。

【補】顔肇維，康熙八年（1669）生，乾隆十四年（1749）卒，年八十一。《國朝山左詩鈔》："子懋僑《次雷府君行略》：《周禮》‘其浸盧維’，鄭司農讀‘盧維’爲‘雷雍’。府君本名雍，故取義焉。别字長吟居士，晚更號漫翁，又曰紅亭長翁。”牛運震《空山堂文集》卷七《協辦禮部儀制司行人司行人顔公墓志銘》：“公内仁九親，外篤於交友。所與游，若嶧陽李克敬、歷下王苹、金鄉杜天培及黄學士孫懋、劉學士藻、鞠編修遜行、李郡守果、齊宗伯召南、沈觀察廷芳，皆當時名人也。其在臨海龍顧山陽書院，所造士章西巨、侯嘉繙、葉丰、秦錫淳等，尤以經術稱。公所爲詩，偏長於近體，刻有《鐘水堂集》。别有《賦莎齋稿》、《漫翁編年稿》。誦者按其詩，睹公之志，而有以惜其才之未竟爲大用也。”《國朝山左詩鈔》、《晚晴簃詩匯》、（民國）《續修曲阜縣志》録其詩。

安邑鹽池

一水發中條，方圓匯如鏡。遠割天爲色，近融夏日映。産鹽似白沙，畦汊互凌横。不謂勺水多，能操造物柄。漢時重鹽法，用制匈奴命。後儒言利國，亦不廢鹺政。立法不知通，有利即有病。深沉者時賢，勿具曰予聖。試上南薰樓，俯瞰波痕净。悵然動遠懷，南風吹月令。

壬午早春，朱素存招遊龍洞，同遊者李向南、趙季頒、黄仲通、李子凝

殘雲濟水南，出城雪已霽。投林有故人，遂與此山契。遠岡尚平衍，近峰即奇鋭。杳然何處村，下馬尋田畷。木陰冰未釋，暗竇泉初濞。鐘乳互響答，頑穴多細碎。一洞不可測，謂有蛟龍憩。斜日春猶寒，河沙如冬際。且盡朱家酒，一醉忘迢遞。作書與裴迪，别業非人世。

井陘

一徑真天險，崎嶇是井陘。白沙餘虎跡，黄葉雜鐘聲。東國雖

無歲，西陲近罷兵。中宵風起處，月照古時營。

太行山絶句

山勢紆迴遠漸奇，土坡斜斷石棱危。太行三日行不盡，瘦馬空村酒一巵。

老松風折半千畫，金陵龔賢。黄葉霜含秋史詩。濟南王苹。山過孟門成二妙，不禁勒馬看多時。

送王秋史

三日山程匹馬旋，算君到日正殘年。白頭負米詩無敵，寒氣侵人酒失權。名世才應殷李上，卜居宅近峼華邊。還思秋浪江東棹，三十年來各惘然。

寄黄固山人

廿載讀書處，韓蒼泉上村。白頭更相見，落日到衡門。問字人來否，論詩子尚存。漫將松雪硯，留贈與元孫。

送孔榆村之汴

行李蕭蕭問大梁，麥舟何日遠相將。夷門月冷侯生老，官渡烟消霸業荒。花雨不愁泥路滑，柳絲更向短亭長。遥知懷古吹臺侶，争識重來小岸堂。

山行

榴花白映栗花灘，五月椒江尚戒寒。絶似龍灣村舍裏，門前老樹挂漁竿。

和伯姊恤緯老人

秋來一别幾經年，書到江東眼已穿。夜檢空囊官似寄，人傳故國室如懸。幾番明詔聞移粟，一盞春燈照紡綿。莫上巾峰望阿姊，東風塔影日中圓。

桃渚

天柱山臨大海間，湯和舊戍古城灣。烟螺東去迷三島，甌脱西來制百蠻。幾個漁舟爭上下，連宵梅雨故潺湲。兒童且莫驚官長，打鼓吹螺竹裏還。

寄陶橘村

九月凉風到海隅，雩門秋柳近何如。草堂自有移文在，不是嵇康懶作書。

再題太乙樓壁

海上營巢十笏寬，成時燕雀更相歡。羞將薄俸分諸子，留得胡床贈後官。山色常青當户見，小樓積雨入秋寒。前賢我愛叔孫婼，葺屋修垣興未闌。

六一泉謁六叔檢討公祠

絶妙湖山六一泉，澗毛冷祀轉凄然。春風簾閣論文日，寒食僧樓對雨年。重到封胡皆老大，微官兄弟費周旋。謂從弟肇亮。蘇堤北去行宫近，五度門前繫畫船。

北上餞飲枝津園，示從子輩

柳綿初墜雨霏霏，春去人家盡掩扉。記取諸郎相送處，種桃成樹我應歸。

連展

小麥青青製法精，中厨連展有嘉名。搓來似線絲絲結，斷處如釵股股輕。家食正當初夏令，客梓豈是故鄉情。物微價賤宜京宦，却笑何曾誤一生。

題泰安趙相園《泰山全圖》

元化宰天地，混茫既已分。扶疏孕靈氣，四岳岱爲尊。德至則封禪，七十有二君。虞月與周狩，大禮明堂陳。我昔壯年日，振衣升其顛。鐵鏁懸仄徑，雲流手可捫。破石開瀑布，白界青松痕。日觀小天下，雞鳴扶桑暾。東公抱我宿，沆瀣相吐吞。東溟化朱海，萬里金波掀。俯視辨汶泗，迴瞰魯北門。吴練渺何許，泰石猶復存。相傳桐柏頂，不及兹山根。故知挾土壤，豈恃形嶙峋。自與梁父别，奄忽四十春。年來宦京邑，獲接蓮府賓。相公宋室胄，世爲南城人。結廬山之陽，致君精魯論。夙望瑚璉器，共推社稷臣。請看六合雨，未過膚寸雲。尚聞出山日，鄭重别南村。畫山呼枚仲，下筆如有神。丹青十八葉，十年功始完。從此逐几杖，密于平生親。載之過瀚海，載之歷八閩。載之居皖江，載之上平津。衡華不敢擬，龜蒙盡兒孫。冉冉孤生竹，其節何巑岏。每當休沐出，時復懷故園。短歌以攄意，持示頗殷勤。何物鞭大石，卷縮不盈端。昔遊未得半，今乃觀其全。始知神靈宅，真遇誠爲難。中有仙人橋，仿佛石梁懸。中有仙人影，仿佛石室顔。乞身倘更至，投策龍池邊。青冥四萬丈，懼非衰朽干。公爲泰山主，高風邁三賢。我亦從之去，勿怪其癡頑。

贈孝義梅隱雷先生

曾過樊樓舊汴京，昔年雷義近知名。墓田競説躬耕日，鄉里齊傳指囷情。青史新增高士傳，丹書遥下宛邱城。采風我亦皇華使，欲補笙詩問束生。

馬

紫燕勢翩翩，蘭筋夾鏡懸。呼爲紅叱撥，飾以玉連錢。白首東歸日，青雲北上年。何當隨穆駕，莫漫刷幽燕。

趙北口

趙北口邊魚可叉，冥冥蒲稗幾人家。一雙白鷺忽驚起，蓑笠鳴榔出水涯。

繞岸漁歌出酒旗，離宫别館俯清漪。何人白髮斜陽下，記得先皇巡幸時。

龍灣

關懷丙舍賦歸田，再到龍灣已六年。尚有别時村叟在，園蔬細雨話燈前。

樂圃

早霽西村午入城，池塘夜雨水初平。山亭枕褥南風起，吹過幽禽一兩聲。

寄王員外爲可

魯門西下水如環，草緑裙腰花破顔。却笑應官王石屋，白雲司裏畫青山。

九日

老怕登高自掩門，茱萸人散日黄昏。未能孤負重陽節，乞得鄰家菊數盆。

接羅慵著耐輕寒，誰道秋英夕可餐。却憶長春買花市，半城風雨捲簾看。

讀樂圃壁間秋史、岸堂、小東、訓昭、贊王諸君舊作有感，用秋史《過曲阜留别》韻

浪跡南兼北，歸來夏復冬。愛兹雲物秀，不解宦情濃。欲補窗間竹，閑删手種松。作箴戒諸幼，三復是南容。

廿四泉間客，名成恥致身。漸看前輩少，重把五言新。田舍隨波去，兒孫剩幾人。雪車才不朽，流景似風輪。秋史。

扇底桃花曲，流傳紫禁中。詩同湖海闊，淚盡楷著紅。岸堂。復憶青蓮句，堪追白雪翁小東。黄公訓昭兼葉子贊王，惆悵逐西風。

同遊誰復在，寂寞舊西枝。魚鳥清如此，功名笑爾時。先祠乘暇建，家誡至今垂。補壁春泥暖，長吟歷下詩。

意園主人飯我及樂清侄，以無肉食爲嫌，因賦三斷句

誰上首山庚癸呼，階前菜把足朝餔。莫將一飯尋常看，落日西山有餓夫。

一回相見一回顛，俱是平頭八十年。饑饉流亡溝壑滿，簞瓢無恙即神仙。

溪毛原可登之俎，扶杖携將小院過。爾我菜根還咬得，看他食肉相如何。

顔肇亮

字熙載，號寅少，光斆子，貢生，官巴州知州。刺史宰臨汾，有富室争産，暮夜納萬金，不受。上官屢以意示之，終不屈。築堤通利渠，民呼爲“顔公堤”。卓薦引見，特賜朝衣一襲。

【補】李克敬《三顔公傳 · 浙江學政光斆》：“子肇亮嗜學，文有父風，將遂公之志焉。”著《嘉穀堂遺草》一卷。

自中州歸，和九叔見憶之作

信是飢來驅我去，不遑籌策著征衣。扁舟直亂昆侖渡，羸馬空從嵩少歸。厚禄故人心不屬，含凄客子事偏違。家園縱少黄花酒，也勝浮雲駐落暉。

顔紹嶑

字素子，武庠生。有《清吟集》。素子性不好武，閉户種菊，以琴書自娱。家無擔石儲，而弦歌不輟。精醫術，嘗療富室子，酬之百金，夷然却之，其孤介有可想見。《顔氏譜》載其傳，謂世系不可考，比之逸民朱張云。

【補】（乾隆）《曲阜縣志》卷八十三“列傳·卓行”：“（顔紹嶑）詩古文超絶。精於醫，活人不索謝。”《國朝山左詩鈔》録其詩。

寧山道中

車輪聲未歇，但覺路途長。日暮亂山紫，天高遠樹黄。横塘流水闊，細澗野花香。自笑棲棲客，他鄉是故鄉。

曲阜詩鈔卷第四

曲阜孔憲彝纂輯　弟憲庚參校

顔懋倫

字樂清，號清谷，光猷孫，拔貢生，官鹿邑縣知縣。有《癸巳編》《秋廬草》《什一編》《舊止草堂集》《夷門遊草》。樂清明府性醇篤，以孝友稱。初舉博學宏詞第二人，廷試報罷，益發憤爲古文辭，與滋陽牛空山、晉江何琦相切礲。同琦纂《曲阜縣志》，頗詳贍，而未梓行。知縣潘公相重修，多本之。

【補】顔懋倫，約康熙四十三年（1704）生，雍正七年（1729）拔貢，約乾隆三十九年（1774）前後卒。《國朝山左詩續鈔》："宋臬使蒙泉《志》：樂清少即能詩，與從兄幼客齊名，有'二顔'之目。性好賓客，四方士多歸之。晉江何琦嗜學，有文怪癖不可近，錢塘金農有才名，皆館於家。琦病瘧危殆，農被惡疾，極意營護二子，忘其爲客焉。壯年爲四氏教授，以其暇日，博極群書。應博學鴻詞，與牛真谷、劉蘇村、耿升書同徵爲鹿邑令。五年賑灾恤患，每以去就，爲民請命。及去，稱貸乃能行。居母憂，自初喪及葬，悉准於禮，無毫髮憾。有詩十餘卷，皆屢自刊削。鄉人稱爲文博先生。"《國朝山左詩續鈔》《國朝山左詩補鈔》《晚晴簃詩匯》録其詩。另據山東博物館藏清抄《海岱人文》本，應爲《癸乙編》，小傳作《癸巳編》，誤。

後石塢圖

何年闢石塢，曲徑繞叢林。松密疑天近，泉鳴覺洞深。寫來由想像，看去可招尋。圖我清陰裏，蕭然静此心。

村晚即事

日落平原暮，秋烟起渡津。霞浮花徑紫，雨濕草痕新。紅葉託相識，清流如故人。叩舷塵事少，聊復問垂綸。

晚秋奉寄嶧陽李夫子

雲樹隔秋老，離居今二年。紅燈殘月夜，緑酒欲霜天。拂壁詩篇在，登樓舊雨懸。金門何所事，朝袖滿香烟。

雪中自郡歸

凍雲覆四圍，春雪自霏霏。極浦漁烟出，寒山一鳥飛。沙連溪水静，樹帶遠村微。鄰叟多閑趣，青驢載酒歸。

陳抱拙歸濮陽

濮陽客去後，别緒好誰論。孤月黄沙岸，荒烟老樹村。挑燈憐舊雨，握手怨離樽。驛路梅花發，吟鞭帶雪痕。

沙邱道中

漠漠沙邱道，騎驢帶晚風。秋殘客子醉，樹轉酒樓紅。片雨夕陽外，孤雲黄葉中。蒼凉溪水上，垂釣羨漁翁。

暮秋送八弟歸里

曙雞朝白生，西月光漸斂。北風凄以厲，叢篠露猶泫。鴻雁多南翔，阿弟獨北返。行行鄉井近，乃知遊人遠。聚少别尤促，方别意千轉。樹隱後車塵，烟暝下春飯。獨寐起中宵，聯床隔昨晚。邦族敬問訊，故園肅拜展。歲晏期重來，萱幃致洗腆。

延津道中

酸棗微風起，哀鴻細雨灘。廢河沙磧亂，豐草鹵田寬。恤政遲輸納，防堤籌奠安。行來辨麥熟，糾笠尚餘嘆。

望郎山口號

群玉爲峰列翠鋪，天然年少出名都。郎山若愛江南好，移近青山伴小姑。

孤兒行

悲孤兒，孤兒出門家無食。阿父久從軍，阿母寒夜織。前日負飢，求其仲父，仲父不應，再問而怒。歸來不敢告阿母，母知其意淚如雨。脱將簪珥向市中，換得升斗免愁苦。含淚前行未到郭，天邊大雪紛紛落。

雪樵畫扇

寒氣交霜風，濛濛入清冷。樵歌杳然來，餘聲入空冥。背水問孤村，前山碧無影。

題塊然畫

秋草復秋烟，蒼茫落澗底。月上鳥不啼，松聲過溪水。

送陳培南暫歸

寒蟬聲裏片帆閑，水漲鱸肥客欲還。七月秋風吹不斷，一江烟雨小孤山。

憶孔岸堂前輩

不須仙鬼論才華，絶代風流第一家。十度春風思玉笛，君藏漢玉羌笛。百年夜雨哭桃花。石門山好秋將盡，虚白堂空月欲斜。爲語竹西橋畔客，近來名士久浮槎。

送幼客兄之浙

草滿江天撥棹聲，片帆南望富春陵。風吹曉月吟重續，水冷秋鴻夢易增。十里紅簾三竺雨，半山黄葉六朝僧。家園别去還相憶，秋到南屏第幾層。

挽叔曾祖季相公

鐵騎寒冰血未乾，河間城陷火連天。烽烟夜斷渾河畔，鼙鼓宵沉落月邊。亂後室家真締造，别來骨肉幾團圓。泉臺歸去還相敘，老樹空林近百年。

河間

兵革亂烽烟，人家近百年。荒陴青草路，野水夕陽天。重遣諸孫過，空傳太守賢。土人思舊德，樽俎奉明禋。

七月十八日夜

燭炧尊空罷綺筵，空階簾影碧梧烟。秋中砧杵天如水，夜半箜篌月下弦。簫史欲來無彩鳳，麻姑未去已桑田。不知愁思歸何處，黄葉青苔勝舊年。

贈張慎齋姑丈，時守潞安

鹽鐵懷先子，初來感逝留。俗猶唐國儉，人在太行秋。訪舊求遺法，從公敘昔遊。南薰鹽池樓名今在否，操縵記登樓。

登五龍山

出郭望五龍，蒼翠何迷離。漸覺山路深，遂已登高陂。磴轉岩壑開，松影互參差。似有雲濤聲，清風來何遲。徙倚撫平石，摩挲讀古碑。遠磬出東林，招尋路轉微。鼯鼪跳叢莽，疑與遊人嬉。力倦登山閣，對酒斟酌之。迴瞻上黨郡，輕雷發天陲。策騎不可留，歸來空復思。

過燕園，送妹婿魏茂才、族兄如仲、舍弟南遊

送君大道旁，漸見車塵微。乍别懷往路，立語倚荆扉。林木静不喧，夕鳥待斜暉。有酒不成歡，居人各言歸。歸來當户卧，清風吹我衣。童僕設几榻，如共納凉時。皎皎階前月，瀉影何光輝。照人不肯移，似與昨夜違。念子宵徘徊，何以慰朝飢。檻檻犢車鳴，行行泲水湄。枝枝河上柳，泛泛舟子嬉。冉冉日已遠，脈脈望歸期。

悼亡

合歡樹下露泠泠，良夜彈琴汝耐聽。今日更操湘水曲，獨餘斜月過窗櫺。

西風禾黍上場新，殤女常携解笑顰。更向龍灣遲秋信，河干誰待夜歸人。

畫欄干外雨霏霏，夢裏聞香醒後歸。夜半敲門人盡睡，妨他秋透薄羅衣。

每思省墓來京口，夢裏猶思到竹西。我擬横江更問渡，斜陽深樹子規啼。

題《吴總戎警備圖》

吾聞雲臺圖畫吴忠侯，至今勃勃生氣人歌謳。將軍豈其苗裔

耶，定蜀之功良與侔。成都西去二千里，松潘南阻金沙舟。水深山險不可度，竹箐冥冥隱碉樓。蠢爾犬羊之性生，羌種莎羅奔細長。其酋黨羽凶狡肆，劫抄阻我西藏荒服之咽喉。天子赫然震怒命，大將遴選偏裨參軍謀。將軍手提兜鍪腰横劍，申整士卒如霜秋。夜深雪大不敢宿，獨將勁旅登高邱。更籌宵下人語静，遥看重圍列幟燈幽幽。斯時醜類震讋欲乞降，鳥驚獸駭生夷猶。將軍慨然請命入其穴，曉譬大義熟與籌。所從不過數騎耳，出入夾侍森戈矛。反覆重譯重其信，酣然高卧腥膻裘。夷情冰涣思效順，傾倒酪酥椎肥牛。君不見，代郡太守裴文行，單車之部烏丸收。又不見，河南節度郭子儀，免冑見虜迴紇羞。制敵存乎膽與識，將軍仿佛同其流。幕府第功功第一，宣府坐鎮邊城陬。翠華東巡幸魯甸，泮池離宫冥雕搜。我始拜公識公面，素琴古調聲相求。我有鵝溪之絹吴興畫，圖公三毛點雙眸。愛公不忘艱難意，乃知臨事而懼克壯猶。即今風和雨甘烽烟净，好爲阿母百年上壽錦江頭。

桂未谷以詩見貽，依韻賦答

楚騷蘭茝嘆望洋，格律精嚴自李唐。清處君幾同子厚，評來我亦愛滄浪。藤蘿好月牽三徑，修竹虚窗長數行。此際應知詩思妙，吟成好付善奴藏。

桃笙葵扇碧簾疏，貽我新詩玉不如。燕子將雛消夏去，蟬聲引露到秋初。欲尋芳杜懷江渚，偶賦停雲坐草廬。吾魯自多狂簡士，向時夫子志歸歟。

題宗子約亭博士遺墨

共知書翰繼巴陵，遺墨傳來氣骨澄。今日閑窗重展卷，卅年風雨感青燈。

送别

輕舠迢遞度江關，學既能優吏亦閑。此去廬陵秋正好，一簾明月玉泉山。

送牛平番歸窆一首

北斗建孟春，白日匿晶瑩。妖祲薄東壁，掩鬱文昌星。君年五十二，尚少余三齡。云何相捐棄，不復懷平生。到門燈照帷，嗒然萎爾形。當復有恨不，大呼不肯應。君素愛我詩，下筆不成聲。乃知至痛理，文字徒經營。憶君年十五，淹貫越五經。受知彭長沙，余軔亦初征。朝廷重選貢，琅琊典文衡。君文戛金石，余藥佐参苓。乃復相親愛，意氣如弟兄。同踏征路月，時借旅舍燈。齊門秋水闊，燕山白雲横。惟君最年少，高騫若霜鷹。桂岩香紛郁，杏苑花敷榮。恥爲狗監薦，歸與馬遷盟。上下數千祀，治忽辨幾萌。河渠探昆侖，形勝窺井陘。田賦及食貨，一一啜其英。訓詁采鄭何，名理衍周程。文以先秦貴，詩謂初唐清。腹笥萬象繪，潁脱三峽湍。自命韓歐間，此坐莫與争。天子登博學，明詔下旁徵。薄海百餘人，而余副君行。督亢收地絡，皇居瞻列星。對酒西山曉，論詩道院清。慷慨相期許，浮名匪重輕。獻賦明光殿，頗復擬兩京。異數不可邀，一時爲君傾。我歸故鄉里，君次吏秦亭。相别郡城南，泗水何洄瀠。良吏朴無華，瘠土墾且耕。政仁猛虎馴，災捍水土平。德洽羌夷俗，變弭固原兵。國人皆曰賢，大吏稱之能。會列山公啓，當與馬周升。媢嫉彼何人，巧簧起青蠅。摭拾緇衣好，乃爲循吏眚。余也宰鳴鹿，水沴歲相仍。三書致殷勤，下考煩丁寧。五載陳情歸，仲冬遘伶仃。哀哉先母墓，乃爲真谷銘。君續鵝溪業，惟先民是程。秦晉鄒魯間，多士咸蒸蒸。來泛泗河舟，同翻魯壁經。撫弦雜彈棋，崖蜜和酒鐺。便作百歲期，不受世網縈。春日出陋巷，暫别衹俄頃。詎知飆塵際，形影入幽冥。古人重立説，晚年乃會精。君書多未就，何從得其朋。上有七旬父，下有十歲嬰。即我二三人，君目亦不瞑。北風吹浩浩，黄樹森荒陵。墓門掩在兹，群鳥争悲鳴。迴首少陵臺，猶聳魯故城。落月照千載，令我獨拊膺。

秋郊

秋陽照場圃，溪水聲湓湓。農夫待午餉，迴風卷豆葉。

即目

短樹展平疇，輕陰來遠翠。牧兒睡未覺，乾鵲上牛背。

過古龔邱，贈姚明府鸞伯

嘉樹連城洸水分，庾君去後有姚君。他年欲補循良傳，乞得陽冰小篆文。邑有《陽冰庾令頌》篆刻。

同人出遊張氏園林，追和俞茂才韻

芳甸晶瑩麥壟齊，修篁一片古祠西。餘寒白袷思添絮，客有使歸而挾纊者。新雨黄牛始上犁。張氏隱居春草遍，醉翁亭子野禽啼。而今欲補登臨約，莫放絲絲柳色低。

送張子隸雷之禹州

仙臺湖水翛然别，歸去清風自掩關。他日挑燈在何處，與君更話禹州山。

讀元后傳

嘉夢何由月入帷，未央樂奏漢家衰。分明天降新都禍，枉殺東平與衆姬。

雪中懷從兄幼客觀城，兼訊家居諸弟

飛雪積漸深，客緒瀏然清。徘徊檐楹間，時念弟與兄。西圃澹林木，東園頗軒閎。晏居有餘閑，壺酒應自傾。余牽元興絲，君授安定經。去家數百里，何由得合并。阿木新娶婦，向累亦已輕。阿嫂解詩書，近無徐淑賡。余少君三歲，兒女俱弱齡。老母懷閭里，撫景寡歡情。賦詩寫余懷，窗外紛晶瑩。對此非故鄉，中心何能平。皚皚原上村，漠漠炊烟橫。鴻雁戛然起，迴翔戀寒汀。勸爾度河飛，夕游魯衛坰。莫問雪淺深，但看何所營。

題朱繩武香溪詩卷

秋樹黄看微雨後，碧鷗吟在曉霜時。今朝天氣晴如此，携得朱郎七字詩。

黄孫懋

字訓詔，號忝齋，乾隆元年進士，官内閣學士。學士廷試以第二人及第，通經術，工書法。顔幼客廣文贈詩有云：“先生五經羅胸臆，尤精《周易》與《穀梁》。書法人臣推第一，脱手箋奏墨琳琅。”文集失傳，《曲阜縣志》載其名而無傳。蓋其後人徙居他縣，遂致闕略云。

【補】黄孫懋，康熙三十九年（1700）生，乾隆九年（1744）卒，年四十五。牛運震《空山堂文集》卷七有《内閣學士黄公墓志銘》。

甘霖普降，特召大學士、内廷翰林圓明園泛舟恭賦

畫鷁中流渡，宸顔穆以歡。恩膏敷沃野，侍從許儒官。穀縐浮瓊沼，屏開列翠巒。須知天意洽，不是侈遊觀。

顔懋齡

字引年，號山木，恩貢生，候選直隸州判。有《木雁齋詩》。參軍工詩，善隸書，遺編割裂，至拭燈檠。其從子運生搜集，得十餘首。

【補】顔懋齡，肇維長子。約康熙四十年（1701）前生，乾隆五年（1740）卒。《國朝山左詩續鈔》録其詩。

宿真如寺

落日下長林，偶尋真如寺。齋田近復初，麥飯足自饋。門閉市廛喧，庶幾遂幽邃。况復僧寮間，一一煩位置。稚竹與雛松，願期以時蒔。夜深燈火明，金粟吐紅穗。

永思堂集飲分韻

策馬詣河干，西村問叢菊。落日澹秋雲，溪色連茅屋。門巷覆古藤，翛翛幾竿竹。野蔬佐盤餐，索郎酒正熟。相期素心人，抱琴來信宿。

題畫

去年曾買釣魚舟，十里湖光樹影收。一夜秋風吹不盡，蓼花灘上月如鈎。

遊雲峰，用右丞《香積寺》韻

三趨臨海郡，今始入雲峰。石路明幽澗，斜陽下晚鐘。到門多苦竹，繞寺盡蒼松。聽偈憑魚化，應憐鉢底龍。

舟中絶句

一帆風快出金焦，回首台山路已遥。忽憶巾峰僧舍裏，月明坐聽海天潮。

王氏山莊

江上梅黄魚正肥，主人款客敞園扉。朝來欲向樽前別，雨濕空山淚滿衣。

顔懋價

字質以，恩監生，官蒲臺縣教諭。有《秋水閣詩》。

【補】顔懋價，肇維（1669 年—1749 年）第三子，出嗣從伯。《國朝山左詩匯鈔後集》録其詩。

春遊

行過松陰十里遥，回看城内塔尖高。春江一夜添新雨，潮長山溪没石橋。

送家繡文歸里

寒食人家酒滿城，杜鵑花外送君行。石梁一夜千溪雨，都入靈江作水聲。

古意

日出扶桑東，月行滄溟西。不知天地闊，午夜鳴潮雞。

新茶

纔放春雲數日清，峒屼山頂霧茶生。携來竹箬封緘好，試浥山泉仔細烹。蟹眼静浮松影亂，麥花輕點素瓷清。何當載向西枝去，助我寒窗夜讀聲。

曲阜詩鈔卷第五

曲阜孔憲彝纂輯　弟憲庚參校

顏懋僑

字幼客，號痴仲，肇維子，恩貢生，官觀城縣教諭。有《十客樓集》《半江樓集》《雪浪山房集》《石鏡齋集》《蕉園集》《西華行卷》。學博少負雋才，能以詩世其家。學使按部獨試，以《孔林賦》置高等。隨父任臨海，太守張宗岳招飲半江樓，即席索爲《天台賦》，援筆立就，一座驚服。暨充教習，召試瀛臺，上得句云“雪香梅綻蕊”，即對曰“雲響竹留聲”。又賦《望雲思雪意詩》《紀恩詩》《恭和御製落葉詩》進呈，悉稱旨。期滿，以教諭用，有不必讀履歷之諭，蓋深契主知也。在官時，修至聖廟，嚴祀事，簿正頒肉之格，理學地及膳士田之侵于民者，皆爲士林稱誦。詩才博雅，尤長于紀事。鄭明府燮稱其可備掌故，嘗寫之壁間，云以代畫。

【補】顏懋僑，康熙四十年（1701）生，乾隆十七年（1752）卒，年五十二。顏懋仝《幼客先生行狀》：“（顏懋僑）初學詩於濟南王秋史苹，嘗作《秋日詩》云：‘白雁呼群依遠渚，晚楓隨雨落横塘。’秋史亟稱之。嶧縣李小東克敬曾投以詩，呼爲小詩友。又聯里中能詩者陶湘、孔衍譜等七人，爲‘湖山社’。每詩成，諸人大畏賞之。”《國朝山左詩鈔》：“海陽鞠未峰遜行云：關中屈悔翁復稱詩都下，高自位置，睥睨一切，後進者罕得一見。幼客瞯其在寓，排闥直入卧内。屈趺坐榻間，不爲禮。幼客竟登其榻，與對坐。久之，屈不能耐，詢所自，曰：‘我曲阜顔懋僑也。聞君能詩，未知何如，特來訪君一談。’屈已心異之，往復既久，辨若懸河，屈大折服。因謝過，遂定交焉。案：幼客才思敏捷，當其遊京，名動長安。余方出塞，不及識面。聞所著有《履月軒詩選》四卷，《唐詩選》二卷，李、杜、韓、柳《詩選》各一卷，《李商隱詩選》一卷，《詩話》一卷。别著《天文管窺》《摭史》《奈園録》《秋莊小識》《浙中日記》若干卷，亦不得一展讀，而幼客已作古人，未見其止，深爲惋惜。"《國朝山左詩鈔》、《國朝山左詩補鈔》、（民國）《續修曲阜縣志》、（乾隆）《曹州府志》録其詩。

柬孔丈叔玉

出城方十里，僻地以人傳。家有藏書庫，門多種秫田。秋聲兼午磬，野水照寒烟。日暮懷之子，重吟招隱篇。

送何琦

客有閩海士，飄泊齊魯間。三年不飛鳴，誰能惜其頑。朔雪滿西澗，層陰生太山。携手古城下，仰見飛鳥還。仲冬日景短，月照西南端。池上有鳴琴，肅肅高柳寒。殘星耿永夜，入户起長嘆。三十不娶婦，二毛欺南冠。何當謁卿相，韋布常不完。高文人莫讀，詩成衆索瘢。孤生悲寄託，辟如獸入閑。忠言幸無尤，冰炭性誠難。何處是夷途，勿辭風波艱。古來重義氣，刀布非所歡。伏櫪豈相期，千里淚漫漫。

閨思擬古

門外有垂楊，烏啼垂楊下。行人惜長條，留繫青驄馬。
兩足劖香羅，行春青有跡。不肯蹋飛花，紅顔常自惜。
湖上碧波深，不知秋幾許。蓮花落復開，蓮子在何所。

悼亡

結髪與君携手行，吹蘆騎竹總同庚。中年琴瑟悲先逝，垂死姻緣説再生。醉後有詩誰更賞，夜長無夢獨何情。可知不了人間恨，夫婿飄零子未成。

和介子

最是懷人第五橋，去年詩到恨迢迢。白雲入夏樟陰合，野竹經旬雨氣消。登塔天涯飛海燕，隔城僧院見江潮。來時正憶秋廬裏，新芋燈前手自燒。

寄鼂亭宗子

家廟何年構，將隨草木凋。君方謀再造，我乃獨逍遥。曉日明華頂，西風下石橋。還思秋巷井，落葉故蕭蕭。

白塔寺

松粉初黄麥花白，寺樓白塔俯江清。春陰不散法華樹，門外鷓鴣三兩聲。

和張宗岳太守《雪後登半江樓》

臘日看江霽色收，白雲深處是台州。山中屐齒來丹井，雪後潮聲滿郡樓。野鶴多年松自老，梅花幾處酒新篘。使君應是杭州守，不比他人竟不遊。

趙北口

高柳長堤古鄚州，離宫北去水空流。鯽魚不及濼河美，十一橋邊盡是秋。

三十里路聽潺湲，辭却山間即水間。錦纜無聲秋浪闊，戍旗猶是趙時關。

示潘乃平、黄忝齋兩太學

倚門長嘯態婆娑，露冷招提客抱痾。夜月低時嫌樹礙，秋雲薄處受風多。西陲有事思充國，南服銷兵繫尉佗。石鼓年深名士少，松間留得兩生過。

葉定湖太史遊天台賦贈

角里關門懶折腰，閑雲一片出山遥。囊中有帖存干禄，枕上無詩賦早潮。賓客淮王誰更在，台階星使又相招。欲看瀑布逢人問，老興還能度石橋。

台州搜兵歌

小固半夜角聲殷，元戎大搜北山前。露濃霜滑明星懸，奔騰馬步紅旗翻。須臾日晃陣脚邊，制敵之道火攻先。佛郎西洋一齊然，雲雷魚鳥倏忽間。八户三奇合方員，化爲一字長蛇連。按立不動身桓桓，馬盤健鶻風雪天。藤牌鬬捷同元猿，刺飛百中如弄丸。投石超距勇且頑，彎弓射腹腹不穿。更射鳴鏑墜金錢，頭可擊鐵知中堅。誰其訓練彭城傳，治兵終朝鼓吹閑。鐃歌仿佛師凱旋，水犀軍氣嚴幽燕。以此衆戰誠不難，軍帖簽名發黔滇。奈何失色無生顔，妻兒哭送嗟不還。昔何意氣今何孱，經過縣門横索錢。急之生變手一反，兵至半途捷書宣。蠻方銅柱重新刊，生歸什伍首領全。姑息從事升平年，驕悍倉卒豈可干。台爲岩邑浙東藩，江横鐵鎖城枕山。山頭十月梅開繁，劫商時有八閩船。馬信通海半凋殘，小婦如花掠三千。臺灣水上乞賊憐，長鼻番兵高雙顴。醉擁金閨女娟娟，耿鄭授首海禁寬。湯和七城無風烟，負鹽扈漁種洋田。飽食軍儲爾何安，往事不遠鑒之淵。是用作歌戒戎官，兵如不戢火自燔，教以禮讓防未然。

紫陽真人歌

紫陽真人張平叔，宋元豐間爲府胥。或藏其所食魚，疑婢竊食，扑之，自經。數昔後，蟲自梁間下，紫陽乃斂文案焚之，喟然曰：“此中冤似竊魚者亦多矣。”于律得戍。先是有鹽顛者，常食鹽一石，紫陽謹奉之，别去，戒曰：“有厄當呼祖師者三。”行至百步溪，如鹽顛語脱去，惟見枷械浮溪中。後得道，著《悟真篇》及《金丹四百字》，世遂以爲仙云。歲癸丑，朝以紫陽真人舊未置祠，使詹尹留公往營之，發其秘書曰《玉清金笥寶籙》以聞，即封真人爲大通圓覺禪仙，建道宫三。台郡城中紫陽樓，真人故居。一建于百步嶺上，距郡六十里，化跡存焉。一建于桐柏山，崇道觀天台枝山也。唐景雲間，司馬承禎初闢，志稱葛仙翁，張紫陽常栖此。又稱周靈王子晉、伯夷叔齊爲桐柏之神，主水旱。康熙間，范道士得夷、齊石像，今宇貯觀右。乙卯冬日重來台州，乃作是歌。

紫陽真人有故居，朱樓翠瓦臨長衢。丹井浮出終不溢，仙家水與凡泉殊。北山迴抱南山趨，中有平地百弓餘。郡城松竹紛無數，大者千牛小專車。何獨此間一樹無，惟見金碧相填紆。元豐皂隸爾何功，轉眼富貴成斯須。君不見，百步嶺頭開一線，横空飛榭懸危棧。下瞰不測之深溪，水清石爛魚盡見。百里奔滙直到海，秋猿啼斷雲靉靉。君不見，天台城北三十里，桐柏山中神不死。牆西小祠二石像，指是孤竹當年之公子。雪飛三月夜如晝，枯木倒挂千岩瘦。茶花半落元都壇，河聲東東疑天漏。自我居台州，真人尸解乎清流。鹽顛形狀類乞丐，道旁相遇當其儔。荒村月黑走寒雨，宿鳥亂鳴風飕飕。女郎首插紅木堇，賽社歸歌青龍頭。玉清遺書感天子，仙耶禪耶胡可求。大通圓覺被封號，頓令土木輝山邱。三殿髣髴三神洲，琉璃世界誰能修。海蟾玉蟾尚龜伏，安能似爾張平叔。扶桑枝上雙鵁鶄，金丹四百歲時熟。老樟有鬼楓變人，得作頑仙我亦足。

發揚州，却寄蔣三丈拙存

相見高樓古井邊，瓊花觀裏住三年。別看甓社雲移樹，昔過蕪城雪滿天。欲寫經文藏魯壁，屢辭徵辟下吴船。懷君寂寞詩成後，也似衰翁草太元。

琴臺

林花横匹練，野水卧荒澱。驅馬上琴臺，迴風泠然善。泰山隱更青，黄河雲外見。高柳枝漸疏，衆草緑還蒨。我思古之人，馬期與子賤。鳴琴時戴星，嘉政扇芳甸。後賢何不然，操切以自便。登臺樹豐碑，庶謂同高選。身去名即銷，磨碑待時彦。古人有耻心，羞見後人面。我來單父間，良朋爲我餞。涓涓董氏醅，當復流英盼。支離大堤旁，物華春已變。古堞斜日明，城門飛燕燕。

贈丹陽主簿孔丈雨村

練塘春雨過江斜，短簿舟中許掾家。初到白榆尋故宅，别君故殿數寒鴉。玉鈎斜畔蘼蕪草，丁卯橋邊枳殻花。近報丹陽好官況，酒旗不許挂烏紗。

雨中步至萬善殿

曉漏初殘水鸛鳴，起尋油帽苑中行。殿頭翠柏流雲氣，湖上風荷送雨聲。絳帳升堂皆弟子，黄封給食一先生。年來已罷相如賦，懶向長秋説姓名。

懷昌平牧曹巨源涵

雨過西苑無纖埃，立秋向夕凉颸催。趺坐銀杏老樹下，兩僧來自龍虎臺。忽憶榆河曹刺史，相思只隔雙塔水。送君去日婁尾天，思君三度燕生子。君乃齊國美孝廉，讀書萬卷方乘驂。是州近京多旂地，下車先問民苦甘。方外上人不阿好，詢君之事爲我告。仁術自許及愚氓，擊斷誰能容桀驁。到日初謁諫議祠，清風早欲迴瘡痍。道過狄公縛虎處，强梁百尺思遷移。我聞僧言敬再拜，知君饒有家風在。君之先人及我祖，俱以文章名當代。宣武坊南春柳寒，詩名十子凌長安。欒圃珂雲最雄傑，鳌弧同拔漁洋壇。去年君爲京縣尹，謂我詩格以秋隼。填詞君亦壓都官，紅顔妙不著鉛粉。日斜被酒扶歸途，醉騎瘦馬行冰湖。今夏選入教内監，藕花繞榻宫城隅。伏潦積旬藕花落，思君夢逐關山月。居庸塞上燕飛飛，太液池邊蛙閣閣。我今傳語憑兩僧，金門久客難爲情。何時不須一囊米，揮手往訪十三陵。

懷昌平倅孔丈叔玉

判州又是多時别，今日詩成寄野僧。一夜西風秋草緑，思君騎馬十三陵。

京北群山趨上谷，金元行殿盡成墟。太平不識居庸險，衙散紅橋自釣魚。

鷗波亭七夕，同完顔侍郎作

小亭微月雙星夜，净業湖干望女牛。雲漢斜横天隔水，鵲橋初接燕歸樓。依人幾見登三事，滅刺何從訊五侯。上苑傳經劉向老，秋來仍住殿東頭。

答介子從弟病中見憶

客緒似秋草，朝來删又生。自無杜陵業，不事茂先名。遊冶情還妄，詩才病益清。西風相憶處，槐葉下宫城。

臘月初五日，賜準噶兒貢使宴于西苑，恭紀

止戈欽聖武，即敘款西戎。大革花門面，來朝碣石宫。日晴堯

巘近，雪盡上林中。帳殿黄圖合，周廬紫氣通。虎臣環七萃，天驥剪三騣。御道乘冰闊，仙雲渡海同。鐘人知刻漏，鸞影轉相風。陪位諸王肅，開筵列幕紅。帝臨星拱北，瑞輯水趨東。神膳行麟脯，簫韶引鳳筩。格苗惟舞羽，歸漢敢稱雄。袒割熊蹯美，叵羅馬湩烘。魚龍呈百戲，鳥獸效三嵩。戴我真高厚，懷柔正郅隆。赦書原不殺，和約貴成終。黑子丸難恃，當車技易窮。尚憐瞻豹尾，苟可獻葵衷。頸帶長繩繫，闌須汗血充。張騫思奉使，班固欲銘功。歸向康居語，包茅歲莫空。

西苑宴蒙古諸部恭紀

新年屬國宴長楊，一片紅雲出建章。樂奏龜兹調玉律，壁翻回鶻引冰床。帳中上壽名王集，樹下呼嵩萬歲長。四十九旂同奉朔，開天展土憶文皇。

宿霧初收上日晴，踏冰人似鏡中行。熊蹯鹿尾登氈殿，金蟒銀貂進網城。唐漢和親多失計，國家撫遠本推誠。年來且莫輕投筆，左右賢王隸禁營。

五月二十日，引見勤政殿恭紀

彩雲紅日射簾旌，人到西廊不敢行。玉斧尚遥方進步，至尊一見即呼名。從無寸補慚還懼，乞與儒官喜且驚。書卷因緣文字債，内廷外翰總先生。

陋巷家風謁者師，親王傳語轉驚疑。自關垂白須微禄，敢厭皋比負聖時。歸去莫詢温室樹，承恩留得上林詩。官衙親舍多相近，苜宿盤荒可共怡。

題《謝梅莊御史軍中學易圖》

文皇崇德之七載，西有喇嘛曰達賴。自言東土生聖人，道法直通長白外。白龍堆畔諸番王，俱聽喇嘛貢王會。入關破賊收中原，更與乾坤造草昧。達賴來朝癸巳年，知是活佛第五代。金鐸黄帽識前生，肩輿上殿中使拜。封爲扶教恭順汗，四十九旗皆置吏。金城止戈一甲子，嘉峪雄關夜不閉。戍年示寂信難通，從此西北遂多事。厄魯特，喀爾喀，同於絶幕尋睚眥。我摧其鋒撫其敗，敗者如鼠勝如虎。天子自將師出塞，石上生草山有泉。横過瀚海郭畢界，始知達賴入涅盤。十五出禪傳再世，諦巴假之奈冲言。喇嘛遺像首先墜，更詰西域奉使僧。盡得諦巴之詐僞，馳函已送爾丹頭。男作我奴女我妃，同配。爾丹遺孽曰策旺。旁門欲令諦巴致，廟謨潛授喇藏汗。狙擊諦巴如殺彘，策旺翻與喇藏親。喇藏之子策旺婿，虜有梟將曰策零。遠襲班禪出不意，懸騎暗度岡底斯。殺衆喇嘛毁其寺，驅令二特同使羊。寶塔千尺玻璃碎，諭虜使者困賊庭。策旺上書多狂悖，忽聞虜騎獵瓜州。遠遣三將定招地，親藩作帥控西寧。刻期大舉除醜類，塞外降王以師從。滇蜀兵自拉里出，去聲。夏月熱風土魯番。三冬雪嶺阿爾泰，阿耨達池水東流。將軍飲馬建大旆，策零遁走西藏平。勒石紀功存法派，第六達賴衣鉢真。端然重坐蓮花内，歲發健兒戍三危。别遣殿前窮荒裔，策旺策零守伊里。恃其險遠横螳臂，王師久駐陀羅海。立三木城背杭靄，國中有財須佐邊。三河少年半道斃，六十一年龍上賓。西方未罷防秋騎，代領大兵彼何人。曰年太保新節制，手揮黄鉞競邊功。青海殺降事可異，詔書切責問偏裨。太保跋扈始就逮，是時謝公騎驄馬。封章寧避權與貴，微官不合彈大臣。謫居軍中乃其志，回鶻裝似并州兒。能草露布還書記，獅象孔雀山木奇。惡布形夭鳥獸怪，飛雪萬丈冰千尺。帳内養馬凍亦僵，貂衣大帶填溝渠。死者辮髮論車載，木城四月冰始開。石鹽射落似礬塊，沙草抽萌柳半青。狼裘狐帽寒猶大，携易步上西北峰。下視三城如方罫，師出以律否臧凶。震對鬼方期須待，吾謀不用豈無人。指點河洛發長喟，已聞馮怒誅將軍。更聞黠虜輕大帥，秋風幾度盗明駝。卷甲趨虜虜先逝，虜雖小創心猶驕。我雖深入徒耗弊，未經大戰空相持。廟堂濟師果何爲，安得洗兵黑水頭。生還走向酒泉醉，我皇即位柔遠人。不用干戈用文字，魏絳和戎五利成。策旺悔禍初設誓，白骨有知亦應歡。只留都護爲邊備，謝公入朝舊逐臣。俾以原官司獻替，烏臺畫作從軍圖。齧雪量沙手自筮，風雨時來鼓角哀。青袍猶帶戰場氣，今予久客在燕臺。見公此圖淚沾袂，故從達賴固始汗。爲君細述顛末際，内屬固當恤其灾。萬里加兵恐非計，我朝聖神今六葉。但能休養治即易，公爲司諫有直聲。文景之業俾勿壞，但思傳之億萬年。莫過流沙闢草萊，武臣若有括牧流。公當白簡正其罪，研朱點玩象與爻。同人于野我無忌，不才不怨老鉏犁，甘向太平供田税。

城西即目

高梁橋外看朝參，十里紅燈映水藍。行到兩宮天未曙，濛濛殘月酒旂南。

朝雲破碎曉風寒，宮殿參差萬樹間。爲語垂楊遲放葉，遊人好看苑中山。

讀海陽鞠謙牧孝廉巽行《從弟婦王氏列傳歌》

海陽鞠烈婦，伯氏予之友。去秋就木時，歲蛇月閏九。黄葉落海岸，傳成伯氏孝廉手。王家女子知詩書，十八來歸奉箕帚。海風烈烈吹不休，倩已通仙嬰不壽。淚落如綆縻，欲語難出口。發我嫁時箱，取我嫁時裳。裙衩十四五，一一繡鴛鴦。鴛鴦親手製，相對還相傷。娣姒素仁愛，留贈莫相忘。作書與家内，玉玦送耶娘。是我兒時物，永别何可量。娟娟小婢子，遺之雙明璫。寒食清明日，麥飯爲提將。雞喔喔，疏星落天漢。霜中高柳棲鴉啼，村井寒泉夜方旦。白縑一束繞屋梁，欲絶不絶回頭看。低聲呼婢起，去我足所履。去地二尺餘，去天咫尺耳。喉間氣猶鳴，兩手俱不起。小婢倉皇開房門，家人悲泣，牛馬酸辛。長與鞠郎共一墳，墳邊種樹皆連根。樹邊夜夜來冤鳥，月苦風淒啼到曉。

送牛進士運震宰秦安

結髮志從戎，張掖酒泉多戍兵。健兒夜吹羌人笛，飛雪月下駝長鳴。兵連西北二十年，關中有寡婦，塞上白骨相縱横。秦隴内地尤凋敝，芻茭日簽丁男行。縣帖不飽猾胥腹，愚民自割心頭肉。職司以察察爲名，一歲一官猶未足。坐使古來夫府區，公私交困何由舒。我皇止戈萬里外，草野漸見完肌膚。郎官尚有入貲得，爲治豈能皆吾儒。階平才氣今人無，讀書不讀無用書。筮仕秦安令，手持尺寸柄。與君秋日登泰壇，迴飆似覺松陰勁。長鬣疏疏日炯炯，坐老槐根談性命。自有春雷出袖中，誰云縣小難爲政。相傳秦安古秦州，隴山西去隴水流。我聞是邑尚弦誦，拍缶時歌秦女謳。少年失意或椎結，冤强騎劣堪同仇。往者流亡今復集，九月狙公收芋栗。邊事頻煩晁家令，屯田必用趙充國。防秋豈謂秦無人，吾輩安能擁旄節。湯湯黄河水，齒齒太行山。山水三千里，路遠何時還。此心忽化秦時月，送君西出函谷關。

阿將軍琛亭防秋鄂爾昆贈别

黑頭擁節兩無憑，常被人呼病茂陵。少喜談兵出奇策，晚來乞米就殘僧。送君楊柳飛金勒，回首星晨望玉繩。若到戰場思猛士，猶能拔幟一先登。

侯元經欲之粤西，作《駿馬行》贈之

駿馬一日一千里，與人可生亦可死。高歌烈士若有神，掉臂趙李金張門。危樓花裏男作女，見客藏頭不出户。白日當天旱無雨，冠不可溺儒久腐。侯生别我去，相見真清狂，四十短視顱蒼蒼。京城雖大豈堪住，脱身寧使遊炎荒。遠看南斗流雲氣，星河破碎天中央。桂林山水可宜夏，青草黄茆瘴不惹。蛋人采珠賓郎灘，朝賽蛇神夜卜瓦。朱砂蝙蝠眠蕉花，龍眼垂枝蠻女家。偶把銀簪叩銅鼓，一曲清淺竹映沙。郎倚箐林吹蘆葉，烟中飛鳶墜跕跕。木蘭之舟桂之楫，郎渡青龍來迎妾。背有大黄弩，腰有大食刀。木棉作槍竿，峒主時相招。傷人血一縷，人命安能逃。石門尋陘三百丈，島樹竦峙何蕩蕩。秦時史録鑿一渠，漢代楊僕自西上。送君此時去，去爲幕府賓。佐人將以出政令，對君風土莫厭陳。短短褐衣才覆骭，風塵誰復留英盼。憐君駿馬常依人，使我悲鳴直至旦。烈士何爲悲，會合當有時。不見古來鹽車下，黄頭奴子鞭棰施。

題《長河鶺鴒圖》，爲田白岩仲儀先生作

括州有括蒼嶺，去天咫尺不可捫。大石起立老松折，横空濕翠迷朝昏。黔中有白水，岩銀濤倒挂。三白鼉龍湫，雁蕩破壁出。震雷奔豗驚猴猿，天光不定深谷徙，插峰欲墮青冥騫。田公取以字二子，各有微意煩推原。我聞在昔麗水令，身騎箕尾楓門山。震爲長男括蒼字，欲以不忘王父官。翁騎驄馬縛阿所，補籠藥弩不敢扳。河中之水且勿吼，祝火改祀南將軍。季子字曰白岩氏，命以靡莫之山川。北來解龜賒羅酒，猶記狗耳龍家竿。小痴傳神在阿堵，摹寫二君真倏間。枯雪爛漫一千樹，長橋白石梅花村。草豐澤大含遠勢，揭來兩鳥形蹣跚。自呼脊令步且啄，繞地間覓梅花吞。山東六族首田氏，隱囊方褥遊西園。一人撚鬚若有得，叩之云是括蒼君。圖中更進一年少，把書欲就扶桑暾。燈光輕袿躡文履，白岩意態何逼真。旁添獠奴似阿段，交午翦髮雙足蹲。蕭寺相逢正結夏，五陵氣概君猶存。諸田咸佳季更秀，熏鼠即誦千餘篇。近年排憂學蒼古，不許時輩輕褒彈。山薑遺書凡幾束，傾囊贈我亡慳顔。我初授詩王黄葉，山薑弟子今再傳。侍郎才氣老無敵，得句直決長河源。曹謝王汪宋林葉，健筆直可驅中原。當時才子誰第一，顔氏樂圃田古歡。力均扛鼎不相下，窮冬元氣迴春瀾。侍郎得名四十載，論詩幾奪漁洋壇。益都萊陽尚骨立，庶于我祖無間言。後生嘴距安足數，介雞輕薄迎風摶。趙氏談龍我不解，反排德水尊南冠。縮縛韓

杜困聲律，一掌可蔽千人觀。昆侖之流豈易滅，鬲津俎豆誰能刊。倚天放眼書在紙，清晨好鳥音關關。遥想東原衆昆季，北窗新雨槐風寒。君方投繻謁吏部，束帶堪入封胡班。粟布之謡尚慎之，無愧清人之子孫。

西華雜詠，和宛平葛五卜元孝廉

一望玉華門外水，紅牆銀漢影澄澄。海陵寂寞宮娥冷，惟見芙蓉樹下僧。西華壇。

玉蝀長橋跨水開，園官十月進江梅。玉熙宮外一株柳，曾見思陵橋上來。玉蝀橋。

繁燈日午看燒壇，瑞相飛來忉利天。莫怪當時元順帝，口傳秘密過年年。栴檀寺。

白塔山頭紫氣通，番僧住在廣寒宮。西風卷盡乾荷葉，天半銀龍落水中。白塔。

蕭后樓空雨自寒，北臺流水洗妝殘。不知去日松亭外，猶唱銀貂小契丹。洗妝樓。

艮岳當空堆玉紗，萬牛挽載入京華。於今解道宣和物，不落樊樓賣酒家。瓊花島。

金鎖生衣火刺闈，蒼龍門外月初低。無端斫却南城樹，惹得宮鴉半夜啼。小南城。

髹紗範相技真稀，五百年來鎖夕暉。閑殺京城劉正奉，黄金不合鑄奇妃。劉鑾塑。

人日登兔兒山

太液人日春冰開，銀河浪卷紅牆隈。離宫存者十得二，四姓君臣安在哉。師兒何處章宗杳，往來誰問瓊花島。王氣鑿殘塞外山，載迴龍沙起峰巒。衆峰皆碧一峰白，傳是宣和艮岳石。湖北遼后洗妝樓，改名白塔四百秋。髾槊滿城紅粉去，蕭娘榻上番僧住。堆雲復玉蝀，雙橋百尺長。垂楊老株斫欲盡，西行已到兔山旁。兔山風洞何窈窕，旋磨臺荒互照耀。絶頂空餘一角亭，東西磴道連青冥。夕陽晚射琉璃瓦，皇州反在人眼下。我聞此苑初開時，采盡江南烟壑奇。貢石許當秋糧入，山頭一一學人立。金源枯柏剩獨樹，化作老龍向東泣。玉虬不灌九曲池，明鑒前人元鑒誰。邱郎眉黛侍天啓，曾唱洛陽橋下詞。游女盤頭方繡履，臉暈雙紅媚無比。笑呵飛騎止山下，步上巉岩嬌不起。背指紫宫是我家，新字夫婿多驕奢。昨宵脱却只孫服，换得吴兒歌一曲。何人擊柱醉盤旋，貂翎一似小契丹。畢竟不如無逸殿，至今還誦邠風篇。

趙孝廉敬夫將之南河贈别

木蘭禪院鳳池頭，送子南行一葉舟。高堰終須愁蟻穴，長河勢欲奪清流。定爲觀水田司寇，莫作題詩趙倚樓。芍藥半開鶯未老，明年我亦向秦郵。

方鏡和杭堇浦編修

客有方諸索品題，銀塘門外聖湖西。光明帳下神仙女，四角盤中伯玉妻。曉起新妝紅靺鞨，夜來誰唱白銅鞮。欲持此物懸君殿，不照桃花廟裏啼。

聞道

聞道前山虎負嵎，魚梁水落夜追租。蘭陵一路青楊少，伐木爲橋十萬株。

奉和寶嗇齋主人贈别韻

邯鄲相對罷彈棋，傅粉搔頭又一時。宫錦乍裁人日勝，旗亭争唱定王詩。未探禹穴知無恨，獨奉堯陵敢後期。珍重臨歧祭酒客，板橋殘雪柳如絲。

居庸路望長城

我登居庸路，千峰怒相向。陰壑吹長風，車行層冰上。頑石横相擊，齒齒各異狀。兩山如二崤，積雪夾迴嶂。隋人踵秦弊，長城屹蕩蕩。鬼斧未能鑿，天地自開創。居庸燕北門，牡鑰有時放。云何使蕭娘，晚嫁胡兒帳。我朝臨碣石，款虜扼其吭。歲幣賜閼氏，侍子備天仗。月蝕五單于，匈奴氣不王。吴越本一家，長鯨静巨浪。出關當早春，凍膚裂欲脹。雖棄終軍繻，未斬白題將。隔磧橐駝鳴，僮奴立惆悵。獨悲長城窟，古死半不葬。願言守明德，焉用丸泥防。穆滿之瑶池，白狼事誠妄。

岔道懷古

山斷如門磧似烟，戍旗斜插桔槔邊。宣皇獵後乜先入，射虎開平無少年。

土木歌

土木城邊骨蔽野，大明天子從天下。瓦剌女兒彈琵琶，來去盡騎乜先馬。衣上九龍龍欲飛，不殺喜寧不得歸。歸來斫盡南城樹，奪門夜半星如雨。東市朝服何須嗟，西山尚有戾郕墓。我來弔古臨石河，願翻漢語爲胡歌。駕鵝冰上立，嗟彼弟與哥。

康陵遺事八絶句

何必蕭郎是騎兵，黄昏縛袴出宫城。三洋河接桑乾水，百子相隨塞下行。

宣平西去是陽和，下洛冰橋一馬過。五日功成須奏凱，樂名破陣舞迴波。

拂廬行殿錦貂紅，桐酒黄羊拜大風。外四家兵人五萬，一時齊賀應州功。

立春馬仗逐紅裙，畫鼓檀槽半入雲。角伎莫驚皇庶子，土牛先進大將軍。

凌波十五繡行纏，昨夜紅紗繫臂間。青遠樓頭能走馬，入宫不用踏金蓮。

柘彈金丸繞百叢，偏頭關上望雲中。五千石米當如敕，天子新加鎮國公。

椵樹山頭刺促歸，倉琅門外解戎衣。温明秘器休迴顧，更向盧龍獵一圍。

上谷重來問狹斜，勾欄門冷夜啼鴉。豹房不及羊房在，宣府何曾是汝家。

土鹽行

白羊土不毛，産鹽如雪花。自置牢盆自煎刮，其利紛然同胡麻。池鹽一升需斗米，土鹽一斗值升米。山後九州食土鹽，龍芽即升麻土酥冬日萊菔甘如薺。富商池鹽價不售，白捕縛人買相首。中家半破貧家徙，黥爲城旦皮骨臭。生妻送我青山邊，幼兒問耶何時還。安得天池一夜水，白羊鹹土成桑田。

雁門關外見雁

沙白月黄昏，驚飛下雁門。天高留獨影，人遠失孤村。垂淚過寒食，銜悲歷五原。射雕誰忍射，爲有上林言。

樓煩絶句

享士椎牛夜鼓鼙，還騎胡馬殺胡兒。春來行遍樓煩路，不見山頭李牧祠。

曲阜詩鈔卷第六

曲阜孔憲彝纂輯　弟憲庚参校

顔懋价

字介子，光猷孫，拔貢生，官肥城縣教諭。有《佳木山房詩》。學博與其兄樂清，博稽禮經，考定古制，尤留心喪服，故其執親之喪，必誠必信。官肥城時，修禮樂器，遴佾生，習儀容，皆有復古之觀。嘗佐盧雅雨運使輯《山左詩鈔》，與董曲江明府、紀曉嵐相國、宋蒙泉廉訪共資考訂，成巨觀云。

【補】顔懋价，懋倫弟，雍正十三年（1735）拔貢。康熙四十四（1705）或四十五年（1706）生，乾隆十八年（1753）後卒。（乾隆）《曲阜縣志》卷八十八“列傳·文苑”：“（顔懋价）書宗顔柳，詩希杜韓，有文名。”《國朝山左詩續鈔》録其詩。

曉發景州

天外曙光微，村邊野火稀。曉鐘浮古木，殘月上征衣。雪霽塔千尺，城荒水四圍。齊關回望遠，此去幾時歸。

將抵里門

喜入清陰一徑斜，板橋疏柳兩三家。農夫結伴犁殘雨，蠶女迎神插野花。客裏薦新多麥飯，路邊解渴有槐茶。黄梅已過櫻桃少，辜負東風此歲華。

漫河阻雨

孤客况經雨，深宵聽倍明。到窗初作響，過樹漸成聲。虚篁微凉動，殘燈曉夢清。何堪漂泊裏，重爲築愁城。

枝津亭送别家幼客

等閑相聚又天涯，不把零門住作家。社燕江泥空舊壘，春風人海亦浮槎。芳林有路添新草，細雨無聲過落花。却憶昔年君送我，山池初構小亭斜。

梁湖山上有松萬餘株

偶來林壑間，石磴緣空寺。不見種松人，松陰青滿地。

山泉暗不喧，秋入無人徑。亭午風謖謖，濤聲滿清聽。

有感，和家幼客《落花詩》韻

楊柳家家近緑潯，夕陽西下碧雲深。分明蕭寺曾相見，却道蓬山未可尋。老去流鶯春已换，醒來殘夢月初沉。芭蕉自是迴腸樹，不信他心似我心。

答家質以去春見寄原韻

鶯老花殘又暮春，東風吹盡暖烟新。西枝堂外銜泥燕，猶自來尋舊主人。

着屐招尋記昔年，思君不見總凄然。飄零紅雨無人問，枉説桃花好放船。

送别姜藻亭還山陰

野樹滄江月半鈎，無端别淚倍關愁。兩年夜雨憐同病，十里秋蟬送客舟。灑落梁鴻還入越，棲遲王粲尚依劉。思君意氣多相負，何日重來話舊遊。

紫翹山水題句

疏木冷秋岩，微陰動秋壑。幽人來不來，前渡水初落。

李貞女挽辭

鴻雁一何悲，飛飛戀清池。千里遠結婚，生知無會期。摧裂起中腸，抱刃嘗自隨。一死輕鴻毛，嗟彼匹婦爲。所以立孤難，區區竊慕之。素車入君門，未識君容儀。長哀發華屋，蘊結轉委蛇。慮隨秋草萎，延緣得旁枝。貞心指泉路，引領遥相睎。孟冬寒日下，慘栗起天涯。秋草凄已變，鴻雁來何遲。願因晨風發，薦之以素絲。

送倪秦如太學南歸

碧血同青史，師門怳異時。百年人更聚，五世話前期。秦如高祖文正公，于先光禄公爲座主，明季崇禎壬午、甲申之難，先後殉國。楓落微霜早，秋深去雁遲。感君肘後妙，不獨繫相思。

固關

不識五原路，固關到始驚。千峰雙壁轉，一線萬人争。春雨桃花戍，風烟細柳營。翻憐擊趙日，容易出并城。

溪上尋亡友支木仲彈琴處

記得彈琴處，茫茫今幾年。遠鐘沈夜色，凉月澹秋烟。古調知誰賞，遺音竟不傳。空餘流水響，仿佛奏哀弦。

盧運使招集平山，同惠徵君定宇、萬吏部厚存、沈布衣學子

一曲横塘足快游，緑楊無恙好維舟。漫山松檜橋通寺，隔水笙

歌燈在樓。名士原應陪永叔，使君真可領揚州。不逢東閣梅花發，慚負平山二十秋。

魏恒祚

字文西，號穌庵，諸生。有《穌庵詩稿》。茂才有蕪庵，臨沂面凫，山水殊擅其勝。既不得志，遁跡禪誦，竟以貧死。

【補】魏恒祚，一字基聖。《國朝山左詩鈔》、（民國）《續修曲阜縣志》録其詩。

仙源道上

今朝乘輿去，曲徑野花中。馬爲尋春瘦，人因貰酒窮。鳩鳴三月雨，柳曳一溪風。坐久渾無賴，清陰落碧桐。

魏可式

字子端，號樹亭，歲貢生。

【補】桂馥《晚學集》卷八《魏君墓表》："魏君諱可式，字子端，號樹亭，孝子防西先生第二子也。修七尺，丰頤疏髯，聲清而遠聞。魏氏固曲阜世族，君生當盛時，賓客接席，從父兄後，談宴無虚日。如天津朱岷、金壇蔣衡、錢塘金農、晉安何琦、滋陽牛運震，同里孔氏衍栻、衍譜、衍志，顔氏懋僑、懋倫、懋价、懋企，皆一時名流。君周旋其間，挺身自拔，不在人後。性通率，好譏調，往往面責人過，士友多畏其口。然莊謔間發言語妙天下，又善處人骨肉間，聞者莫不心折。事無大小，取决於君，若嚴有司焉。昔人有言，見蘇桓公患其教責人，不見又思之。君非其儔耶？君喜飲酒，一尊入手，不問生計，家既中落，年亦頹謝。平生游好殆盡，醉後白眼望青天，落落然不勝孤漂之感。君以名諸生應舉不第，垂老貢入成均，以乾隆庚寅卒，年六十四。”《國朝山左詩續鈔》、（民國）《續修曲阜縣志》録其詩。

别平叔後却寄，兼懷介子

暑氣初消秋氣生，誰家砧杵送寒聲。同來千里人常病，别去三更月正明。寳帶橋頭凉露下，雨花臺畔遠烟横。歸舟何日還携手，一夜無眠兩地情。

陶湘

字澄庵，順天監生，遷曲阜縣。有《鑄偉齋詩》。

【補】陶湘，號橘村。（乾隆）《曲阜縣志》卷八十八“列傳·文苑”稱其“有文譽，著《橘村集》”。《曲阜清儒著述記》：“（陶湘）爲‘湖山八子’之一，有《湖山吟集》，自著《鑄佛齋詩》。”《國朝山左詩續鈔》、（民國）《續修曲阜縣志》録其詩。

春懷

文章憎命信非誣，翻恨無成作腐儒。細碎恩仇消俠氣，蒼茫歌哭付窮途。縈情爛漫池塘草，佇興團圞子母烏。岑寂西齋人事少，寸心只與月同孤。

魏嘉祚

字松溪，諸生。茂才牒請增建縣學至聖廟，未果行，人多高其識云。

【補】（乾隆）《曲阜縣志》卷八十“列傳·孝義”有載。

喜介子至

素衣曾記化爲緇，匹馬長安賦別時。今日清齋重翦燭，木樨香裹話分離。

毛淑

字艾仲。

【補】（民國）《續修曲阜縣志》録其詩。

清明浴風亭宴集

傳説西園好，清明節更宜。上公張綺席，勝友泛金巵。燕送臨風影，花低入户枝。未能陪勝會，何敢漫題詩。

酒器分賦，得羽觴

見説流觴客，新爲添羽翰。飛空醉月姊，御氣舞仙鸞。恐逐金衣去，徒增玉液寒。蘭亭修禊處，應怯此杯寬。

擊蛇笏

中丞宋代之直臣，擊蛇蛇死何逡巡。一笏能敵三尺法，較比投巫更快人。豈直射虎與斬蛟，不減昌黎驅鱷文。想其端笏立朝日，浩氣上與夔龍親。笑煞世間怯竪子，路逢蜥蜴驚猶神。不信請看手板上，至今蛇血生青磷。

美人古跡分詠，得蕭寺

鶯娘往事定何如，强半微之賦子虚。巫女幾曾來暮雨，洛妃空説解瓊琚。天清鐘韻傳僧舍，秋老苔痕上佛廬。千古多情化黄壤，漫過蕭寺一躊躇。

顔懋企

字幼民，號庶華，恩貢生。有《西郛集》《覆瓿集》《顔氏史傳》。明經于學，無所不窺，自經史四部、百家之言，以及金石圖譜藝能，無不精别。撰《古墨考》《端石考》《古印考》，凡筆記十餘種。其子崇槼丐翁學士方綱表其墓。

【補】顔懋企，肇維第四子，康熙五十年（1711）生，乾隆十七年（1752）卒，年四十二。《國朝山左詩鈔》、《國朝山左詩補鈔》、（民國）《續修曲阜縣志》録其詩。

題長山聶松岩印譜

樸散務繁遺跡歇，我思古人心惙惙。啓明幽演啚萬物，煌煌聖教那可褻。六國既分形尚存，降及暴秦已澌滅。俗吏舞文不識古，三豕渡河生杌陧。於陵諸生聶松岩，篆刻獨握真字訣。不言不笑日兀坐，近接邈斯遠籀頡。銀鈎嶄鑿欲穿背，方寸之石風味别。有時綽約若處子，不則錚錚鬼圖鐵。冥心苦索四十年，爬羅剔抉肱三折。有明文何號大家，近惟程張稱古拙。張氏奥窔子與傳，更出心意非剽竊。庚申橘陽過我魯，詳核金石辨正譌。檐鳥無聲夜將半，素月生魄星寒列。手開此帙目一過，落落穆穆撟我舌。敢言小技愧壯夫，原心反本與古埒。歸來藏之長白山，鬼斧神刀莫漏泄。

家介子將由山西入都，寄此阻之

太行何巉岩，眇眇復綿綿。漠漠遠郊樹，空腹出寒烟。素書發華燭，客子多滯淹。猜疑生往路，夜長積思攢。窮冬盛陰氣，白日下虞淵。良時不努力，古人所深患。肅肅矯六翮，孤飛慘無歡。殷勤篤同氣，雙魚勸加餐。苦藥蘇疢疾，天日想俱然。鳴鹿繁劇邑，貢禹初彈冠。叔出季則處，此語昔所傳。况復有慈母，辛苦倚閭閻。我聞讀書者，欲静清機閑。所用一以失，觸處多險艱。燕京千里外，馳情匪一端。朝思山之東，暮思河之南。顧兹方寸中，須受兩地牽。神駿志四海，乃羈十二閑。騰踔會有時，獨行良復難。于時歲將盡，群動皆屈蟠。雁高天影淡，月白宵光寒。層冰膠輪蹄，新雪將復殘。自慚悠忽人，塵累未能捐。佳什豁心目，千慮爲一言。睠懷游子吟，期君中道還。

貞女行

宗國秉禮教，女士薦馨香。凌轢千萬祀，聽我貞女行。貞女姓周氏，世居西南鄉。村名李花店，七里達縣城。其貌淑且麗，其容穆以莊。始影欲墮地，舉家盡遥驚。七歲讀女訓，九歲通孝經。十三織縑素，十五裁衣裳。侍疾不解帶，洗手作羹湯。一進母病愈，再進父病輕。四方聞此事，擔酒牽豬羊。瞽者思得之，兩目日以明。聾者思得之，兩耳日以聲。會不相聽許，繫纓在孔庭。西門故不遠，來往恰相當。小子强人意，揖讓異尋常。又能讀古書，行復作公卿。汝其善事之，黽勉娱我情。孔雀東南飛，鴻雁西北翔。相去不相顧，道路阻且長。哀哀苦寒士，萬卷無一償。夜讀朝出耕，倦欲發瘢瘡。吉期臨欲近，不幸先糟糠。三日燒鬼馬，七日奠凉漿。耳語及鄰舍，紛紛何攘攘。羅幃卧嬌女，噩夢甚非祥。相戒勿激直，而乃出其兄。石闕已入口，利刃方在腸。人寂雞犬啞，空濛夜未央。開篋取針線，結束爲嚴妝。三尺白練耳，頃刻生死争。阿母得聞之，號泣以驚惶。人各有壽命，作計何不良。高聲呼大兒，兩手相扶將。徐徐解束縛，猶聞簸箕鳴。斂袵再拜跪，上告爹與娘。兒命自屯蹇，他圖亦後殃。生兒不死兒，除是面姑嫜。阿父點首嘆，聊復容細商。擇日會親友，重整嫁時妝。阿翁摇手言，伏惟且消停。賤子無大兒，家計自支撑。食爲無米粥，卧當折足床。一日不再舉，饑飽常不平。昨夜霪雨惡，殘軀依壞牆。謬承賢女意，圖報以來生。宛轉語未了，鴉啼如兒嬰。女聞還入户，虔誠祈上蒼。不求翁富貴，但求餘糗糧。迎女展夫墓，奉親歸壽堂。香奩長此謝，日親蠶與桑。天高聽何遠，連歲遭凶荒。青女吹蟬鬢，未老漸成霜。既不如前願，獨活何所望。羸尫不自理，良毉多走藏。牽衣辭父母，兒今日冥冥。氣如天邊絲，欲下復悠揚。心如山上泉，雖逆猶汪洋。指心明大義，翁姑來何妨。痛我未亡人，負我地下郎。寒窗聲窸窣，落月過屋梁。叩枕不復起，四體冷且僵。前村爲罷市，行路亦彷徨。有女得如此，安知男子榮。同聲請合葬，合葬郭北邙。女貞紛羅列，對對紫鴛鴦。地下如長夜，黄泉正渺茫。相逢不相識，鬈首與頡頏。見義有獨斷，圭璧失晶瑩。願告采風者，入獻甚勿忘。

沙邱

玉骨已黄土，春岡一帶斜。野風吹不定，幾樹碧桃花。

哭素子族叔

月墮風初定，天昏螢亂飛。主人今不見，此别幾時歸。入夢宛如昨，哭君會漸稀。誰憐居世者，病榻掩荆扉。

新秋夜坐

久雨銷殘夏，晚凉喜獨經。蟬吟疏欲斷，砧響急還停。秋水天然白，秋苔隨意青。無人亦自好，新月瀉窗櫺。

苦雨

淫雨決沂河，水湧如人立。蒲牢黑夜鳴，木末唤渡急。盲風襲長林，不復辨原隰。開城納居人，人乘水勢入。釜鬵冷無烟，井水渾難汲。陸地乃出泉，暫出必蓑笠。屋草化爲薪，孰防廪中濕。昨日單父船，忽於西郊集。邑令勘灾荒，流亡待安輯。肅肅鴻雁聲，雜以向隅泣。坦途不敢行，下有蛟龍蟄。

曹縣袁次溪寄詩，兼贈董酒、陶布、耿餅，走筆答之

黄梅破臘香滿樹，雪花飛墮城西路。忽驚昨夜寒冰開，雙魚口銜尺素來。董氏釀如竹葉清，定陶大布薄且輕。佐以七絶味甘馨，袁子之意未及已。五十六字寄闕里，闕里比歲值水荒。官倉欲賑苦流亡，布衣蔬食豈易得，獨宿空齋遠夢長。

掃草子

掃草子，千村萬落如掃市。西山銜日箕中稀，老母嗔怒嬌女啼。爺遠征，弟新賣，五穀不熟，不如荑稗。咄爾小語無高聲，檢田使者適此行。

刮白榆

刮白榆，天留佳木味特殊。欲死不可活不得，捧持一束起菜色。東村西村楊柳多，春葉未生空摩抄。月明下照枵腹卧，烏鳶鴟鳥争相賀。

有事新阡感賦

窮秋風獵獵，冷氣動衣褶。肙屭静不言，寒山遠相接。即境思未已，寓目心尤却。獨有守冢人，開門掃落葉。

和楚源留别韻

十日風寒乍啓關，馬蹄得得車班班。故人東望客西首，枯木千章雪滿山。

枝津園即席

向日静暉暉，風亭四水圍。一聲何處鳥，隔岸桃花飛。竹里同皇古，濠梁入化機。不須圖主客，天籟自無譏。

蠶月行

楊花平鋪雲天暖，黃鸝聲中路近遠。漁洋斷夢閨思懶，女桑沃若春不管。小姑筠筐沿溪轉，鴉頭窩嬌芳徑軟。金轣繅轆樂忘返，燕子低飛風款款。憶昨相逢日又晚，共道使君興不淺。衣絲曳縞豈入眼，恐是儂家箔上繭。

古意寄菊雨子

留儂儂不住，思儂儂已去。掃盡門前霜，好認來時路。

留別袁雨樵

北風吹車輪，馬蹄響得得。落日斷行人，冷碧出山色。心畏前途賒，饑驅旰不食。故人見我驚，入門凍鬚直。爐火紅焰焰，煦煦漸可即。英英兩兒子，問訊若舊識。酒漿敕中厨，几榻親拂拭。古帖出祖石，舊硯注子墨。萬卷略上口，五色剖胸臆。卜夜有餘歡，談往或滋惻。小童呼不來，砌下月已昃。忽見素心花，娟娟自修飾。明發又欲東，歲寒各努力。

紀夢

霜月壩頭寺，雪月燕家市。孤客賦招魂，魂歸豈容易。娟娟合歡草，化爲斷腸花。不如天上月，隨君天一涯。秋氣自西來，蕭颯滿窗牖。出入無言詞，何以致扣扣。畫工莫寫意，寫意太糢糊。但記會面時，遺我玉轆轤。轆轤製作殊，未若故劍快。以手書水中，請得自忖畫。窈窕雙丫環，餘髮被肩頭。霓衣結寶鏡，光照十二樓。風海幻洪濤，驍如崩高屋。覺後半床月，寥寥媚幽獨。

嫁女吟

富貴本無常，薄俗羞賤貧。莫飲草頭露，失却眼中人。金鋪紅守宫，閉此春風久。西施售不得，東家行借口。媒人入門來，顧影嬌媞媞。諾諾復爾爾，得完君子妻。鳳子花上宿，弄丸厠中老。此身有歸著，千金未爲寶。王孫少年郎，明珠光照夜。又聞茂陵女，與儂不相下。阿誰語切切，東家大不如。巷陋無車馬，但有腹中書。揚州青銅鏡，好醜亦易見。如何自鳴鐘，聲音隨時變。反舌五月啼，雙飛過西園。持竿逐之去，羞爾蒿下魂。女子雖善懷，有言不忍放。願化雙日月，高懸北堂上。

讀詩偶述

廣大教化主，卓哉主客圖。驪珠媚老嫗，無乃太自誣。微之亦近情，魄力或不如。並轡長慶中，塵後徒區區。

吾愛奉禮郎，荒誕而譎詭。削立青芙蓉，又得孟夫子。顛倒古聖賢，言必出自己。羲和閉光晶，日月洪濤裏。一僧如死灰，山根搜石髓。乃知昌黎外，未爲無人耳。紹述絳守居，文心亦如此。古調今不彈，柴門隔秋水。

天籟自東籬，摩詰亦其儔。左司氣冲穆，潔如柳柳州。翛然埃壒外，神與太古游。微言拈花笑，化機清泉流。當其任所遇，亦如春與秋。四時有遷次，元氣一以周。開窗邀明月，清光散不收。何事夸毗子，昵此紅裙謳。

唐賢采唐風，殷播高仲武。説詩具大意，恪奉先民矩。方之看富貴，在我須有主。充棟與汗牛，將無笑莽鹵。曲學死句下，自謂探秘府。蟲魚何勞箋，逆億究無補。縱有小智慧，焉知作者苦。慈母身上血，兒女口中乳。會心不以言，滴滴自領取。

吾兄愛仲初，吾獨喜司業。一卷手自抄，秋燈夢相接。誦之略上口，轉更無交涉。下筆如有神，自覺力妥貼。或謂是蕃錦，古褥光疊疊。得魚遂忘筌，目前即是睫。謝爾絳幃人，微言容我竊。

炎精真風雅，太音古亦稀。當塗步其武，升降有容輝。鄴下黄鬚兒，英風何巍巍。手中無尺鐵，三交透重圍。明月不可掇，慷慨雜歔欷。觀者心跳蕩，精爽凌風飛。當時號三祖，東阿其庶幾。燕歌行自佳，力孱非所希。

采風登高古，安知消息微。取人必以貌，妹妲其庶幾。冥心以自寂，豁如客新歸。故物到我前，深悔行役非。寄言辛苦子，無事妃呼豨。

顔懋仝

字異我，附貢生。有《韋齋詩》。明經刻勵學問，爲學使金檜門所賞。同居五世，兄弟早喪，凡經紀婚葬三十餘事。立家塾，以教族子之貧者。兄子崇槼幼孤，訓之嚴肅，卒成名士。

【補】顔懋仝，號韋齋，晚號蘇道人，肇維第九子。生當在雍正元年（1723）。桂馥《晚學集》卷八《蘇道人生壙志》：“道人家素饒，有田二百畝。諸兄繼殁，太夫人春秋高，仰食者百口。道人上奉慈闈，下撫群從，内計生産，外接賓游，一身實爲勞悴。……道人同母兄懋企遺孤崇槼，行己任率，使酒牾物，道人垂涕撻之。崇槼既長，讀書厲行，見稱於時。道人嘉其率教，謂他日見兄地下，執手相告，符子幸不墮業矣。符子，崇槼小字也。道人負用世才，既失志，决然舍去，不應舉。偃息家巷，春秋佳日，招客談詠，莊諧間出，樂不爲疲。詩或一字未安，剪燭申旦。性强切，聞人家不平事，憤氣攘袂，若赴强敵，意小不合輒怒，或從旁善爲解釋，一笑而罷。”《國朝山左詩續鈔》、（民國）《續修曲阜縣志》録其詩。

掃草子

造物憫荒歉，草子生陸離。未明持箕帚，婦姑相追隨。日出蒼凉照菜色，帚頭秃盡掃無力。歸來小兒索飯啼，釜中尚有白榆皮。樂歲難逢潦亦好，隴上年年生秋草。

别業

别業去城三十里，北山當户古河斜。蕨芽過雨春登饌，桑葉經霜冬貯茶。留客閑談門外柳，呼童多種砌邊花。風光若此不成隱，嘆息悠悠虚歲華。

月下小飲舊止堂

明月故如此，空庭都是秋。雲來添樹色，風定轉簾鈎。懷往雲過眼，感時霜滿頭。惟憑樽酒在，銷却百年愁。

舊止堂聽升庵表叔、墨堂家叔彈琴

白髮雙琴奏，泠泠出翠微。如聞秋澗雨，獨掩空山扉。流水渺然去，閑雲静不飛。勞勞塵世裹，暫聽已忘機。

三月十七日有感

柳絮顛狂體自輕，隨風上下若爲情。春歸吹落池塘水，笑指浮萍是再生。

歲暮感事寄未谷

鬚眉鏡裹漸如銀，緑酒紅燈歲又新。意氣未平還自笑，功名無分定何因。感君去日臨岐語，奈此殘年久病身。若向尊前勞見憶，依然顔膕不逢人。

夜夢渡江，醒後有感

慚愧懸弧意，蕭蕭白髮垂。江從夢裹渡，心向醒時悲。老驥空鳴櫪，春蠶未斷絲。倘能生兩翼，何處是天涯。

重陽日作

西風落木響蕭騷，曉起新寒透緼袍。令節驚心最宜酒，老年無伴不登高。誰憐一片孤鴻影，歷盡千山午夜勞。聞説天家多善政，賑灾重截大官漕。

顔懋恕

字如仲，一字平叔，乾隆戊午舉人。有《拳石山房詩》。孝廉嗣母孔氏，年十六失所天，矢以身殉。姑泣諭之，始進飲食。撫從子于繦褓中，茹苦食蘗，垂數十年，被旌如例。孝廉禀承母教，克自樹立，人咸以爲節母之報云。

【補】顔懋恕詩集，《曲阜清儒著述記》、(民國)《續修曲阜縣志》作《卷石山房詩集》，《國朝山左詩鈔》、(宣统)《山東通志》作《卷石山房詩》，另據作者《題卷石山房》一詩，小傳作“拳”字，誤。《國朝山左詩鈔》、(民國)《續修曲阜縣志》録其詩。

題卷石山房

賦性本拙魯，所愛一卷石。携自泰嶽巔，渾噩吾所擇。既無媚世態，兼絶斧鑿跡。貯之此室中，色奪秋山碧。舍人且勿來，居士能見惜。二石相伯仲，與余成三益。

紫陽洞

作客驚秋至，登山趁午晴。危巒緣徑上，野竹到階生。雨浥嵐光濕，風吹暑氣清。曠懷遺世士，不覺此身輕。

憩廣慧禪院

小泊行舟路已遥，美人何處憶吹簫。廣陵風景渾如昨，不見當時廿四橋。

無雙亭畔草迷離，天上名花夢裏期。空有欄干留夜月，夜來何處照瓊枝。

顔崇湘

字蘭洲，號荔村，乾隆甲子舉人。孝廉年四十六始領鄉薦，一上公車，遂不復出。授徒自給，克承簞瓢之風。門下多知名士，一時皆稱蘭洲先生。

【補】（民國）《續修曲阜縣志》卷五“人物志·鄉賢·治跡”：“（顔崇湘）爲人正直沉静，穎悟過人，讀書有心得。性嗜古，尤邃於史。子弟經其指授，成名者衆。……所作詩不自收拾，率爲人取去。”《曲阜清儒著述記》：“（顔崇湘）爲文宗法金聲，有《漱香亭評選》一卷、《學庸講義》二卷。”（民國）《續修曲阜縣志》録其詩。

蠶女詞

五月蠶功畢，門前縣吏呼。可憐數箔繭，只供半年租。

山中雪夜

門對寒溪雪滿山，白雲深處閉柴關。高吟自嚼梅花片，一卷南華百慮删。

顔崇儒

字魯一，嘉慶庚午欽賜舉人。有《深柳讀書堂詩稿》。

【補】（民國）《續修曲阜縣志》卷七“藝文志·著述”：“顔崇儒著有詩一册，經張船山鑒定，與其弟崇奭詩稿共輯爲一卷，名

《棣蕚軒詩鈔》。”并録其詩。

舞雩臺

城南有高臺，喬木亂雲脚。興來一登眺，寥然天宇廓。令節春已三，嫩紅上花蕚。沂水漾春流，逶迤繞城郭。來遊溯前賢，風浴洵可樂。鳶飛共魚躍，萬化契所託。我亦狂者流，雅懷寄邱壑。富貴如浮雲，此心庶無怍。

春詞

草暖雲昏客未歸，東風吹送雨霏霏。無端又過清明節，一樹桃花燕子飛。

楊柳毵毵映翠樓，畫眉人去隔芳洲。垂簾幾度黄昏雨，吹盡東風不上鈎。

秋日書懷

屐齒破蒼苔，寒烟暗未開。故人不可見，鴻雁有時來。野館秋風急，荒村暮雨催。又逢黄菊放，何日共銜杯。

僧舍雨

獨宿山中寺，幽窗夢未成。寒風一夜雪，松子落無聲。

哭蘭洲先生

酸風吹寒鴉，冷雨打窗紙。巷有千古人，我來呼不起。著書事未竟，此身胡爲死。生者空惆悵，死者長已矣。

山村秋興

芳草門前路，無人自往還。寒烟秋水渡，晚樹夕陽山。樵唱深林裏，鐘聲翠靄間。興來沽酒飲，空谷意蕭閑。

曲阜詩鈔卷第七

曲阜孔憲彝纂輯　弟憲庚參校

桂馥

字冬卉，號未谷，又號老苕，乾隆庚戌進士，官永平縣知縣。有《未谷詩集》四卷。未谷明府學問性情皆極古厚。先世爲至聖廟灑掃户，及明府始通籍，鐫小印曰“瀆井復民”。嘗曰：“吾以先人清白爲榮也。”官邊徼，多善政，繪《簪花騎象圖》以寄意。爲學必窮根柢，尤深于許氏《説文》。所著《説文義證》《毛詩音》《札樸》《繆篆分韻》《晚學集》諸書，皆爲海内所推。工隸書，直入漢人室。考藏金石碑版甚富，阮芸臺相國纂《山左金石志》，引以爲助。詩稿不自收拾，每謂所傳不在此，然體格雅正，足祛時靡。所纂《詩話同席録》，尤嚴于論説，非淺者能測也。余刻其《晚學集》，附詩于後，以質海内云。

【補】桂馥，乾隆元年（1736）生，嘉慶十年（1805）卒，年七十。《曲阜清儒著述記》：“（桂馥）少警敏，既補諸生，益以古文辭自勵。稍長，與海内賢豪游，周編修永年、戴檢討震互勸其熟讀經傳，以博反約，乃舍去所讀書，專（治）〔制〕經焉。嘗謂：‘訓詁不明，則經不通。’取許氏《説文》校治之，垂四十年，而成《説文義證》一書，爲一生精力所萃。嘗與周編修約買田築借書園，祠漢師伏生以下諸人，而藏書其中，以招來學。志雖未就，而積書至五萬餘卷，亦可謂富矣。翁學士方綱、阮相國元先後督學山左，皆引重之，推爲當世學人。”《國朝山左詩續鈔》、《晚晴簃詩匯》、（民國）《續修曲阜縣志》録其詩。

萊州

作牧餘荒苑，傳經出絳紗。海浮萊子國，草没鄭元家。㾌鹵隨人賣，魚蝦入市誇。尚饒王仲富，何處問公沙。《魏略》："公沙穆隱居東萊山中，有富人王仲者謂穆曰：'金多以資仕，吾奉子百萬，惟所用。'穆恥以賄求爵，不受。"

秋鶴席上醉歌

吴君煮酒酒不群，要余飲酒書八分。墨摩一斗紙丈二，弱豪不醉難策勛。是時春暖窗半啓，花香酒氣釀氤氲。淺斟細酌到無算，對客解帶微覺醺。請試把管管無力，寫出便付秦人焚。紅杏小史真解事，杯盤羅列腥與葷。縱飲大啖雜諧謔，花陰漸轉天將曛。興酣落筆無束縛，墨瀋不顧沾裳裙。横卷直幅盡揮灑，苦無餘紙書嘉文。旁觀暢意呼大好，一贊亦足張吾軍。乃知工拙在氣勢，較量肥瘦徒紛紜。吴君吴君，但願日日飲酒書八分，富貴於我如浮雲。

題蓬萊閣

到岸山無盡，連天水共青。閣憑岡勢壯，城帶海潮腥。重鎮樓船略，奇圖夏禹經。眼前蓬島近，何處訪仙靈。

松下呈翟叟

叟種兩株松，偃蓋交離披。清陰罨庭户，有似幰幕垂。叟欲除其一，荷插將仆之。家人交口勸，聊去横生枝。我來松間立，剝斫痕參差。叩問意何在，安用翦伐爲。叟言松陰厚，冬窗無朝曦。老愛負暄坐，寧容障茅茨。走也向叟揖，喋喋前致辭。三百有六旬，一歲分四時。松毛春最香，松陰夏最宜。松濤秋更壯，此樂不可支。冬寒雖蔽日，雪壓亦解頤。於公何所負，公當赦斧斯。叟笑酌我酒，醉任松風吹。

答秋鶴留别

好似鶼鶼比翼飛，問君去我我何依。也知聚散原無定，每送舟車頓欲歸。到處邪歈憐客久，隨人俯仰悔官微。白頭懶學蘧夫子，十錯誰能悟昨非。

送魏樹亭之黄州

百戰樓船地，三分霸氣豪。天横江勢斷，山静客星高。明月黄泥坂，秋風赤壁濤。看君飛動意，懷抱向風騷。

玉環山二首并引

山在費縣西南三十里。明嘉靖間，道士刑清霄結庵山中。東有石洞，邑人張四知所居。四知，思陵相也。

道士庵

古澗寂無人，危磴通樵路。山空白日長，幽禽啼遠樹。藥苗聞暗香，春色懶如故。過橋落花深，把酒白雲住。言尋道士居，孤詣杳難泝。惟有石泉聲，松風吹不去。

石洞

流水去不返，洞口閑雲封。山花開且落，石氣青濛濛。我來俯幽級，疑墮眢井中。豁然開平地，宛轉皆相通。天光敞南牖，徐徐來清風。但有數卷書，卧讀無春冬。人生苦勞役，静者安其終。遠志化小草，嗟哉白頭翁。

孔褒銅印歌

張儉亡命誰投止，魯國孔褒堪依恃。事覺儉捕褒亦收，一門老幼力争死。死者千年骨已滅，私印猶存肝膽血。友朋一諾重千金，何煩印信合符節。石碑出土成臼科，獨留名字終不磨。其碑出于雍正間，文多漫滅，惟首行“君諱褒，字文禮”數字未毀。一碑一印在人世，暗中當有神物呵。去年曾見竇武印，漢人氣節如山峻。文舉之碑不可尋，《梁書》：南康簡王績之子通理“嘗祭孔文舉墓，並爲立碑，製文甚美。”德讓有碣字難認。孔謙字德讓，文禮弟，其碣猶存。我携此印歸曲阜，陳于碑下拜稽首。家業授受春秋經，誰爲公羊發墨守。

别陳述庵

不隨世變共低昂，白首窮居仰屋梁。祭酒尚留秦博士，故人僅見魯靈光。枕中文字資談柄，肘後方書作報章。欲訪舊聞修獻典，春風官道馬蹄忙。

顔孝廉崇檢訪余天津，送之入都

書到聞君下第歸，忽來旅館暫相依。心驚未敢詢家事，金盡猶能典客衣。自古功名貧士晚，只今京洛故人稀。買田何日分微禄，老向東山各掩扉。

天津懷運生

歸夢歡未失，孤弦響易沉。美人在何許，對酒勞寸心。春水流日夜，高樓罷登臨。衆芳豈不美，無如瑶華音。

題畫

淡黄柳色小沙堤，昨夜微霜秋滿溪。月曉風清人未到，藕香常在釣船西。

題周幔亭《清凉山居圖》

清凉翠色抱松關，陶穀秋深書幔閑。正好高眠不歸去，却來馬上看西山。

過益都相國亦園舊址

崇文門外蹋輕陰，丞相園林尚可尋。萬柳堤空春水斷，孤亭門閉夕陽深。公卿有地容休沐，賓從如雲亦陸沉。閑向老僧探舊跡，拈花一笑識禪心。

送友人令名山

陣雲偏傍馬頭生，垂老還爲劍外行。杜甫詩篇本經濟，相如詞賦久聲名。秋深僰道聞傳檄，霜落蠻江看洗兵。自有文翁能化蜀，瘡痍父老待歸耕。

雜感

静後真如是，憂來或自疑。心空遺世早，學困得天遲。白日留詩卷，青山老鬢絲。故園二三子，尚有鹿門期。

萬里

萬里提封極盛時，九重端拱樂無爲。中原已下徵書詔，小國猶勞問罪師。廟算喜從千里决，王言自有近臣知。餘生偃蹇終何補，欲上淮西第一碑。

春草

銷盡劫痕過野燒，春風吹上舞裙腰。蕪城暮雨連三月，南浦新烟失六朝。燕子飛來江水緑，鷓鴣啼處馬蹄遥。王孫一向無消息，花落前年舊板橋。

西廊

疏簾清簟罷談棋，日轉西廊客到遲。一枕風凉初睡起，刺桐花落雨來時。

漢敦煌太守碑歌

碑在巴里坤城西關壯侯廟，篆書六行，行十字。文曰："惟漢永和二年八月，敦煌太守雲中裴岑，將郡兵三千人，誅呼衍王等，斬馘部衆，克敵全師，除西域之灾，蠲四郡之害，邊境艾安，振威到此，立海祠以表萬世。"

古來邊患無時無，羈縻守禦徒區區。中國有土不能守，乃與荒服爭錙銖。漢家永初罷都護，專制西域北匈奴。玉門陽關日夜閉，索班兒戲屯伊吾。兵臨車師重圍急，敦煌太守馳兵符。勒山一戰漢軍走，呼衍聲振伊吾廬。永和改元岑始至，誰其叛者吾當誅。克敵郡兵三千耳，紀功大書而特書。吾聞兵機貴神速，君命不受言非誣。朝廷日掣將帥肘，兩人牽羊躓路衢。用當其才一已足，司馬都尉空奔趨。任尚段禧不曉事，邊隙一開十年餘。中原疲敝白骨朽，縱收其地屋一隅。安得岑也守嚴徼，瘡痍休息長無虞。

翁覃溪學士爲摹《礴塔銘》賦謝

唐書最喜礴塔銘，惜哉破裂無完形。河東一本是初拓，懸之海內如晨星。欲攫不得三嘆息，歸把殘字空眙瞠。玉堂學士莞而笑，我有粱肉施飢傖。羊毫一掃松風急，百廿七字雲英英。硬黃響拓俱多事，臨摹不數漚波亭。滿堂傳示稱快意，孰知兩日勞經營。學士初學虞永興，有時闌入歐率更。上下顔柳兼褚薛，全憑變法如寫生。不然下筆求形似，得毋笑語同優伶。不見摹勒重刻石，寶鼎化作三足鐺。學士論書善取譬，有似柘漿析朝酲。尋常隻字足寶貴，况當妙墨雙眼明。縱無蘭亭繭紙本，我心足使平如衡。

七月七日，縠人招集小香南館，分得"露"字

殘暑流餘威，閉門自朝暮。故人遥見招，聳身拔健步。恐後無

敢停，高車已先赴。賓主六七人，里居各異處。何以歡相投，同懷多鎮趣。作畫顧虎頭，圍棊謝太傅。酒許步兵乞，曲教周郎顧。最古金石文，甚細蟲魚注。徵事雜詼諧，遇物精考據。面争舌爲勞，首肯心先附。舊題僻愈奇，新韻險堪怖。苛令困老兵，罰爵降大户。屋角早横参，燭邊尚停箸。好事如秋雲，流光警朝露。珍重尊前身，記取口頭語。不見牛女星，一年逢一度。

題漢瓦頭瓦文“漢并天下”

赤帝西走入咸陽，威加海内諸侯王。匈匈數歲苦未定，蕭何制作開天閶。前殿武庫連雲起，東闕北闕遥相望。胡桃油濕鴛鴦瓦，鬱金香薰玳瑁梁。瓦文曰漢并天下，不存戒慎徒矜張。帝赫斯怒譴過度，大臣奏封詞牽强。天子重威示壯麗，土階在昔聞陶唐。亡令後世復加此，子孫藉口倆高皇。遂使濟南公玉帶，編蒲割黍圖明堂。君不見，秦并六國營阿房，二世親降枳道旁。可憐丞相收圖籍，但效昆吾作未央。

送周進士永年

下士昧講授，衮衮多歧途。氣勝角猛獸，身後同枯魚。君乃崇實學，群言歸掃除。經術探理窟，百氏如貫珠。中立障狂瀾，心苦道何孤。寂寞三十載，騎驢京華趨。一舉擢高科，對策匹江都。聲名動日下，君心冲若虚。脱然返故鄉，惟載滿船書。徂徠山色好，獨往置田廬。石室數萬卷，願爲後人儲。傳之得其人，猶勝兒孫愚。來者未可知，此心與之俱。我亦遠塵世，懶曳侯門裾。幸免婚嫁累，將依守道居。名理共涵濡，疑義相爬梳。山空歲月閑，可以息微軀。送君千古心，樽酒空踟躕。

五嵐問西山之勝

君問山中幾日留，西風立盡寺門秋。秘魔厓下逊邏樹，百尺寒泉落上頭。

范張祠

爲客具雞黍，事小物亦微。獨有真義氣，生死終不移。世風日以下，脱粟或致譏。主客良宴會，酬酢皆虚辭。生時不相信，既死安足悲。

杜工部遺像

六朝風雅盡，天寶亂離多。獨立只搔首，其如吾道何。竄身避戎馬，遺像老山河。便欲低頭拜，猶聞發浩歌。

萬里家何在，窮年老更侵。安危天下事，江漢逐臣心。涕淚孤身遠，艱難六義深。文章光焰在，千載少知音。

海内存遺跡，風人仰大師。浮雲隔東郡，孤月下南池。郇墅開花徑，叢祠感歲時。從知沈夫子，自有杜陵詩。

古意

妾如水上萍，郎如風中絮。不是不相關，高下無定處。

牧馬圖

平沙漠漠天初霜，風吹塞草秋雲黄。祁連山前畜牧場，四十萬馬如群羊。峻耳方瞳八尺腹，飛鳳三花屬天育。大奴舉策盡知名，卸鞍脱轡無拘束。朝洗白狼渡，暮秣黄花戍。帶刀監奴孔雀翎，笑指圍場射虎處。武功大定早罷兵，戰馬盡放出長城。太平野老日無事，驪黄牝牡歸丹青。顧君畫馬能畫骨，短鬣秃尾尤突兀。不師金牛仗下驄，却看受降城外月。吾生未出居庸關，又不從圉人。太僕窺天閑，但憑紙上索神駿，得毋笑殺王良伯樂九方歅。

觀顔教授所藏墨，用東坡《答舒教授觀墨》韻

教授好墨真成癖，蒼璧元圭羅皮几。紀年傳自宋宣和，錦囊重

裹澄心紙。電掣陰房古劍昏，春生幽壑凍蛟喜。紛紛觸手瓜皮霜，雷琴漆斷牛毛比。我生不識韓荆州，炯炯雙眸能辨此。取烟無論廬山松，藥賊膠病終堪鄙。縱有紅絲老青花，浮泡生沫濃雲起。窮搜圖籍紀範模，遍訪南北折屐齒。斷笏裂餅不成丸，千真一贗中心恥。部分甲乙讎奇書，品第毫髪析名理。玉版舊拓琅琊王，鼠鬚時逐江南李。染黑蛙嘴無人知，搗碎隃糜何處使。君不見，洛陽大賈多牛翁，錢刀粟帛常豐美。題裙羊欣其痴頑，籠鵝逸少空宛委。千金不惜求龍麝，傾囊何用换獺髓。誰能坐困磨墨人，行將與子汗漫五湖釣烟水。

遣懷

開遍低棚扁豆花，隨人去住總天涯。秋風已老猶題扇，布被新凉頓憶家。病後壺觴成故友，夢中草木長春芽。臨窗破悶披書帙，不爲生徒坐絳紗。

羅兩峰《鬼趣圖》

但使鬼有趣，何妨人寡歡。夜臺長似晝，世界小於盤。此樂真忘死，逢場作是觀。誰能窮伎倆，權當鬼工看。

將官滇南，伊墨卿招，同趙味辛、魏春松、張船山、吴穀人、何硯農、蘭士雨中小飲，分得“賞”字

長夏旱氣蒸，畏熱避炎晄。快雨連晨夜，頓使心寬廣。伊子折簡招，虚室得净湊。同志三五人，入門牽書幌。促坐雲壓檐，隔簾雨聲響。有酒斟酌之，氣高三千丈。余應吏部銓，將爲蠻夷長。計程萬里餘，惜别空惘惘。請假理客裝，投牒借官帑。吾頭既已秃，吾項安能統。衝瘴牽扶留，陟甗騎大象。狂插兩鬢花，頽倚九節杖。遇景誰爲歡，發言誰爲賞。京華多故人，秋風動遐想。且開眼前尊，莫探夢中謊。天晴揮手去，壯心慨以慷。

富春歌

富春江，清且曲。兩岸山，倒影緑。七里灘，釣不足。胡爲萬里投蠻荒，欲去不去心煩傷。

月

一片故園月，隨人萬里來。清暉應更苦，雲路肯先回。傍枕還同夢，登樓罷舉杯。宵中頻顧影，懷抱幾時開。

題楊升庵像像在太和縣感通寺寫韻樓

猶見東華痛哭時，竟無萬里召還期。逐臣祇合投荒死，大禮何曾有定辭。

西羽曾爲結伴游，班山蕭寺共聽秋。誰通轉注搜奇字，個個來登寫韻樓。董難字西羽，太和人，同寓寺樓，輯轉注古音，因署寫韻樓，先生嘗謂搜奇字於董難是也。

何以慰離居

何以慰離居，涓涓路旁水。送盡路旁人，水流終不已。
何以慰離居，一量青絲履。隨人萬里來，初自里門起。
何以慰離居，嶺頭日暮雲。今夜嶺上宿，明朝嶺外分。

畫竹

不似文同不似蘇，一條寒玉月同孤。他年步屧還鄉去，萬里雲山仗爾扶。

苦雀

豈不知君苦，何勞强告人。告人寧取信，不信苦尤真。毛羽憐孤影，樊籠困此身。深慚鸚鵡巧，相望更相親。

却寄張刺史

南北追隨久，原從世外看。爨桐因尾重，轅馬仗人難。共笑嵇康懶，獨憐范叔寒。幾番真涕淚，别後未能乾。

順寧行春

二月郊原外，和風柳下寬。天清片雲盡，山遠一雕盤。農唱隔溪起，村簾駐馬看。行春試春服，邊徼不知寒。

題畫

秋原曳杖歸，泉聲唤人住。暮氣欲沉山，柴門幾里路。

幼梧亭口占

柳陰轉處好銜杯，亭外閑花任意開。送客屐聲過橋去，就人山翠隔城來。

順寧感懷

柳于陌路垂青眼，梅到春風已白頭。最是無情江水急，蘭滄江。背人日夜向南流。

蹋歌行

猓猓夷歌作夷舞，暮春三月祠猛府。猛府本是土司官，歿後神爲衆夷主。只將歌舞答神庥，不奠酒漿不設俎。一人横笛居中吹，和以蘆笙聲縷縷。四周旋繞數十人，頓足蹋地如擊鼓。男子赤脚皮裲襠，女挂耳環一尺五。男歌女和餘音長，垂手轉肩身傴僂。笙笛律吕兩脚諧，歌詞不解何言語。吾昔貪歡少年場，愛聽吴娃歌白紵。可憐老作萬里人，日共蠻獠爲伴侣。眼前歌舞轉添愁，莫問此身此何許。

酬李毅堂高密人

漢代傳經有鄭鄉，此生自斷落窮荒。老爲邊徼蠻夷長，親見南人戰鬭場。一任滇池出龍馬，好還魯國訪靈光。尊前坐對誰年少，學劍學書再審量。

贈查三

查三短而肥，腰腹大十圍。走患褌帶脱，兩肱相夾持。上階如登山，下磴馬攢蹄。對客答再拜，氣喘猶移時。厩中多良馬，玉勒黄金羈。牽來長八尺，瞪目不敢騎。有時升高畫素壁，聳身直上青雲梯。攀援更比猿猱捷，旁人笑指虎頭痴。壯哉枯木竹石圖，筆不能到神先馳。君家寄居燕市側，招手三五屠沽兒。活割鹿尾帶鮮血，彘肩生熟無不宜。據案大嚼目無人，歌童疊勸雙雙卮。舟車所到半天下，南北鄉味能兼之。海鳌江柱不絶口，炰鱉膾鯉滑蒓絲。蔞蒿滿地河豚上，廿四橋頭短簿祠。卸帆津門衛河岸，大蟹上市誇團臍。真定御梨寒溜齒，肅寧桃子甜如飴。安肅白菜一鈞重，生剝嫩心凍手披。朅來滇南減口腹，餌塊粑粑難充飢。朝爨無烟卧不起，我登其床牽其帷。呼庖破寒作湯餅，胡椒辛辣酸鹹齏。煨芋悶芥鬱韭菁，薄切蘆菔屑薑荾。家常惟有饘粥好，我不肉食君所知。聞我此言忽大唊，量兼座客還歡醨。捧腹大笑我去矣，口不道謝手一揮。

逢錢七杜

萬里逢錢七，支離散淡人。惟餘一枝筆，醉點楚山春。客裹黄金盡，尊前白髮新。何當開老眼，看爾出風塵。

顔崇穀

字用冠，懋齡子，諸生。有《小顔家詩》。

【補】顔崇穀，康熙五十七年（1718）生，乾隆十三年（1748）卒，年三十一。《曲阜清儒著述記》：“（顔崇穀）素性戇直，而才氣近李長吉，年三十一而卒。有遺稿，曰《小顔家詩》二卷。”桂馥《晚學集·顔君墓表》：“君讀書持論，多與人異。對客好爲大言，朋輩苦其戇，又諒其無他，不與較。”《國朝山左詩鈔》録其詩。

濟南絶句贈王雪洲

半城秋柳一湖烟，佯醉倩人扶下船。屈指嵖華橋下路，我遲君到十三年。

顔崇檢

字書成，號石册，懋價子，乾隆庚辰舉人，官海陽縣教諭。有《停雲草堂詩》。

【補】顔崇檢，光敏曾孫。《國朝山左詩續鈔》、（民國）《續修曲阜縣志》録其詩。

三弟至即别

汝來聊慰藉，剪燭坐更闌。書斷三年久，家貧一飯難。暗蛩啼露重，越布逼宵寒。明日中秋月，還教兩地看。

感懷和作

屋角凉風起，其如羈客何。閉門嫌雨重，卧病感秋多。空憶明湖棹，同誰載酒過。應知彈别調，寥栗不成歌。

月夜

月影凉如水，晚烟望未真。扁舟横野渡，古色照離人。久病衣衫薄，長途奴僕親。更聞吹玉笛，哀怨不堪論。

傷王孝曾

萬里南溟道，風塵暗遠天。但聞家四壁，不道死三年。堂上縫衣線，閨中問卜錢。誰能收白骨，一訪瘴江邊。

冬夜念友人無衣

葉落辭高樹，長風撼遠郊。静同僧入定，寒擬鳥栖巢。重以雪霜夜，憐兹貧賤交。綈袍愧無贈，生事類懸匏。

對月

不耐見秋月，空廊早自眠。忽驚孤雁過，清影到床前。布被生寒早，鄉書借口傳。明朝仲秋節，行樂在誰邊。

感遇送未谷入都

我生負俗累，漠然無所向。少小志讀書，蹉跎忽已壯。謬陳干時策，樽櫨拙大匠。輕舟過長蘆，海風日簸蕩。破帽訪故人，相顧神不王。况復陰雨夕，對酒誰能暢。疲驢返京華，行行殊悵悵。痁疟乘秋風，對食如扼吭。故人念我來，逆旅相依傍。弔古黄金臺，愛士豈虚誑。氣誼本孤狷，詞華鄙酬唱。野鶴志高飛，邱壑固難忘。踉蹌返故園，嗒然摧腑臟。哀哉鮮民淚，何曾一日養。陋巷迴高車，唁我貧居狀。負下未易居，薄俗多議謗。送君千里心，泣下莫能仰。

讀先季相公遺集

牢落淮南十九年，茫茫隔代見遺編。早逢世難嗟兵火，老去幽愁拜杜鵑。直欲許身爲稷契，詎甘倚仗負林泉。芍陂水利分明在，楚相祠堂何處邊。

蒲臺雜詩

秋色從西來，蒼然滿庭樹。家蟬向夕號，哀此時光暮。騏驎困厩閑，局促失故步。載詠川無梁，徘徊臨廣路。

孤燈

尚有幢幢焰，孤燈强自親。最憐秋雨夜，長伴異鄉人。伐鼓更初定，觀書字未真。誰家容鑿壁，爲憶舊東鄰。

顏崇檀

字希聖，號蘊芳，諸生。茂才少慕程朱之學，言行必謹。年四十後始學詩，喜效陳白沙體，爲時所稱。

【補】顏崇檀，《國朝山左詩續鈔》録其詩。

村居

愛秋兼愛夜，常此閉柴扉。掃石花留影，開窗月入幃。嫩凉生處早，佳客到來稀。寂寞誰堪語，孤琴時一揮。

顏崇爽

字蔭南，號召亭，乾隆丁酉舉人，官海陽縣教諭。

【補】顏崇爽，著《歸田草》《入都草》《候委草》《清泉草》《東溪草》《辛壬吟草》共一卷。（民國）《續修曲阜縣志》卷七"藝文志・著述"："顏崇儒著有詩一册，經張船山鑒定，與其弟崇爽詩稿共輯爲一卷，名《棣蕚軒詩鈔》。"《國朝山左詩續鈔》、（民國）《續修曲阜縣志》録其詩。

寄内

惜别兼多病，還須强自寬。離愁壓雙鬢，瘦骨敵春寒。老愧謀生拙，貧知作母難。緘書頻問訊，兩字説平安。

顔崇溈

字東虞，號酌山，乾隆壬辰進士，官翰林院侍讀。侍讀爲文敏捷，援筆立成，然喜人指摘，不惜數易稿。書法東坡，尤工分隸。

【補】顔崇溈，乾隆八年（1743）生，乾隆五十二年（1787）卒，年四十五。（民國）《續修曲阜縣志》卷五“人物志·鄉賢·文苑”：“（顔崇溈）少負盛名，乾隆庚寅舉於鄉，壬辰會試經魁，戊戌進士，授庶吉士，庚子改編修，癸卯順天鄉試同考官。乙巳二月，御試翰詹諸臣，以二等擢升侍讀，旋充日講起居注，丙午典四川鄉試。軀幹修偉，氣象豪邁，與人交，磊落有終始。官京師十年，所交遊皆海内名士。爲文風發泉湧，摇筆立成，而虚懷集益，友朋有指摘者，喜形於色。書法東坡，尤工分隸。兩秉文衡，翕然稱得士。乾隆丁未卒於官，年四十有五。”《國朝山左詩續鈔》、（民國）《續修曲阜縣志》録其詩。另據《明清進士題名碑録》、（民國）《續修曲阜縣志》，顔崇溈爲乾隆四十三年戊戌科二甲三十二名進士，小傳作“乾隆壬辰進士”，誤。

通永吴觀察邀登大光樓

玉河橋上車轟雷，長安城中十丈埃。炎雲如火午風熱，何處可醉青蓮杯。延陵公子頗好事，鼓舞遊興呼朋儕。出郭眼界已空闊，輕颸颯爽篷半開。戲波拍拍散鵝鶩，夾岸陰陰交柳槐。一葉順流不炊黍，候吏已在州城隈。主人歡迎一長揖，亟命選勝開樽罍。大光之樓聳北郭，憑欄縱目何雄哉。居庸太行儼羅列，灤水一帶遥環迴。神京西望天咫尺，五雲縹渺瞻蓬萊。畿輔重郡屬緊望，坐鎮宜得如君才。君家萬卷鄴侯架，經術董賈兼鄒枚。盡出藏書付剞劂，傾囊不惜梨棗灾。丹鉛精審辨魚魯，要公同好流埏垓。一行作吏此事廢，如君雅尚誰與偕。走也芸館稱後進，庾樓高宴欣趨陪。尊前吟嘯極清興，西山不覺朱丸頽。京華數載恒刺促，玆遊暫使煩襟開。冷官亦苦職司縛，惆悵緇塵歸去來。聊紀勝遊寫長句，艾焙幸免涪翁咍。

顏錫嘏

字公純，號眉峰，復聖七十三代孫，諸生，世襲翰林院五經博士。有《蕉窗吟稿》。

【補】顏錫嘏，乾隆四十七年（1782）襲翰林院五經博士，主奉祀事。《國朝山左詩匯鈔後集》、（民國）《續修曲阜縣志》録其詩。

村居即目

秋水接長空，揭揭葭菼暮。夕陽天外明，荷笠人歸去。

村居

雲開新雨後，高樹一蟬鳴。風細朝烟净，茶香午夢清。溪流當户轉，山色入窗明。吟罷憑欄望，平原禾黍生。

曲阜詩鈔卷第八

曲阜孔憲彝纂輯　弟憲庚參校

顔崇椝

字運生，號心齋，懋企子，乾隆庚寅舉人，官興化縣知縣。有《種李園集》《摩墨亭集》。明府博雅工詩，與桂未谷明府齊名。手著《續魯故》《詩話同席録》《心齋紀異》《牒鯖小記》諸書，皆徵博洽。纂修《顔氏宗譜》，表闡幽潛，有功家乘。喜考訂金石，兼有墨癖，搜羅藏弆，不遺餘力。官教授時，值翁覃溪學士、阮芸臺相國先後督學山左，皆以文字相商確，談宴之風，一時稱盛。詩格清雅，步武唐賢，在樂圃、十客後，可稱繼起。手稿皆未授梓，多爲人取去。詩集爲家蘅浦、荃溪兩公所藏，復歸之顔丹泉明府，故得完好云。

【補】顔崇椝，小字元子，乾隆六年（1741）生，嘉慶十六年（1811）後卒。《國朝山左詩匯鈔後集》、（民國）《續修曲阜縣志》録其詩。

寄未谷

峼湖初雨霽，片月生遥林。之子不可見，天涯秋水深。時於古樹下，坐對南山岑。寂寂衡門外，西風送好音。

有感

哀鴻昨夜遍城隅，入告紛紛繪鄭圖。投筆有心思借箸，倚天無劍負懸弧。海中漁釣任公子，江上清醒楚大夫。近喜元戎傳執訊，西窗剪燭讀兵符。

贈張慶元

甲午之秋，逆匪王倫作亂，時大兵未集，頗爲跳梁。張君慶元慷慨有從戎志，上書幕府，已允其請，尋大學士舒公率師討平之。事雖不果，想見老將據鞍英姿颯爽時也。

烽火連西北，么麽尚陸梁。處堂多幕燕，斫地有王郎。白髮神逾健，高名老善藏。儒冠吾已誤，投筆一沾裳。

滹沱

嗚咽滹沱水，今傳麥飯亭。虎賁人已没，龍戰昔曾經。白日沉沙磧，晴天拾鸖翎。春風吹岸草，幾點燒痕青。

趙北口

漁村酒旆暗晴堤，沙鳥迎人拍拍啼。一夜雪消春水闊，布帆挂挂夕陽西。

夕次定州學師孔翰青先生曾牧其地，今物故近十年矣

使君墓草已離離，再過中山飲不辭。祇見門生陳麥飯，休從故吏問豐碑。昏黄月色當圓夜，潦倒春光感舊時。惟有東坡一片石，凉烟暮雨繫人思。署中坡公雪浪石今尚存。

舞雩臺

高臺俛南郭，曾氏昔遊衍。廓然天地心，萬象供一覽。晴陽蘇舊條，沂水復清演。沙禽浴淺汀，良苗冒修阪。孤城隔白雲，雲破天如卵。嗟彼縫掖士，汲汲軒與冕。登臺訪遺躅，春華方冉冉。

五鳳二年石刻歌

有扁斯石五鳳年，釣魚池涸春盤筵。金源刺史飭匠氏，靈光片碣今歸然。西京舊跡紀支幹，苔痕没字釵脚圓。是時天子侈祥瑞，黄龍神爵書連翩。少陽啓宇魯慶忌，不立文義羞言筌。歲序庚庚二千祀，鋒鍛剝蝕神仍全。太山殘碑經劫火，嶧陽棗木空流傳。汾鼎芝房亦消歇，尚存古物充几筵。改置奎文凡幾代，金鐘大鏞陳宫縣。史晨韓敕並晚出，居攝壇刻缺不完。拓以歙州法墨宣州紙，弆之秘笥吉且蠲。近接邈斯上籀頡，神刀鬼斧留人間。宫牆萬仞永不敝，琳琅金薤光中天。

雨夜聞雁，同小香作

細雨入殘秋，寒衾戀敝裘。一聲何處笛，涼雁在高樓。

經王秋史二十四泉草堂故宅

斫地王郎去不回，草堂遺址掩青苔。三年再著泉邊屐，舊雨如絲撲面來。

陸家老屋自三間，人去堂空燕亦閑。一片寒雲無處著，夕陽紅過佛頭山。

漢竹葉碑

夕陽下西檐，籜影摇清晝。褵縱一片石，皴蝕苔花瘦。文約十三行，漶滅不可讀。仿佛沛國字，風巢觀哺鷇。碑陰醵錢人，乙乙如編豆。督郵别南北，曹史分左右。卞薛汶陽蕃，魯郡咸在囿。侯修次曹嘉，郭尚先王壽。張耽與苗瑶，屬吏供奔走。孔玄達人裔，家乘所宜究。幾年侵黄土，白日竄鼪鼬。清谷吾從父，碑在清谷從父魯壁别業。嗜古祛飣餖。絲竹孔牆閟，簞瓢顔巷陋。米顛而倪迂，采拾日以富。千峰取作圖，郃陽褚峻。竹厂匡其謬。鹽官陳以綱。修短較窪尊，方圓審石臼。如讀紀年書，古文參篆籀。經生多耳食，泥一乃百漏。或喜若掉舌，或憊若縮脰。微月映修廊，晴雪滴空竇。式續歐趙録，慎勿貽紕繆。

八月十五夜，學使阮芸臺先生招遊湖舫，同冬卉作

蓮子湖邊月，登舟愛晚晴。高臺一以眺，良夜有餘清。電影峰千疊，菰烟水半城。不緣陪使節，何處濯塵纓。

大雅久不作，孤亭留至今。苔花蝕舊雨，燈影亂棲禽。止水泠然善，清言窈以深。迢迢北渚月，應鑒使君心。

漢大將軍聞喜侯竇武印

六書分繆篆，上與先秦接。屈曲供摹印，累累復若若。老落工篆刻，嗜古肱三折。笥有方寸銅，涂以丹沙屑。皇皇大將軍，兩字凜冰雪。上懼蛟龍纏，下恐雷霆泄。浩氣蟠瘦硬，土花不肯齧。詘彼神王金，邈兹鬼國鐵。緬維孝靈初，自天方降割。閹豎日侜張，伎等社鼠黠。熒熒太微星，寂寂白獸闥。元舅志廓清，當陛仗斧鉞。密勿參婦人，肉食智乃拙。遂令北寺冤，老臣膏碧血。迄今名印傳，英靈儷喬嶽。我拜不敢玩，我玩不敢褻。貯之水晶匣，包以朱萸纈。炎劉祀已湮，國璽文亦缺。斯印經劫火，仿佛百煉骨。佩作五岳遊，曷啻特健藥。嶄嶄紺色冰，襲襲古香烈。雨窗試摩挲，山鬼吹燈滅。

田家

先人有敝廬，宛在清泗曲。黍稻紛已秀，牛羊散原陸。雨暘一以愆，頃刻變炎燠。所喜今歲稔，官閑吏亦睦。入網舫鱮肥，鄰家酒正熟。瓜壺分弟舅，豚蹄會宗族。黄齏一百瓮，禦冬有旨畜。日暮賽神回，邨烟澹微緑。

送王芝汸入都

燕趙悲歌地，君行近若何。交如秋葉減，官比積薪多。舊雨吟鴻雁，凉雲渡滹沱。高堂髮易白，且去莫蹉跎。

浣筆泉禊集

春帆泊泲水，訪舊城南陌。謫仙浣筆處，細草分泉脈。泠泠蔭堂坳，汩汩瀉檐隙。高軒列長筵，清醑遲嘉客。所交唯老蒼，風騷共推激。紛吾思古人，俛仰多陳跡。寂寂賀老船，宛宛少陵宅。惠風泠然善，湖烟澹已夕。

阮芸臺先生招，陪觀察孫淵如丈宴集小滄浪，與者仁和馬秋藥、偃師武虚谷、懷寧余伯扶、吴縣周曼亭、吴江陸直之、錢唐朱朗齋、何夢華、歙縣吴南薌、鄭研齋、益都段赤亭、歷城郭小華，凡十有四人。是日小華作圖，分賦二絶句

尚有名花四照開，官閑不覺簡書催。湖邊白鷺連拳立，城外青山倒影來。

浹旬且喜旅懷開，録别新詩擊鉢催。他日團茅湖上住，不知舊雨幾人來。

燕市五酒人歌陳嵩肖生、胡唐城東、吴文桂子華、何易湘雪、何學詩海珊

顔生昔領酒泉郡，酒瓶在手六國印。張石公句。三日不值高陽生，舉觴便向青天問。燕市有五君，日與酒母遊。古之閉關人，胡生乃其儔。胡生自愛酒家胡，白皙鬑鬑微有鬚。朝飲步兵厨，暮飲黄公壚。有時放筆作奇字，顛倒紫鳳連天吴。延陵季子亦大户，碌碌羞與噲等伍。高生之筑禰生鼓，乖龍可斫雷可脯。於陵仲子冰雪

姿，海内人稱老畫師。當爐最愛文君鬟，典酒曾傾陸賈貲。座上何郎最年少，酒國偏師競二妙。擊鉢吟成幼婦辭，當筵往往爲傾倒。五君嗑嗑飲不止，不作酒仙即酒鬼。七百斛秫五石瓠，斞取峨嵋天半水。顏生旅食黄金臺，應知飲酒亦須才。但與五君日日濡首號中聖，莫問門前之客幾個來。

西山

看山如讀畫，往往喜逋峭。又如校異書，佳處領其要。如蟻旋礶坳，如蝸升堂奥。初陟已忘疲，再折入幽窔。岩谷響互答，不減穌門嘯。鬬險出益奇，因豁覽尤妙。九峰何處尋，一筇定拄到。

遂踰羅睺嶺，嶺迴初見寺。山靈役吾神，應接不暇給。或蟠如蛟螭，或蹲如贔屭。如臼如覆盂，如抗或如墜。乃知造化工，一一煩位置。芙蓉墮危青，螾衍入邃閟。雪壓一峰欹，雲滃亂泉沸。經險氣逾屏，履坦色方霽。西北有琳宫，鐘聲渺烟際。

幾折下山脊，九峰如列俎。小憩據危石，餘勇尚可賈。宛如升木猱，茹趾防齧股。秘魔何處岩，嵐光自吞吐。夭矯幻龍蛇，窅冥穿鼪鼯。琅琅聞齋鐘，隱隱振法鼓。幸有濟勝具，且免作强弩。

脈脈夕陽沉，泠泠罡風吹。法雨散天花，中有岫雲寺。嘉福錫晉年，龍泉兆唐禩。山僧眉宇清，導吾如夙契。拾級掃松花，洗鉢試泉味。耳聆梵唄音，衣染栴檀氣。願因慧業人，拈花領微示。

西峰寺

到門不見寺，幾折入西峰。古殿棲齋鴿，空潭守蟄龍。春回千澗雪，僧定一聲鐘。咫尺諸天近，雲邊佛火紅。

龍潭

澄潭湧不息，古竇閟靈源。萬竹緑成幄，九峰青到門。夜凉星影淡，龕净佛香温。欲問龍華義，寥寥不可言。

河上

拍岸黄沙夕照昏，紛紛畚築似蜂屯。地連小沛吞湖口，天扼洪濤入海門。是處哀鴻圖鄭監，幾家烟火哭羌村。不知底績司空日，可有靈犀鑒覆盆。

金陵

自昔金陵號帝都，冶城絲管白門烏。湖邊裙屐銷魂地，陌上黄驄舊酒壚。六代烟花三月暮，大江風雨一帆孤。故宫禾黍殘陽外，只有鐘山似畫圖。

紫雲山

鳴鳩聲送片帆間，蟹籪漁村罨畫間。一夜雨晴春水活，菜花黄遍紫雲山。

揚州絶句

片帆曾溯廣陵潮，鶴背仙人不可招。春雨春烟滿城郭，二分明月一聲簫。

十三樓外美人居，鬢影釵痕畫不如。正是草香花落候，一江新緑賣鰣魚。

煬帝行宫署九華，錦帆何處問瓊花。行西向晚水烟動，月上雷陂閃暮鴉。

四月六日，祀先農壇舟次作

雨過一鳩鳴，村烟隔岸生。地偏山果大，石瘠野泉清。瓜蔓緑于水，菜花黄到城。農家暇日少，幾處叱牛聲。

九日登觀音閣

孤閣憑淩倚水隈，高城幾處暮砧催。菴官不覺折腰易，佳節偏教笑口開。柿葉風乾螢火亂，蘋花香冷雁聲來。蟹匡黄大萸房紫，莫負當筵倒緑醅。

夜泊京口

萬感中宵起，北風江上寒。雁從今夜到，月向戌樓看。綆短藏身拙，才疏救過難。滔滔瓜步水，試問幾時閑。

興化雜詩

海燕雙雙入畫檐，吴蠶如雪正三眠。幾間竹子桐孫屋，絶似龍灣穀雨天。

野水荒陂略彴斜，邨烟澹沲罨桃花。停舟最愛鵝兒口，一色紅簾是酒家。

鯽魚湖口鯽魚肥，活活春流没釣磯。一角紫雲山近處，菜花香暖乳鳩飛。

庚申二月初至海門，寄未谷滇南

去住何曾定，摇摇孤宦心。瓠偏容五石，帚任享千金。笥有藏書録，人傳退食吟。南風吹旅鬢，白日已駸駸。

萬里三年别，何人慰索居。行藏花甲外，骨肉死生餘。舊雨東山屐，春帆泗水漁。石門息壤在，待爾啓藏書。

虞山道中

芳草碧無際，冥烟青有痕。層軒三面水，小築幾家村。野飯供壺子，寒膡養稻孫。消揺羨鄰叟，一篠倚衡門。

寒食登福山寺閣

虚閣净春緑，一龕古佛幽。山隨潮欲動，人與寺皆浮。水氣香于酒，蘭心素似秋。僧寮孤坐久，微笑契江鷗。

金陵送友人之揚州

不是微之定牧之，冶城唱遍冶春辭。無端又控揚州鶴，草緑瓜洲是去時。

江草江花弔六朝，秣陵絲管廣陵簫。春帆一夜瓜瓤水，緑到隋家第幾橋。

吴生五月朔日夢中作

絶代不龜手，吴生今再來。人如古藤瘦，吟比澤鴻哀。破衲充行李，名山愛酒才。舊題埋骨處，君屬於石門絶頂爲題“吴竹虚埋骨處”。誰爲拭青苔。

哭武虚谷

北海傳經處，讀書慕禮堂。於人原豁達，舉世自佾張。談笑多微旨，鬚眉亦古香。他時尋舊雨，淚墮小滄浪。

晚節陶元亮，清名范史雲。一時稱傲吏，垂死號徵君。笥有金石録，家傳冰雪文。斯人今已歿，謡諑尚紛紛。

石經峪

冥色散遥岑，微陽隱喬木。陟阪徑縈紆，隔溪嶺回迴複。石上擘窠書，翏翏尚可讀。試參雪竇禪，巒影宕空緑。不見古仙人，憑高訪逸躅。似聞幽澗泉，泠泠滿山谷。

辛未重陽後三日，石門紀遊作

佳節淹遊屐，尋幽到上方。吾衰甘齝窳，得酒忽飛揚。槲葉鳴山雨，岩花覆石床。夜闌群動息，小住愛僧房。

幽人此卜築，地以隱居名。宛爾竹溪叟，泊然山氣清。夜涼星有暈，水渴澗無聲。大雅久不作，寥寥千載情。

奇峰署玉笋，宛在玉泉阿。吾愛二三子，何辭一再過。夕陽僧影澹，紅葉雨聲多。莫問故人跡，凄其雙鬢皤。舊游張夢髯大令、李春麓觀察、吴竹虛山人，并已物故。

幾折下修阪，一筇自拄回。寒鴉喧暮色，斜日走輕雷。白髪留吟社，邑舊有“湖山八子吟社”。名山惜酒才。他年續魯故，舊雨八人來。時同游者，孔忍齋、季蘅、節倩、絅文、景度、張婿翼雲及予，亦八人。

壽孔季衡四十初度

驃騎行中第五人，魯門大雅借扶輪。圍棋古有羊元保，頌酒今之劉伯倫。刺繡線添長命縷，消寒圖繪九如春。慚予七十支離叟，好與梅花澹結鄰。

春日過息影園

三年不到習家池，寂寞元亭載酒時。滿地緑陰春社散，青梅如豆雨如絲。

顏崇榘

字貽方，恩貢生，候選教諭。

【補】顔崇榘，《國朝山左詩匯鈔後集》、（民國）《續修曲阜縣志》録其詩。

移漢石人歌

城南樂安太守墓，擘窠大書曰麃君。墓旁屹立石人二，傳是季公之子孫。一者峨冠介而侍，一冕執殳拖修紳。仿佛亭長門卒字，千六百祀留貞珉。夜深月黑或相語，苔衣蝕遍釵脚痕。粵自千乘降爲郡，本初而上推永元。玉魚鰈鰈秘黄土，金蠶帖帖埋青磷。寒食梨花黯風雨，斜陽衰草綿冬春。接軸置于矍相圃，如從幽谷遷高原。是時墓碣頗續出，熹平永壽争討論。君不見，汴郡押衙經劫火，紅裙曳尾何侁侁。天禄辟邪多漶滅，祝其上谷日雕剜。曷似魯門兩翁仲，宫牆萬仞迎朝暾。

顔崇東

字青甲，嘉慶辛酉舉人。

【補】颜崇東，（民國）《續修曲阜縣志》録其詩。

贈馮晏海雲鵬明經

十年心契託雷陳，恬淡交情見性真。野鶴孤雲來逸客，寒梅冷月認前身。論文畢竟推先進，衡品今甘拜下塵。不捷南宫休太息，浮沉宦海是何人。

顔懷慤

字思誠，號慕宗，乾隆戊申舉人，官平陰縣教諭。有《耕餘草堂詩稿》。學博性情刻摯，嘗館微波榭。自村居，朝出暮歸，不愆晷刻。詩筆如其人，尤長于五言。時與揚州黄秋平、家節倩、小莊、蘅浦、荃溪、鎮齋、厚齋諸公相唱和，稱“八詩友”。秋平有詩云：“思誠挹露洗花宫，天女袖手立雲中，豈但春花不敢紅。”擬

《飲中八仙歌》體也。又題《耕餘集》云："真意留千古，泉明得替人。"其傾倒如此。

【補】颜怀懋，《國朝山左詩匯鈔後集》、（民國）《續修曲阜縣志》録其詩。

村晚

群動各已息，原隰散暮景。疏林不隔月，照見水中影。露零衣袂凉，雲流河漢静。之子期不來，悵觸嘆宵永。

歲暮望三弟懷憲歸

閑攀檐底舊花枝，數盡寒鴉欲暮時。尅日應知歸計早，候君常使閉門遲。將寬見面無窮恨，可奈趨庭有所思。幾度别離驚老瘦，少年莫負白頭期。

城門軌

城門古，車轍前，車折後，車不歇。

省墓

宿草墳頭出，萋萋感我情。手披不忍去，都是舊根生。

田家雜詩

中夜飽飯牛，負耒來田畔。鞭牛不見人，叱聲烟中亂。場築碌碡鳴，日出鳥雀散。晨光村巷白，茆屋各炊爨。老婦提筐出，稚子倚門看。今歲苗頗盛，傷潦穗自斷。除却上官租，歲用不及半。勞瘁不敢辭，餘一空羨嘆。

春前憶别離，有弟去中閨。輟吾中田耕，送送到原西。春風一揮手，日落馬頭低。相思寄芳草，何處不萋萋。詎料後飛雁，一隔如雲泥。去時鬢青青，歸來面黑黧。何如抱我鋤，西疇雨一犁。飽餐麥仁飯，蔬盤烹隻雞。爲語南北人，得無病夏畦。

遊嶧山

滕北嶧南取次行，停車最愛好山晴。高峰日轉午陰落，别澗雪消春水生。迢遞雲嵐連遠道，縱横麥畝接荒城。桃花欲問神明宰，無那登臨空復情。

古詩

乾坤有清氣，秀者深聞見。卉木有松柏，寒暄不能變。溺情墮烈士，抗志希美彦。履險道轉親，迍邅天所眷。四壁恒宴如，所樂非貧賤。

桐木生嶧陽，緪以朱絲弦。兩物一朝合，遂逾膠漆堅。手揮發妙響，絲木精纏綿。交道惡不終，在物理能全。知音溘然逝，絶弦懿昔賢。

蠟梅

又從冰雪裏，留得一枝看。自此無花發，方知有歲寒。暗香疏處動，清韻著時難。惟願同心賞，相將結古歡。

丙午有感

桑梓傷心日，烏啼欲暮村。三春樹少葉，一縣草無根。户散人烟盡，年荒井税存。更多兒女棄，哀怨不堪論。

兀坐

初日照松色，松色静如此。庭中闃無人，一鳥啄松子。

夏日雜詩

消遣偏愁夏日長，還從枕上到羲皇。三間老屋留雲宿，一榻薰風入夢凉。沙岸時聽溪水響，柴門静覺黍花香。正忘榮辱學齊物，白眼相看也不妨。

繞屋扶疏緑四周，迎人爽氣致清幽。愛看禾穗朝驅雀，凉就桑陰午放牛。勛業前人談稷契，行藏此日伴巢由。向平婚嫁如心願，放浪形骸五岳遊。

魯門西畔結茅亭，風滿疏簾月滿欞。感舊一庭芳草緑，懷人千里亂山青。愛閑敢説成高蹈，不飲誰將怪獨醒。鷗鳥忘機相狎慣，喜看沙嶼自梳翎。

脚健何須策短筇，獨遊誰訪野人蹤。幽蘭不惜芳空谷，蒼鬣還驚化老龍。小徑看雲峰矗矗，平疇鉏雨露濃濃。忽逢古道南村叟，立盡斜陽語暮鐘。

王春圃較獵圖

秋風蕭瑟鳴角弓，王郎較獵山西東。是誰興酣拂絹素，縱筆揮出千羆熊。風毛雨血亂上下，一箭正墮雙飛鴻。紛紛狐兔小者耳，豺狼咆哮梟其雄。時當杲杲日正中，側目直上鷹摩空。翻身一擊長天碧，迷離五色雲烟空。健兒束縛馱盈馬，歸來獻獲驕其功。展卷借作壁上觀，意氣凜凜生英風。

驪姬

惡極斬人祀，入宫興一旅。在晉爲妖姬，在驪爲忠女。

續柏舟操

兩姓倫定，恒守從一。烈烈貞女，以凶爲吉。君兩髦兮妾總角，納采問名已成説。妾未歸兮君泉路，死非正命究何故。柏舟共姜有古今，父母人言昧女心，靡他靡慝誰徽音。

雪

忽霏太古色，學我頭上白。四顧皓無邊，雲天迷咫尺。終知造化力，蕩平消頗側。高卧擁柴門，乃有袁安宅。

田家雜興

偶爾行吟城北偏，家家場圃築門前。一聲碌碡村烟静，細雨新晴打麥天。

此生敢説誤儒冠，閑散何如襏襫安。稼穡吾原徐孺子，逢人愛自説艱難。

懷張船山太史

平生期素侣，會面即相親。抱恨逢君晚，談詩許我真。夜深賓主座，情溢帝城春。悵别憐芳草，三年入望新。

魯連

一雪當年恥，飛書不帝秦。卓然天下計，獨出布衣人。六國圍初解，孤城氣已伸。成功如棄屣，海岳自嶙峋。

對月懷節倩、忍齋、季衡

聚散同圓缺，鬱陶臨北堂。明月東南來，銜君清夜光。徘徊鑒孤影，永懷殊未央。

秋草

莫問榮枯意，飄蕭亦自傷。魂銷難化碧，夢斷不飛香。原隰三秋盡，樵風一徑凉。春暉能早暖，猶有寸心長。

秋郊獨步

有時乘興復誰裁，獨往寒郊仍獨來。俗不能諧空作客，情堪自愜又登臺。夕陽背嶺雁孤下，秋水懸村門倒開。誰是園林陶處士，無妨共醉菊花杯。

雜詩

瞻依拜寢門，樂意藹盈盈。松楸拜墓門，哀泣紛縱横。哀亦莫之致，樂亦難自明。此中有天載，潛動無臭聲。旁觀胡爲者，哀樂忽交并。斯人各有心，心感心又生。肫肫天壤間，萬類存以誠。

夫婦奚以始，兩姓婚已結。夫婦奚以終，兩人死同穴。賢聖果忘情，閨房大禮設。一字定爲倫，嚴訓書曰別。私心疑昧解，豈真愛必絶。載觀史策間，床笫禍何烈。媚寵一不肅，淪胥敗長舌。

東壁畫蒼鷹，側目睨八荒。西壁畫猛虎，磨牙負高岡。羽毛奮豐滿，虎怒鷹且揚。徒然一茅屋，驅除用何臧。寧知畫者心，含憤寫激昂。快意各自在，相觀亦慨慷。不然麾之去，拂素繪麟凰。

將旱生蒺藜，飢臻亦有薦。將豐穀草滿，未熟幾先見。嗟嗟彼微物，一貴遂一賤。而我殊不然，于此心戰戰。蒺藜何不祥，預警實天眷。備荒在平昔，何况歲凶變。相懼于未形，將同穀草羨。

冰不結于夏，夏暑乃用之。絺不成于冬，冬寒必需斯。茫茫大化中，孰探造物爲。所賴古先哲，自然從所宜。人事代天工，調劑善推移。非止寒暖備，先時無後時。輔相妙如此，參贊功不尸。

舞雩

慨想立臺時，雩奚以名舞。童冠代興誰，春風舞今古。

顔懷志

字仲立，號之青，貢生，候選訓導。

【補】顔懷志，《國朝山左詩匯鈔後集》、（民國）《續修曲阜縣志》録其詩。

熹平殘碑

欲搜金石文，吾魯固其窟。城東有殘碑，精怪壁間出。地僻無識者，工人偶能述。適遇輶軒停，嗜古過六一。剜剔去苔蘚，擻波入纖悉。一朝拓數本，東京見法律。較諸世所傳，魯峻差堪匹。熹平紀元同，事亦若相即。彼卒在二年，四年閉幽室。此於二年下，仿佛云遘疾。府君亡姓氏，年始廿有七。芳麗揚其華，珪璋被其質。行成名聲著，自宜獲福吉。比辭似譽墓，哀死重憂恤。惜乎裂不全，上下文已逸。七行七十字，六字漶難詰。撫兹漫驚嘆，石經舊超軼。堂溪蔡中郎，亦是熹平筆。皇皇大典制，觀者日填溢。無奈歷兵燹，碑版化爲礩。片石留闕里，千年見白日。

顏懷恭

字思默，懷慤弟，諸生。茂才年十三，補博士弟子員，屢試高等，以秋闈被放，逐致病，卒年二十三。嘗作《擬古》詩，人以爲讖云。

擬古

我有碧玉樹，皎皎燦冰雪。方擬制爲環，失手反爲玦。

顏懷珠

字葱符，號丹泉，嘉慶庚申舉人，官盧氏縣知縣。

【補】《國朝山左詩匯鈔後集》：“先生學問淹雅，工八分。前在都時，常書‘偶持譚柄珠璣燦，獨將詩壇壁壘嚴’楹聯爲贈，予珍而藏之。”《國朝山左詩匯鈔後集》、（民國）《續修曲阜縣志》録其詩。

雨後坐潭西精舍

坐久神逾静，潭光净緑開。園林初罷雨，池沼暗生苔。雲影檐邊度，泉聲屋角迴。杜康應解事，莫負手中杯。

九山

行過青山頭，宿向招提寺。寒烟漠漠横，落日照松樹。

東野衍增

字藴一，號方川，恩貢生，官海豐縣教諭。有《源西詩草》。

九日樂圃登高

已是重陽日，黄花尚不開。寒禽留逸韻，久雨變蒼苔。愛結登高伴，慚非作賦才。西風拼酤酒，沉醉復徘徊。

冠縣學署書懷

寄客軒前獨寤歌，堂堂歲月任消磨。官閑敢負君恩重，性懶偏嫌世事多。堆案經書觀未倦，閉門風雨聽如何。遣懷惟有新沽酒，憑教浮雲醉眼過。

東野崇衔

字范我，號阜南，衍增子，諸生。茂才工畫，得焦墨法於家石村廣文，兼擅指戲，而尤以寫驢得名。

【補】東野崇衔，（民國）《續修曲阜縣志》録其詩。

題畫

殘霞如綺雨初晴，紅樹斜陽映碧城。見説幽人住岩屋，滿山寒葉讀書聲。

陳守曾

字硯圃，原籍海寧人，候選縣丞。

懷故園風景

暢好年華三月天，桃花如雨柳如烟。故園景物空相憶，一掬歸心雁影邊。

野興池邊竹籠烟，一竿閑釣任風牽。客來何用兼他味，燕筍河魚不取錢。

王繼澄

字鏡秋，嘉慶辛酉拔貢，原籍雲間人。

春日同何星橋飲花下

聽遍流鶯語，來尋花底吟。經師垂絳帳，高弟拂瑶琴。我憶横雲墅，君思印月潯。卜居欣近聖，且效舞雩音。

鄭基成

字玉汝，號履占，候選縣丞，原籍歙縣人。姑丈履占先生性情豪宕，喜遊山水，足跡幾遍東南，以祖麗農司馬官山左，遂家曲阜。少承家學，工書，善篆刻。詩語清新，時露天趣。不自存稿，僅得之於表兄子斌同年口誦云。

過萬柳堂

清和裙屐此消停，慨想當年舊聚星。見説相公能相士，至今柳眼尚垂青。

紅梅

一樹梅花雪裏紅，絳姿清艷畫難工。似從十二瓊樓上，親見仙人醉倚風。

陳搢廷

字坤南，守曾子，廩貢生，官至聖廟管勾。坤南詩多隱僻語，所刻《積垢心齋稿》，傳爲笑柄，然集外未嘗無佳句也。兹録佚稿一首。

題馮晏海《掃紅亭詩稿》

聚首仙源水上萍，新詩編録掃紅亭。卿雲見處呈天瑞，甘露瀼時紀地靈。集中有《卿雲》《見甘露降》諸作，先文勤公修闕里廟時，曾有《卿雲》《麒麟》二頌，曲阜志書未收，今承録刻。游歷漸成雙鬢白，夢魂猶繞萬山青。近來我正耽吟詠，數語留題墨亦馨。

陳錫琨

字伯立，號澹庵，搢廷子，官至聖廟百户。

春柳

眉葉初開宮樣新，淺描黛色一痕勻。誰翻新譜歌金縷，欲折柔枝贈玉人。不礙二分明月夜，半遮十里畫橋春。閨中莫向高樓望，恐惹閑愁上翠顰。

方世振

字滋齋，號夢石，諸生，歷城人，寄寓曲阜。有《雞肋集》。滋齋從姑丈爲坳堂方伯季子，少遘家難，讓産去之，遂家曲阜。生平才氣自豪，而艱於一第，從遊甚衆，多知名士。其門人楊如川爲刻《雞肋集》一卷。癸卯春，客死宿州。時余刊邑人詩將成，爰録而附焉。

【補】方世振，約乾隆間生，道光二十三年（1843）卒。《國朝山左詩匯鈔後集》："滋齋才思敏贍，與余幼同應童子試，輒列前茅。及補博士弟子員，久不得志於有司，以諸生終老牖下。惜哉！詩風華旖旎，委婉入情。二南序稱其瓣香温李，余則謂其兼學梅村。因鈔其詩，并附論之。"録其詩。

靈隱夜歸歌，步王摩詰《送友人歸山歌》韻

尋天香兮未歸，桂子落兮露霏霏。捫蘿徑兮下翠微，鶴警露兮分飛，露不見兮沾衣。月出山兮微雲，涵山翠兮不分。樓閣隱兮氤氲，鐘雖遠兮猶聞。欲呼棹兮平湖，傍松岸兮烟郛。吹參差兮秋水，久佇望兮思君。

漢銅尺歌

孔琴南孝廉考銅尺，有寸無分，寸本有五，非剥蝕之故，索歌紀之。

阮公具神識，審音知今古。掘地出銅尺，乃不差累黍。憶昔大漢興，協律立樂府。泠道得玉琯，制器溯厥祖。建初六年造，慮俿志其土。博物孔東塘，家珍指上數。昔傳閔氏家，寶貴同石鼓。今存闕里堂，律吕按斯譜。析寸不析分，其寸僅有五。準此以識彼，半規括全矩。斯語聞未聞，堪爲金石補。他日君量才，持之以繩武。

古意

我類箔上蠶，剩有絲宛轉。自笑生計拙，藏身不如繭。

書慰内子孔燃荄

賃舂無定又來歸，四壁蕭條家計非。十載飄蓬憐客鬢，三更披絮補兒衣。春從婪尾杯中落，花向齊眉案上飛。記得餉來明鏡裏，容顔莫笑食糠肥。

辛未移家曲阜，獨酌遣興

花前莫負醉飛觴，酒濁何須覓索郎。入世真同蟲食蓼，移家聊比鼠搬薑。層城十二游仙夢，香界三千選佛場。愧我塵纓猶待洗，漫思扣角詠滄浪。

游華陰廟，登萬壽樓，和題壁望華元韻

蓮花峰與白雲齊，高閣憑臨日向西。遠樹蒼茫平野闊，亂山合沓暮烟低。千秋古廟輝金鳳，百二雄關峙寶雞。我欲携歸圖一卷，層巒不令卧游迷。

題孔荃溪方伯《鏡虹吟稿》

金蓮學士紫薇留，好古真堪媲鄴侯。三代尊彝歸月旦，六朝裙屐想風流。旗亭争唱新詩本，鈴閣頻搜舊酒籌。漫説鬱林空載石，名山佳水滿囊收。

飛雲洞

黔道難於蜀道難，籃輿牽引入雲端。飛雲洞裹穿雲去，濕透征衫六月寒。

節婦橋

王氏，汶邑小秦窪人，孀居數十年，以紡績自給，出其所蓄，建橋於窪，以利行旅。

年年積潦困征車，忽訝橋成節婦家。海内幾多民病涉，可能都似小秦窪。

跋

《曲阜詩鈔》八卷，得詩五百六十餘首，仲兄之所編輯，而余與參校者也。以邑之人，輯邑人之詩，又斷自近今二百年，宜其賅備。乃所鈔止，此非獨采訪之難也。蓋其中亦有幸不幸存焉。顏氏如采茘先生崇椝有《從吾山房集》，蕉坪先生懷憲以才藝著，求其稿皆不可得。而所鈔諸家，亦多未見全稿者。由此例之，其他湮没不彰者，何可悉數哉？然此鈔出，而已傳者愈傳，未傳者亦傳。總集之行，固較專集爲尤遠也。倘邑之同志者，緣此例搜訪而增益之，安見鄉先輩名章遺墨之不復續出耶？是鈔凡十一姓，有因流寓而占籍者六人，計五十一人。方氏一人，則刊板時續入者，故與原序不合云。道光癸卯夏五，曲阜孔憲庚跋於十三經閣。